Jens Steinbrügge

Optimale Fremdfinanzierung nach Basel II

GABLER EDITION WISSENSCHAFT

Jens Steinbrügge

Optimale Fremdfinanzierung nach Basel II

Mit einem Geleitwort von Prof. Dr. Peter Betge

GABLER EDITION WISSENSCHAFT

Bibliografische Information Der Deutschen Nationalbibliothek
Die Deutsche Nationalbibliothek verzeichnet diese Publikation in der Deutschen Nationalbibliografie; detaillierte bibliografische Daten sind im Internet über <http://dnb.d-nb.de> abrufbar.

Dissertation Universität Osnabrück, 2007

1. Auflage 2008

Lektorat: Frauke Schindler / Stefanie Brich

Der Gabler Verlag ist ein Unternehmen von Springer Science+Business Media.
www.gabler.de

Umschlaggestaltung: Regine Zimmer, Dipl.-Designerin, Frankfurt/Main
Gedruckt auf säurefreiem und chlorfrei gebleichtem Papier
Printed in Germany

ISBN 978-3-8349-0876-6

Geleitwort

Diese Arbeit widmet sich einem äußerst wichtigen Teilgebiet der betrieblichen Finanzwirtschaft, der Fremdfinanzierung. Kapitalgeber sind überwiegend Banken. Aufgrund deutscher Besonderheiten bei der Unternehmensbesteuerung und der Möglichkeit der Kapitalkostensenkung durch Einsatz von Fremdkapital beträgt der Anteil des Fremdkapitals am Gesamtkapital seit langer Zeit ziemlich konstant ca. 80 % im Durchschnitt aller Unternehmen. Umso mehr muß es darauf ankommen, dass sich Unternehmen auf die veränderten Rahmenbedingungen der Fremdkapitalvergabe durch 'Basel II' optimal einstellen. In einer anwendungsorientierten und zeitgemäßen Wissenschaft muß es darum gehen, auf der Grundlage fundierter Analysen unter Anwendung quantitativer Methoden **praxistaugliche** Lösungs-vorschläge zu entwikkeln. Sowohl Banken, die die Kreditvergabe bei minimalem 'Verbrauch' des bankaufsichtsrechtlich nachzuweisenden Eigenkapitals vornehmen wollen, als auch Unternehmen, die die gesamtoptimalen Kreditkonditionen und deshalb auch ihre Bonität beeinflussen müssen, soll eine exakte Problemlösung angeboten werden. Erst aus dem Zusammenwirken dieser beiden Ansatzpunkte entsteht das Minimum der Fremdkapitalkosten unter Einschluß der Kosten der unternehmerischen Bonitätsgestaltung. Dieses entspricht auch den vom Verfasser in sukzessiver und rekursiver/iterativer Anwendung vorgeschlagenen Modellansätzen, deren Praxistauglichkeit überzeugend unter Verwendung von Zahlenbeispielen nachgewiesen wird.

In dieser Arbeit werden nach einer allgemeinen Darstellung der derzeit üblichen Verfahrensweisen der Kreditgewährung von Banken Schätzungen von Kreditausfallrisiken unter Verwendung von Rating-Verfahren behandelt. Da neben der Bonitätseinstufung Ausfallhöhen und -wahrscheinlichkeiten auch von den gewährten Kreditsicherheiten abhängen, wird auch hierüber die Brücke geschlagen zur Anwendung von 'Basel II', denn die Senkung der Opportunitätskosten der Banken aufgrund des verringerten nachweispflichtigen Eigenkapitals sollten die Kapitalkosten auf Kreditnehmerseite vermindern. Die Kenntnis der Regeln zur Bonitätsklassen-Einordnung von Kreditnehmern und deren Sicherheitenverwendung durch Banken zur Risikoabdeckung sind damit entscheidend für die kalkulatorische Planung der Fremdkapitalkosten in Form von Kreditkonditionen von Banken für die Unternehmung als Kreditantragstellerin.

Unter Verwendung bankaufsichtrechtlicher Vorgaben zeigt der Verfasser zunächst mit einem relativ einfachen linearen Grundmodell für den Standardansatz, wie bei gleichzeitiger Optimierung der Sicherheitenzuordnung die Eigenkapitalunterlegung durch die Banken zu minimieren ist. Über Modifizierungen und Modellerweiterungen wird die Anwendbarkeit dieses Modellansatzes auf sogenannte IRB-Ansätze und den Sicherheitenpool zur Absicherung von Großkrediten erreicht. Mit Hilfe von Zahlenbeispielen werden Funktion und Leistungsfähigkeit der Modelle überzeugend nachgewiesen. In einem nächsten Schritt muß es folgerichtig darum gehen, die Finanzstruktur der Unternehmung als Kreditnehmerin zu optimieren. Als Grundlage hierfür wird ein mehrperiodiges lineares Optimierungsmodell in Anlehnung an bekannte Integrationsmodelle mit dem Schwerpunkt der Optimierung der Kapitalströme aus Finanzierung und Investition bei rationalem Unternehmerverhalten verwendet und in wesentlichen Teilen weiterentwickelt. Das Ergebnis sind rechnerisch ermittelte Zinszahlungen und Tilgungen von Krediten, Kreditneuaufnahmen, Investitionen und Liquidationen bis hin zur Gestaltung der Ausschüttungen an die Unternehmenseigner in Abhängigkeit von gesamtoptimalen Kreditkonditionen. Hieraus ergeben sich dann wiederum die Bonitätseinstufung, die Kapitalstruktur und insbesondere auch die Fremdkapitalzusammensetzung der Unternehmung, somit Eingangsdaten, die für das vorhergehende 'Bankmodell' zur Sicherheitenzuordnung, Minimierung der Eigenkapitalunterlegung usw. zu nutzen sind.

Über ein umfangreiches Anwendungsbeispiel wird in Form eines hierarchischen Planungsansatzes gezeigt, dass sowohl die kreditgebende Bank als auch die kapitalsuchende Unternehmung einzeln und im Zusammenwirken von gesamtoptimalen Ergebnissen profitieren können. Hierin liegt eine ebenso originelle wie auch wissenschaftlich hoch interessante Lösung begründet. Der Praxis werden neue und aussichtsreiche Möglichkeiten an die Hand gegeben, deren Nutzung und DV-mäßige Umsetzung auch bei großen Datenmengen keine Schwierigkeiten bereiten dürfte.

Peter Betge

Inhaltsverzeichnis

Abbildungsverzeichnis

Tabellenverzeichnis

Abkürzungsverzeichnis

EAD	Exposure At Default
G I	Grundsatz I
IKE	Internationale Konvergenz der Eigenkapitalmessung und der Eigenkapitalanforderungen
IKEn	Internationale Konvergenz der Eigenkapitalmessung und der Eigenkapitalanforderungen neuere Fassung
KMU	Kleine und Mittlere Unternehmen
KWG	Kreditwesengesetz
LGD	Loss Given Default
MaK	Mindestanforderungen an das Kreditgeschäft
MaRisk	Mindestanforderungen an das Risikomanagement
Nr.	Nummer
PD	Probability of Default
sog.	sogenannten
SolvV	Solvabilitätsverordnung
u.s.w	und so weiter
u.U	unter Umständen
z.T.	zum Teil

Symbolverzeichnis

α_{fj}^{fin} = Faktor für den Abschlag vom Wert des Sicherungsmittels j inkl. Laufzeitdivergenzen zwischen Kredit f und Sicherungsmittel j in GE/GE

β_{f}^{fin} = Faktor für den Risikozuschlag zur Berücksichtigung von möglichen Wertschwankungen des Kredites f in GE/GE

β_{tzi} = Produktionskoeffizient in Periode t, Zeitbedarf bei Herstellung von Produkt z auf Anlage i in der Periode t in ZE/ME

γ_{f}^{fin} = Binärvariable für die Berücksichtigung finanzieller Sicherheiten bei der Besicherung von Kredit f, mögliche Werte sind 0 und 1

$\gamma_{f}^{Imm,sonst}$ = Binärvariable für die Steuerung der Anwendung von Immobilien und sonstige Sicherheiten, mögliche Werte sind 0 und 1

γ_{f}^{IRB} = Binärvariable zur Steuerung der Anrechenbarkeit von IRB-Sicherheiten auf den Kredit f, mögliche Werte sind 0 und 1

ρ_{f}^{KMU} = Korrelation des Kreditausfallrisikos des Kredites f für KMU mit den übrigen Aktiva der Bank

ρ_{f} = Korrelation des Kreditausfallrisikos von Kredit f mit den übrigen Aktiva der Bank

$\rho_{f}^{üR}$ = Korrelation des Kreditausfallrisikos des Kredites f, der dem übrigen Retailportfolio zugeordnet wird mit den übrigen Aktiva der Bank

ρ_{f}^{rR} = Korrelation des Kreditausfallrisikos des Kredites f, der dem revolvierenden Retailportfolio zugeordnet wird mit den übrigen Aktiva der Bank

ρ_{f}^{wohn} = Korrelation des Kreditausfallrisikos des Kredites f, der dem wohnwirtschaftlichen Retailportfolio zugeordnet wird mit den übrigen Aktiva der Bank

$AP_{t,i}^{MA}$ = Anschaffungspreis in Periode t für eine Maschine vom Typ i in GE/Maschine

b_{0}^{D} = Konstante für die Diskriminanzfunktion

b_{j}^{D} = Diskriminanzkoeffizient für Merkmal j

$b(PD_{f})$ = zusätzlicher Term zur Kalibrierung der Eigenkapitalanforderungen auf den durchschnittlichen Eigenkapitalverpflichtung nach Grundsatz I und zur Berücksichtigung der effektiven Restlaufzeit

B_{t} = Bilanzsumme in Periode t in GE

BV = Bilanzierungsverhalten, gemessen auf einer Skala

$C_{t't,i}$ = Maximalkapazität einer Maschine des Typs i in Periode t, die in Periode t' gekauft wurde in ZE/PE

$C_{t,rl,i}^{vorh}$ = Maximalkapazität einer Maschine des Typs i in Periode t, die zu Beginn des Planungszeitraums mit einer Restlaufzeit in Höhe rl vorhanden ist in ZE/PE

$CF_{t,f}$ = Cash-Flow in Periode t aus dem Kreditverhältnis f in GE/PE

D = Diskriminanzwert

DRM = Drittrangmittel in GE

DU	=	Debitorenumschlag in Tagen
EAD_f	=	Restwert des Kredites f im Ausfallzeitpunkt in GE
	=	Kredithöhe bei Ausfall (exposure at default) des Risikoaktivum f in GE
$EBIT_t$	=	Gewinn vor Steuern und Zinsaufwand in Periode t in GE/PE
EBITDA	=	Jahresergebnis zuzüglich Ertragsteuern, Zinsen Abschreibungen und Goodwill in GE/PE
EK_t^{bil}	=	bilanzielles Eigenkapital in Periode t in GE
$EK^{bil,vorh}$	=	Eigenkapitalbestand zu Beginn des Planungszeitraums in GE
EKQ	=	Quote für die Unterlegung des Kreditrisikos mit aufsichtsrechtlich anerkanntem Eigenkapital in GE/GE
EMQ	=	Quote für die Unterlegung des Gesamtrisikos aus den Geschäften der Bank mit Eigenkapital in GE/GE
EMQ^U	=	Eigenmittelquote von Unternehmen in %
EÜQ	=	Einnahmenüberschußquote in %
$FaKons_f$	=	**Fa**ktor gemäß **Kons**ultationspapier (IKE Nr. 272) für die Ermittlung des aufsichtsrechtlich benötigten haftenden Eigenkapitals in GE/GE, dieser Faktor ist ausschließlich von der Ausfallwahrscheinlichkeit von Kredit f und der Kredit-Restlaufzeit abhängig
$FaKons_g^G$	=	durch das Basler **Kons**ultationspapier vorgegebener **Fa**ktor der Funktion für die Eigenkapitalermittlung von Kreditinstituten, der nur von der Ausfallwahrscheinlichkeit des Garanten g und der Restlaufzeit der Garantie g abhängt, verwendet wird der Substitutionsansatz (G, keine Berücksichtigung des Doppelausfall-Effektes)
$FaKons_{fg}^{DD}$	=	durch das Basler Konsultationspapier vorgegebener Faktor der Funktion für die Eigenkapitalermittlung von Kreditinstituten für den Fall der Berücksichtigung des Doppelausfall-Effektes (DD, **d**ouble **d**efault) zwischen Kredit f und Garantie g
FI_t^{vorh}	=	Höhe der Finanzinvestitionen in Periode t, die bereits vor Beginn des Planungszeitraums getätigt wurden und die noch mindestens eine weitere Periode im Unternehmen verbleiben, in GE
$FI_t^{vorh,1}$	=	Beträge aus bereits vor Beginn des Planungszeitraums angelegten Finanzinvestition in Periode t in GE/PE, die noch genau eine Periode im Unternehmen verbleiben
$\overline{FI}_{t,q}^{thes}$	=	maximaler Anlagebetrag in eine Finanzinvestition der Art q in Periode t in GE/PE
$FI_{t,q}^{thes}$	=	in Periode t investierter Anlagebetrag in wiederanlegende Finanzinvestitionen der Art q in GE/PE
$FI_{t,q}^{aus}$	=	in Periode t investierter Betrag in die zinsausschüttende Finanzanlage der Art q in GE/PGE
Fl_x	=	Fläche zwischen perfekter Modellkurve und Zufallsmodell
Fl_y	=	Fläche zwischen realem Ratingkurvenverlauf und Zufallsmodell

Fl_z	=	Fläche zwischen der Winkelhalbierenden und der Abszisse
$G(\,)$	=	Inverse der Standardnormalverteilung
$g_{t't,i}^{MA}$	=	Anzahl Maschinen vom Typ i, die in Periode t' gekauft wurden und in Periode t verkauft werden in ME/PE, ganzzahlig
$g_{t,rl,i}^{MA,vorh}$	=	Anzahl der in Periode t verkauften Maschinen vom Typ i, die vor Beginn des Planungszeitraums gekauft wurden und zu Beginn des Planungszeitraums eine Restlaufzeit von rl Perioden haben in ME/PE, ganzzahlig
G_t^{thes}	=	einbehaltene Gewinne in Periode t in GE/PE
G_g	=	Nominalwert der Garantie g **vor** aufsichtsrechtlich vorgeschriebenen Korrekturen in GE
G_{fg}^{korr}	=	um Risikoabschläge korrigierter Gesamtwert der Garantie g für die Absicherung von Kredit f in GE
GAQ_t	=	Gewinnabführungsquote in Periode t in GE/PE
$GB_{t,f}$	=	Gebührenzahlung in Periode t für den Kredit f in GE/PE
GR^{vorh}	=	vorhandene Gewinnrücklage zu Beginn des Planungszeitraums in GE
GR_t	=	gesamte Gewinnrücklage in Periode t in GE/PE
hEK	=	haftendes Eigenkapital in GE
hEK_f^U	=	aufsichtsrechtlich geforderter Eigenkapitalbetrag für die Unterlegung des unerwarteten Verlustes von Kredit f an das Unternehmens U in GE
hEK^U	=	gesamter aufsichtsrechtlich geforderter Eigenkapitalbetrag für die Unterlegung des unerwarteten Verlustes für alle Kredite von Unternehmen U in GE
$hEKU_f$	=	haftendes Eigenkapital für den Kredit f an Unternehmen in GE
hEM	=	haftende Eigenmittel in GE
I^o	=	obere Intervallgrenze für die Anrechnung von Sicherheiten in % des Kreditbetrages
$I^{o,FAbtr}$	=	obere Intervallgrenze für durch Forderungsabtretung besicherte Kredite in % des Kreditbetrags
$I^{o,IRB}$	=	Verhältnis aus Summe der verwendeten IRB-Sicherungsmitteln und Kreditbetrag in GE/GE gemäß IKE Nr. 295, ab dem der Kreditbetrag als vollständig besichert gilt (Übersicherungsquote)
I^u	=	untere Intervallgrenze für die Anrechnung von Sicherheiten in % des Kreditbetrages
$I^{u,IRB}$	=	Verhältnis aus Summe der verwendeten IRB-Sicherungsmitteln und Kreditbetrag in GE/GE gemäß IKE Nr. 295, das mindestens eingehalten werden muß, damit die IRB-Sicherungsmittel verwendet werden dürfen (Mindestsicherungsquote)
$I^{u,Imm,sonst}$	=	untere Intervallgrenze für die Verwendung von sonstigen und Immobiliensicherheiten in Prozent des Kreditbetrags
JU_f	=	Jahresumsatz des kreditbeantragenden Unternehmens in Mio. Euro

$k_{t,rl,i}^{MA,vorh}$	=	Kosten in Periode t für die Aufrechterhaltung der Betriebsbereitschaft von Maschine i, die zu Beginn des Planungszeitraums eine Restlaufzeit von rl Perioden aufweist in GE/ME
$k_{t,z}$	=	variable Kosten für Produkt z in Periode t in GE/ME
$k_{t't,i}^{MA}$	=	Kosten in Periode t für die Aufrechterhaltung der Betriebsbereitschaft von Maschine i, die in Periode t' gekauft wurde in GE/Maschine
$K3^{rel}(t)$	=	relative Abweichung des Zinssatzes für Kredite mit einem Volumen zwischen 100.000 und 500.000 Euro vom Geld- und Kapitalmarktzins in Zeitpunkt t in %
$K2^{rel}(t)$	=	relative Abweichung des Zinssatzes für Kredite mit einem Volumen zwischen 500.000 und 5.000.000 Euro vom Geld- und Kapitalmarktzins in Zeitpunkt t in %
$K_{klein}^{ZS}(t)$	=	Differenz zwischen Zinsober- und Zinsuntergrenze für Kleinkredite (0,1 Mio. bis 0,5 Mio. Euro) in Zeitpunkt t in %
$K_{groß}^{ZS}(t)$	=	Zins Differenz zwischen Zinsober- und Zinsuntergrenze für Großkredite (0,5 Mio. bis 5 Mio. Euro) in Zeitpunkt t in %
K_f	=	Eigenkapitalanforderung für den Kredit f in GE/GE
K^G	=	Eigenkapitalhöhe für einen alternativen Kredit an den Garanten in GE/GE
K^{KR}	=	Eigenkapitalhöhe für den unbesicherten Kredit in GE/GE
K_f^{DD}	=	Kapitalanforderung im Falle eines gleichzeitigen Ausfalls von Kreditnehmer und Garanten für den Kredit f in GE/GE
K_{KMU}	=	Kapitalanforderung für Kredite an kleine und mittlere Unternehmen in GE/GE
K_{UN}	=	Kapitalanforderung für Kredite an Groß-Unternehmen in GE/GE
K_{rev}	=	Kapitalanforderung für Kredite, die dem revolvierenden Retailportfolio zugeordnet werden, in GE/GE
$K_{übr}$	=	Kapitalanforderung für Kredite, die dem übrigen Retailportfolio zugeordnet werden, in GE/GE
K_{wohn}	=	Kapitalanforderung für Kredite, die dem wohnwirtschaftlichen Retailportfolio zugeordnet werden, in GE/GE
$KBKR_f^{fin}$	=	Korrekturbetrag zur Steuerung der Berücksichtigung von Zuschlägen für mögliche Wertschwankungen des Kredites f in GE
KR_f	=	gegebener aufgenommener Kreditbetrag für Kredit f in GE
$KR_{t,f}$	=	Nominalwert des in Periode t aufgenommenen Kredites der Art f in GE
$\overline{KR}_{t,rk,f}$	=	maximaler Kreditaufnahmebetrag in Periode t für Kredite der Art f, wenn das Unternehmen der Ratingklasse rk zugeordnet wird in GE/PE
$KR_{t',f}$	=	Betrag des Kredites f, der in Periode t' aufgenommen wurde in GE/PE
$\overline{KR}_t$	=	absolute Kreditobergrenze für Periode t in GE
$\overline{KR}_{t,f}$	=	maximaler Kreditaufnahmebetrag für einen Kredit der Art f, der in Periode t aufgenommen wird in GE/PE

$KR_{t,f}$	=	Höhe der Kreditaufnahme in Periode t für den aufgenommenen Kredit der Art f in GE/PE
KRnR	=	aktueller Forderungsbetrag nach Kreditrisikominderung in GE
$KRnR_f$	=	Kreditbetrag des Kredites f **nach** Besicherung in GE, unbesicherter Kreditbetrag
KRvR	=	aktueller Forderungsbetrag vor Kreditrisikominderung in GE
$KRvR_f$	=	Kreditbetrag des Kredites f vor Besicherung in GE, enthält besicherten und unbesicherten Anteil
KR_f^G	=	Kreditbetrag, der nur durch Garantien besichert wird in GE
$KR_f^{G,IRB}$	=	Kreditbetrag, der sowohl durch Garantien als auch durch IRB-Sicherheiten unterlegt ist
KR_f^{fin}	=	durch finanzielle Sicherheiten gedeckter Kreditbetrag in GE
KR_f^{FAbtr}	=	durch Forderungsabtretungen besicherter Kreditbetrag in GE
KR_f^{unbes}	=	unbesicherter Kreditbetrag in GE
KR_f^{sonst}	=	durch sonstige Sicherheiten gedeckter Kreditbetrag in GE
KR_f^{Imm}	=	durch Wohnimmobilien besicherter Kreditbetrag in GE
$KR_{fg}^{G,g}$	=	durch Garantie g besicherter Forderungsbetrag des Kredites f, unter Berücksichtigung der Risikogewichtungsfunktion des Garanten G und der Verlustquote des Garanten g (hochgestellter Index g) in GE
$KR_{fg}^{G,f}$	=	durch Garantie g besicherter Forderungsbetrag des Kredites f, unter Berücksichtigung der Risikogewichtungsfunktion des Garanten G und der Verlustquote des Kreditnehmers f (hochgestellter Index f) in GE
$KR_{fg}^{G,FAbtr}$	=	durch Garantie g besicherter Forderungsbetrag des Kredites f, unter Berücksichtigung der Risikogewichtungsfunktion des Garanten G und der Verlustquote von Forderungsabtretungen (hochgestellter Index FAB) in GE
$KR_{fg}^{G,Imm}$	=	durch Garantie g besicherter Forderungsbetrag des Kredites f, unter Berücksichtigung der Risikogewichtungsfunktion des Garanten und der Verlustquote von Immobilien (hochgestellter Index Im) in GE
$KR_{fg}^{G,sonst}$	=	durch Garantie g besicherter Forderungsbetrag des Kredites f, unter Berücksichtigung der Risikogewichtungsfunktion des Garanten und der Verlustquote von sonstigen IRB-Sicherheiten (hochgestellter Index so) in GE
$KR_{fg}^{DD,g}$	=	durch Garantie g besicherter Forderungsbetrag des Kredites f, unter Berücksichtigung der Risikogewichtungsfunktion des Doppelausfall-Effektes DD und der Verlustquote des Garanten (hochgestellter Index g) in GE
$KR_{fg}^{DD,f}$	=	durch Garantie g besicherter Forderungsbetrag des Kredites f, unter Berücksichtigung der Risikogewichtungsfunktion des Doppelausfall-Effektes DD und der Verlustquote des Kreditnehmers (hochgestellter Index f) in GE
$KR_{fg}^{DD,FAbtr}$	=	durch Garantie g besicherter Forderungsbetrag des Kredites f, unter Berücksichtigung der Risikogewichtungsfunktion des Doppelausfall-Effektes DD und der Verlustquote von Forderungsabtretungen (hochgestellter Index Fab) in GE

$KRvR_{fg}^{DD,Imm}$ = durch Garantie g besicherter Forderungsbetrag des Kredites f, unter Berücksichtigung der Risikogewichtungsfunktion des Doppelausfall-Effektes DD und der Verlustquote von Immobiliensicherheiten (hochgestellter Index Im) in GE

$KRvR_{fg}^{DD,sonst}$ = durch Garantie g besicherter Forderungsbetrag des Kredites f, unter Berücksichtigung der Risikogewichtungsfunktion des Doppelausfall-Effektes DD und der Verlustquote von sonstigen Sicherheiten (hochgestellter Index so) in GE

$KR_{t,f}^{vorh,1}$ = Beträge aus bereits vor Beginn des Planungszeitraums aufgenommenen Krediten in Periode t in GE/PE, die noch genau eine Periode im Unternehmen verbleiben

L = sehr große Zahl, die größer ist als alle anderen Größen des Modells

LGD_f = Verlustquote für Kredit f in %

LGD_g = Ausfallquote/Verlustquote des Garanten g in GE/GE

LGD^{DD} = Ausfallquote im Doppelausfall-Ansatz; Verlustquote des unbesicherten Kredites oder Verlustquote der Garantie oder Verlustquote der zusätzlichen Sicherheit

LGD^{IRB} = vorgegebene Verlustquote für die jeweilige IRB-Sicherheit in GE/(GE · PE)

LGD^{fin} = vom Basler Ausschuß für den IRB-Basisansatz vorgegebene Verlustquote für den durch finanzielle Sicherheiten besicherten Teil eines Kredite in GE/GE

LGD^{Imm} = vom Basler Ausschuß für den IRB-Basisansatz vorgegebene Verlustquote für den Kreditbetrag, der durch Immobilien besichert ist in GE/GE

LGD^{sonst} = vom Basler Ausschuß für den IRB-Basisansatz vorgegebene Verlustquote für den Kreditbetrag, der durch sonstige IRB-Sicherheiten besichert ist in GE/GE

LGD^{FAbtr} = vom Basler Ausschuß für den IRB-Basisansatz vorgegebene Verlustquote für den durch Forderungsabtretung besicherten Kreditbetrag in GE/GE

LGD^{unbes} = vom Basler Ausschuß für den IRB-Basisansatz vorgegebene Verlustquote für den restlichen, nicht besicherten Kreditbetrag in GE/GE

$LGD_{t,f}$ = Verlustquote eines in Periode t aufgenommenen Kredites der Art f in GE/GE

$LGD_{t',t,f}$ = Verlustquote in Periode t' eines in Periode t aufgenommenen Kredites der Art f in GE/GE

$LGDnR_f$ = Verlustquote für den risikobehafteten Restkreditbetrag nach Anwendung risikosenkender Sicherheiten in GE/GE

$LGDvR_f$ = Verlustquote bei Ausfall für Kredit f vor Sicherheiten in GE/GE

LZ_t = Lohn- und Gehaltszahlungen an Mitarbeiter, die nicht gleichzeitig Gesellschafter sind, in Periode t in GE/PE

MR = Risikovolumen aus Marktrisikopositionen in GE

n_q = Anlagedauer einer Finanzinvestition der Art q in PE

n_i	=	maximale Nutzungsdauer der Maschine vom Typ i in PE
n_f	=	Laufzeit des Kredits f in PE
N( )	=	Standardnormalverteilung
OP	=	Risikovolumen aus Optionsgeschäften in GE
$p_{t,z}$	=	erzielbarer Verkaufspreis für Produkt z in Periode t in GE/ME
P(kranke)	=	Wahrscheinlichkeit für die Ausprägung des Trennkriteriums für kranke Unternehmen
P(gesunde)	=	Wahrscheinlichkeitsdichte für die Ausprägung des Trennkriteriums für gesunde
PD_f	=	Einjahres-Ausfallwahrscheinlichkeit des Kredites f in %
PD_g	=	Ausfallwahrscheinlichkeit des Garanten
$PD_{t,f}$	=	ermittelte, als konstant angenommene Ausfallwahrscheinlichkeit für einen Kredit der Art f, der im Zeitpunkt t aufgenommen wird, als Ausfallwahrscheinlichkeit wird jeweils der Durchschnitt einer Ratingklasse verwendet, der das Unternehmen zugeordnet wird
r_a^{EKK}	=	Zuschlag für die Kosten aus der Eigenkapitalunterlegung der Bank in GE/(GE · PE)
r_f^{GKMZ}	=	Refinanzierungszinssatz für Kredite der Art f (Geld- und Kapitalmarktzinssatz) in GE/(GE · PE)
r_f^{SBK}	=	Zuschlag für die Standardbetriebskosten für Kredite der Art f in GE/(GE · PE)
r_f^{SRK}	=	Zuschlag für die Standardrisikokosten (ohne Eigenkapital-Unterlegungskosten) für Kredite der Art f in GE/(GE · PE)
r_f^{KR}	=	risikoangepaßter Kreditzinssatz für Kredite der Art f in GE/(GE · PE)
$r_{t,f}^{Kr}$	=	Kreditzinssatz für einen Kredit der Art f, der in Periode t von einem Unternehmen aufgenommen wird, in (GE/GE · PE)
$r_{t,rk,f}^{KR}$	=	Kreditzinssatz für den in Periode t aufgenommenen Kredit der Art f, wenn das Unternehmen der Ratingklasse rk zugeordnet wird in GE/(GE · PE)
$r_{t',f}^{KR}$	=	Kreditzinssatz des in Periode t' aufgenommen Kredites der Art f in GE/(GE · PE), bezogen auf die Höhe der Restverbindlichkeit
$r_{t',t-n_q,q}^{FI,thes}$	=	Rendite, Habenzins für die Periode t' für eine in Periode $t-n_q$ getätigte Finanzanlage der Art q in GE/(GE · PE), die Zinssätze der verschiedenen Perioden des Anlagezeitraums können sich unterscheiden, sind jedoch im Planungszeitpunkt fest determiniert.
$r_{t't,q}^{FI,aus}$	=	Zinssatz in Periode t für eine in Periode t' durchgeführte Finanzinvestition der Art q in GE/(GE · PE)
RA^{korr}	=	korrigierter Risiko-Abschlag für das zu betrachtende Sicherungsmittel in %
RA^{Mind}	=	Risiko-Abschlag für die Mindesthaltedauer für das zu betrachtende Sicherungsmittel in %
RA^N	=	Risiko-Abschlag bei Verwendung einer Halteperiode T^N in %

RAS	=	Risikoabschlag für die hereingenommene Sicherheit in GE/GE
RAS_j	=	nach IKE Nr. 147 geforderter Risikoabschlag für Sicherheit j in GE/GE
RAW	=	Risikoabschlag für eine Währungsinkongruenz zwischen Kredit und Sicherungsmittel in GE/GE
RAW_{fg}	=	aufsichtsrechtlich vorgegebener Risikoabschlag für eine Währungsinkongruenz zwischen Kredit f und Garantie g in GE/GE
RAW_{fj}	=	nach IKE Nr. 147 geforderter Risikoabschlag für Währungsinkongruenzen zwischen Sicherheit j und Kredit f in GE/GE
RG_f^{alt}	=	Risikogewicht für den Kredit f nach Grundsatz I in %
RGF_a	=	Risikogewichtungsfaktor für die Aktivposition a in %
RV_a	=	Risikovolumen aus einer Aktivposition a in GE
RVA	=	Risikovolumen der gesamten Aktiva in GE
RW_f	=	gewichtetes Risikoaktivum (Kredit) f in GE
rw_f	=	Risikogewicht für den unbesicherten Teil des Kredites f in GE/GE
rw_j^{fin}	=	Risikogewicht für das finanzielle Sicherungsmittel j in GE/GE
rw_g	=	Risikogewicht für die Garantie g in GE/GE
$RW_{t',t,rk,f}^{KR}$	=	Restwerte eines Kredites der Art f in Periode t', der in Periode t aufgenommen und in die Ratingklasse rk eingestuft wird in GE
$RW_{t't,f}^{KR}$	=	Restwert des Kredites der Art f am Ende von Periode t, der in Periode t' aufgenommen wurde in GE/PE
$RW_t^{KR,vorh}$	=	Kreditbestand in Periode t aus bereits vor Beginn des Planungszeitraums aufgenommen Krediten in GE
$RW_{t't,rk,f}^{KR}$	=	Restwert in Periode t eines in Periode t' aufgenommenen Kredites der Art f, der in Periode t' der Ratingklasse rk zugeordnet wurde, in GE/PE
RZK_f	=	nach IKE Nr. 147 geforderter Risikozuschlag für Wertschwankungen des Kredits f in GE/GE
RZK	=	Risikozuschlag für den Kredit in GE/GE
S	=	aktueller unbereinigter Wert der hereingenommenen Sicherheit in GE
S_j^{IRB}	=	fest vorgegebener Betrag des zur Verfügung stehenden IRB-Sicherungsmittels j in GE
$S_{fj}^{IRB,korr}$	=	um Sicherheitsabschläge und Laufzeitinkongruenzen berichtigter Wert der Sicherheit j in GE, bei Besicherung von Krediten der Art f
S_j^{fin}	=	Wert des zur Verfügung stehenden finanziellen Sicherungsmittels j **vor** aufsichtsrechtlich vorgeschriebenen Korrekturen in GE
S_j^{FAbtr}	=	Höhe der vorhandenen Forderungsabtretung j in GE
$S_{fj}^{FAbtr,korr}$	=	korrigierter Betrag der Forderungsabtretung j zur Sicherung von Kredit f in GE
S_j^{Imm}	=	vorhandener Betrag der Sicherheit j aus den Immobiliensicherheiten in GE
$S_{fj}^{Imm,korr}$	=	korrigierter Wert der Immobiliensicherheit j für Kredit f in GE

S_j^{sonst} = vorhandener Betrag der Sicherheit j aus den sonstigen Sicherheiten in GE

$S_{fj}^{sonst,korr}$ = korrigierter Wert der sonstigen Sicherheit j für Kredit f in GE

t = Zeitpunkt der Zahlung für den Kredit in Tagen

T = letzte Periode des Planungszeitraums

T_j^{Rest} = Restlaufzeit des Sicherungsmittels j in PE, bezogen auf den Zeitpunkt der Berücksichtigung

T_g^{Rest} = Restlaufzeit der Garantie g in PE, bezogen auf den Zeitpunkt der Berücksichtigung

T_f^{Rest} = Kreditrestlaufzeit von Kredit f in PE, bezogen auf den Zeitpunkt der Berücksichtigung

T_f^{Rest} = Restlaufzeit des Kredites f in PE

$T_{kzfr,f}^{Rest}$ = effektive Restlaufzeit für den kurzfristigen Kredite f in Tagen

T^{Mind} = Mindesthalteperiode für die jeweilige Art des Sicherungsmittels in Tagen

T^N = von einer Bank verwendete Haltedauer zur Ableitung von RA^N in %

$T^{NVerpfl.}$ = tatsächliche Anzahl von Tagen zwischen den Nachschußverpflichtungen/Neubewertung

$T^{S,Rest}$ = Restlaufzeit der Kreditabsicherung in Jahren

$TB_{t't,rk,f}^{KR}$ = Tilgungsbetrag in Periode t für einen Kredit der Art f, der in Periode t' aufgenommen wurde und der Ratingklasse rk zugeordnet wurde in GE/PE

$TB_{t't,f}^{KR}$ = Tilgungsbetrag für einen Kredit der Art f in Periode t, der in Periode t' aufgenommen wurde in GE/PE

$TQ_{t'tf}$ = Tilgungsquote für den Kredit f in der Periode t, der in Periode t' aufgenommen wurde in GE/(GE · PE)

URvS = Umsatzrendite vor Steuern in %

V = Verschuldungsgrad eines Unternehmens in GE/GE

V_a = bilanzielles Volumen der Aktivposition a in GE

V_f^{alt} = Buchwert des Kredites f in GE

$vbKR_f$ = voll besicherter Forderungsanteil des Kredites f in GE

$VK_{t't,i}^{MA}$ = Verkaufspreis für eine Maschine vom Typ i in Periode t, die in einer Vorperiode t' gekauft wurde in GE/Maschine

$VK_{t,rl,i}^{MA,vorh}$ = Verkaufspreis für eine Maschine vom Typ i in Periode t, die zu Beginn des Planungszeitraums eine Restlaufzeit in Höhe von rl aufweist in GE/Maschine

$VSKR_f$ = **V**erhältnis aus Summe der **S**icherheiten einer IRB-Sicherungsart und **Kr**editbetrag f in GE/GE

VSF = Verhältnis aus Sicherheitsbetrag und Forderungsbetrag in GE/GE

wc_t = working capital in Periode t in GE/PE

X_j^D = Merkmalsvariable für Merkmal j

x_{fj}^{fin} = Anteil der finanziellen Sicherheit j, der für die anteilige Besicherung des Kredits f verwendet wird in GE/GE, definiert für das Intervall von 0 bis 1

x_{fg} = Anteil der Garantie g für die anteilige Besicherung des Kredites f in GE/GE, definiert für das Intervall von 0 bis 1

x_{fj}^{FAbtr} = Anteil der Forderungsabtretung j in GE/GE, die zur anteiligen Sicherung des Kredits f verwendet wird

x_{fj}^{Imm} = Anteil der Immobiliensicherheit j für die anteilige Absicherung von Kredit f ohne Berücksichtigung einer doppelten Besicherung durch eine Garantie in GE/GE, definiert auf dem Intervall von Null bis Eins

x_{fj}^{sonst} = Anteil der sonstigen Sicherheit j in GE/GE, die zur anteiligen Sicherung des Kredits f verwendet wird, definiert auf dem Intervall von Null bis Eins

x_{fj}^{l} = Anteil des Sicherungsmittels j der Sicherungsart l (Forderungsabtretungen, sonstige Sicherheiten, finanzielle Sicherheiten oder Immobiliensicherheiten) für die anteilige Absicherung von Kredit f in GE/GE

x_{fjg}^{Imm} = Anteil der Immobiliensicherheit j für die anteilige Absicherung von Kredit f mit Berücksichtigung einer doppelten Besicherung durch die Garantie g in GE/GE

x_{fj}^{sonst} = Anteil der sonstigen IRB-Sicherheit j für die anteilige Absicherung von Kredit f ohne Berücksichtigung einer doppelten Besicherung durch eine Garantie in GE/GE

$x_{fg}^{G,g}$ = prozentualer Anteil der Garantie g zur Absicherung des Kredits f in GE/GE, verwendet wird die Verlustquote des Garanten (hochstelltes g) und die Risikogewichtungsfunktion des Garanten (hochgestelltes G)

$x_{fg}^{G,f}$ = prozentualer Anteil der Garantie g zur Absicherung des Kredits f in GE/GE, verwendet wird die Verlustquote des jeweiligen Kredits (hochgestelltes f) und die Risikogewichtungsfunktion des Garanten (hochgestelltes G)

$x_{fjg}^{G,FAbtr}$ = prozentualer Anteil der Garantie g zur Absicherung des Kredits f in GE/GE, verwendet wird die Verlustquote von Forderungsabtretungen (hochgestelltes FAb)und die Risikogewichtungsfunktion des Garanten (hochstelltes G)

$x_{fjg}^{G,Imm}$ = prozentualer Anteil der Garantie g zur Absicherung des Kredits f in GE/GE, verwendet wird die Verlustquote der Immobiliensicherheiten (hochgestelltes Im) und die Risikogewichtungsfunktion des Garanten (hochgestelltes G)

$x_{fjg}^{G,sonst}$ = prozentualer Anteil der Garantie g zur Absicherung des Kredits f in GE/GE, verwendet wird die Verlustquote der sonstigen Immobiliensicherheiten (hochgestelltes so) und die Risikogewichtungsfunktion des Garanten (hochgestelltes g)

$x_{fg}^{DD,g}$ = prozentualer Anteil der Garantie g zur Absicherung des Kredits f in GE/GE, verwendet wird die Verlustquote des Garanten (hochgestelltes g) und die Risikogewichtungsfunktion des Doppelausfall-Effektes (hochgestelltes DD)

$x_{fg}^{DD,f}$	=	prozentualer Anteil der Garantie g zur Absicherung des Kredits f in GE/GE, verwendet wird die Verlustquote des Kreditnehmers/Kredits f (hochgestelltes f) und die Risikogewichtungsfunktion des Doppelausfall-Effektes (hochgestelltes DD)
$x_{fjg}^{DD,FAbtr}$	=	prozentualer Anteil der Garantie g zur Absicherung des Kredits f in GE/GE, verwendet wird die Verlustquote einer Forderungsabtretung (hochgestelltes FAb) und die Risikogewichtungsfunktion des Doppelausfall-Effektes (hochgestelltes DD)
$x_{fjg}^{DD,Imm}$	=	prozentualer Anteil der Garantie g zur Absicherung des Kredits f in GE/GE, verwendet wird die Verlustquote einer Immobiliensicherheit (hochgestelltes Im) und die Risikogewichtungsfunktion des Doppelausfall-Effektes (hochgestelltes DD)
$x_{fjg}^{DD,sonst}$	=	prozentualer Anteil der Garantie g zur Absicherung des Kredits f in GE/GE, verwendet wird die Verlustquote von sonstigen IRB-Sicherheiten (hochgestelltes so) und die Risikogewichtungsfunktion des Doppelausfall-Effektes (hochgestelltes DD)
x_{fj}^{IRB}	=	anteilige Verwendung des IRB-Sicherungsmittels j zur anteiligen Besicherung des Kredites f in GE/GE
$x_{t,z}$	=	Absatzmenge des Produktes z in Periode t in ME/PE, ganzzahlig
$\overline{X}_{tz}$	=	Absatzhöchstgrenze des Produkts z in Periode t in ME/PE
Y^D	=	Diskriminanzvariable
$\overline{y}_{rl,i}^{MA,vorh}$	=	Anzahl der vor Beginn des Planungszeitraums gekauften Maschinen vom Typ i, die zu Beginn des Planungszeitraums eine Restlaufzeit von rl Perioden aufweisen in ME/PE, ganzzahlig
$y_{t,i}^{MA}$	=	Anzahl der in der aktuellen Periode t gekauften Maschinen vom Typ i in ME/PE, ganzzahlig
$y_{t,rk}$	=	Binärvariable für die Zuordnung des Unternehmens in eine Ratingklasse rk in Periode t
$ZZ_{t,f}$	=	Zinszahlung in Periode t für Kredit f in GE/PE
z_t	=	ermittelter z-Score für das Unternehmen in Periode t
$\overline{z}_{rk}$	=	Untergrenze des z-Scores für einen Übergang in die nächstbessere Ratingklasse rk
Z	=	Zielfunktionswert, Vermögensendwert des Unternehmers in GE
$ZA_t^{KR,vorh}$	=	Zinsaufwand aus zu Beginn des Planungszeitraums vorhandenen Krediten in GE/PE
$Zähler_t$	=	Zähler in Periode t für die Gleichung zur Ermittlung des Z-Scores
$ZE_t^{FI,vorh}$	=	Zinserträge aus zu Beginn des Planungszeitraums vorhandenen Finanzinvestitionen in GE/PE
$Z_t^{FI,aus}$	=	Zahlung aus ausschüttenden Finanzinvestitionen in Periode t in GE/PE
$Z_t^{FI,thes}$	=	Zahlung in Periode t aus zinswiederanlegenden Finanzinvestitionen in GE/PE

$Z_t^{FI, vorh}$ = Zahlungsstrom in Periode t aus bereits vor Beginn des Planungszeitraums vorhandenen Finanzinvestitionen in GE/PGE

$Z_t^{KR, vorh}$ = Zahlungen in Periode t aus bereits vor Beginn des Planungszeitraums aufgenommen Krediten in GE/PE

$Z_{t,1}^{FI}$ = Zahlungen aus Finanzanlagen der Art q = 1 in Periode t in GE/PE

$Z_{t,2}^{FI}$ = Zahlungen aus Finanzanlagen der Art q = 2 in Periode t in GE/PE

Z_t = Konsumentnahme in Periode t in GE/PE

Z_T = Zahlung an die Gesellschafter in Periode T (Ende des Planungszeitraums) in GE/PE

Z_t^{KR} = Zahlung in der Periode t aus Kreditaufnahmen in GE/PE, der annahmegemäß am Ende der Periode t zu einer Ein- bzw. Auszahlung beim Unternehmen führt

ZS_t^{FI} = Zahlung in der Periode t aus Finanzinvestitionen in GE/PE, der annahmegemäß am Ende der Periode t zu einer Ein- bzw. Auszahlung beim Unternehmen führt

$ZZ_t^{Kr, vorh}$ = Zinszahlungen aus zu Beginn des Planungszeitraums vorhandenen Krediten in Periode t in GE/PE

1 Einleitung

1.1 Problemstellung

Die Finanzierung deutscher mittelständischer Unternehmen erfolgt zu einem wesentlichen Teil durch Fremdkapital. Für die Fremdkapitalvergabe von Banken ist aber ab 01.01.2007 -mit Übergangsregelung ab 2008 spätestens- 'Basel II' zu beachten. Wie durch die Tabelle 1.1 deutlich wird, bringen insbesondere Personengesellschaften und Einzelunternehmen ein sehr geringes Haftungskapital in Form von Eigenkapital auf. Folglich ist Fremdkapital, überwiegend in Form von Bankkrediten, die mit Abstand wichtigste Finanzierungsquelle.[1]

	Jahr	alle Rechtsformen	Kapitalgesellschaften	Personengesellschaften	Einzelunternehmen
Fremdkapitalquote $= \frac{\text{Fremdkapital}}{\text{Gesamtkapital}}$ in GE/GE	1996	0,831	0,769	0,885	1,063
	1998	0,824	0,758	0,878	1,090
	2000	0,818	0,760	0,880	1,100
Eigenkapitalquote $= \frac{\text{Eigenkapital}}{\text{Gesamtkapital}}$ in GE/GE	1996	0,169	0,231	0,115	-0,063
	1998	0,176	0,242	0,122	-0,090
	2000	0,172	0,230	0,110	-0,100

Tab. 1.1: Eigenkapital- und Fremdkapitalquoten verschiedener Gesellschaftsformen für die Jahre 1996 - 2000

Quelle: Eigene Berechnungen aus den Werten der Tabelle der Deutsche Bundesbank (April 2003), Seite 68 und Deutsche Bundesbank (Dezember 2001), Seiten 66 f.

Hierdurch werden sich sehr wahrscheinlich die Basel II-Regelungen schon allein aufgrund der Kapitalgewichtung in besonderer Weise auf die Möglichkeiten und die Konditionen der Fremdfinanzierung von Unternehmen auswirken.

Die Wichtigkeit der Banken für die Unternehmensfinanzierung zeigt sich an den von ihnen an inländische Unternehmen ausgegebenen Krediten, die im November 2004 ein Volumen von

[1] Obschon für das von den Gesellschaftern regelmäßig eingebrachte Privatvermögen keine Daten vorliegen, so daß vor allem für kleine und mittlere Unternehmen nur vage Aussagen über deren tatsächliche Eigenkapitalverhältnisse getroffen werden können, ist aus den Daten bereits auf eine Unterversorgung des deutschen Mittelstandes mit Eigenkapital zu schließen. Der Umstand der Nicht-Berücksichtigung des Privatvermögens wird auch durch die negativen Eigenkapitalquoten deutlich, die auf eine Überschuldung der Einzelunternehmen deuten würden.

ca. 1.226 Milliarden Euro erreichten, im langfristigen Bereich ca. 860 Milliarden Euro.[2] Im Vergleich dazu betrug der geplante Bundeshaushalt der Bundesrepublik Deutschland lediglich 251,2 Milliarden Euro für das Jahr 2004. Er hatte damit 1/5 des Kreditvolumens der Banken.[3]

Die nachstehende Tabelle 1.2 gibt in Ergänzung zu den bisherigen Ausführungen einen nach Gesellschaftsformen differenzierten Überblick über den Anteil der Bankkredite an den langfristigen Verbindlichkeiten von Unternehmen, sie verdeutlicht wiederum die herausragende Stellung der Finanzierung über Bankkredite in Deutschland.[4] Der Anteil langfristiger Bankverbindlichkeiten an den langfristigen Verbindlichkeiten beträgt für Personengesellschaften durchschnittlich ca. 59% und für Einzelunternehmen sogar ca. 88%, was unweigerlich zu erhöhten Ausfallrisiken bei Banken wegen zu geringer Haftungsmasse führen muß. Während für Einzelunternehmen der Anteil im Zeitablauf als konstant angesehen werden kann, ist er für die übrigen Rechtsformen stetig gestiegen.

	Jahr	alle Rechtsformen	Kapitalgesellschaften	Personengesellschaften	Einzelunternehmen
langfr. Bankverb / langfr. Verb. in GE/GE	1994	0,647	0,589	0,549	0,873
	1996	0,643	0,574	0,548	0,877
	1998	0,653	0,597	0,553	0,882
	2000	0,674	0,623	0,589	0,879

Tab. 1.2: Anteil langfristiger Bankverbindlichkeiten an den langfristigen Verbindlichkeiten

Quelle: Eigene Darstellung, die grundlegenden Werte zur Berechnung der Verhältniszahlen entstammen: Deutsche Bundesbank (April 2003), Seite 64 und Deutsche Bundesbank (Dezember 2001), Seiten 66 f.

Die Höhe der Kreditvergabe von Banken an Unternehmen wird aufgrund gesetzlicher Vorschriften in mehrfacher Hinsicht reguliert, so daß die Finanzierung von Investitionen über Bankkredite nicht unbegrenzt erfolgen kann. Das maximale Gesamtkreditvolumen einer Bank ist u.a. durch den § 10 KWG i.V.m. Grundsatz I vorgegeben. Hierdurch wird die Kreditvergabe an das ausgewiesene aufsichtsrechtliche Eigenkapital der Banken gebunden. Die Überarbeitung dieser Regelungen ist fortlaufend im neuen Basler Akkord (Basel II) erfolgt, der

2 Vgl. für die Zahlen die Zeitreihenanalyse der Deutschen Bundesbank unter http://www.bundesbank.de/stat/zeitreihen (2004).
Kurzfristige Verbindlichkeiten sind durch eine Laufzeit kürzer als ein Jahr, langfristige durch eine Laufzeit länger als ein Jahr gekennzeichnet.

3 Vgl. Bundesministerium der Finanzen (2004), Seite 1.

4 Als langfristige Verbindlichkeiten gelten Verbindlichkeiten mit einer Ursprungslaufzeit von größer einem Jahr.

durch eine Verordnung über die angemessene Eigenmittelausstattung (Solvabilität) von Instituten - Solvabilitätsverordnung (SolvV) - in nationales Recht überführt werden soll. Mit Einführung dieser Regelungen in deutsches Recht ist eine weitere Reduktion des möglichen Kreditvolumens aufgrund der Erhöhung der Eigenkapitalunterlegungspflicht für Kredite mit höherem Ausfallrisiko zu erwarten.[5]

Als Folge der hohen Unternehmensverschuldung ist gerade im Zusammenwirken mit der Abschwächung des weltwirtschaftlichen Wachstums eine in den letzten Jahren stetig gestiegene Zahl von Unternehmensinsolvenzen festzustellen. Während in den USA spektakuläre Konzernzusammenbrüche (bspw. Enron) auftraten, ist in Deutschland vor allem der mittelständische Unternehmenssektor in Abhängigkeit von der Rechtsform in unterschiedlicher Weise betroffen. Wie aus der nachstehenden Tabelle 1.3 ersichtlich ist, sind die eröffneten Insolvenzverfahren insbesondere bei Einzelunternehmen um über das Fünffache von 1.964 Verfahren im Jahre 1999 auf 10.803 Verfahren im Jahre 2003 gestiegen. Auch für die Rechtsform der Aktiengesellschaften und Kommanditgesellschaften auf Aktien ist ein erheblicher Anstieg um das Fünffache zu verzeichnen. Im Vergleich zu den Einzelunternehmen ist für das Jahr 2003 jedoch ein Rückgang der Insolvenzzahlen gegenüber dem Jahr 2002 zu erkennen. Es wäre zu prüfen, in welcher Weise Insolvenzen durch Finanzierungsfehler der Unternehmen oder aber durch veränderte Kreditvergaben durch Banken ausgelöst wurden und welche Reaktionsmöglichkeiten darauf den Unternehmen zur Verfügung stehen.

	1999	2000		2001		2002		2003	
	absolut	absolut	%	absolut	%	absolut	%	absolut	%
Einzelunternehmen, Freie Berufe, Kleingewerbe u.Ä.	1.964	3.100	57,84	4.125	33,06	9.413	128,19	10.803	14,77
OHG, KG	179	207	15,64	223	7,73	272	21,97	284	4,41
GmbH und Co. KG	759	844	11,20	1.059	25,47	1.320	24,65	1275	-3,41
GbR	116	181	56,03	236	30,39	313	32,63	374	19,49
GmbH	6.345	7.059	11,25	8.517	20,65	9.518	11,75	9.765	2,60
AG bzw. KGaA	59	113	91,53	332	193,81	442	33,13	327	-26,02
Sonstige Rechtsformen	142	169	19,01	154	-8,88	235	52,60	232	-1,28

Tab. 1.3: Eröffnete Insolvenzverfahren nach Rechtsform und prozentuale Veränderungen zum Vorjahr
Quelle: Statistisches Bundesamt (2005).

5 Vgl. Müller, Stefan; Brackschulze, Kai; Ordemann, Tammo (2005), Seite 121.

Auch nach dem gemäßigten weltwirtschaftlichen Aufschwung der letzten beiden Jahre, dem die deutsche Wirtschaft nur im Jahre 2006 folgen konnte, ist die Anzahl an Unternehmensinsolvenzen in Deutschland im Zeitvergleich sehr hoch. Dieses hat selbstverständlich Auswirkungen auf die Kreditvergabe durch Banken. Die zunehmende Anzahl von Zahlungsausfällen bewirkt in der Regel eine restriktivere Kapital-Vergabepolitik sowohl für zusätzliches Eigenkapital als auch für Fremdkapital. Deshalb ist die Konkurrenz auf der Nachfrageseite stetig gestiegen. Der Vorgriff der Banken auf Basel II und die ab 2002 in der Einführung befindlichen Mindestanforderungen an das Kreditgeschäft der Kreditinstitute (MaK) leisten hierzu einen Beitrag.[6] Zudem müssen deutsche Unternehmen im Inland mit ausländischen Firmen bei der Kapitalaufnahme auch auf dem nationalen Geld- und Kapitalmarkt konkurrieren. Auch bei der Erschließung neuer Finanzierungsquellen im Ausland stehen sie wiederum in Konkurrenz zu ausländischen Unternehmen. In diesem Wettbewerb sind vor allem kleine und mittlere Unternehmen bedingt durch ihre Unternehmensgröße und deren in der Vergangenheit verfolgte Finanzierungspolitik benachteiligt.[7]

Die Unternehmensgröße hat Einfluß auf die Kosten der Kapitalbeschaffung. Zum einen führt die geringere Verhandlungsmacht zu höheren absoluten Kapitalkosten, zum anderen sind die Kosten je Geldeinheit des aufgenommenen Kapitals für kleinere Unternehmen höher, weil die fixen Kosten der Kapitalbeschaffung einem niedrigen Kapitalvolumen gegenüberstehen. Zudem können sich kleine und mittelgroße Unternehmen aufgrund der geringen Unternehmensgröße und der damit einhergehenden unverhältnismäßig hohen Kosten für Kapitalaufnahmen kein zusätzliches Kapital direkt auf dem Geld- und Kapitalmarkt beschaffen. Sie sind deshalb auf Banken angewiesen. Für deutsche Unternehmen wird deshalb auch zukünftig der Bankkredit mit Abstand die wichtigste externe Finanzierungsart bleiben.

Die überwiegende Deckung des Kapitalbedarfs in der Vergangenheit durch Fremdkapital hat insbesondere bei kleinen und mittleren Unternehmen zu einem hohen Verschuldungsgrad, definiert als Verhältnis aus Fremdkapital zu Eigenkapital, geführt.[8] Dieser ist ein häufig ver-

6 Vgl. für einen Überblick der MaK bspw. Bosch, Robert; Weber, Franz (2003), Seiten 45 ff.

7 Kleine und mittlere Unternehmen sollen hier durch die von der Europäischen Kommission formulierten Merkmale gekennzeichnet sein: weniger als 50 Mitarbeiter und Jahresumsatz von höchstens 50 Mio. Euro oder Jahresbilanzsumme höchstens 43 Mio. Euro.
Vgl. EU Kommission: KMU-Definition vom 06.05.2003, ABl. der EU L 124/36.
Für qualitative Kriterien vgl. bspw. Hundt, I.; Neitz, B.; Grabau, F.(2003), Seite 2, oder Brockhaus, M. (2002), Seite 19. Für Vorteile von KMU gegenüber Großunternehmen siehe bspw. Fischer, H. (2003), Seite 162 ff. Eine Unterscheidung zwischen traditionellen und inoovativen mittelständischen Unternehmen gibt Zimmermann, Gebhard; Wortmann, Andre (2001), Seite 163.

8 Vgl. für die Eigenkapitalquote in Abhängigkeit zur Unternehmensgröße Paul, S.; Stein, S. (2002), Seite 131.

wendeter Indikator für das Risiko aus der Kreditvergabe, der schon allein bei risikoabhängigen Kapitalkosten zu Problemen bei der Kapitalversorgung führt.

Die niedrigen Eigenkapitalquoten der inländischen mittelständischen Wirtschaft, die zum Großteil als Personengesellschaften oder Einzelunternehmen firmieren, lassen vor dem Hintergrund von Basel II steigende Kapitalkosten oder Kapitalrationierungen für Kapitalüberlassungen an diese Unternehmen erwarten.[9] Deshalb ist das Eigenkapital, welchem als Haftungs- und Sicherungsmasse eine hohe Bedeutung zugemessen wird, zu erhöhen, um den Verschuldungsgrad zu senken.

Die durch die allgemeine wirtschaftliche Lage hervorgerufenen Effekte der Kapitalrationierung und die risikosensitivere Kapitalkostenberechnung für Bankkreditvergaben werden über die §§ 18, 19 und 21 KWG verstärkt, in denen der Begriff des Kredites und die Offenlegung der wirtschaftlichen Verhältnisse der Kreditnehmer geregelt sind. Auch § 10 KWG in Verbindung mit Grundsatz I, in denen die Mindesthöhe des haftenden Eigenkapitals für Banken vorgegeben ist, wirkt durch die Berechnungsweise für Risiken aus der Kreditvergabe in dieselbe Richtung.

Kreditinstitute sind verpflichtet, für eingegangene Risiken "angemessenes Eigenkapital" nachzuweisen.[10] Insbesondere die Ermittlung des Risikos aus dem Kreditgeschäft und dessen Eigenkapitalunterlegung sind gesetzlich streng geregelt.[11] Eine wesentliche Schwäche der gültigen Regelung des § 10 KWG in Verbindung mit Grundsatz I ist aber die Zusammenfassung der Kredite in relativ große kreditarten- und kreditnehmer-spezifische Klassen, in denen unternehmensindividuelle Risiken nicht erfaßt werden können. Deshalb mußten bislang Kredite an Unternehmen schlechter Bonität mit Krediten an Unternehmen guter Bonität in derselben Bonitätsklasse zusammengefaßt werden. "Schlechte Risiken" werden somit quersubventioniert.

Die nun durch den Baseler Ausschuß vorgelegte Neuregelung der Eigenkapitalunterlegungspflicht für Kreditinstitute bezweckt im wesentlichen die individuelle Berechnung des haftenden Eigenkapitals in Abhängigkeit vom Risiko des Einzelkredites.[12] Hieraus ergibt sich die Notwendigkeit der „Bewirtschaftung des Eigenkapitals" durch Banken, indem für höhere

[9] Vgl. bspw. Börner, Anton (2002) Seite 212.
[10] Vgl. § 10 Absatz 1 Satz 1 KWG.
[11] Vgl. Grundsätze über die Eigenmittel und die Liquidität der Kreditinstitute in der Fassung von 20. Januar 1969, zuletzt geändert durch Bekanntmachung vom 20. Juli 2000.
[12] Vgl. unter anderem Deutsche Bundesbank (2004), Seite 75.

Kreditrisiken höhere Zinssätze aufgrund der Haltung eines höheren Eigenkapitalbedarfs gefordert werden müssen.

Die neuen Regelungen für Kreditinstitute zur Risikoerfassung und die daraus abgeleitete risikoabhängige Berechnungsweise der Kreditzinssätze tangiert die Unternehmensfinanzierung im weitesten Sinne. Bereits die Eigenkapitalunterlegungspflicht der Banken führt zur Entstehung von Opportunitätskosten, weil die per Kreditvergabe gebundenen Mittel nicht für andere Geschäfte verwendet werden können. Die Höhe der bankmäßig zu verleihenden Gelder wird außerdem durch die Höhe des haftenden Eigenkapitals insgesamt begrenzt. Unter der Annahme, daß Kreditinstitute den Kosten für die Refinanzierung der Forderungen die Kosten der Eigenkapitalbereitstellung und des eingegangenen Risikos in Höhe der erwarteten Verluste zuschlagen, erhöhen sich u.a. mit steigender Eigenkapitalunterlegungspflicht der Kreditinstitute deren Opportunitätskosten und damit der kalkulatorische Kreditzinssatz. Hieraus ergibt sich wiederum, daß die Kapitalkosten, darunter auch die Fremdkapitalkosten, Gegenstand der Unternehmensplanung sein müssen.[13]

Die nachstehende Abbildung 1.1 verdeutlicht grob die zur Zeit bestehende Kreditzinspolitik der Banken, die üblicherweise zu keiner bzw. nur zu einer geringen Abhängigkeit der Fremdkapitalkosten von Unternehmen vom durchgeführten Investitions- und Finanzierungsprogramm führt. Die Abbildung zeigt im Vergleich die neu zu erwartende Zinspolitik, die eine direkte Abhängigkeit von Kapitalkosten und realisiertem Investitions- und Finanzierungsprogramm enthält. Dabei steht der Verschuldungsgrad auf der Abszisse als Indikator für das Risiko aus der Kreditvergabe an Unternehmen. Nach der alten Regelung werden häufig Kredite unterschiedlichen Ausfallrisikos zu einem einheitlichen Zinssatz vergeben (Kurve A), wie die Parallele zur Abszisse verdeutlicht. Erst ab einer bestimmten Risikohöhe wird der Zinssatz für die Kreditvergabe durch die Banken angepaßt.[14] Die neue Regelung durch Basel II führt zu einer Spreizung der Kreditkonditionen gemäß Funktionsverlauf B. Für niedrige Risiken aus der Kreditvergabe wird ein geringerer Zinssatz veranschlagt als für höhere Risiken. Hieraus läßt sich ersehen, daß es für die Unternehmen interessant sein kann, die gesamte Fremdfinanzierung und den Sicherheitenbestand an die veränderten Kreditvergabemodalitäten optimal anzupassen, um die Kosten aus einer Kreditaufnahme möglichst gering zu halten.

---

13 Vgl. Meyer, J.; Lorenzen, K. (2003), Seite 361.
Diese Planungen sollten bereits vor der Einführung von Basel II durchgeführt werden, um sich auf Basel II vorzubereiten. Vgl. hierfür Pleister, C. (2002), Seite 881.

14 Vgl. Schmeisser, Wilhelm, Mauksch, Carola (2005), Seite 296.

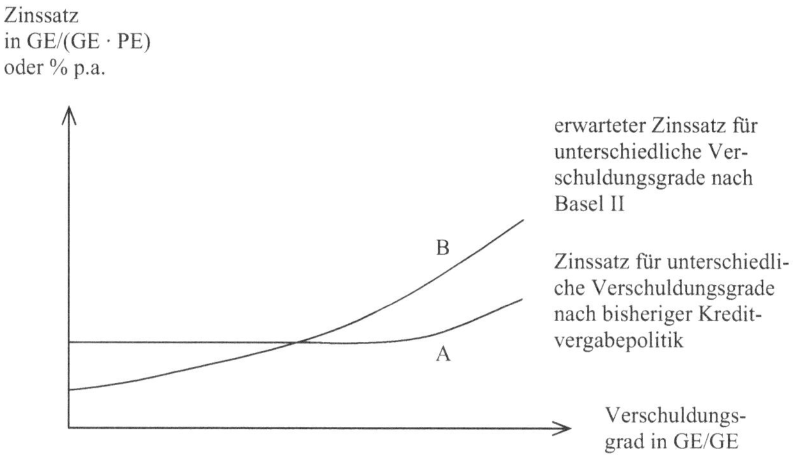

Abb. 1.1: Kreditzinssatz für Bankkredite in Abhängigkeit vom Verschuldungsgrad

Da für kleine und mittlere Unternehmen aufgrund des im Durchschnitt hohen Verschuldungsgrades gemäß Tabelle 1.1 eine schlechte Bonitätsbeurteilung zu erwarten ist, haben diese Unternehmen mit den höchsten Steigerungsraten der Kreditkosten zu rechnen. Die nachfolgende Ratingverteilung[15] der Abbildung 1.2 bestätigt die aus der hohen Verschuldung resultierende relativ schlechte Bonitätsbeurteilung von kleinen und mittleren Unternehmen. Der Großteil der Unternehmen ist mit über 40% den schlechteren Ratingklassen B++ bis BB zuzuordnen. Nach den Zuordnungskriterien von Basel II ergibt sich daraus das zweitschlechteste Bonitätsgewicht mit der Folge von risikoabhängigen Zinszuschlägen.[16] In einer Untersuchung der deutschen Bundesbank wird für kleinere Unternehmen bereits eine restriktivere Kreditpolitik der Banken festgestellt.[17]

15 Als Rating sollen im folgenden zunächst sowohl alle Verfahren bezeichnet werden, die zu einer Beurteilung des Ausfallrisikos von Krediten verwendet werden, als auch das Ergebnis dieser Bonitätsbeurteilungen. Eine genauere Klassifizierung wird im Kapitel 4 angeführt.

16 Vgl. für die Risikogewichte nach Bonitätsklassen im Kapitel 3 die Tabelle 3.1, für die Bedeutung der Symbole zur Ermittlung der Bonität das Kapitel 3.
Vgl. Becker, B.; Brackschulze, K.; Müller, S. (2004), Seite 745 f.

17 Vgl. Haunschild, Ljuba (2004), Seiten 9 f., bzw. im Original Deutsche Bundesbank (2002), Seiten 31 - 47.

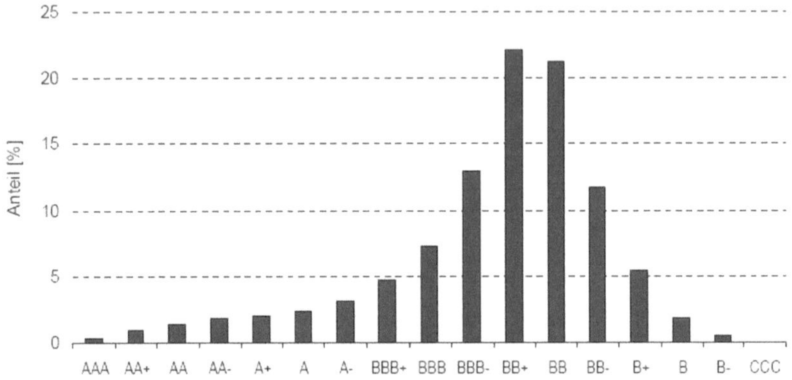

Abb. 1.2: Ratingverteilung für Kleine und Mittlere Unternehmen
Quelle: KfW Bankengruppe (2003), Seite 76.

Eine abschließende Aussage über die mögliche Veränderung der Kreditkonditionen für mittelständische Unternehmen ist jedoch nicht möglich, weil

- Basel II nicht in die Preiskalkulation der Banken eingreift,
- bereitzustellendes Risikokapital (ökonomisches Kapital) und bankaufsichtlich gefordertes Kapital voneinander abweichen können,
- der Eigenkapitalkostensatz der Banken neben der Eigenkapitalhöhe einen Einfluß auf den Kreditpreis hat und
- eine wettbewerbsorientierte Preisgestaltung im Bankenbereich vorherrschend ist.[18]

Gegenwärtig wird insbesondere von mittelständischen Unternehmen die Finanzierung überwiegend noch als reine Kapitalbeschaffung angesehen, die lediglich die Durchführung geplanter Investitionen ermöglichen soll. Die Betrachtungsweise wäre jedoch unter den neuen Rahmenbedingungen von Basel II zu einer simultanen Optimierung von Finanzierung und Investition zu erweitern. Neben der betriebswirtschaftlichen Frage nach dem optimalen Investitionsprogramm muß nun die Optimierung der Unternehmensfinanzierung unter Berücksichtigung der Interdependenzen zwischen den Investitionen und dem Finanzierungsmitteleinsatz aufgrund der Komplexität der Problemstellung simultan erfolgen.[19] Durch die optimale Gestaltung der Kapitalstruktur, der Sicherheitenbestände für Fremdfinanzierung und des Investitionsprogramms im Hinblick auf ihre Bonitätsbeurteilung können Kreditnehmer ihren Kreditkostensatz eindeutig beeinflussen. Bei gegebenem Investitionsprogramm wäre bei ausschließ-

[18] Vgl. Schöning, Stephan (2004), Seite 131.
[19] Zu den Voraussetzungen für die Gewährleistung eines Bankdarlehens vgl. z.B. Paul, S.; Stein, S. (2002), Seite 18, und KfW (2002).

licher Betrachtung der Finanzierung nur die Passivseite der Bilanz zu optimieren. Investitions- und Finanzierungsalternativen sind jedoch **simultan** zu berücksichtigen, da die Höhe der Finanzierungskosten Einfluß auf die Höhe der Investitionsvolumina und deren Zusammensetzung hat. Weitere Einflußgrößen ergeben sich aus der Verteilung der zur Verfügung stehenden Sicherungsmittel, die das Risiko aus jeder einzelnen Kreditvergabe des Kreditinstitutes senken können und damit die Fremdkapitalkosten vermindern. Damit sind zum einen vorhandene Sicherungsmittel in der Optimierung der Unternehmensfinanzierung zu berücksichtigen, zum anderen dienen die Investitionsobjekte selbst wiederum als Sicherungsmittel, beispielsweise in der Form der Sicherungsübereignung. Unternehmerische Aufgabe ist deshalb die optimale Strukturierung der aufzunehmenden Fremdmittel und des Sicherheitenbestands mit dem Ziel der Minimierung der Fremdkapitalkosten.

1.2 Ziel der Untersuchung

Das Ziel dieser Arbeit ist die Erarbeitung von Planungsansätzen zur gesamtoptimalen Bestimmung eines Investitions- und Finanzierungsprogramms für Unternehmen unter Berücksichtigung der Zinskalkulationen, wie sie nach gegenwärtigem Erkenntnisstand aufgrund von Basel II zukünftig zu erwarten sind. Unter anderem sollen die Finanzierungskosten durch die optimale Aufteilung der Sicherheiten auf mehrere Kredite eines Finanzierungsprogramms minimiert werden. Im Ergebnis ist hierdurch die optimale Kapitalstruktur **dynamisch** auszuweisen.

Wie noch zu zeigen sein wird, ist die Verwendung von reinen Finanzierungsmodellen theoretisch angreifbar. Deshalb erfolgt die Modellierung zunächst auf der Basis eines einfachen Investitionsmodells in der von Hax entwickelten Form.[20] Zur Komplexitätsreduktion werden Investitionen vereinfachend betrachtet, um die in der Literatur vor-geschlagenen Ausformulierungen der Finanzierungsseite wesentlich erweitern zu können.

Unter Berücksichtigung verschiedener möglicher Unternehmenszielsetzungen wie Gewinnmaximierung, Unternehmenswertmaximierung, Arbeitsplatzsicherung usw. soll mit Hilfe des in Kapitel 6 zu entwickelnden vollständigen Investitions- und Finanzierungsmodells gezeigt werden, daß auch die Maximierung der Bonität zwecks Minimierung der Kapitalkosten nicht automatisch zur optimalen Zielerreichung führt. Es existiert offensichtlich eine „optimale Bonitätsbeurteilung" eines Kreditnehmers in Abhängigkeit von verschiedenen Variablen, wie

[20] Vgl. für die Modellierung eines einfachen Modells Hax, Herbert (1964), Seiten 430 - 446. Für eine einführende Darstellung sei auf die Kapitel am Ende dieser Arbeit verwiesen.

beispielsweise die bereits realisierten Investitionsobjekte, verfügbare Kredite und Sicherheiten.

1.3 Gang der Untersuchung

Im Grundlagenteil wird zunächst die bis 31.12.2006 gültige Regelung der Eigenkapitalunterlegungspflicht der Banken dargestellt, die während der Übergangsfrist für die Einführung von Basel II bis 01.01.2008 weiterhin angewendet werden kann. Dabei ist einführend auch auf Ratingverfahren einzugehen, die auch die Risikosteuerung der Banken beeinflussen. Danach werden banklübliche Kalkulationsverfahren für Kreditzinssätze und Besonderheiten von Basel II dargestellt, die letztlich die Kosten der Fremdfinanzierung der Unternehmen bestimmen.

Im Anschluß daran werden die für die Mittelstandfinanzierung relevanten Neuregelungen des Basler Konsultationspapiers für die Eigenkapitalunterlegungspflicht von Kreditinstituten explizit herausgearbeitet. Obwohl der Einfluß von Basel II vorrangig aus Unternehmenssicht analysiert werden soll, ist die Darstellung des Konsultationspapiers unumgänglich, denn erst die Kenntnis der Berechnungsweise der kostenverursachenden Eigenkapitalunterlegung von Banken ermöglicht der kreditnehmenden Unternehmung eine aktive Bonitätsgestaltung mit dem Ziel der Kapitalkostenminimierung. Die Parameter der Kreditkosten sind hierfür zu bestimmen und deren Wirkungsweise auf den Kapitalkostensatz zu analysieren. Eine detailliertere, über das einführende Kapitel hinausgehende Darstellung des Konsultationspapiers erfolgt im dritten Kapitel.

Wesentlich für die Bestimmung des optimalen Investitions- und Finanzierungsprogramms sind damit auch die Verfahren zur Bonitätsbeurteilung, die aus diesem Grund im 4. Kapitel beschrieben werden. Denn nur wenn die bewertungsrelevanten quantitativen und qualitativen Einflußfaktoren und deren Gewichtung auch den Unternehmen bekannt sind, können diese durch unternehmerische Gestaltung das Bonitätsergebnis beeinflussen.

Die Aufteilung von vorhandenen Sicherheiten auf die aufgenommenen Kredite kann bei gegebenen Investitions- und Finanzierungsprogrammen bereits eine Reduzierung der Fremdkapitalkosten bewirken. Die im Konsultationspapier genannten Sicherungsarten und die Berücksichtigung von deren jeweiligen Anrechnungsgrenzen werden in Kapitel 5 thematisiert. Darauf aufbauend wird die Verwendung von Sicherheiten derart modelliert, daß ein vollständiges lineares Modell als Planungsinstrument entsteht.

Im Kapitel 6 werden zunächst verschiedene Modelltypen zur simultanen Investitions- und Finanzierungsplanung auf die Tauglichkeit zur Ableitung eines optimalen Programms analysiert, bevor ein einfaches Investitions- und Finanzierungsmodell vorgestellt wird, welches die wesentlichen benötigten Variablen und Schnittstellen für die Aufnahme der Besonderheiten nach der Einführung von Basel II enthält. Im Anschluß daran wird die Kalkulation der Kreditkosten in das Modell aufgenommen, so daß eine simultane Optimierung des Investitions- und Finanzierungsprogramms unter Berücksichtigung der risikoabhängigen Eigenkapitalunterlegungspflicht der Banken erfolgen kann. Durch die Gestaltung des Investitions- und Finanzierungsprogramms sind Einflußnahmen auf die Bonitätsbeurteilung und den zu erwartenden Kreditzins möglich. Dieser ist deshalb nicht mehr exogen gegeben, sondern im Investitions- und Finanzierungsprogramm simultan mit den übrigen Variablen zu berechnen.

Zum Schluß wird in Kapitel 7 das in Kapitel 6 vorgestellte Modell zur simultanen Investitions- und Finanzierungsplanung unter Verwendung eines Zahlenbeispiels zur Untersuchung seiner Praxistauglichkeit benutzt. Vergleichsrechnungen zeigen, daß es für Unternehmen auch optimal sein kann, nicht die höchste Bonitätsstufe zu erreichen, sondern in eine niedrigere Ratingklasse eingeordnet zu werden, weil dadurch der Zielfunktionswert maximal wird.

Ein Ausblick auf weitere Gestaltungsmöglichkeiten, des in Kapitel 6 vorgestellten Modells schließt sich in Kapitel 8 an.

2 Grundlagen zur Verfahrensweise der Kreditvergabe von Banken

Die zu erwartende Verschlechterung der Kapitalbeschaffungsmöglichkeiten von Unternehmen aufgrund zahlreicher Neuregelungen im Kreditwesen ist im einführenden Teil bereits beschrieben worden. Aufgrund der hohen Bedeutung von Bankkrediten für die Finanzierung des deutschen Mittelstandes sollen in diesem Kapitel nun die Grundlagen des Kreditgeschäftes von Banken knapp dargestellt werden, um einen einführenden Überblick über deren Kreditvergabeprozeß zu geben, der durch Basel II geändert werden wird. Wesentlich ist dabei die geforderte Risikoabhängigkeit des Kreditzinssatzes.

2.1 Prüfungspflicht der Kreditwürdigkeit und Kreditfähigkeit des Kreditnehmers

Der Bankensektor ist vermutlich der am stärksten reglementierte Wirtschaftsektor der deutschen Volkswirtschaft. Aufgrund der herausragenden Bedeutung der Finanzierungsfunktion der Kreditinstitute und deren Verflechtung würde deren Zusammenbruch aufgrund von Bankenschieflagen die Gefahr des Zusammenbruchs des gesamten Finanzsektors und damit der gesamten Volkswirtschaft bewirken. Die Krise in Japan Ende der 90er Jahre, die ausgehend vom Bankensektor auch die übrige Wirtschaft negativ beeinflußte, ist ein Beispiel für die enge Verknüpfung von wirtschaftlichen Entwicklungen des Bankensektors mit der Gesamtwirtschaft. Besonders das Kreditgeschäft der Banken unterliegt deshalb strikten Reglementierungen, da hierin ein hohes Risikopotential gesehen wird. Im Extremfall kann die Bank als Folge von Verlusten aus Wertberichtigungen für notleidende Kredite oder Abschreibungen auf Kredite die Kundeneinlagen nicht zurückzahlen. Bereits Insolvenzgerüchte führen zu einem hohen ungeplanten Auszahlungsbedarf und damit zur Zahlungsunfähigkeit einer Bank. Deshalb ist die Prüfung der Kreditwürdigkeit von Kreditnehmern gesetzlich vorgeschrieben. Die Prüfung der Kreditunterlagen ergibt sich aber nicht nur aus der gesetzlichen Verpflichtung über § 18 KWG, sie ist auch aus betriebswirtschaftlicher Sicht notwendig. Zum einen entstehen durch Kreditausfälle direkte Verluste, zum anderen schaden Ausfälle auch dem Ansehen der Bank, denn ein Kreditausfall zeugt in der Regel von der Fehleinschätzung der wirtschaftlichen Situation des Kreditnehmers und damit von fehlender Kompetenz des Kreditgebers.[21] Es wird demzufolge ein negativer Zusammenhang zwischen Kreditausfällen und Kundenneuanlagen einer Bank vermutet, da Kunden befürchten müssen, daß ihre Einlagen nicht zurückgezahlt werden können. Das Refinanzierungspotential korreliert also negativ mit dem Ausfallrisiko der Aktivpositionen der Banken.

---

[21] Vgl. Rösler, Peter; Mackenthun, Thomas; Pohl, Rudolf (2002), Seiten 147 f.

Die gesetzlichen bzw. aufsichtsrechtlichen Vorschriften für die Banken zur Kontrolle des Risikos aus dem Kreditgeschäft sind vielfältig. Zentral sind neben dem § 18 KWG, in dem die Notwendigkeit zur Offenlegung der wirtschaftlichen Verhältnisse des Kreditnehmers festgelegt wird, der § 10 KWG in Verbindung mit Grundsatz I (G I), der die Eigenkapitalhöhe der Banken für Risiken festlegt, und die §§ 13 und 14 KWG, in denen die Höhe der Kreditvergabe an einzelne Kreditnehmer begrenzt wird. Dem Eigenkapital wird dabei eine im Gesetz genau definierte Risikobegrenzungsfunktion zugemessen.

In verschiedenen Rundschreiben werden die in § 25a KWG angeführten Vorschriften für organisatorische Pflichten der Institute ergänzt. Neben den zuletzt eingeführten Mindestanforderungen an das Kreditgeschäft der Kreditinstitute sind bereits in der Vergangenheit weitere Mindestanforderungen veröffentlicht worden. Zu ihnen zählen:

- Mindestanforderungen an das Betreiben von Handelsgeschäften und die
- Mindestanforderungen an die Ausgestaltung der Internen Revision.

Aktuell werden Mindestanforderungen an das Risikomanagement (MaRisk) diskutiert, die zusammenfassend einen Vorgriff auf dem Weg zur Implementierung von Basel II enthalten.[22]

Für diese Arbeit sind insbesondere die Vorschriften zur Offenlegung der wirtschaftlichen Verhältnisse und die Bestimmungsweise des haftenden Eigenkapitals von Interesse. Letztere wird durch Basel II erneuert.

2.1.1 Offenlegungspflicht der wirtschaftlichen Verhältnisse der Kreditnehmer

Ein wesentlicher Bestandteil im Kreditvergabeprozeß der Banken ist die gesetzliche Verpflichtung zur Feststellung der Kreditwürdigkeit und Kreditfähigkeit des Kreditnehmers durch § 18 KWG.[23] Dieser verpflichtet die Banken, vom Kreditnehmer die Offenlegung der wirtschaftlichen Verhältnisse zu fordern, wenn der Kreditbetrag 250.000 Euro überschreitet. In § 18 Satz 2 und 4 KWG in Verbindung mit § 20 Abs. 2 Nr. 1 Buchstaben b-d KWG sind Ausnahmen von dieser Offenlegungspflicht geregelt. Die in dieser Arbeit zu betrachtenden Mittelständler sind folglich verpflichtet, ihre wirtschaftlichen Verhältnisse offenzulegen. Unterschreitet der Kreditbetrag jedoch die Grenze von 250.000 Euro, entfällt zwar die gesetzliche Verpflichtung, auf freiwilliger Basis wird auch bei kleineren Kreditbeträgen durch die Banken gemäß § 18 KWG verfahren, um eine Bonitätsbeurteilung des Kreditnehmers durch-

---

22 Für den Inhalt der Mindestanforderungen siehe die Rundschreiben auf den Internetseiten der Bundesanstalt für Finanzdienstleistungsaufsicht.

23 Vgl. für die Unterscheidung von Kreditfähigkeit und Kreditwürdigkeit Rolfes, Bernd (1999), Seite 341.

führen zu können, die nun auch durch Basel II gefordert wird. Das Ziel ist u.a. die Auswertung der eingereichten Unterlagen als Grundlage der risikoangepaßten Kreditzinssatzkalkulation.

Der für die Offenlegungsverpflichtung maßgebliche Kreditbegriff wird in § 21 KWG definiert. Für diese Arbeit sind in Anlehnung an diese Vorschrift insbesondere Gelddarlehen, von Banken vergebene Garantien an Geschäftspartner mittelständischer Unternehmen und weitere Kreditleihen relevant.[24] In der Vergangenheit war insbesondere das Geldleihgeschäft von Insolvenzen im Mittelstand betroffen. Deshalb werden Banken vermutlich in Zukunft risikosensitiver bei der Kreditvergabe agieren. Damit ist insbesondere auf den ersten Punkt der Definition nach § 21 KWG abzustellen, in dem Kredite als Gelddarlehen aller Art beschrieben werden.[25]

Nachdem die wirtschaftlichen Verhältnisse des Kreditnehmers überprüft wurden und dessen Kreditwürdigkeit festgestellt ist, müssen von der Bank die Kreditkonditionen berechnet und mit dem Kreditnehmer vereinbart werden. Hierfür ist zunächst zu berücksichtigen, in welcher Höhe vom Kreditinstitut Eigenkapital für das Risiko aus dem Kreditgeschäft nachzuweisen ist, da aus dessen Bindung Opportunitätskosten in die Zinskalkulation einzurechnen sind.[26]

2.1.2 Die Unterlegung des Kreditrisikos mit Eigenkapital

Banken sind gemäß § 10 KWG verpflichtet, das in einem normierten Berechnungsverfahren zu ermittelnde Kreditrisiko mit Eigenmitteln zu unterlegen.[27] Die Spezifizierung von § 10 KWG erfolgt im G I - Grundsatz über die Eigenmittel und die Liquidität der Institute vom 20. Januar 1969 - der zuletzt am 20.07.2000 geändert wurde. Der § 2 G I definiert die Angemessenheit von Eigenmitteln über einen Mindeststandard.

Zusätzliche Symbole:

DRM = Drittrangmittel in GE
hEK = haftendes Eigenkapital in GE
hEM = haftende Eigenmittel in GE

---

[24] Vgl. § 21 KWG. Für Ausnahmen vgl. § 21 Absatz 2 KWG.

[25] Zur Definition der unterschiedlichen Kreditbegriffe vgl. Rösler, Peter; Mackenthun, Thomas; Pohl, Rudolf (2002), Seiten 147 f.
Charakteristisch für Geldleihgeschäfte ist die Bewegung von Kapital. Bei Kreditleihgeschäften leisten die Kreditgeber lediglich ein Versprechen zur Zahlung, wenn der Kreditnehmer seinen Verpflichtungen gegenüber einem Dritten nicht nachkommt.

[26] Eine Darstellung zu den Ermittlungsverfahren der Bonität des Kreditnehmers erfolgt später in diesem Kapitel und soll hier nicht näher ausgeführt werden.

[27] Vgl. § 10 Absatz I Satz 1 KWG.

= hEK + DRM

RVA = Risikovolumen der gesamten Aktiva in GE

$$(2.1) \quad \frac{hEK}{RVA} \geq 8\,\%$$

Demnach darf das Verhältnis aus dem haftenden Eigenkapital eines Institutes und seinen gewichteten Risikoaktiva 8% nicht unterschreiten. Sind in der Bank auch Marktrisikopositionen vorhanden, muß eine weitere Bedingung (2.2) erfüllt werden.

Zusätzliche Symbole:

MR = Risikovolumen aus Marktrisikopositionen in GE

OP = Risikovolumen aus Optionsgeschäften in GE

$$(2.2) \quad \frac{hEK + DRM}{RVA + 12{,}5 \cdot (MR + OP)} \geq 8\,\%$$

Das Verhältnis aus Summe von haftendem Eigenkapital und Drittrangmitteln und der Summe aus Risikoaktiva und dem 12,5-fachen der Marktrisikopositionen und der Optionsgeschäfte muß 8% übersteigen.[28] Das Verhältnis aus haftenden Eigenmitteln und Risikopositionen wird als Solvabilitätskoeffizient (Solv) bezeichnet, es gilt Solv $\geq$ 0,08 GE/GE. Durch die Bedingung (2.1) ist das maximale Aktivgeschäft einschließlich der Kreditvergabe an den Mittelstand auf das 12,5-fache des haftenden Eigenkapitals beschränkt. Daraus ergeben sich Kapitalkosten, Opportunitätskosten des haftenden Eigenkapitals von Banken, das für andere Geschäftsarten dann nicht mehr verfügbar ist, wenn es bereits zur aufsichtsrechtlichen Risikounterlegung genutzt wird. Im folgenden sind die Determinanten der Bedingungen (2.1) und (2.2) näher zu erläutern.

2.1.2.1 Kapitalarten für die Unterlegung des Kreditrisikos

Die Definition der haftenden Eigenmittel einschließlich der darin enthaltenen Kapitalarten wird auch nach der Einführung von Basel II weitestgehend unverändert bleiben. Deshalb soll hier kurz auf die Eigenkapitalbestandteile eingegangen werden.[29]

Durch die unterschiedliche Haftungsqualität der Kapitalarten entstehen kapitalartenabhängige Kosten, die bei der Kalkulation von Kreditkonditionen berücksichtigt werden. Deshalb werden die wesentlichen Bestandteile des Haftungskapitals in der folgenden Abbildung 2.1 dargestellt.

---

28 Vgl. § 2 Absatz 2 Satz 1 G I.

29 Vgl. für Eigenkapitalbestandteile und deren Verwendung auch Hölscher, Reinhold (1998), Seiten 747 - 752.

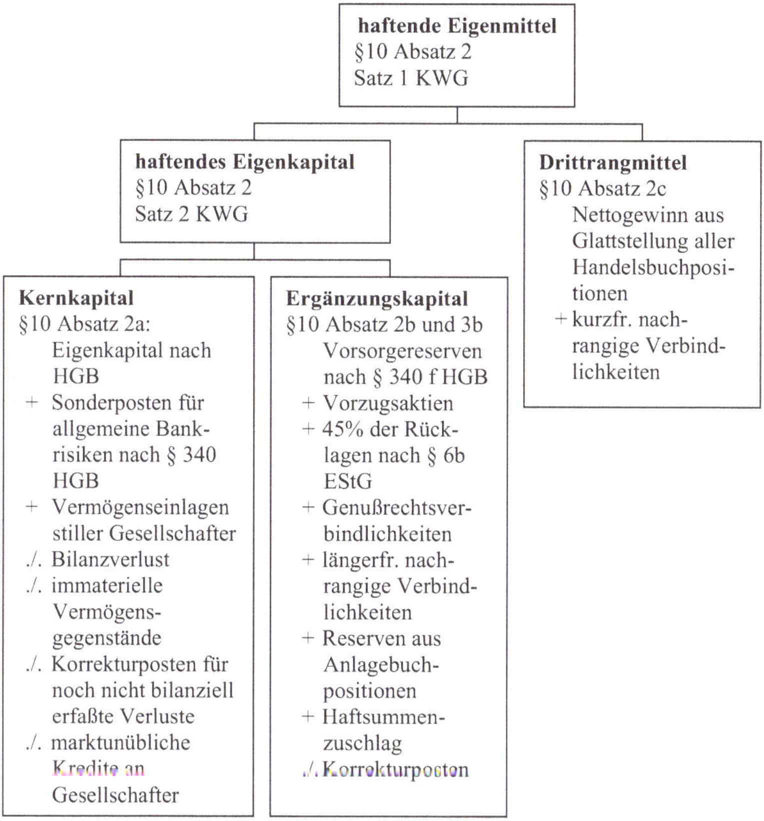

Abb. 2.1: Zusammensetzung der haftenden Eigenmittel

Die haftenden Eigenmittel bestehen aus dem haftenden Eigenkapital und den Drittrangmitteln. Das haftende Eigenkapital kann weiter in Kernkapital und Ergänzungskapital unterteilt werden.[30] Dem Kernkapital werden die höchsten Sicherungseigenschaften zugesprochen, was unter anderem durch die Begrenzung der übrigen Eigenmittelbestandteile in Abhängigkeit des Kernkapitalbestandes deutlich wird.[31]

Da Drittrangmittel keinen Eigenkapitalcharakter im Sinne des HGB aufweisen, wird ihnen unter den Eigenmitteln die geringste Haftungsqualität zugesprochen.[32] Zur Unterlegung des

[30] Vgl. § 10 Absatz 2 Satz 1 und 2 KWG.

[31] Vgl. für die Begrenzungen der Kapitalverwendung § 10 Absatz 2b Satz 2 KWG und § 10 Absatz 2c Satz 2 KWG.

[32] Dieses liegt insbesondere daran, daß die Drittrangmittel vor den Eigenkapitalgebern im Insolvenzfall befriedigt werden müssen.

Kreditrisikos dürfen die Drittrangmittel deshalb nicht verwendet werden, sie finden lediglich zur Unterlegung des Risikos aus Marktrisikopositionen und Optionspositionen Verwendung. Drittrangmittel sind demnach für die weiteren Ausführungen nicht mehr relevant. Allgemein kann angenommen werden, daß mit Abnahme des Haftungscharakters des Eigenkapitals und damit des Risikos der Kapitalgeber die Kosten für das aufgenommene Eigenkapital sinken. Das Kernkapital ist damit die teuerste, das Ergänzungskapital die günstigste Art von Haftungskapital für die Bank.

Im folgenden sind die Bestimmungen zur Berechnung des zweiten Bestandteils der Bedingung (2.2), des relevanten Risikos aus Kreditvergaben, zu betrachten.

2.1.2.2 Aufsichtsrechtliche Ermittlung des Risikos aus Kreditvergaben

Zur pauschalen Ermittlung des Risikovolumens aus einem Aktivgeschäft, einschließlich des Kreditgeschäfts, wird ein Risikogewichtungsfaktor, der von der Aufsicht im G I vorgegeben wird, mit dem Volumen des Aktivgeschäftes multipliziert.[33]

Zusätzliche Symbole:

RV_a = Risikovolumen aus einer Aktivposition a in GE

RGF_a = Risikogewichtungsfaktor für die Aktivposition a in %

V_a = bilanzielles Volumen der Aktivposition a in GE

$$RV_a = RGF_a \cdot V_a \qquad \forall a \tag{2.3}$$

Das durch Gleichung (2.3) ermittelte Risikovolumen RV_a ist mit mindestens 8% haftendem Eigenkapital von der Bank zu unterlegen, wenn die für die gesamte Aktivseite definierte Bedingung (2.1) auf Einzelgeschäfte übertragen wird. Zu den Risikoaktiva zählen gemäß § 4 G I die folgenden Positionen:

- Bilanzaktiva,
- außerbilanzielle Geschäfte,
- Swapgeschäfte,
- Termin- und Optionsgeschäfte.[34]

[33] Vgl. bspw. Rolfes, Bernd (1999), Seite 454.

[34] Eine weitere Differenzierung der Bilanzaktiva erfolgt im § 7 G I. Da für diese Arbeit das Risiko aus der Kreditvergabe wesentlich ist, soll im folgenden auf Kredite näher eingegangen werden und die übrigen Bilanzaktiva und außerbilanziellen Geschäfte nicht berücksichtigt werden.

Die für diese Arbeit relevanten Kredite an mittelständische Unternehmen sind als Bilanzaktiva zu berücksichtigen. Als Volumen der Risikopositionen (V_a) ist nach § 6 Absatz 1 G I für alle Bilanzaktiva der Buchwert maßgeblich.

Dem § 13 G I sind die Risikogewichtungsfaktoren für Risikoaktiva (RGF_a) zu entnehmen, als Standardrisikogewicht für Kredite an mittelständische Unternehmen sind 100% festgesetzt.[35] Durch die Stellung von Sicherheiten können Unternehmen jedoch das Risikogewicht der Kredite reduzieren. Sichert bspw. eine öffentlich rechtliche Stelle den Kredit durch Barsicherheiten ab, kann ein minimales Risikogewicht in Höhe von 0% erreicht werden. Realkredite, die durch Grundpfandrechte auf selbstgenutztes oder vermietetes Wohneigentum gesichert sind, erhalten ein Risikogewicht von 50%.[36] Eine Besicherung durch Derivate ist ausgeschlossen.

Die nachstehende Tabelle 2.1 zeigt zusammenfassend die alternativ möglichen Risikogewichte für Kredite gemäß § 13 G I. Die Risikoklasse III mit einem Risikogewicht in Höhe von 50% ist insbesondere für Einzelunternehmer wichtig, die ihre Kredite durch Grundpfandrechte auf das private Eigentum absichern können.

Risiko-klasse	**I**	**II**	**III**	**IV**
Risiko-gewicht	0%	20%	50%	100%
Voraus-setzung	Sicherung durch: - eine staatliche Einrichtung - Bareinlagen bei der kredit-vergebenden Bank	Sicherung durch: - Wertpapiere einer ausländischen öffentlichen Stelle - Bareinlagen bei anderen Banken - Einlagenzertifikate anderer Banken	Sicherung durch: - Grundpfandrechte auf selbstgenutztes oder vermietetes Wohneigentum	alle übrigen Kredite

Tab. 2.1: Relevante Risikogewichte für Kredite an mittelständische Unternehmen

[35] Die genauen Bezeichnungen können dem Artikel 13 G I entnommen werden.
[36] Vgl. § 13 Absatz 3 Nr. 2 G I.

Diese auszugsweise Auflistung der Risikogewichte zeigt deutlich, daß in den noch gültigen Eigenkapitalrichtlinien nur eine grobe Einteilung der Kredite nach Risikoklassen durchgeführt wird. Innerhalb der Klassen, beispielsweise bei unbesicherten Forderungen an KMU, wird keine weitere Differenzierung vorgenommen. Unabhängig vom tatsächlichen Risikogehalt wird jeder unbesicherte Kredit mit 100% gewichtet. In der Kreditzinskalkulation würde sich u.a. niederschlagen, daß diese Kredite voll mit 8% haftendem Eigenkapital zu unterlegen sind.

Basel II knüpft an die Bestimmung der Risikogewichte für die einzelnen Bilanzpositionen an. Während nach Grundsatz I, wie oben bereits gezeigt wurde, feste Risikogewichte angegeben werden, wird im Zuge von Basel II dieses Gewicht positionsindividuell berechnet.[37]

Bereits vor der Einführung von Basel II sind von der Bundesanstalt für Finanzdienstleistungsaufsicht durch das Rundschreiben Nr. 34/2002 Mindestanforderungen an das Kreditgeschäft verabschiedet worden, die eine Erweiterung der Regelungen des § 10 KWG und des Grundsatzes I beinhalten.[38] Während jedoch in den Mindestanforderungen in erster Linie qualitative Anforderungen an das Kreditgeschäft gestellt werden, berücksichtigt der Basler Ausschuß auch die Verfahren zur Kreditrisikomessung und die Berechnungsweise des benötigten haftenden Eigenkapitals der Bank.[39]

In den MaK wird von den Kreditinstituten die Anwendung von „aussagekräftigen Klassifizierungsverfahren" für das Adressenausfallrisiko aus dem Kreditverhältnis verlangt.[40] Damit wird eine Verpflichtung zur Einführung von Ratingverfahren für die Risikobeurteilung von Kreditengagements vor der Einführung von Basel II vorweggenommen. Jedoch wird entgegen Basel II nicht die Anwendung von bankinternen Ratingverfahren gefordert bzw. deren Ausgestaltung festgelegt.[41] Somit ist das oberste Ziel der MaK nicht die Definition eines Risikoquantifizierungsmodells, sondern die Schaffung von mehr Risikobewußtsein und -transparenz im Kreditgeschäft,[42] mit der Folge, daß bereits vor Basel II die Kreditpreisermittlung risikogerechter erfolgt.

---

37 Die Vorgehensweise zur Ermittlung des aufsichtsrechtlich benötigten haftenden Eigenkapitals für die Unterlegung des Kreditausfallrisikos gemäß Basel II wird im Kapitel 3 ausführlich beschrieben.

38 Vgl. zu den Mindestanforderungen an das Kreditgeschäft Bundesanstalt für Finanzdienstleistungsaufsicht (2002).

39 Vgl. für die Einflußfaktoren auf die Höhe des Kreditrisikos bspw. Heinrich, Matthias (2002), Seite 278.

40 Vgl. Bundesanstalt für Finanzdienstleistungsaufsicht (2002), Tz. 67,
bzw. für einen Überblick: Gövert, Marco; Pfingsten, Andreas; Sträter, Norbert (2004), Seite 678.

41 Da der Begriff Rating in der Literatur nicht einheitlich definiert wird, sollen im folgenden zunächst alle Verfahren zur Bestimmung der Zahlungsfähigkeit eines Kreditnehmers unter dem Begriff Rating subsumiert werden. Eine nähere Betrachtung erfolgt in Kapitel 3.

42 Vgl. Gövert, Marco; Pfingsten, Andreas; Sträter, Norbert (2004), Seite 678.

Bereits in der Vergangenheit wurden verschiedene Verfahren zur Ermittlung der Risiken aus dem Kreditgeschäft der Banken verwendet.[43] Die Verfahren zeichneten sich durch ihre Subjektivität aus und basierten im wesentlichen auf den Erfahrungen des Kreditsachbearbeiters, so daß die Bonitätsergebnisse für die Kreditnehmer nicht nachvollziehbar waren. Die Kreditnehmer wurden vornehmlich in solvente und stark ausfallgefährdete Kreditnehmer unterteilt. Die üblichen Maßnahmen zur Reduzierung von Kreditrisiken bestanden in der Ablehnung des Kreditantrages bzw. in der Pflicht zur Stellung von Sicherheiten. Differenziertere Einteilungen sind erst in den letzten Jahren aufgrund der steigenden Unternehmensinsolvenzen durchgeführt worden. Ziel ist die Begründung von Ratingurteilen durch die beurteilenden Banken, so daß die Gründe für die Bonitätsstufe jedem kreditnehmenden Unternehmen vermittelt werden können.

Im nachfolgenden Kapitel wird ein kurzer Überblick über die Verfahren zur Kreditwürdigkeitsprüfung gegeben, die im Zuge der o.a. Mindestanforderungen und vor allem vor dem Hintergrund von Basel II aufgrund der Notwendigkeit zur Ermittlung individueller Risikogewichte eine wesentliche Bedeutung erlangen.

2.2 Die Verfahren der Kreditwürdigkeitsprüfung

Im Basler Konsultationspapier werden die Verfahren zur Kreditwürdigkeitsprüfung in zwei Kategorien eingeteilt. Während die Banken selbst interne Ratingverfahren anwenden, wird bei Prüfung der Kreditwürdigkeit durch Dritte von externen Ratings gesprochen. Als Dritte kommen in der Regel Ratingagenturen in Betracht. Da kleine und mittlere Unternehmen aufgrund der Nichtanbindung an den Kapitalmarkt über kein externes Rating verfügen, werden für deren Bonitätsbeurteilung vermutlich eher interne Verfahren von den Banken angewendet, zumal auch die Kosten für externe Ratings sehr hoch sind.[44]

Bei der Prüfung der Kreditwürdigkeit werden sowohl qualitative als auch quantitative Merkmale verwendet. Einen ersten Überblick über diese Kriterien für den Firmenkundenbereich von Kreditinstituten gibt die nachstehende Tabelle 2.2.

43 Vgl. bspw. Rolfes, Bernd (1999), Seiten 335 ff.
44 Vgl. für die Kosten der Ratingerstellung das Kapitel 4 und die dort angegebene Literatur.

Qualitative Kriterien	Managementqualität/-integrität
	Marktchancen/Strategien
	Umweltbedingungen
	Steuerungssystem/Finanzplanung
Quantitative Kriterien	Ertragsstärke
	Ertragsvolatilität
	Kapitalstruktur
	Liquiditätsstatus
	Sicherheitenwert

Tab. 2.2: Quantitative und qualitative Kriterien in der traditionellen Kreditwürdigkeitsprüfung

Quelle: Rolfes, Bernd (1999), Seite 340.

Die Ausprägungen der quantitativen Kriterien werden vornehmlich mit Hilfe von Jahresabschlüssen des Unternehmens ermittelt, die aufgrund von § 18 KWG von den Kreditinstituten erhoben werden müssen. Dabei werden verschiedene Kennzahlen gebildet, die in Abhängigkeit vom verwendeten Ratingverfahren durch bestimmte Rechenalgorithmen unterschiedlich verknüpft werden. Die verschiedenen Ansätze zur bankinternen Erfassung und Beeinflussung von Bonitätsrisiken können der Tabelle 2.3 entnommen werden.[45] Einen umfassenderen Überblick über die Verfahren zur Bonitätsbeurteilung gibt das vierte Kapitel.

[45] Bonitätsbeurteilung, Kreditwürdigkeitsprüfung und Rating werden im folgenden synonym verwendet und beinhalten sämtliche Verfahren der Ermittlung der Kreditwürdigkeit eines Kreditnehmers. Genauer werden diese Begriffe im Kapitel 4 betrachtet, jedoch sei schon hier darauf hingewiesen, daß keine einheitliche Trennung in der Literatur erfolgt.

	einzelgeschäftsbezogen		gesamtgeschäftsbezogen	
ursachenbezogen	Kreditwürdigkeitsprüfung als Instrumente zur Verbesserung der objektiven Bonitätseinschätzung		Instrumente zur Reduktion des subjektbezogenen Unvermögens Organisatorische, informatorische und personelle Gestaltung des Kreditgeschäfts durch - qualifizierte Kreditsachbearbeitung - risikobegrenzende Organisationsstruktur - integrierte Kreditüberwachung	
wirkungsbezogen	Aktive Ansätze zur Verlustminderung - Risikoüberwälzung durch aktive Besicherung - Risikozerfällung durch Aufteilung der Kreditsumme auf viele Banken - Risikolimitierung durch differenzierte Kreditobergrenzen - Risikokompensation durch Hedging	Berücksichtigung des Kreditrisikos im Kundenzins als passiver Ansatz zur Verlustvorsorge	Orientierung an einem auf Grundsätzen der Risikostreuung und Risikoverteilung ausgerichteten Normportefeuille mit Vorgabe von Abweichungslimiten als aktiver Ansatz zur Verlustminderung	passive Ansätze zur Verlustvorsorge - Disposition offener und stiller Eigenkapitalreserven - Stärkung der Ertragskraft - Disposition von Liquiditätsreserven

Tab. 2.3: Ansätze zur bankinternen Erfassung und Beeinflussung von Bonitätsrisiken

Quelle: Schierenbeck, Henner (1999), Seite 249.

Die Kenntnis des Verfahrens der Kreditwürdigkeitsprüfung und der verwendeten Kennzahlen aus dem Jahresabschluß eines Unternehmens ist für Kreditnehmer wichtig, da sowohl durch bilanzpolitische Maßnahmen als auch durch die Wahl des Investitions- und Finanzierungsprogramms die Kennzahlenwerte so beeinflußt werden können, daß die Bank vom Unternehmen einen möglichst niedrigen Kreditzinssatz verlangt. Wie noch im Kapitel 4 zu zeigen sein wird, können beispielsweise bei der Diskriminanzanalyse einzelne Kennzahlenwerte derart beeinflußt werden, daß Ratingergebnisse erheblich verbessert werden, obwohl sich im Extremfall das tatsächliche Risiko des Kredites nicht verändert.

Das ermittelte Risiko in Form von möglichen Kreditausfällen wird in der Kreditzinssatzkalkulation der Banken berücksichtigt, weil Kreditausfälle für die Banken Kosten bedeuten. Im nachstehenden Kapitel sollen daher kurz banküblich Verfahren zur Berechnung der Kreditzinssätze dargestellt werden, die den Einfluß der Risikoklassifizierung nach Basel II in der Bankkalkulation verdeutlichen.

2.3 Banküblich Kalkulation des Kreditzinssatzes für Kredite an Unternehmen

Für die Überlassung von Kapital wird der Kreditgeber in der Regel einen Zinssatz verlangen, der seine Kapitalkosten, den Bearbeitungsaufwand und die geplanten Ausfälle (= Risikokosten) deckt und einen Gewinnzuschlag enthält. Eine andere Kalkulationsart ist die Ableitung der Kreditkosten aus Kapitalmarktpreisen. Die Abhängigkeit des Zinssatzes von der Kapitalangebots- und Kapitalnachfragestruktur aufgrund der Konkurrenzsituation am Markt führt in der Regel zu anderen Preisen als bei kalkulatorischer Ermittlung. Da Banken mit anderen Wettbewerbern konkurrieren und der Markt für Kredite i.d.R. polypolistisch ist, treten Banken als Mengenanpasser auf. Diese Ermittlungsweise soll im folgenden jedoch nicht weiter betrachtet werden. Da nach Basel II der Zinssatz für Kredite an kleine und mittlere Unternehmen kalkulatorisch, d.h. unter dem Gesichtspunkt der Kostendeckung bestimmt werden soll, wird auch in dieser Arbeit so verfahren. Der kalkulatorisch ermittelte Zinssatz kann wie folgt angegeben werden:[46]

	Refinanzierungskosten
+	Kosten für die Risikoübernahme
+	Kosten des Betriebsbereichs
+	Gewinnzuschlag
=	kalkulatorischer Zinssatz

Die Kapitalkosten haben Einfluß auf die Vorteilhaftigkeit von Investitionen, die durch Kapitalaufnahmen finanziert werden müssen. Sie sind folglich bei der Ermittlung eines optimalen Investitions- und Finanzierungsprogramms zu berücksichtigen. Sind die Verfahrensweisen zur Kalkulation der einzelnen Zinssatzbestandteile von Banken bekannt, können in vollständigen Investitions- und Finanzierungsprogrammen risikoabhängige Zinssätze unabhängig von konkreten Angeboten der Banken verwendet werden. Zudem kann die Preiswürdigkeit eines Kredites durch den Kreditnehmer überprüft werden.[47]

46 Vgl. Schmeisser, Wilhelm; Mauksch, Carola (2005), Seite 298.

47 Vgl. für einen Überblick der Kalkulationsmethoden von Banken Merz, Thomas (2001), Seite 52.

Werden die Kosten eines Kredites relativ zum Gesamtbetrag des Kredites angegeben, kann eine Kalkulation des Kreditpreises auf Zinsbasis erfolgen. Der benötigte Kreditzinssatz für eine Nicht-Verlustsituation von Banken ergibt sich dann aus der Formel (2.4), wenn der Kreditzinssatz gerade die Kosten aus der Kreditvergabe decken soll.

Zusätzliche Symbole:

r_f^{GKMZ} = Refinanzierungszinssatz für Kredit f (Geld- und Kapitalmarktzinssatz) in GE/(GE · PE)

r_f^{SBK} = Zuschlag für die Standardbetriebskosten für Kredit f in GE/(GE · PE)

$= \frac{\text{Standardbetriebskosten}}{\text{Kreditbetrag}}$

r_f^{SRK} = Zuschlag für die Standardrisikokosten für Kredit f (ohne Eigenkapital-Unterlegungskosten) in GE/(GE · PE)

$= \frac{\text{Standardrisikokosten}}{\text{Kreditbetrag}}$

r_f^{EKK} = Zuschlag für die Kosten aus der Eigenkapitalunterlegung der Bank für Kredit f in GE/(GE · PE)

$= \frac{\text{Eigenkapitalkosten}}{\text{Kreditbetrag}}$

r_f^{KR} = Kreditzinssatz für Kredit f in GE/(GE · PE)

$$r_f^{KR} = r_f^{GKMZ} + r_f^{SBK} + r_f^{SRK} + r_f^{EKK} \qquad (2.4)$$

Der Refinanzierungssatz r_f^{GKMZ} kann den Statistiken für den Geld- und Kapitalmarkt entnommen werden. Durch die Verwendung des laufzeitkongruenten Geld- und Kapitalmarktzinssatzes wird die Aktivseite von der Refinanzierungsseite getrennt.[48] Im Betriebskostensatz r_f^{SBK} werden alle Kosten erfaßt, die nicht aus den Refinanzierungskosten und den Risikokosten bestehen. Insbesondere Kosten für Personal, EDV usw. werden hier berücksichtigt. Weil die Standardrisikokosten und die Eigenkapitalunterlegungskosten durch Basel II beeinflußt werden, sind diese in dieser Arbeit von wesentlicher Bedeutung.[49] Durch die Ausgestaltung des Investitions- und Finanzierungsprogramms kann ein kreditsuchendes Unternehmen wie-

[48] Eine ausführliche Darstellung der hierfür unterstellten Marktzinsmethode kann nachgelesen werden bei Betge, Peter (1996), Seiten 355 ff., oder für die Erweiterung auf eine Barwertige Betrachtungsweise bei Schierenbeck, Henner (2003a).

[49] Vgl. für die Berechnung von Ist-Risikokosten ohne Berücksichtigung der Kosten aus der Eigenkapitalunterlegung für ein Portfolio von Krediten unter anderem Hölscher, R. (1990), Seite 557.

derum das Risiko für die kreditgebende Bank variieren, so daß es Einfluß auf die Höhe des benötigten Haftungskapitals der Bank ausüben kann. Dadurch entsteht auch die Möglichkeit der Beeinflussung des von der Bank verlangten risikobehafteten Kreditzinssatzes. Eine simultane Optimierung des Investitions- und Finanzierungsprogramms unter Berücksichtigung der Auswirkungen von Basel II auf den Kreditzinssatz ist folglich notwendig.

Risikokosten werden im wesentlichen mit Hilfe folgender Verfahrensarten bestimmt:[50]

- traditionelle Verfahren,
- Kalkulation marktdeduzierter Risikokosten und
- Optionspreismodelle

Da sowohl traditionelle als auch marktdeduzierte Kalkulationsverfahren als Risikokosten lediglich erwartete Kreditausfallkosten berücksichtigen[51], unerwartete Verluste also nicht erfaßt werden, müssen Banken zur Deckung des unerwarteten Verlustes Eigenkapital halten. Diese ökonomische Notwendigkeit ist durch die Bankenaufsicht aufgegriffen worden und führte zu den bereits dargestellten Bestimmungen zur Eigenkapitalunterlegung der Risiken aus dem Kreditgeschäft.

Sowohl für die erwarteten als auch für unerwartete Verluste werden regelmäßig die folgenden Größen betrachtet:

- der ausstehende Kreditbetrag bei Ausfall,
- die erwartete Rückzahlungsquote und
- die erwartete Ausfallrate/die Ausfallwahrscheinlichkeit.

Für den ausstehenden Kreditbetrag bei Ausfall wird regelmäßig der Restkreditbetrag angesetzt.[52] Zur Quantifizierung der Rückzahlungsquote werden sowohl die Höhe des vorhandenen Vermögens des Kreditnehmers als auch die Art der Sicherheiten, die Rangstellung der Gläubigerposition und die Effektivität bei der Einbringung der Schulden betrachtet. Die erwartete Ausfallrate/die Ausfallwahrscheinlichkeit wird regelmäßig mit Hilfe von Ratingverfahren ermittelt.[53]

50 Vgl. für diese Trennung und für die nachstehende Charakterisierung unter anderem Hartmann-Wendels, Thomas; Pfingsten, Andreas; Weber, Martin (2000), Seiten 664 ff., bzw. Gaida, Stefan (1997), Seite 18. Eine differenziertere Darstellung der unterschiedlichen Methoden wird hier nicht gegeben. Vergleiche für die Darstellung der Berechnungsweisen das Kapitel 6 zur Ermittlung des Kreditzinssatzes.

51 Vgl. Rolfes, Bernd (1999), Seite 335.

52 Vgl. Schierenbeck, Henner (2003a), Seite 327.

53 Vgl. für eine ausführlichere Darstellung beispielsweise Schierenbeck, Henner (2003a), Seite 327 ff.

Sowohl für den ausstehenden Kreditbetrag als auch für die erwartete Rückzahlungsquote werden durch Basel II für fast alle akzeptierten Verfahren zur Bestimmung des aufsichtsrechtlich benötigten haftenden Eigenkapitals feste Werte vorgegeben - bspw. 55% für die Rückzahlungsquote bei Ausfall vorrangig zu bedienender Kredite-, weshalb für deren Bestimmung in dieser Arbeit keine Verfahren vorgestellt werden. Die Ratingverfahren zur Ermittlung der Ausfallwahrscheinlichkeit werden in Kapitel 4 dargestellt. Hier sollen im folgenden historische Zinssätze für von Banken vergebene Kredite und der risikolose Geld- und Kapitalmarktzinssatz verglichen werden. Anhand dieser Darstellung sollen erste Auswirkungen von Basel II auf die Kreditzinshöhe der Banken untersucht werden.

2.4 Empirische Beobachtungen und erwartete Entwicklung des Zinssatzes durch die Einführung von Basel II

Zunächst wird die Zinsentwicklung für langfristige Kredite von Banken an Unternehmen untersucht. Dabei erfolgt gemäß der Statistik der deutschen Bundesbank eine Unterteilung in Kredite der Größenordnung 100.000 bis 500.000 Euro und 500.000 bis 5.000.000 Euro. Als risikolose Vergleichsbasis wird der langfristige Zinssatz am Geld- und Kapitalmarkt r^{GKMZ} verwendet, der sich als Durchschnitt der Zinssätze von 10jährigen Staatsanleihen des Euroraums gewichtet mit dem jeweiligen Bruttoinlandsprodukt des Emittentenlandes ergibt. Es soll untersucht werden, ob der Risikozuschlag, ausgedrückt als Differenz zwischen risikobehafteten Kreditzinssätzen und risikolosem Geld- und Kapitalmarktzins in den Jahren nach Beginn der Diskussion um Basel II gestiegen ist. Zudem soll überprüft werden, inwiefern die Kredit- und damit i.d.R. die Unternehmensgröße Einfluß auf die Höhe des Zinssatzes haben. Hierfür ist in der Abbildung 2.2 die relative Abweichung der Kreditzinssätze vom Geld- und Kapitalmarktzinssatz abgetragen.

Zusätzliche Symbole:

$K3^{rel}(t)$ = relative Abweichung des Zinssatzes für Kredite mit einem Volumen zwischen 100.000 und 500.000 Euro vom Geld- und Kapitalmarktzins in Zeitpunkt t in %

$K2^{rel}(t)$ = relative Abweichung des Zinssatzes für Kredite mit einem Volumen zwischen 500.000 und 5.000.000 Euro vom Geld- und Kapitalmarktzins in Zeitpunkt t in %

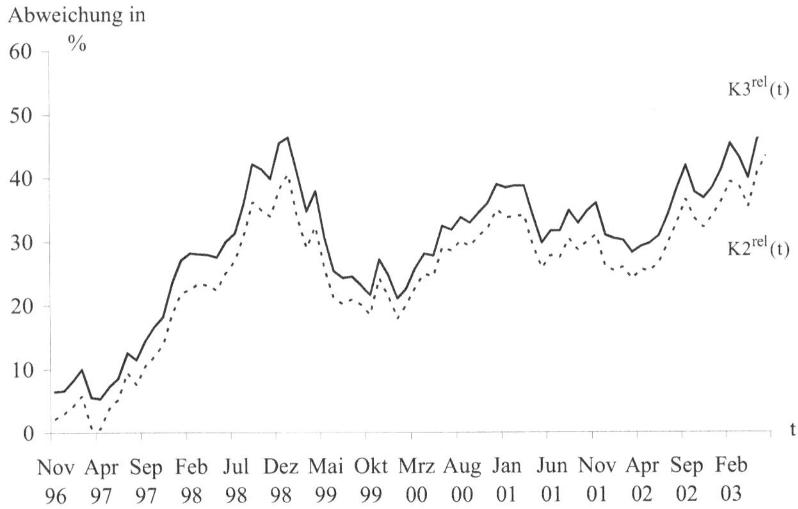

Abb. 2.2: Relative Abweichungen zwischen Geld- und Kapitalmarktzins und Kreditzinssätzen an Unternehmen und Selbständige

Quelle: Eigene Berechnungen mit den Daten der Deutschen Bundesbank: www.bundesbank.de/statistik/statistik_zeitreihen.php

Zunächst ist festzustellen, daß mit zunehmendem Kreditvolumen der vom Unternehmen zu zahlende Zins abnimmt. Die relative Abweichung des Kreditzinssatzes von Krediten mit einem Volumen zwischen 500.000 bis 5.000.000 Euro vom Geld- und Kapitalmarktzins ist kleiner als die relative Abweichung des Kreditzinssatzes für Kredite mit einem Volumen zwischen 100.000 und 500.000 Euro. Ursachen könnten die stärkere Verhandlungsmacht größerer Unternehmen und die geringeren Fixkostenanteile aus der Kreditbearbeitung sein.

Die Differenz zwischen Geld- und Kapitalmarktzins und Kreditzinsen ist nicht ausschließlich auf einen Risikozuschlag für ausfallgefährdete Kredite zurückzuführen. Es muß auch berücksichtigt werden, daß sich der Kreditzinssatz auf einem Markt per Ausgleich von Angebot und Nachfrage bildet oder aus Konkurrenzkonditionen abgeleitet wird. Ein Nachfrageüberhang nach Kapital führt dann zu höheren Kreditzinssätzen. Zu erkennen ist die zunehmende Spreizung zwischen risikolosen und risikobehafteten Zinssätzen seit 1997.[54] Dieser Zusammenhang kann konjunkturelle Ursachen haben oder auf die höheren Risiken aufgrund steigender Insolvenzzahlen zurückzuführen sein. Insbesondere zwischen 1997 und 1998 ist der Anstieg

[54] Eigene Berechnungen mit den Daten der Deutschen Bundesbank: www.bundesbank.de/statistik/statistik _zeitreihen.php

der Zinsdifferenz nicht zwingend im Zusammenhang mit Basel II zu sehen, sondern könnte auf die im konjunkturellen Aufschwung erhöhte Investitionstätigkeit der Unternehmen zurückzuführen sein, die zu einem Nachfrageüberhang am Kreditmarkt und damit zu einem stärken Anstieg der Zinssätze für Kredite im Vergleich zum Geld- und Kapitalmarktzins führte. Nach einer Reduzierung des Risikozuschlags bis Ende 1999[55] ist seitdem eine Zunahme der Zinsdifferenz zwischen sicherem Geld- und Kapitalmarktzins und den Kreditzinssätzen der Banken zu verzeichnen. Dieses kann auf die erhöhte Risikosensitivität aufgrund der steigenden Unternehmensinsolvenzen, aber auch auf die Diskussion um Basel II zurückzuführen sein.[56]

Ein weiterer Hinweis auf die Berücksichtigung individueller Risiken aus der Kreditvergabe bei der Kalkulation von Kreditzinssätzen wäre eine Erhöhung der Zinsdifferenz für gleichartige Kredite an Kreditnehmer mit unterschiedlicher Bonität. Die Spannweite der an die Deutsche Bundesbank gemeldeten Kreditzinssätze kann ein Indiz für eine Veränderung in der Risikopolitik der Banken sein, wenn die Streuung der Kreditzinssätze zwischen den Banken zugleich die Streuung innerhalb einer Bank widerspiegelt.[57] Diese Spannweite wird in der Abbildung 2.3 dargestellt. Es wird deutlich, daß sich seit Mitte des Jahres 2000 die Zinsdifferenz zwischen hohen und niedrigen Zinsen für gleichartige Kredite erhöht hat. Die vorhandenen Daten lassen jedoch noch keine eindeutigen Schlüsse auf die Auswirkungen von Basel II auf die Kreditkonditionen der Banken zu, da konjunkturelle Einflüsse nicht herausgerechnet werden konnten. Es ist jedoch zu vermuten, daß die Kreditzinsspreizung durch eine risikosensitivere Kreditpreisbestimmung der Banken entstanden ist. Zinssätze für Kredite mit niedrigem Ausfallrisiko sind dann geringer als Zinssätze für Kredite mit hohem Ausfallrisiko.

Zusätzliche Symbole:

$K_{klein}^{ZS}(t)$ = Differenz zwischen Zinsober- und Zinsuntergrenze für Kleinkredite (0,1 Mio. bis 0,5 Mio. Euro) in Zeitpunkt t in %

$K_{groß}^{ZS}(t)$ = Zins-Differenz zwischen Zinsober- und Zinsuntergrenze für Großkredite (0,5 Mio. bis 5 Mio. Euro) in Zeitpunkt t in %

[55] Vgl. hierzu die in der Abbildung 2.3 angegebenen Daten aus www.bundesbank.de/statistik/statistik_zeitreihen.php

[56] Eine Spreizung der Kreditkonditionen wird von verschiedenen Autoren als wahrscheinlich angenommen. Vgl. bspw. Becker, B.; Brackschulze, K.; Müller, S. (2004), Seiten 740 - 745.

[57] Die vorliegende Statistik macht keine Angaben bezüglich der Zinsdifferenzen innerhalb einer Bank. Deshalb soll die Zinsspanne zwischen den Banken auch nur als erster Anhaltspunkt für die Zinsspanne innerhalb einer Bank verwendet werden Statistisch haltbare Aussagen sind so nicht zu treffen, jedoch können Vermutungen bezüglich des Einflusses von Basel II geäußert werden.

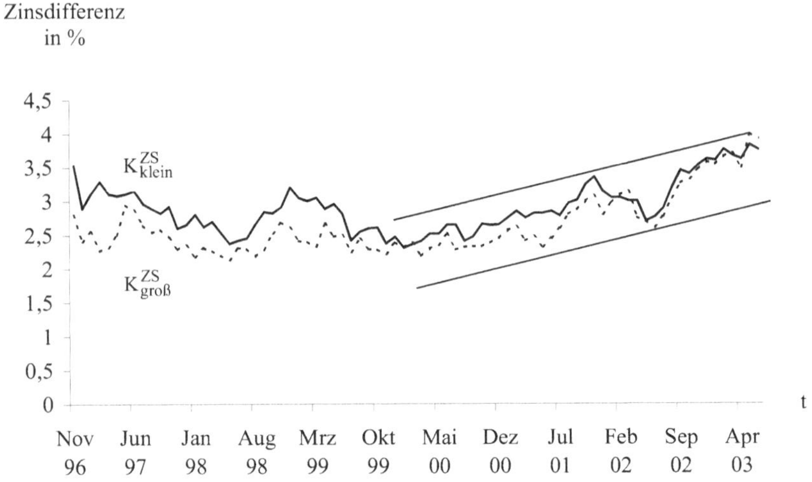

Abb. 2.3: Zinsdifferenz zwischen den höchsten und niedrigsten Zinssätzen im Zeitablauf

Quelle: eigene Darstellung mit den Daten der Deutschen Bundesbank www.bundesbank.de/statistik/statistik_zeitreihen.php

Für den Fall der Kreditzinsspreizung zwecks spezifischer Risikoberücksichtigung ist es für Unternehmen betriebswirtschaftlich sinnvoll, bereits die Bonitätsprüfung in einem vollständigen Investitions- und Finanzierungsprogramm zu berücksichtigen, um das für das Unternehmen optimale Bonitätsurteil in Abhängigkeit vom Investitions- und Finanzierungsprogramm und den daraus entstehenden Kapitalkosten zu erreichen. Als Grundlage für die kostenmäßige Beeinflussung der Fremdfinanzierung von Unternehmen sollen im nachfolgenden Kapitel die Bestimmungen für die Eigenkapitalunterlegung von Krediten an Unternehmen nach Basel II, insbesondere für Kredite an den Mittelstand, differenziert dargestellt werden, da sich bereits aus den Eigenkapitalkosten der Banken Kreditzinsdifferenzen begründen lassen.

3 Mindesteigenkapitalanforderungen aus Geschäften mit Unternehmen nach Basel II

Das erste Konsultationspapier „Die Neue Basler Eigenkapitalvereinbarung" wurde im Jahr 1999 erstmals veröffentlicht. Der Basler Ausschuß für Bankenaufsicht verfolgt seitdem mit den neuen Eigenkapitalrichtlinien das Ziel, die Eigenkapitalunterlegung der Kreditinstitute risikoabhängiger zu gestalten, um die Stabilität des Finanzsektors zu verbessern.[58]

Das Basler Papier propagiert die sogenannten drei Säulen:

(1) Mindesteigenkapitalanforderungen von Banken,

(2) aufsichtliches Überprüfungsverfahren und

(3) Marktdisziplin.

Während die Säulen „aufsichtliches Überprüfungsverfahren" und „Marktdisziplin" in erster Linie qualitative Aspekte der Aufsicht berücksichtigen, erfolgt in der ersten Säule der „Mindesteigenkapitalanforderungen" von Banken eine explizite Vorgabe zur Berechnungsweise der Risiken aus dem Bankgeschäft und deren Unterlegung mit Eigenmitteln. Für die klassische Unternehmensfinanzierung durch Banken ist lediglich die erste Säule relevant. Innerhalb der Säule (1) werden drei Risikoarten des Bankgeschäftes berücksichtigt:

- Risiken aus dem Kreditgeschäft,
- Marktpreisrisiken und
- operationelle Risiken.[59]

Hiervon sind im Rahmen der Themenstellung nur die Risiken aus dem Kreditgeschäft von Bedeutung.

Die Mindesteigenkapitalunterlegung wird unverändert wie im Verfahren nach Grundsatz I als Quotient aus haftenden Eigenmitteln und Risikopositionen angegeben. Die Mindestunterlegung des Risikos mit Eigenmitteln beträgt weiterhin 8% (IKE Nr. 40).[60]

---

[58] Vgl. Basler Ausschuß für Bankenkaufsicht (2004), oder Deutsche Bank (2004) Seite 75. Vgl. für weitere Gründe Loch, Friedemann; Thelen-Pischke, Hiltrud (2004), Seite 732.

[59] Vgl. bspw. Übelhöhr, M; Warns,C. (2004), Seite 22.

[60] Vgl. Keppler, H. (2003), Seite 17. IKE steht für das neue Konsultationspapier des Basler Ausschusses: Internationale Konvergenz der Eigenkapitalmessung und der Eigenkapitalanforderungen.
Da die Intention des Basler Ausschusses nicht in der Erhöhung der bereits bestehenden Eigenkapitalverpflichtungen der Kreditinstitute besteht, sind verschiedene Auswirkungsstudien durchgeführt worden, um die Formeln zur Ermittlung der benötigten haftenden Eigenmittel so anzupassen, daß im Durchschnitt die aktuelle Höhe der Eigenkapitalunterlegungspflicht erhalten bleibt. Vgl. Keppler, H. (2003), Seite 17, oder Schönebeck, H. (2003), Seite 37. Vgl. hierfür auch die verschiedenen Auswirkungsstudien des Basler Komitees (QIS 1-3) unter www.bis.org.

Zusätzliche Symbole:

EMQ = Mindestquote für die Unterlegung des Gesamtrisikos aus den Geschäften der Bank mit Eigenkapital in GE/GE

hEM = haftende Eigenmittel in GE, bestehend aus Kernkapital, Ergänzungskapital und Drittrangmitteln gemäß §10 Absatz 2 a, b und c KWG

$$(3.1)\quad EMQ = \frac{hEM}{\underset{\text{für Kreditrisiken}}{\text{risikogewichtete Aktiva}} + 12{,}5\cdot\underset{\text{operationelle Risiken)}}{\text{(Marktrisiken +}}} \geq 8\%$$

Auch nach der Umsetzung von Basel II in deutsches Recht in der sogenannten Solvabilitätsverordnung ab 01.01.2007 mit Übergangsfrist bis 01.01.2008 behält der zu ermittelnde Quotient aus haftendem Eigenkapital und Kreditrisiken weiterhin Gültigkeit.[61] Damit kann eine weitere Formel (3.2) für die Mindestanforderung der Eigenkapitalhöhe von Banken angegeben werden.

Zusätzliche Symbole:

EKQ = Quote für die Unterlegung des Kreditrisikos mit aufsichtsrechtlich anerkanntem Eigenkapital in GE/GE

$EKQ \overset{!}{\geq} 0{,}08 \quad GE/GE$

hEK = haftendes Eigenkapital in GE, bestehend aus Kernkapital und Ergänzungskapital gemäß §10 Absatz 2 a und 2 b KWG

$$(3.2)\quad EKQ = \frac{hEK}{\text{risikogewichtete Aktiva für Kreditrisiko}} \geq 8\%$$

Die wesentliche Änderung im Grundsatz I durch Basel II betrifft die veränderte Berechnungsweise der risikogewichteten Aktiva. Da die Bestandteile des aufsichtsrechtlichen Eigenkapitals im wesentlichen unverändert bleiben (IKE Nr. 41),[62] sind Änderungen in der Höhe der Eigenmittel- und Eigenkapitalquote aus den Gleichungen (3.1) und (3.2) allein auf die Einführung einer Risikoberechnung im Gegensatz zur Standardklassenbildung nach Tabelle 2.1 zurückzuführen. Da die Risikopositionen im Nenner dieser Gleichungen (3.1) und (3.2) lediglich das unerwartete Risiko aus Aktivgeschäften der Banken erfassen, ist auch eine Änderung in der Eigenkapital-/Eigenmittelbasis vom Basler Ausschuß aufgenommen worden,

61 Vgl. für die Regelungen bis Ende 2006 und für die Übergangsfrist bis Ende 2007 die Grundsätze über die Eigenmittel und die Liquidität der Kreditinstitute in der Fassung vom 20.01.1969, zuletzt geändert am 20.07.2000.

62 Eine Veränderung ergibt sich durch den Zwang zur Bildung von Wertberichtigungen für das erwartete Verlustrisiko. Deshalb werden diese nicht mehr in der Eigenmitteldefinition erfaßt. Siehe hierzu Wilkens, Marco; Baule, Rainer; Entrop, Oliver (2004), Seiten 734 - 737, und das Kapitel „Berücksichtigung von Wertberichtigungen".

damit Banken ihre kalkulatorischen Eigenkapitalkosten für ein Kreditgeschäft nicht durch eine Verringerung der Vorsorge für erwartete Verluste reduzieren, um Kredite günstiger anbieten zu können. Der rechnerisch zu erfassende **erwartete** Verlust entspricht dem Mittelwert aus der Wahrscheinlichkeitsverteilung der Ausfallbeträge der Kredite. Er wird durch das Produkt aus Verlustquote und Ausfallwahrscheinlichkeit berechnet (IKEn Nr. 376). Der **unerwartete** Verlust wird demgegenüber durch die Differenz aus demjenigen Verlust, der mit einer vorgegebenen Wahrscheinlichkeit innerhalb eines vorgegebenen Zeitraums nicht überschritten wird (Value at Risk)[63], und dem Mittelwert der Ausfallverteilung für den erwarteten Verlust ermittelt.

Im Folgenden wird dargestellt, mit welcher Art von Haftungs-Kapital die Verlustrisiken aus dem Aktivgeschäft der Banken gedeckt werden, weil dieses Auswirkungen auf die zu kalkulierenden Kreditkosten und Kreditkonditionen hat.

Um die Banken anzuhalten, für erwartete Verluste ausreichende Risikovorsorge zu treffen, wird von der Aufsicht ein Vergleich von erwartetem Verlust und den durchgeführten Wertberichtigungen gefordert (IKE Nr. 375 und 380). Ist die Differenz zwischen Risikovorsorge und erwartetem Verlust negativ, muß dieser Differenzbetrag gemäß IKE Nr. 43 jeweils zur Hälfte mit Kernkapital und Ergänzungskapital unterlegt werden.[64] Übersteigt die Risikovorsorge die Verluste, kann die den erwarteten Verlust übersteigende Wertberichtigung gemäß IKE Nr. 43 zum Ergänzungskapital hinzugerechnet werden. Dadurch erhöht sich das aufsichtsrechtliche Eigenkapital, welches zur Unterlegung des Kreditrisikos verwendet werden darf. Die bisherigen Regeln für die Anrechnungsfähigkeit von Ergänzungskapital, insbesondere die Einhaltung des Verhältnisses von Kernkapital und Ergänzungskapital, gelten weiterhin. Die Anrechnung von Überschüssen aus Wertberichtigungen wird auf höchstens 0,6% der jeweiligen risikogewichteten Aktiva beschränkt (IKE Nr. 43). Zu den Wertberichtigungen zählen sowohl Einzelwertberichtigungen als auch Pauschalwertberichtigungen. Auch Wertberichtigungen auf ausgefallene Kredite können angerechnet werden, wenn deren Wert die ausgefallene For-

---

63 Vgl. bspw. Rau-Bredow (2001), Seite 315. Für die Beschreibung des Value at Risk Ansatzes, die Ableitung der Formeln nach Basel II und eine kritische Beurteilung siehe Schulte-Mattler, Hermann; Tysiak, Wolfgang: Basel II (2002), Seite 837. Zur Definition des Value at Risk vgl. auch Schulte, Michael; Horsch, Andreas (2004), Seite 215.
Die kritische Würdigung mit Hilfe der stochastischen Varianz zweiter Ordner findet sich insbesondere bei Guthoff, Anja; Pfingsten, Adreas; Wolf, Juliane (1998), Seiten 111-154.
Für alternative Verfahren siehe Theiler, Ursula; Schneider, Karen (2004), Seiten 24 - 28.

64 Vgl. hierzu auch bspw. Hürtler, Marc; Heithecker, Dirk (2004), Seite 1279.

derungshöhe übersteigt (IKE Nr. 385).[65] Die nachstehende Abbildung 3.1 gibt eine beispielhafte Dichtefunktion für Ausfälle eines Kreditportfolios wieder. [66] Sie zeigt unter anderem, mit welcher Art von Kapital die verschiedenen Verlustarten aus Kreditgeschäften zu unterlegen sind.

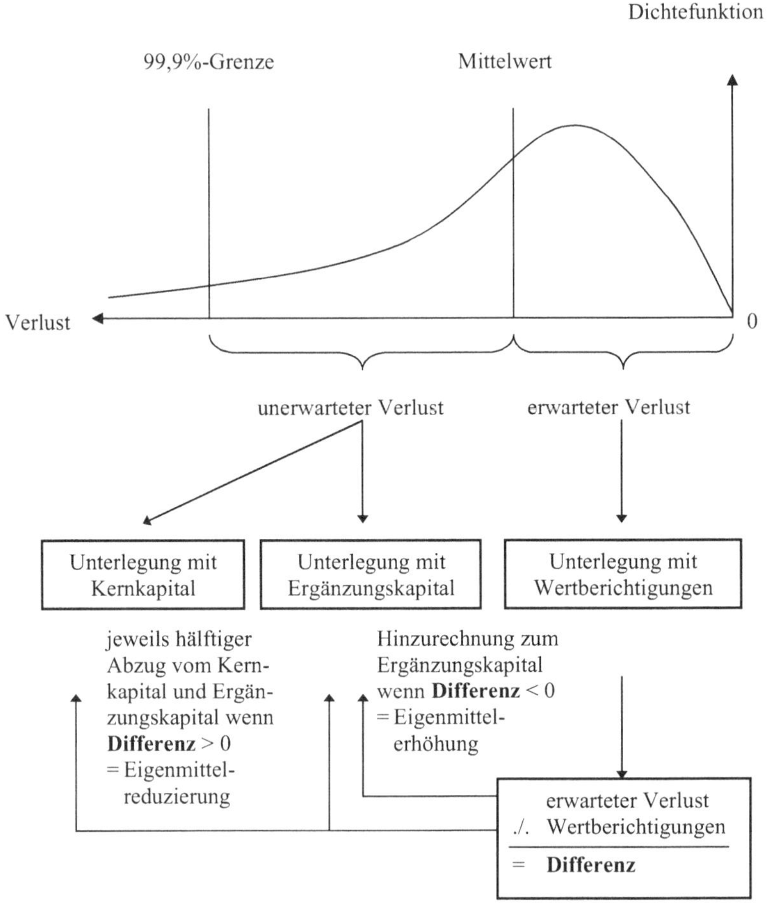

Abb. 3.1: Risikoart und Risikoträger für ein Kreditportfolio

Quelle: Paul, Stephan; Stein, Stefan; Kaltofen, Daniel (2004), Seite 347.

[65] Vgl. für die Berücksichtigung von Wertberichtigungen und die Behandlung erwarteter und unerwarteter Verluste bspw. auch Pluto, Katja (2004), Seite 12.

[66] Vgl. für eine erweiterte Darstellung auf Gesamtbankebene Heinrich, Matthias (2001), Seite 818.

Für den erwarteten Verlust muß ein Kreditinstitut Wertberichtigungen ansetzen. Zugleich wird von der Aufsichtsbehörde die Unterlegung des unerwarteten Verlustes mit Eigen-kapital verlangt. Jedoch sind noch höhere Verluste über den Value at Risk[67] hinaus denkbar. Diese treten zwar mit einer sehr geringen Wahrscheinlichkeit von i.d.R. 0,1%[68] auf, sind aber durch das aufsichtsrechtlich geforderte Eigenkapital nicht gedeckt, so daß eine Restausfallwahrscheinlichkeit und damit eine Insolvenzwahrscheinlichkeit des Kreditinstituts in Höhe von 0,1% trotz der Bildung von Wertberichtigungen und der Haltung von Eigenkapital in Höhe der Mindestausstattung bestehen bleibt.

In der Kreditkalkulation werden die erwarteten Verluste und die dafür gebildeten Wertberichtigungen regelmäßig durch die sogenannten Standardrisikokosten in der Kreditzinssatzkalkulation berücksichtigt. Basel II läßt für diesen Kostenblock innerhalb der Kreditkosten keine Veränderung erwarten. Der wesentliche Unterschied ergibt sich aus der Berechnungsweise des unerwarteten Verlustes und der daraus entstehenden Kosten aufgrund von Veränderungen in der Eigenkapitalunterlegungspflicht der Banken.

Sollen sich die Eigenmittelquote (3.1) und die Eigenkapitalquote (3.2) bei Übergang auf Basel II neutral verhalten, muß bei erhöhtem Risiko aufgrund veränderter Berechnungsweise entweder die Haftungsmasse der Bank durch Eigenkapitalaufnahme angepaßt werden oder im Falle einer berechnungsbedingten Erhöhung der Risikomaßgröße im Nenner der risikogewichtete Umfang der Kreditgeschäfte reduziert werden,[69] risikoreichere Geschäfte sind durch risikoärmere Geschäfte zu substituieren.

Für die rechnerische Ermittlung des Risikos aus dem Kreditgeschäft werden drei unterschiedliche Verfahren vom Basler Ausschuß vorgeschlagen, die jeweils zu unterschiedlichen Kreditrisikovolumen führen:

(1) ein Standardansatz,

---

67 Der Value at Risk beziffert denjenigen Verlust, der mit einer vorgegebenen Wahrscheinlichkeit innerhalb eines vorgegebenen Zeitraums i.d.R. 1 Jahr nicht überschritten wird. Er setzt sich aus dem erwarteten und unerwarteten Verlust zusammen.

68 Dieser Wert ergibt sich dadurch, daß in den Formeln zur Bestimmung des vorzuhaltenden haftenden Eigenkapitals der Banken ein 99,9%-Konfidenzintervall verwendet wird. Mit einer Restwahrscheinlichkeit in Höhe von 0,1% übersteigt der Verlust aus dem Kreditgeschäft die Summe aus Wertberichtigungen und haftendem Eigenkapital.

69 Obwohl sich die Definition des haftenden Eigenkapitals einer Bank nicht ändern wird, ergeben sich geringe Unterschiede durch die veränderte Anrechnungsfähigkeit von Wertberichtigungen, so daß ein direkter Vergleich von alter und neuer Regelung auf der Basis der alleinigen Betrachtung des ermittelten Risikos aus einem Kredit nicht zweckmäßig erscheint. Auf diese Problematik ist jedoch erst später einzugehen.

(2) ein Basisansatz unter Verwendung eigener (= interner) Ratingverfahren der Bank (IRB-Basisansatz)[70] und

(3) ein fortgeschrittener Ansatz unter Verwendung eigener Ratingverfahren der Bank, als fortgeschrittener IRB-Ansatz bezeichnet.

Weil die Höhe der Eigenkapitalunterlegung die Summe der Kredite an mittelständische Unternehmen begrenzt und deren kalkulatorischen Zinssatz beeinflußt, ist auch die Wahl des verwendeten Verfahrens zur Risikoermittlung von Bedeutung. Hieraus ergeben sich Wirkungen auf die Finanzierungsstruktur des Mittelstandes.

In den nachstehenden Abschnitten werden die drei Verfahrensarten zur Ermittlung des Risikovolumens aus dem Kreditgeschäft kurz dargestellt, da sie indirekt Auswirkungen auf die Finanzierungskosten haben. Die rechnerische/kalkulatorische Ermittlung des Risikos aus den Kreditengagements unter Verwendung von externen Ratings wird im folgenden analog zum Konsultationspapier als Standardansatz bezeichnet.

3.1 Der Standardansatz

Im Standardansatz werden Risikoklassen in Verbindung mit Bonitätsgewichtungsfaktoren definiert. Im Vergleich zum aktuellen Grundsatz I erfolgt eine differenziertere Einteilung der Risikoklassen, so daß sich die kalkulatorischen Zinssätze für Kredite an verschiedene Unternehmen stärker unterscheiden. Bezüglich der Risikodefinition wird auf IKE Nr. 453 verwiesen. Das aufsichtsrechtlich relevante Risiko aus einer Kreditvergabe wird durch die Multiplikation des Kreditbetrages mit einem von der Aufsicht vorgegebenen Bonitätsgewicht bestimmt. Die Zuordnung eines Kreditnehmers zu einer Ratingklasse erfolgt auf der Grundlage des Ergebnisses einer Bonitätsbeurteilung durch eine externe Ratingagentur, die z.B. auch tätig werden könnten, um Anleihen von Großunternehmen am Kapitalmarkt zu plazieren. Die Initiative zur Durchführung eines Ratings wird zukünftig vermehrt schon von Unternehmen ausgehen, die Kredite von Banken zu günstigen Kreditkonditionen aufnehmen wollen. Deshalb ist es wichtig, daß auch die Ratingagentur selbst die Mindestanforderungen von Basel II erfüllt, damit die kreditgebende Bank das Rating aufsichtsrechtlich berücksichtigen darf. Als Eignungskriterien eines Ratings werden gemäß IKE Nr. 91 definiert:

- Objektivität der Ratingbeurteilung,
- Unabhängigkeit der Agentur von Interessengruppen,
- internationaler Zugang und Transparenz des Rating,

[70] IRB steht für internal rating based.

- Veröffentlichung des Ratingergebnisses,
- Vorhandensein ausreichender Ressourcen zur permanenten Kontrolle,
- Glaubwürdigkeit der Bonitätsbeurteilung.

Im folgenden soll der Standardansatz zur Bestimmung der benötigten haftenden Eigenmittel für die Unterlegung des Risikos aus Kreditvergaben verdeutlicht werden.

3.1.1 Ermittlung der Eigenkapitalhöhe

Während im alten Grundsatz I in der Fassung vom 01.07.2000 das maximale Risikogewicht 100% beträgt, wird für Kreditnehmer mit besonders schlechtem Bonitätsergebnis (BB- bei Unternehmenskrediten[71]) ein neues Risikogewicht in Höhe von 150% eingeführt.[72] Zu vermuten ist, daß wegen der schlechten Eigenkapitalausstattung des deutschen Mittelstandes dieses höchste Risikogewicht vielen kleinen und mittleren Betrieben zugewiesen wird, denn gemäß Abbildung 1.2 sind ca. 20% der kleinen und mittleren Unternehmen schlechter als BB klassifiziert.[73] Hierdurch wird die Fremdkapitalaufnahme verteuert.

Der Standardansatz ist grundsätzlich nur für Kreditinstitute interessant, für die die Kosten der Entwicklung eines internen Bonitätsbeurteilungsverfahrens höher sind als die Kostenersparnis durch die Senkung der Eigenkapitalunterlegungspflicht bei Verwendung eines internen Ansatzes. Weil relativ grobe Gliederungsstrukturen für die Risikogewichte beibehalten werden, ist die Eigenkapitalunterlegungspflicht für Banken bei Anwendung des Standardansatzes durchschnittlich höher als bei Anwendung der internen Ansätze.[74] Nach IKE Nr. 53 ff. werden im Standardansatz folgende Forderungsarten unterschieden, da sie jeweils risikospezifische Besonderheiten aufweisen:

- Forderungen an Staaten,
- Forderungen an sonstige öffentliche Stellen,
- Forderungen an Multilaterale Entwicklungsbanken,
- Forderungen an Banken,
- Forderungen an WP-Häuser,
- Forderungen an Unternehmen,

---

71 Die genaue Erklärung zu den Aussagen des Ratingkennwertes wird im Kapitel 3 gegeben.

72 Vgl. bspw. Steiner, Manfred; Starbatty, Nikolaus (2001), Seite 419.

73 Vgl. zu den Kapitalkostenauswirkungen bspw. Grunert, Jens; Kleff, Volker; Norden, Lars; Weber, Martin (2002), Seiten 1045 - 1064, oder Jansen, Sven (2002), Seite 789. Für ein Gegenbeispiel siehe Nippel, Peter (2004), Seiten 199 - 222.

74 Vgl. Basel committee on banking supervision (2003a), Seite 3.

- Forderungen, die im Retail[75] enthalten sind,
- Forderungen, die durch Immobilien und Wohneigentum gesichert werden,
- Forderungen, die durch gewerbliche Immobilien gesichert werden,
- Forderungen höheren Risikogehaltes,
- andere Forderungen und
- außerbilanzielle Forderungen.

Diese Einteilung berücksichtigt bereits grob die unterschiedlichen Ausfallrisikohöhen aus Kreditvergaben, da bspw. Forderungen an Staaten als sicherer gelten als Forderungen an Unternehmen. Da für diese Arbeit in erster Linie Forderungen an Unternehmen relevant sind, werden die übrigen o.a. Forderungen des Gliederungsschemas nicht näher erläutert.[76] Unternehmen, die ein externes Rating vorweisen, können den folgenden Bonitätsklassen der Tabelle 3.1 zugeordnet werden. Die Ratingdefinitionen entsprechen denen der Ratingagentur Standard & Poor's.[77] Forderungen gegenüber Unternehmen, die kein externes Rating vorweisen, erhalten ein Risikowicht in Höhe von 100%, was dem Ratingurteil BBB+ bis BB- entspricht.

Bonitätsklasse	Klasse 1	Klasse 2	Klasse 3	Klasse 4
Bonitätsbeurteilung	AAA bis AA-	A+ bis A-	BBB+ bis BB- nicht bewertet	Unter BB-
Risikogewicht	20%	50%	100%	150%

Tab. 3.1: Risikogewichte für Forderungen an Unternehmen (IKE Nr. 66)

Da gegenwärtig nach Grundsatz I § 13 Abs. 6 für Unternehmenskredite grundsätzlich ein Risikogewicht von 100% anzusetzen ist, profitieren Unternehmen mit besserer Bonität als BBB+ von der Einführung von Basel II, da mit geringerer Eigenmittelunterlegung der Bank auch der **kalkulatorische** Zinssatz für den Unternehmenskredit sinkt. Für Kredite an Unternehmen mit einem Rating schlechter als BB- steigt jedoch der Kreditzins, weil die Eigenkapitalunterlegungspflicht der Bank aufgrund des Risikogewichtungsfaktors von 150% von zur Zeit 8% auf 12% erhöht wird.

Ob in der Praxis tatsächlich das Risikogewicht in Höhe von 150% zur Anwendung kommt, ist fraglich, denn in diesem Falle könnte auf jedes Rating verzichtet werden, um in die Bonitätsklasse 3 für Unternehmen ohne Rating mit einem Risikogewicht von 100% zu kommen. Auch

75 Dem Retailbereich einer Bank gehören Privatkunden und Kleinunternehmen an.

76 Die Risikogewichte für Forderungen an Staaten und Zentralbanken, sowie für Forderungen an Banken können dem Konsultationspapier, speziell den Rd. Nr. 53 - 65 entnommen werden.

77 Vgl. die Definitionen auf den Internetseiten von Standard & Poor's.

die zunehmende Konkurrenz auf dem Markt für Unternehmenskredite könnte dazu führen, falls Banken trotz des fehlenden Ratings das Kreditgeschäft ausweiten wollen. Die durch die Einführung von Basel II gewollte Aufhebung der Quersubventionierung von schlechten Krediten durch gute würde entfallen.

Sicherheiten reduzieren die Ausfallrisiken zusätzlich. Folglich müßte das Risikogewicht bei entsprechender Besicherung sinken. Deshalb nehmen durch Grundpfandrechte auf Wohnimmobilien abgesicherte Kredite eine Sonderstellung ein. Sie werden deshalb wie eine eigenständige Kreditgruppe behandelt, der ein Risikogewicht in Höhe von 35% zugeordnet wird (IKE Nr. 72). Grundpfandrechte auf gewerbliche Immobilien bewirken eine Verringerung des Risikogewichtes auf 100% (IKE Nr. 74), wenn das Unternehmen ein Rating von BB- und schlechter erhält.[78] Daraus ergeben sich folglich Ansatzpunkte für eine kreditkostensenkende Politik des Schuldnerunternehmens, bspw. durch die Optimierung der Sicherheitenverteilung auf vorhandene Kredite.

Krediten an natürliche Personen oder an Kleinunternehmen[79] kann zukünftig ein einheitliches reduziertes Risikogewicht von 75% zugewiesen werden, falls sie die in IKE Nr. 74 genannten Bedingungen erfüllen; sie werden außerdem im sogenannten „Retailportfolio" zusammengefaßt.

Für Kredite, die sich im Verzug befinden, ist allerdings eine weitere besondere Risikogruppe u.a. in Abhängigkeit von der Dauer des Verzugs vorgesehen. Befinden sich Kredite mehr als 90 Tage in Verzug, wird ein Risikogewicht auf den ausstehenden Kreditbetrag nach Abzug von Einzelwertberichtigungen angesetzt, welches der Tabelle 3.2 entnommen werden kann. Jedoch können die nationalen Aufsichtsbehörden auch andere Risikogewichte verwenden.[80]

---

78 In bestimmten Ausnahmefällen ist hier eine Reduktion des Risikogewichtes auf 50% möglich, wenn von stark entwickelten Märkten ausgegangen werden kann. Dieses wird lediglich in der Fußnote zur Rd. Nr. 74 IKE angegeben. Vgl. auch Deutsche Bundesbank (2004), Seite 78.

79 Eine Definition des Begriffs Kleinunternehmen wird im Basler Konsultationspapier nicht gegeben, muß also von den nationalen Aufsichtsbehörden spezifiziert werden. Gemäß der Kreditanstalt für Wiederaufbau (KfW) oder der Definition der Kommission vom 06.03.02, ABl der EU L 124/36 vom 20.05.03, sind kleine Unternehmen durch einen Jahresumsatz bzw. einer Bilanzsumme kleiner 10 Mio. Euro und einer Mitarbeiterzahl kleiner 50 Personen gekennzeichnet.

80 Vgl. Basler Ausschuß für Bankenaufsicht (2004), Fußnote 25, die Risikogewichte werden ohne Begründung seitens des Basler Ausschusses vorgegeben.

Höhe der Einzelwertberichtigung (EWB) in % der Forderung	< 20%	20% ≤ x < 50%	≥ 50%
Risikogewicht in % der Forderung nach Abzug von EWB für durch Grundpfandrechte besicherte Kredite	100%	50%	50%
Risikogewicht in % der Forderung nach Abzug von EWB für durch andere Sicherheiten besicherte Kredite	150%	100%	50%

Tab. 3.2: Risikogewichte für den unbesicherten Teil einer mit 90 Tagen in Verzug befindlichen Forderung (IKE Nr. 75 ff.)

Ist der Verzug ≤ 90 Tage, wird weiterhin das ratingabhängige Bonitätsgewicht des Kredites angewendet. Das Standardrisikogewicht für alle nicht genannten Kreditpositionen beträgt gemäß IKE Nr. 81 100%.

Außerbilanzielle Geschäfte, beispielsweise Kreditzusagen, müssen durch Kreditumrechnungsfaktoren in Kreditäquivalente umgerechnet werden. Für Kreditzusagen mit einer ursprünglichen Laufzeit bis zu einem Jahr beträgt der Kreditumrechnungsfaktor 20%, mit einer ursprünglichen Laufzeit von über einem Jahr 50% und für Wertpapierleihgeschäfte oder Hinterlegung der Wertpapiere als Sicherheit 100% (IKE Nr. 83 f.).[81]

Weitere Sicherungsmittel können neben den Immobiliensicherheiten die Eigenkapitalbelastung der Kreditinstitute senken, so daß Unternehmen mit schlechter Bonität nicht zwingend mit höheren kalkulatorischen Kreditzinsen konfrontiert werden. Mittelständische Unternehmen sollten deshalb versuchen, freie Sicherheiten vorzuhalten. Das klassische Sicherungsmittel der Forderungsabtretung wird seine hohe Bedeutung beibehalten, weil dieses Sicherungsmittel fortlaufend aus dem Geschäftsbetrieb entsteht. Wie noch zu zeigen sein wird, schwankt die Sicherungsfunktion von Forderungsabtretungen mit der Bonitätsbeurteilung des Forderungsschuldners, so daß zunächst keine generelle Aussage über die Höhe der Risikoreduzierung getroffen werden kann. Wie vorstehend bereits angeführt wurde, sind gerade Immobiliensicherheiten geeignet, eine starke Reduktion des Bonitätsgewichtes herbeizuführen.

[81] Kreditumrechnungsfaktoren und Bonitätsgewichte für weitere Spezialfälle sind dem Konsultationspapier zu entnehmen.

Insbesondere bei der Aufnahme mehrerer Kredite kommt es für mittelständische Unternehmen nun darauf an, eine optimale Aufteilung aller bestehenden Sicherungsmittel auf die verschiedenen Kredite zu finden, um die Gesamtzinsbelastung zu minimieren.

Im folgenden wird die Verfahrensweise zur Anwendung von Sicherheiten mit dem Ziel der Kreditkostenbeeinflussung beschrieben.

3.1.2 Kreditrisikominderung im Standardansatz durch Sicherungsmittel

Risikomindernd können von den Kreditnehmern folgende Instrumente eingesetzt werden (IKE Nr. 109):

- sogenannte finanzielle Sicherheiten,
- Kreditderivate,
- Garantien und
- Gegenpositionen mit Netting-Vereinbarungen.

Die Möglichkeit der Reduktion der Eigenkapitalunterlegungspflicht der Bank zeigt, daß Kreditnehmer durch ihre Sicherheitenpolitik die Gesamtkosten aus Kreditaufnahmen beeinflussen können. Kleine und mittlere Unternehmen mit schlechter Eigenkapitalbasis werden demnach bei unzureichenden Sicherungsmitteln oder falscher Sicherheitenverwendung die kalkulatorisch höchsten Kreditkosten zu tragen haben.

Im Standardansatz sind ein einfacher und ein umfassender Ansatz zur Risikogewichtung bei Verwendung von Sicherheiten zulässig (IKE Nr. 121).

Im **einfachen Standardansatz** wird die Risikogewichtung des besicherten Kreditbetrages durch das Risikogewicht des Sicherungsmittels ersetzt, wobei eine Mindestrisikogewichtung von 20% vorgegeben ist. Ausnahmen vom Mindestrisikogewicht von 20% sind in einigen Fällen zwar möglich, sollen hier jedoch nicht angeführt werden (IKE Nr. 184 ff.).[82] Inkongruenzen zwischen der Verfügbarkeit des Sicherungsmittels und der Kreditlaufzeit sind im einfachen Standardansatzes nicht zugelassen (IKE Nr. 121). Einem un-besicherten Restkreditbetrag wird ausschließlich die Standardgewichtung der Kredite zugewiesen. Falls Sicherheiten nach dem einfachen Ansatz zur Senkung der aufsichtsrechtlichen Eigenkapitalverpflichtung verwendet werden (IKE Nr. 182), muß eine mindestens halbjährliche Neubewertung der Kreditsicherheiten durchgeführt werden.

---

[82] Diese Ausnahmen werden für das vollständige Investitions- und Finanzierungsprogramm in Kapitel 6 und für die Optimierung der Sicherheitenaufteilung in Kapitel 5 nicht benötigt.

Im **umfassenden Standardansatz** wird der Forderungsbetrag um den Wert der Sicherheiten reduziert. Dem unbesicherten Teil des Kredites wird das Bonitätsgewicht des Kredites bzw. Kreditnehmers zugewiesen. Der mit finanziellen Sicherheiten, das sind z.B. Bareinlagen und Gold, besicherte Kreditbetrag erhält ein Risikogewicht von 0%. Im Gegensatz zum einfachen Standardansatz dürfen in diesem Falle das Sicherungsmittel und der Kredit unterschiedliche Laufzeiten aufweisen (IKEn Nr. 121), so daß die verwendbare Sicherheitenbasis zunimmt. In der nachfolgenden Tabelle 3.3 werden die wichtigsten anerkennungsfähigen finanziellen Sicherheiten für den einfachen und den umfassenden Ansatz gezeigt.

<table>
<tr><td rowspan="2"></td><td colspan="2">Sicherheitsberücksichtigungen im Standardansatz</td></tr>
<tr><td>Einfacher Ansatz</td><td>Umfassender Ansatz</td></tr>
<tr><td rowspan="2">Anerkennungsfähige Sicherheiten</td><td colspan="2">- Bareinlagen bei der kreditgebenden Bank
- Gold
- Wertpapiere mit einem Rating von BB- oder besser, die von Staaten oder sonstigen öffentlich rechtlichen Institutionen emittiert werden
- Wertpapiere, die von Banken, Wertpapierfirmen und Unternehmen mit einem Rating von BBB- oder besser emittiert sind
- kurzfristige Wertpapiere, die mindestens mit dem Ratingurteil a-3/P3 bewertet sind[83]
- nicht bewertete, gelistete erstrangige Anleihen von Banken, deren andere Wertpapiere wie oben gefordert geratet sind und bei denen keine Anzeichen vorliegen, daß diese Wertpapiere schlechter geratet werden müßten. Für diese Wertpapiere muß ein liquider Markt vorliegen.
- Aktien eines Hauptindex
- nach IKE Nr. 145 f. angegebene Investmentzertifikate</td></tr>
<tr><td></td><td>- an einer anerkannten Börse nicht im Hauptindex gehandelte Aktien
- Investmentfonds, die solche Aktien beinhalten</td></tr>
</table>

Tab. 3.3: Anerkennungsfähige Sicherheiten im Standardansatz (IKE Nr. 145 f.)

Voraussetzungen für die Anerkennung von Sicherheiten sind der rechtliche Bestand der Sicherungsvereinbarung und eine geringe Abhängigkeit von möglichen Sicherheitenausfällen und Kreditausfällen (IKE Nr. 123 f.).

[83] Vgl. für die Ratingsymbole das Rating von Standard and Poor's für kurzfristige Anleihen.

Negative Wertänderungen der Sicherungsmittel werden durch entsprechende Abschläge auf ihre Marktwerte berücksichtigt. Dementsprechend wird auch der Kreditbetrag wegen möglicher Wertschwankungen, beispielsweise durch die Aktivierung ausstehender Zinszahlungen um Zuschläge korrigiert, woraus sich risikoangepaßte Kreditbeträge anhand der Gleichung (3.3) gemäß IKE Nr. 147 ergeben.

Zusätzliche Symbole:

$KRnR_f$ = aktueller Forderungsbetrag von Kredit f nach Kreditrisikominderung in GE

$KRvR_f$ = aktueller Forderungsbetrag von Kredit f vor Kreditrisikominderung in GE

RAS_j = Risikoabschlag für die hereingenommene Sicherheit j in GE/GE

RAW_{fj} = Risikoabschlag für eine Währungsinkongruenz zwischen Kredit f und Sicherungsmittel j in GE/GE

RZK_f = Risikozuschlag für den Kredit f in GE/GE

S_j = aktueller unbereinigter Wert der hereingenommenen Sicherheit j in GE

$$(3.3)\qquad KRnR_f = \max\left\{0, \left[KRvR_f \cdot (1 + RZK_f) - S_j \cdot \left(1 - RAS_j - RAW_{fj}\right)\right]\right\}$$

Der erste Term in den eckigen Klammern $KRvR_f \cdot (1 + RZK_f)$ stellt den angepaßten Wert der ausstehenden Forderung dar, der zweite Term $S_j \cdot \left(1 - RAS_j - RAW_{fj}\right)$ den korrigierten Wert der Sicherheiten. Der Forderungsbetrag nach Sicherheitenberücksichtigung kann aufgrund des Maximumausdrucks nicht negativ werden, so daß weitere Sicherheiten zu keinen zusätzlichen Eigenkapitaleinsparungen führen.

Laufzeitinkongruenzen zwischen Kredit und Sicherungsmittel führen zu einer weiteren Wertanpassung der Sicherheit, wobei zu beachten ist, daß Absicherungen mit einer Ursprungslaufzeit unter einem Jahr und Absicherungen mit einer Restlaufzeit kleiner als drei Monate im Falle von Laufzeitinkongruenzen gemäß IKE Nr. 204 nicht berücksichtigt werden dürfen. Die Begrenzung der Restlaufzeit des Kreditsicherungsmittels auf die Restlaufzeit der Forderung ist zu beachten (IKE Nr. 205). Die Restlaufzeit von Krediten ist im Standardansatz als der Zeitraum definiert, nach dem der Kredit vollständig zurückgezahlt ist. Die Restlaufzeit von Sicherheiten ergibt sich aus dem Sicherungsvertrag. Durch vertraglich vereinbarte Kündigungsrechte kann die Restlaufzeit der Sicherungsabrede verkürzt werden. Bei Vereinbarung von Kündigungsrechten ist als Restlaufzeit der Sicherheit der Zeitraum bis zur ersten Kündigungsmöglichkeit anzusetzen (IKE Nr. 203). Die Korrektur der Sicherungsmittel um Laufzeitinkongruenzen führt zur Berechnung des Kreditbetrages nach Kreditrisikominderung gemäß Gleichung (3.4).

Zusätzliche Symbole:

T_j^{Rest} = Restlaufzeit der Kreditabsicherung mit Sicherheit j in Jahren

T_f^{Rest} = Restlaufzeit der Forderung f in Jahren

$\leq$ 5 Jahre

$T_j^{Rest} \leq T_f^{Rest}$

$$(3.4)\quad KRnR_f = \max\left\{0, KRvR_f \cdot (1 + RZK_f) - \left[S_j \cdot \left(1 - RAS_j - RAW_{fj}\right)\right] \cdot \frac{T_j^{Rest} - 0,25}{T_f^{Rest} - 0,25}\right\}$$

Die Gleichung (3.4) ist bis auf den zusätzlichen Bruch identisch zu (3.3). Da unabhängig von der Ursprungslaufzeit der Absicherung Sicherheiten mit einer Restlaufzeit von unter drei Monaten nicht mehr berücksichtigt werden dürfen, sind 3/12, also 0,25 Jahre in Gleichung (3.4), von der jeweiligen Restlaufzeit abzuziehen (IKE Nr. 205). Die zur Wertkorrektur der Sicherheiten zu verwendenden Standardabschläge und die Standardzuschläge für die Kreditbewertung können der nachfolgenden Tabelle 3.4 entnommen werden.

Standardabschläge und -zuschläge können jedoch durch eigene Volatilitätsschätzungen von Marktpreisen und Wechselkursen der Kreditinstitute unter bestimmten Voraussetzungen ersetzt werden,[84] die für diese Arbeit nicht direkt von Bedeutung sind und deshalb nicht aufgeführt werden.

Werden die Mindestanforderungen bezüglich der Nachschußverpflichtung durch den Sicherungsgeber bzw. der Neubewertung der hereingenommenen Sicherungsmittel nicht eingehalten, müssen die Abschläge gemäß IKE Nr. 167 korrigiert werden.

[84] Für die quantitativen und qualitativen Anforderungen siehe: Basler Ausschuß für Bankenaufsicht (2004), Rd.Nr. 156 ff.

Emissionsrating für Schuldverschreibungen	Restlaufzeit	Abschläge, falls Emittent ein Staat ist	Abschläge, falls Emittent eine Bank oder ein Unternehmen ist
AAA bis AA-	≤ 1 Jahr	0,5	1
	1 Jahr < x ≤ 5 Jahre	2	4
	> 5 Jahre	4	8
A+ bis BBB-	≤ 1 Jahr	1	2
	1 Jahr < x ≤ 5 Jahre	3	6
	> 5 Jahre	6	12
BB+ bis BB-	alle	15	
Aktien in einem Hauptindex		15	
Andere börsennotierte Aktien		25	
Barsicherheit		0	
Gold		15	
Zuschlag für Fremdwährungsrisiko H_{fx}		8	
Investmentfonds		höchster der auf die einzelnen Titel des Fonds anzuwendenden Abschläge	

Tab. 3.4: Aufsichtliche Abschläge in % des Sicherungsmittels/Kredites bei täglicher Neubewertung der Sicherheit und täglicher Sicherheiten-Nachschußverpflichtung und einer 10-tägigen Halteperiode[85] (IKE Nr. 151)

Die korrigierten Abschläge für die Sicherungsmittel bei nichttäglicher Nachschußberechnung bzw. Neubewertung sind gemäß IKE Nr. 168 durch die Gleichung (3.5) zu ermitteln, sie müssen jeweils in Gleichung (3.4) eingesetzt werden, um zum Kreditbetrag nach Risikominderung zu gelangen.

Zusätzliche Symbole:

RAS^{korr} = korrigierter Risiko-Abschlag für das zu betrachtende Sicherungsmittel in %

RAS^{Mind} = Risiko-Abschlag für die Mindesthaltedauer für das zu betrachtende Sicherungsmittel in %

T^{Mind} = Mindesthalteperiode für die jeweilige Art des Sicherungsmittels in Tagen

[85] Als Halteperiode wird der Zeitraum der Risikobetrachtung bezeichnet. Die Abschläge werden mit Hilfe des Value-at-Risk berechnet. Der Value-at-Risk ist derjenige Wert, der mit einer bestimmten Wahrscheinlichkeit innerhalb eines bestimmten Zeitraums nicht überschritten wird. Dieser Zeitraum entspricht der vorstehenden Haltedauer.

$T^{NVerpfl.}$ = tatsächliche Anzahl von Tagen zwischen den Nachschußverpflichtungen/Neubewertungen

$$(3.5)\quad RAS^{korr} = RAS^{Mind} \cdot \sqrt{\frac{T^{NVerpfl.} + \left(T^{Mind.} - 1\right)}{T^{Mind.}}}$$

Führt eine Bank eine Schätzung für die Wertschwankungen der Sicherheiten auf der Basis einer nach IKE Nr. 167 abweichenden Haltedauer durch[86], so müssen die Abschläge RAS^{Mind} nach IKE Nr. 168 gemäß Gleichung (3.6) angepaßt und in (3.5) ersetzt werden.

Zusätzliche Symbole:

RAS^{N} = Risiko-Abschlag bei Verwendung einer Halteperiode T^{N} in %

T^{N} = von einer Bank verwendete Haltedauer zur Ableitung von RA^{N} in %

$$(3.6)\quad RAS^{Mind} = RAS^{N} \cdot \sqrt{\frac{T^{Mind}}{T^{N}}}$$

Neben dieser Vorgehensweise zur Berechnung der Sicherheitsabschläge für die verwendeten Sicherungsmittel entsprechend den Gleichungen (3.3) bis (3.6) kann die Bank für das Sicherungsmittel einen Abschlag in Höhe von 0% ansetzen, wenn folgende Bedingungen **kumulativ** erfüllt sind (IKE Nr. 141):

- Kredit und Sicherheit sind Bargeld oder Wertpapiere eines Staates oder einer sonstigen öffentlichen Stelle mit einem aufsichtlichen Risikogewicht von 0%,
- der Kredit und die Sicherheit lauten auf dieselbe Währung,
- die Transaktion hat eine Laufzeit von einem Tag, oder die Sicherheit und der Kredit werden täglich bewertet.

Banken dürfen anstelle der Nutzung von Korrekturfaktoren zur Berichtigung der Sicherheiten und des Kreditwertes zur Abbildung der Preisvolatilität von Forderungen und Sicherheiten bei Wertpapierpensions- und ähnlichen Geschäften Value-at-Risk-Modelle verwenden.[87] Auf diese Methode soll jedoch im weiteren nicht eingegangen werden, da das Hauptaugenmerk der Arbeit auf der Darstellung der IRB-Ansätze liegt.

Die vorstehenden Korrekturrechnungen zur Risikominderung für Banken haben Einfluß auf die Kapitalkosten von Unternehmen. Durch die Anwendung des fortgeschrittenen Ansatzes der Sicherheitenberücksichtigung im Standardansatz kann eine Bank die Eigenkapitalunterle-

[86] Für die Schätzung von maximalen Wertschwankungen von Sicherungsmitteln wird von Banken der Value at Risk-Ansatz verwendet. Der hier verwendete Begriff der „Haltedauer“ entspricht dabei dem Beobachtungszeitraum im Value at Risk-Ansatz.

[87] Zur Definition des Value at Risk vgl. unter anderem Schulte, Michael; Horsch, Andreas (2004), Seite 215.

gung für vergebene Kredite stärker reduzieren als bei Verwendung des einfachen Ansatzes. Dieses hat Folgen für die Kapitalkosten der Bank und die Kreditkonditionen bei Weitergabe an das kreditnehmende Unternehmen.

Eine weitere Möglichkeit, Die Eigenkapitalunterlegung zu senken, ist das Netting von Bilanzpositionen.

3.1.3 Netting von Forderungen und Verbindlichkeiten

Ist ein Unternehmen sowohl Kreditor als auch Debitor, kann die Bank die Eigenkapitalunterlegungspflicht reduzieren, indem sie die Forderungen an und die Verbindlichkeiten gegenüber Geschäftspartnern aufrechnet. Aus dem so verminderten Eigenkapitalverbrauch ergeben sich Möglichkeiten für die rechnerische Absenkung der Kreditkonditionen. Für die Durchführung des Netting müssen die nachstehenden Bedingungen **kumulativ** gelten (IKE Nr. 188):

- Bestehen einer rechtliche Grundlage,
- Durchsetzbarkeit im Insolvenzfall,
- Einzelnachweis der Forderung und
- Überwachung und Kontrolle der Anschlußrisiken auf Nettobasis.

Für die Berechnung des Risikovolumens aus dem Bankkredit werden die für das Netting verwendeten Bank-Passiva als Sicherheiten angesetzt und wie in den obigen Formeln (3.3) bzw. (3.4) behandelt. Alle definierten Sicherheitsabschläge erhalten einen Wert von 0%, falls keine Währungsinkongruenzen zwischen Aktiva und Passiva vorliegen (IKE Nr. 188). Hieraus könnte sich ein Vorteil für die Fremdkapitalkosten der Kreditnehmer ergeben, da das aufsichtsrechtlich benötigte haftende Eigenkapital durch Forderungen des Unternehmens gegen die Bank gesenkt werden kann.

3.1.4 Verwendung von Garantien und Kreditderivaten zur Risikoreduktion

Sollen Garantien oder Kreditderivate zur Besicherung von Krediten verwendet werden, sind zusätzliche Anforderungen zu erfüllen.[88] Als wichtigste quantitative Anforderung für die Verwendung von Garantien gilt die Notwendigkeit der Korrektur der Garantie um einen Fak-

[88] Vgl. zu den Anforderungen für die Berücksichtigung von Garantien und Kreditderivaten Basler Ausschuß für Bankenaufsicht (2004), Rd. Nr. 189 ff.

tor für Währungsinkongruenzen und Laufzeitinkongruenzen, wie dieses bereits für finanzielle Sicherheiten beschrieben wurde.[89]

Bei einer anteiligen Absicherung des Kredites wird dem besicherten Kreditbetrag das Risikogewicht des Garanten, dem unbesicherten Betrag das Risikogewicht des Kreditnehmers zugewiesen (IKE Nr. 141, 196).

3.1.5 Verwendung von mehreren Sicherheiten unterschiedlicher Sicherheitenarten

Werden verschiedene Sicherungsarten bei der Absicherung des Ausfallrisikos eines Kredites verwendet, ist der Kreditbetrag in verschiedene Tranchen zu unterteilen, die jeweils nur durch **ein** Sicherungsmittel besichert werden. Hieraus ergeben sich interessante Optimierungsmöglichkeiten für Kreditnehmer und Kreditgeber, denn jeder Tranche ist dann das Risikogewicht des jeweils verwendeten Sicherungsmittels autonom zuzuweisen (IKE Nr. 206), weil auf den Ansatz von Sicherheiten zur Senkung des Eigenkapital-Unterlegungsbedarfs die Vertragsgestaltungen, die die Zugriffsrechte der Banken regeln, offensichtlich keinen Einfluß haben. Damit bestimmen auch hier letztlich die angebotenen Sicherheiten die Kreditkosten mit. Jedoch ist noch anzumerken, daß zur Zeit nur Credit Default Swaps und Total Return Swaps aus der Klasse der Kreditderivate für die Besicherung von Krediten anerkannt werden, die ebenfalls noch zusätzliche Bedingungen erfüllen müssen (IKE Nr. 193).

Nachdem die Berechnung der Mindestkapitalanforderungen als eine der kalkulatorisch relevanten Kostenkomponenten zur Bestimmung des Kreditzinssatzes im Rahmen des Standardansatzes dargestellt wurde, soll nun der für diese Arbeit relevantere, auf internen Ratings basierende IRB-Ansatz folgen, denn in Umfragen[90] wurde eine Präferenz der Kreditinstitute für den Einsatz des IRB-Basisansatzes festgestellt.[91]

3.2 Behandlung von Krediten bei Anwendung von internen Ratingverfahren

Eine Bank kann bei Einführung **interner** Bonitätsbeurteilungen für Kreditnehmer entweder den Basisansatz oder einen sogenannten fortgeschrittenen Ansatz zur Ermittlung der Eigenka-

---

[89] Eine differenzierte Darstellung erfolgt im Kapitel zur Eigenkapitalminimierung durch Stellung von Sicherheiten.

[90] Vgl. unter anderem Goldbach, Katja; Grabau, Fritz-Rene; Hundt, Irina; Neitz, Bernd (2002), hier insbesondere Abbildung 2 auf Seite 1216.

[91] Auch aufgrund der hohen Kosten für externe Ratings wird der Standardansatz für mittelständische Unternehmen nicht relevant sein. Eine Ausnahme bildet die Einstufung des Kreditnehmers ohne Rating und damit die Anwendung eines Bonitätsgewichtes von 100%. Diese Verfahrensweise würde jedoch der Intention der Bankenaufsicht widersprechen und vermutlich nicht auf Dauer geduldet werden.

pitalunterlegungspflicht gemäß Konsultationspapier verwenden. Diese Ansätze werden „internal rating based approaches", IRB-Ansätze, genannt. Folglich wird zwischen einem IRB-Basisansatz und einem fortgeschrittenen IRB-Ansatz unterschieden. Bei Anwendung der IRB-Ansätze werden die Werte für die Risikoparameter einer Kreditvergabe differenzierter als im Standardansatz ermittelt. Anstelle der im Standardansatz üblichen externen Bonitätsgewichtungsfaktoren werden in den IRB-Ansätzen vorgegebene Formeln zur Schätzung des Ausfallrisikos unter Verwendung bankinterner Bonitätsbeurteilungsverfahren verwendet.

3.2.1 Risikoparameter in den internen Ratingverfahren

Als Risikoparameter gelten bei Verwendung eines IRB-Ansatzes gemäß IKE Nr. 211:

- die Ausfallwahrscheinlichkeit des Kredites,
- der Kreditbetrag bei Ausfall,
- die Restlaufzeit und
- die Verlustquote.

Im IRB-Basisansatz wird ausschließlich die Ausfallwahrscheinlichkeit von der Bank ermittelt, die restlichen Parameter sind einheitlich von der Aufsichtsbehörde vorgegeben, während bei Verwendung des fortgeschrittenen IRB-Ansatzes alle Parameter bankintern zu schätzen sind.[92]

Um die zusätzlichen Kosten für die Ermittlung der Risikoparameter zu kompensieren, wird das im fortgeschrittenen IRB-Ansatz geforderte durchschnittliche nachzuweisende Eigenkapital für die Kreditvergabe aufsichtsrechtlich vermindert. Hierdurch wird ein Anreiz zur Verwendung der IRB-Ansätze geschaffen, um eine differenziertere Risikobetrachtung durchzuführen. Anhand verschiedener empirischer Studien kann belegt werden[93], daß bei Verwendung des Standardansatzes durch Banken die Eigenkapitalanforderung gegenüber Basel I zunimmt, während sich diese bei Anwendung des IRB-Basisansatzes kaum verändert. Bei Gebrauch des fortgeschrittenen Ansatzes sinkt dagegen die Eigenkapitalanforderung.[94]

Sollte insgesamt eine Kostenersparnis aufgrund der geringeren Eigenkapitalunterlegungspflicht entstehen, könnte diese über die Kreditkonditionen an den Mittelstand weitergegeben

---

92 Vgl. Hundt, I.; Neitz, B.; Grabau, F. (2003), Seite 10 f.

93 Vgl. für die Ergebnisse unter anderem Basel Committee on Banking Supervision (2003b).
Vgl. bank for international settlement (2004), Seite 3. Als download verfügbar unter: www.bis.org/cgu-bin/print.cgi und
Paul, Stephan; Stein, Stefan; Kaltofen, Daniel (2004), Seite 346.

94 Vgl. Basel committee on banking supervision (2003a), Seite 3.

werden. Eine abschließende Beurteilung der aus der Anwendung von IRB-Ansätzen resultierenden Kostensituation ist jedoch an dieser Stelle ohne weitergehende Analysen nicht möglich. Jedoch scheint der größte Teil der deutschen Banken die Anwendung des IRB-Basisansatzes zu präferieren.[95] Die Kosten der Einführung scheinen unterhalb des Nutzens aus der differenzierten Risikobeurteilung von Kreditgeschäften zu liegen. Die Eigenkapitalanforderung auf Gesamtbankebene wird sich deshalb gegenüber dem alten Grundsatz I vermutlich nicht ändern. Für Einzelkredite ist die Richtung der Änderung der Eigenkapitalanforderung nicht pauschal ersichtlich, sie ist vielmehr abhängig vom Ergebnis der internen Bonitätsbeurteilung.

Im folgenden werden die einheitlich angegebenen Risikoparameter erläutert und die Anforderungen an deren Schätzung gemäß dem Konsultationspapier dargestellt.

3.2.1.1 Die Ausfallwahrscheinlichkeit eines Kredites/Kreditnehmers

In den vorgegebenen Ansätzen zur Berechnung der Mindesteigenkapitalhöhe wird die 1-Jahres-Ausfallwahrscheinlichkeit eines Kreditnehmers verwendet, die von den Banken mit Hilfe von Ratingverfahren zu ermitteln ist. Durch die Einführung eines speziellen Faktors wird der Eigenkapitalnachweis an die effektive Kredit-Restlaufzeit angepaßt. Als Mindestausfallwahrscheinlichkeit werden 0,03% vom Basler Ausschuß ohne Begründung vorgegeben. Damit ist auch für Kredite an Unternehmen mit bester Bonität ohne jede Ausfallgefahr Eigenkapital vorzuhalten, so daß der kalkulierte Kreditzinssatz selbst bei vollständiger Sicherheit den risikoarmen Geld- und Kapitalmarkzinssatz übersteigt. Die für die Bestimmung der Eigenkapitalunterlegung verwendeten Ausfallwahrscheinlichkeiten werden i.d.R. unter Verwendung von Ratingklassen ermittelt. Aufgrund der Verwendung einer größeren Anzahl von Ratingklassen als im Standardansatz ist die Risikoerfassung in den IRB-Ansätzen differenzierter.

Wird ein Kreditnehmer einer Ratingklasse zugeordnet, so wird für seine Verbindlichkeiten auch deren durchschnittliche Ausfallwahrscheinlichkeit angenommen (IKE Nr. 462). Diese Durchschnitts-Ausfallwahrscheinlichkeiten werden nicht durch die Banken-Aufsicht vorgegeben, sie sollen aus historischen Daten der Bank ermittelt werden.[96] Nur für die von Banken zu definierenden Ausfallklassen, in denen bereits ausgefallene Kredite enthalten sind, gilt eine

[95] Vgl. für eine Übersicht der Eigenkapitalauswirkungen Basel Committee on Banking Supervision (2003c), Seite 4.

[96] Vgl. Schmidt, Andreas (2002), Seite 84.

fest vorgegebene Ausfallwahrscheinlichkeit in Höhe von 100% (IKE Nr. 285), so daß keine unerwarteten Verluste mehr auszuweisen sind. Der entstehende Verlust ist durch Wertberichtigungen zu unterlegen.

Eine Forderung gilt als ausgefallen, wenn

- entweder die Bank vermutet, daß die Kreditverpflichtung mit hoher Wahrscheinlichkeit nicht zurückgezahlt wird, ohne daß Sicherheiten verwertet werden oder sonstige Maßnahmen von der Bank ergriffen werden (IKE Nr. 452),
- oder ein Zahlungsverzug von mehr als 90 Tagen auf einen erheblichen Teil der Forderung besteht. Eine Überziehung gilt bereits bei Überschreitung eines zugesagten Höchstbetrages als überfällig, der Überziehungsbetrag als ausgefallen (IKE Nr. 452).

Die für die übrigen Ratingklassen zu verwendenden zukünftige Ausfallwahrscheinlichkeiten können unter anderem durch

- die historische Simulation,
- die Monte Carlo Simulation und
- den Varianz-Kovarianzansatz[97]

ermittelt werden.[98]

Für die Schätzung von Ausfallwahrscheinlichkeiten können Banken sowohl interne Ausfalldaten als auch Daten anderer Institute oder Institutsgruppen verwenden. Darüber hinaus ist die Anwendung statistischer Ausfallmodelle nach IKE Nr. 417 zulässig. Eigenschaften von Ausfallmodellen werden im Konsultationspapier leider nicht genannt. Als allgemeine Anforderungen, die jedoch nicht genauer spezifiziert werden sollen, werden hier die Genauigkeit, Vollständigkeit und Angemessenheit der Daten, die Überprüfung der Ergebnisse durch Mitarbeiter und die regelmäßige Validierung der Ergebnisse angeführt.[99]

Als zweiter wesentlicher Einflußfaktor ist die Höhe der erwarteten Verlustquote des Kredites zu bestimmen.

3.2.1.2 Die Verlustquote

Die Verlustquote (LGD[100]) gibt den Anteil des ausstehenden Kreditbetrages an, der im Falle eines Kreditausfalls uneinbringlich ist. Bei Anwendung des IRB-Basisansatzes muß nach IKE

---

97 Eine Darstellung der Verfahren findet sich in allgemeinen Lehrbüchern zur Statistik.
Vgl. beispielsweise auch Poddig, Thorsten; Dichtl, Hubert; Petersmeier, Kerstin (2003).
Vgl. Deutsch, Hans-Peter (2001), Seite 379.
Vgl. unter anderem Mina, Jorge; Xiao, Jerry Yi: Return to RiskMetrics (2001), Seite 19.

98 Ein tabellarischer Vergleich der Verfahren findet sich bei Wilkens, Marco; Völker, Jörg (2001), Seite 421.

99 Für weitere allgemeine Anforderungen vgl. Basler Ausschuß für Bankenaufsicht (2004), Rd. Nr. 417f.

100 LGD steht für loss given default.

Nr. 287 f. jedem unbesicherten Kredit für Zwecke des Eigenkapitalnachweises eine Verlustquote in Höhe von 45% zugeordnet werden. Werden Kredite im Verlustfall nur nachrangig bedient, ist diesen eine Verlustquote in Höhe von 75% zuzuweisen. Dadurch ergibt sich die Annahme, daß trotz Ausfall 55% bzw. 25% des ausstehenden Kreditbetrages zurückgezahlt werden, weshalb für diesen Kreditanteil kein Eigenkapital vorzuhalten ist.

Bei Anwendung des fortgeschrittenen IRB-Ansatzes müssen die Verlustquoten von der Bank gemäß IKE Nr. 297 geschätzt werden. Zur Schätzung der Ausfallwahrscheinlichkeiten können ratingklassenabhängige durchschnittliche Ausfallquoten verwendet werden.[101]

3.2.1.3 Der Kreditbetrag im Verlustzeitpunkt

Ein weiterer Einflußfaktor auf die Eigenkapitalunterlegung von Banken ist die erwartete Forderungshöhe im Zeitpunkt des Ausfalls, exposure at default genannt (EAD). Für Unternehmenskredite, die aufsichtsrechtlich den bilanziellen Geschäften zuzurechnen sind, ist bei Anwendung des IRB-Basisansatzes regelmäßig der ausstehende Nominalbetrag zu verwenden.[102] Für den fortgeschrittenen IRB-Ansatz kann die Bank eigene Schätzungen für das EAD verwenden. Jedoch muß die Forderung mindestens mit dem im Beurteilungszeitpunkt rechtsgültig geschuldeten Betrag angesetzt werden (IKE Nr. 474).[103]

Bei außerbilanziellen Geschäften mit Kreditcharakter müssen Kreditäquivalenzbeträge ermittelt werden. Hierzu zählen beispielsweise Bürgschaften, die nach § 251 HGB bei Banken als Eventualverbindlichkeit lediglich unter der Bilanz auszuweisen sind. Im Auslandsgeschäft hat sich das Dokumentenakkreditiv durchgesetzt, durch das sich die Bank, vergleichbar mit einer bedingten Garantie verpflichtet, für die Verbindlichkeiten aus einem Importgeschäft ihres Kunden bei dessen Ausfall aufzukommen. Derartige Geschäfte sind für diese Arbeit relevant, weil bei gestiegenen Insolvenzen von Unternehmen deren Geschäftspartner entweder die sofortige Zahlung oder die Stellung von Sicherheiten verlangen.

Die Bank läßt sich für die Übernahme einer Garantie einen Zinssatz vergüten, der wie der Zinssatz bilanzieller Geschäfte i.d.R. kalkulatorisch ermittelt wird. Da die Definition des Kredites nach § 21 KWG nicht nur bilanzielle Geld- und Kreditleihen, sondern auch gegebene Kreditzusagen bzw. Garantien umfaßt, muß auch deren Risiko nach Grundsatz I und Basel II

[101] Vgl. für die Mindestanforderungen zur Schätzung der LGD IKE Nr. 468-473.
[102] Vgl. Wilkens, Marco; Baule, Rainer; Entrop, Oliver (2001), Seite 671.
[103] Für die Abhängigkeit des EAD von der Bonität, der Kreditart und der Restlaufzeit des Kredites vgl. Schmeisser, Wilhelm; Mauksch, Carola (2005), Seite 303.

mit Eigenkapital unterlegt werden. Hieraus entstehen mindestens Opportunitätskosten, die vom Garantienehmer zu decken sind. Da es sich bei außerbilanziellen Geschäften nicht direkt um Kredite handelt, ist ein Kreditäquivalenzbetrag durch die Multiplikation des zugesagten, noch nicht in Anspruch genommenen (Garantie-)Betrages mit einem sogenannten Kreditumrechnungsfaktor zu bestimmen (IKE Nr. 310, 313).

Für die Berechnung des Kreditumrechnungsfaktors stehen für den IRB-Basisansatz und den fortgeschrittenen IRB-Ansatz verschiedene Verfahren zur Verfügung. Im IRB-Basisansatz werden den nachfolgenden außerbilanziellen Finanzinstrumenten die entsprechenden Kreditumrechungsfaktoren wie im Standardansatz extern von der Bankenaufsicht zugeordnet. Einen Überblick gibt die Tabelle 3.5 auf der nachstehenden Seite.

Im fortgeschrittenen IRB-Ansatz kann die Bank Kreditumrechnungsfaktoren durch eigene Schätzungen ermitteln. Eine Modellfestlegung hat der Basler Ausschuß nicht vorgenommen, IKE Nr. 474 ff. enthält jedoch Schätzregeln. Die geschätzten Werte sind regelmäßig niedriger als die Standardumrechnungsfaktoren. Dadurch sinkt mit der Eigenkapitalbelastung der Bank der kalkulatorische Zinssatz für außerbilanzielle Geschäfte.

Für Forderungen, die einem Standard-Kreditumrechnungsfaktor von 100% unterliegen, dürfen allerdings keine selbstgeschätzten Werte verwendet werden. Eine Reduktion des nachzuweisenden Eigenkapitals für die Unterlegung des Risikos ist deshalb nicht möglich.

Außerbilanzielle Finanzinstrumente	Kreditumrechnungsfaktor
Kreditzusagen, unabhängig von der Ursprungslaufzeit	75%
Ausnahmen:	
- jederzeitige unbedingte Kündigungsmöglichkeit durch die Bank	0%
- eine derartige Vertragsgestaltung, daß bei Bonitätsverschlechterung des Kreditnehmers die Zusage automatisch erlischt	0%
- unbedingte, jederzeit kündbare Überziehungen/Fazilitäten von Unternehmen bei aktiver Überwachung der finanziellen Verhältnisse	0%
kurz-/mittelfristige Wertschriften (Euronotes):	
- Note Issuance Facilities	75%
- Revolving Underwriting Facilities	75%
Verleihung von Wertpapieren der Bank	100%
Hinterlegung von Wertpapieren als Sicherheit für einen Kredit bei einer dritten Partei	100%
kurzfristige selbstliquidierende Handels-Akkreditive aus Warengeschäften	20%

Tab. 3.5: Kreditumrechnungsfaktoren im IRB-Basisansatz (IKE Nr. 83f. und IKE Nr. 311 ff.)

Als letzter zu betrachtender Einflußfaktor auf die Höhe des benötigten haftenden Eigenkapitals der Kreditinstitute ist die effektive Restlaufzeit eines Unternehmenskredites zu betrachten.

3.2.1.4 Die effektive Restlaufzeit eines Unternehmenskredites

In die Formel zur Berechnung der Eigenkapitalhöhe für die Unterlegung des Kreditausfallrisikos geht die Restlaufzeit des Kredites als ein Parameter ein. Dadurch ist auch der Zuschlag für die Eigenkapitalkosten im kalkulatorischen Kreditzinssatz von der Kreditrestlaufzeit abhängig. Im Basler Konsultationspapier wird von der effektiven Restlaufzeit des Kredites gesprochen. Bei Anwendung des IRB-Basisansatzes wird für Unternehmenskredite und Kredite an mittelständische Unternehmen pauschal eine effektive Restlaufzeit von 2,5 Jahren für alle Kreditgeschäfte angenommen.[104]

[104] Für diese Restlaufzeit wurde seitens des Basler Ausschusses keine Begründung gegeben.

Im fortgeschrittenen Ansatz muß die effektive Restlaufzeit nach IKE Nr. 320 gemäß der folgenden Rechnung anhand des zukünftigen Cash-Flow aus dem Kreditverhältnis ermittelt werden. Der in der Gleichung (3.7) anzusetzende Cash-Flow aus dem Kreditverhältnis setzt sich aus den Tilgungsleistungen, den Zinszahlungen und eventuell anfallenden Gebühren gemäß IKE Nr. 320 additiv zusammen.

Zusätzliche Symbole:

$CF_{t,f}$ = Cash-Flow in Periode t aus dem Kreditverhältnis f in GE/PE

T_f^{Rest} = Restlaufzeit des Kredites f in PE

(3.7) $$T_f^{Rest} = \min\left\{5\text{ Jahre}, \max\left\{1\text{ Jahr}, \frac{\sum_{t=1}^{T} t \cdot CF_{t,f}}{\sum_{t=1}^{T} CF_{t,f}}\right\}\right\}$$

Mit Hilfe der Gleichung (3.7) wird die effektive Restlaufzeit als Durchschnitt der Zahlungszeitpunkte ermittelt, die mit den Cash-Flows aus dem Kreditverhältnis gewichtetet werden. Die maximale effektive Restlaufzeit beträgt fünf Jahre, die minimale ein Jahr.[105] Aufgrund ihrer Berechnungsweise ist die effektive Restlaufzeit immer kürzer als die nominale Restlaufzeit. Letztere ergibt sich als Differenz aus dem vereinbarten Kreditlaufzeitende und dem aktuellen Betrachtungs-Zeitpunkt. Auf die Berechnung der effektiven Restlaufzeit kann jedoch auch im fortgeschrittenen Ansatz verzichtet werden, wenn die Bilanzsumme des kreditnehmenden Unternehmens 500 Mio. Euro nicht übersteigt. In diesem Fall ist die Standardrestlaufzeit von 2,5 Jahren anzuwenden.[106]

Alternativ kann die erwartete Restlaufzeit eines Einzelkredites gemäß IKE Nr. 320 als maximale Zeitspanne bis zur vollständigen Rückzahlung des Kredites angegeben werden. In der Regel wird die nominale Restlaufzeit verwendet. Da diese jedoch immer größer als die berechnete effektive Restlaufzeit ist, sind die Eigenkapitalhöhe und damit der kalkulatorische Kreditzinssatz höher als bei Anwendung der Formel (3.7).

Für kurzfristige Kredite mit einer Ursprungslaufzeit kleiner als 3 Monate entfällt die Untergrenze von einem Jahr. Sie wird durch eine Ein-Tagesuntergrenze ersetzt. Dadurch werden

[105] Die Beschränkung der Restlaufzeit auf 5 Jahre ist erst im Zuge der Diskussion um Basel II aufgenommen worden, da zum Beispiel Wohnbaufinanzierungen aufgrund ihrer höheren Restlaufzeit ohne eine Beschränkung benachteiligt werden würden.

[106] Weitere Vorgehensweisen bzw. modifizierte Berechnungen für beispielsweise Wertpapierpensionsgeschäfte sollen hier nicht angeführt werden und können dem Konsultationspapier entnommen werden. Vgl. Basler Ausschuß für Bankenaufsicht (2004), Rd. Nr. 319 und 323 ff.

die Eigenkapitalbelastung der Kreditinstitute und damit die Kreditzinssätze für Unternehmenskredite weiter gesenkt. Die o.a. Formel (3.7) ist dann wie folgt zu ändern:

Zusätzliche Symbole:

$T^{Rest}_{kzfr,f}$ = effektive Restlaufzeit für den kurzfristigen Kredite l in Tagen

t = Zeitpunkt der Zahlung für den Kredit in Tagen

$$(3.8)\quad T^{Rest}_{kzfr,f} = \max\left\{1\ \text{Tag}, \frac{\sum_{t=1}^{T} t \cdot CF_{t,f}}{\sum_{t=1}^{T} CF_{t,f}}\right\}$$

Je höher die Zahlungen aus dem Kreditverhältnis zu Beginn der Kreditlaufzeit sind, desto geringer ist die effektive Restlaufzeit. Da diese in die Formeln zur Berechnung von Basel II eingeht, hat sie über die Eigenkapitalhöhe Einfluß auf die Höhe des Kreditzinssatzes. Mit zunehmender Laufzeit steigt die Wahrscheinlichkeit eines Kreditausfalls, so daß mit Abnahme der Restlaufzeit die benötigte Eigenkapitalhöhe des Kreditinstitutes sinkt.[107] Die Laufzeit eines Kredites ist deshalb als Entscheidungsvariable bei der Planung des optimalen Investitions- und Finanzierungsprogramms zu berücksichtigen.

Werden die ersparten Opportunitätskosten durch eine Verringerung der effektiven Restlaufzeit an das kreditnehmende Unternehmen weitergegeben, ist der Zuschlag auf den Refinanzierungszinssatz für die Eigenkapitalunterlegung im kurzfristigen Bereich geringer als für langfristige Kredite. Die Zinsstrukturkurve für Kredite setzt somit höher an und wird gegen den Uhrzeigersinn gedreht, wie mit Hilfe der Abbildung 3.2 verdeutlicht wird.

Bei einer flachen Zinsstrukturkurve für risikolose Zinssätze am Geld- und Kapitalmarkt ist der Kreditzinssatzverlauf für Unternehmen bei Berücksichtigung der Eigenkapitalunterlegung von Banken dann eine monoton steigende Funktion in Abhängigkeit der Restlaufzeit.[108] Für eine normale Zinsstrukturkurve nimmt die Steigung der Zinssatzkurve bei Berücksichtigung

---

[107] Vgl. zur Kritik an der Laufzeitberücksichtigung für die Berechnung der Eigenmittelhöhe bspw. Thießen, Friedrich; Gischer, Horst (2002), Seite 594.

[108] Wie noch in den weiterführenden Kapiteln gezeigt wird, ist die Anpassung der Eigenkapitalunterlegung an die effektive Restlaufzeit auf einen Zeitraum zwischen einem und fünf Jahren beschränkt. Die generelle Aussage, daß kurzfristige Kredite relativ günstiger werden, bleibt trotz dieser Einschränkung jedoch erhalten.

der Opportunitätskosten für die Eigenkapitalunterlegung zu, bei inverser Zinsstrukturkurve ab, so daß sich die Vorteilhaftigkeit kurzfristiger Kredite erhöht.[109]

Zusätzliche Symbole:

r_T^f = sicherer Geld und Kapitalmarktzinssatz für die Restlaufzeit T in %

r_T^{KR} = risikoangepaßter Kreditzinssatz für Kredite mit der Restlaufzeit T in %

T_f^{Rest} = Restlaufzeit in PE

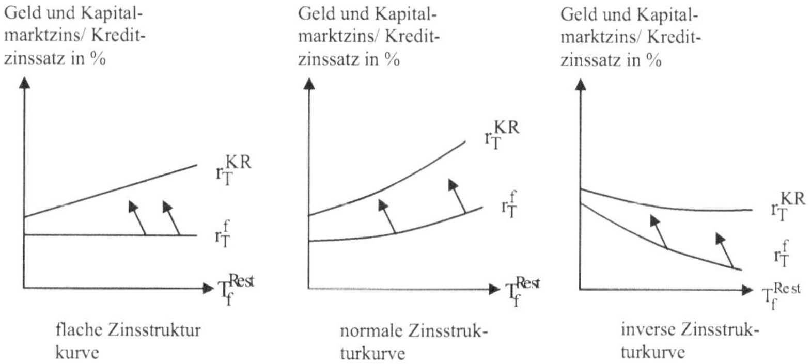

Abb. 3.2: Änderungen der Zinsstrukturkurve bei Berücksichtigung der Eigenkapitalkosten von Banken

Zu berücksichtigen ist noch, daß die Restlaufzeit von Krediten in den Formeln zur Ermittlung des benötigten Eigenkapitals gemäß IKEn Nr. 320 auf einem Bereich von einem bis zu fünf Jahren beschränkt ist. Restlaufzeiten kleiner einem Jahr und größer fünf Jahren werden jeweils durch den entsprechenden Randwert des Intervalls ersetzt. In der Abbildung 3.2 wird lediglich das Intervall zwischen einem und fünf Jahren dargestellt.

Im Folgenden werden die kreditnehmergruppenspezifischen Funktionen zur Bestimmung der benötigten haftenden Eigenmittel angegeben.

[109] Zinsänderungsrisiken und andere Einflußfaktoren bei Vorteilhaftigkeitsvergleichen sind bei dieser Aussage ausgeklammert.

3.2.2 Einteilung der Forderungen einer Bank in Risikogruppen

Für die Berechnung der Höhe der Eigenkapitalunterlegungspflicht in den IRB-Ansätzen wird der Forderungsbestand einer Bank wie im Standardansatz in Gruppen eingeteilt (IKE Nr. 215):

- Forderungen an Unternehmen,
- Forderungen an Banken,
- Forderungen an Staaten,
- Forderungen im Retail und
- Beteiligungen.

Die für diese Arbeit relevante Gruppe der Unternehmenskredite kann weiter in Forderungen an Großunternehmen, Forderungen an Kleine und Mittlere Unternehmen und Forderungen an Kleinstunternehmen unterteilt werden.

Für jede Gruppe wird eine separate Formel zur Berechnung der haftenden Eigenkapitalbasis eingeführt, weil von der Aufsicht unterschiedliche Risikoeigenschaften angenommen werden.[110] Somit wird ein Eigenkapitalbedarf in unterschiedlicher Höhe bei identischer Ausfallwahrscheinlichkeit für die einzelnen Risikoklassen ermittelt.

Kredite an Kleinstunternehmen, deren Gesamtverbindlichkeit gegenüber einer Bankengruppe nicht mehr als 1 Mio. Euro ausmacht, werden wie im Standardansatz dem Retailgeschäft zugeordnet.[111] Diese Kredite werden in eine der folgenden Klassen aufgenommen:

- durch Wohnimmobilien gesicherte Kredite,
- qualifiziert revolvierende Kredite und
- andere Retailkredite.

Für diese Untergruppen gelten Sonderregelungen bei der Eigenkapitalermittlung. Die Unterschiede im Vergleich zu den Regelungen für Kredite an mittelständische Unternehmen liegen insbesondere darin, daß zum einen die Kredit-Restlaufzeit nicht berücksichtigt wird, zum anderen andere Werte bzw. Bestimmungsgleichungen für die Korrelation der Ausfälle von Krediten vorgegeben sind, die in diesen Portfolios zusammengefaßt werden.[112] Dadurch ist die

[110] Die Wichtigkeit des kapitalsenkenden Faktors in den Formeln zur Bestimmung des benötigten haftenden Eigenkapitals für Kredite an kleine Unternehmen wird durch die hohe Anzahl derartiger Unternehmen in Deutschland deutlich. Ca. 80% der Unternehmen können dem Retailbereich zugeordnet werden. Vgl. hierfür Schulte-Mattler, H.; Manns, T.: Basel II (2004), Seite 378.

[111] Hier wird unter anderem deutlich, daß der Basler Ausschuß ein Rahmenwerk entwickelt hat, daß durch nationale Ausgestaltungen weiter verifiziert werden muß. Es besteht für nationale Aufsichten keine Verpflichtung zur Zuordnung der Kleinunternehmen zum Retailgeschäft.

[112] Vgl. hierfür die folgenden Ausführungen, insbesondere die Formeln zur Ermittlung der gewichteten Risikoaktiva.

Höhe der Eigenkapitalunterlegung regelmäßig niedriger als für Kredite an mittelständische Unternehmen.[113] Unter Anwendung der Formeln zur Bestimmung der Eigenkapitalhöhe für die Unterlegung des Kreditausfallrisikos für die verschiedenen Risikogruppen kann gezeigt werden, daß für Werte der Ausfallwahrscheinlichkeit zwischen 0% und 7,32% die Eigenkapitalbelastung für Kredite des Portfolios revolvierender Kredite am niedrigsten ist.[114] Dieses hat Auswirkungen auf die Unternehmensfinanzierung, da Unternehmenskredite nur der Gruppe der revolvierenden Kredite zugeordnet werden dürfen, wenn diese bestimmte Anforderungen erfüllen.[115]

3.2.3 Die Eigenkapitalanforderungen im IRB-Ansatz für Kredite an Unternehmen

Die Formeln zur Bestimmung des haftenden Eigenkapitals für die Kreditrisikounterlegung werden in diesem Kapitel angegeben, um die Wirkungsweise einer Veränderung der eingehenden Größen zu verdeutlichen. Die bereits dargestellten Einflußfaktoren wie Kreditlaufzeit, Ausfallwahrscheinlichkeit und Verlustquote sind von Unternehmen durch die Ausgestaltung ihres Investitions- und Finanzierungsprogramms zu beeinflussen. Eine Verringerung der Kreditlaufzeit bewirkt bspw. eine Senkung der haftenden Eigenkapitalbasis der kreditgewährenden Bank und damit eine Senkung des kalkulatorischen Kreditzinssatzes.

In der Gleichung zur Ermittlung des Solvabilitätskoeffizienten (3.2) ist im Nenner die Summe der risikogewichteten Bilanzaktiva zu verwenden.[116] Durch die im folgenden dargestellten Formeln des Konsultationspapieres wird für jeden Kredit dieser Risikobetrag ermittelt. Die nachstehende Formel (3.9) zur Ermittlung des risikogewichteten Aktivum ist in ihrer Grundstruktur für alle Forderungsklassen einheitlich, unterscheidet sich lediglich in der Bestimmungsgleichung für die individuelle Eigenkapitalanforderung K_f.

Zusätzliche Symbole:

RW_f = gewichtetes Risikoaktivum (Kredit) f in GE, risikogewichteter Wert der Kredites f, der mit aufsichtsrechtlichem Eigenkapital in Höhe von 8% zu unterlegen ist

K_f = Eigenkapitalanforderung für den Kredit f in GE/GE, siehe Tabelle 3.6

113 Ein Vergleich findet sich im nachfolgenden Kapitel 3.2.3.
114 Vgl. bspw. Deutsche Bundesbank (2004a), Seite 97.
115 Vgl. für die Anforderungen IKE Nr. 234. Die Anforderungen bestehen sowohl aus quantitativen als auch aus qualitativen Kriterien wie beispielsweise die Verwendung einer Kredithöchstgrenze von 100.000 Euro oder die Begrenzung des Kreditnehmerkreises auf natürliche Personen.
116 Vgl. auch im folgenden Basler Ausschuß für Bankenaufsicht (2004), Rd. Nr. 271 f.

EAD_f = Kredithöhe bei Ausfall (exposure at default) des Risikoaktivum f in GE, nach den Vorschriften von Basel II zu berechnen, alternativ kann der Restkreditbetrag (aufgenommener Kreditbetrag abzüglich bereits geleisteter Tilgungszahlungen) verwendet werden, ein Ausfall dieses Betrages wird in Höhe von 45% oder 75% (LGD) angenommen

$$(3.9) \quad RW_f = K_f \cdot 12{,}5 \cdot EAD_f$$

Das Produkt aus (K_f · 12,5) in der vorstehenden Formel ist vergleichbar mit dem Risikogewicht, welches nach der bis Ende 2006 gültigen Regelung des § 10 KWG i.V.m. § 13 Grundsatz I bei der Ermittlung des Solvabilitätskoeffizienten und im Standardansatz nach Basel II von der Aufsicht vorgegeben wird. Verschiedene nach Grundsatz I gültige Risikogewichte sind bereits in Tabelle 2.1 auf Seite 19 aufgeführt worden.

Die Kredithöhe bei Ausfall (EAD_f) umfaßt sowohl alle offenen Forderungen der Bank aus dem Kreditverhältnis mit dem Kreditnehmer, also auch ausstehende Provisionen und Zinsen.[117] Die für jeden Kredit zu ermittelnde Mindesteigenkapitalanforderung muß im folgenden noch näher spezifiziert werden. Dafür kann der Ausdruck (3.9) in die Bestimmungsgleichung für den Solvabilitätkoeffizienten (3.2) eingesetzt und nach dem haftenden Eigenkapital umgestellt werden. Es muß die Annahme gelten, daß nur das minimale haftende Eigenkapital angesetzt wird, um einen Solvabilitätskoeffizienten in Höhe von 8% zu erreichen. Darüber hinaus wird unterstellt, daß für jeden Kredit separat der Solvabilitätskoeffizient eingehalten werden soll, obwohl die Vorschrift (3.2) nur auf Gesamtinstitutsebene gilt. Damit ergibt sich die Höhe des nachzuweisenden Eigenkapitals für einen Kredit f anhand des Ausdrucks (3.10) (IKE Nr. 272).

Zusätzliches Symbol:

$hEKU_f$ = haftendes Eigenkapital für den Kredit f an Unternehmen in GE

$$EKQ = \frac{hEKU_f}{RW_f} \geq 8\%$$ aus rechentechnischen Gründen wird gleichgesetzt:

$$\Leftrightarrow \quad \frac{hEKU_f}{RW_f} = 8\%$$

$$\Leftrightarrow \quad hEKU_f = 0{,}08 \cdot RW_f \qquad | \text{ einsetzen von (3.9)}$$

$$= K_f \cdot 12{,}5 \cdot EAD_f \cdot 0{,}08$$

$$(3.10) \quad hEKU_f = K_f \cdot EAD_f$$

117 Vgl. hierzu das Kapitel 3.2.1.3

Der prozentuale Anteil des ausstehenden Kreditbetrages, der mit Eigenkapital zu unterlegen ist (K_f), wird in der Tabelle 3.6 angegeben für:

- Kredite an Großunternehmen,
- Kredite an kleine und mittlere Unternehmen und
- Kredite des Retailbereichs

Für kleinere und mittlere Unternehmen wird in der Tabelle 3.6 die Restlaufzeitanpassung angegeben, obwohl von den nationalen Aufsichten die Restlaufzeitanpassung für Unternehmen mit einem Jahresumsatz von weniger als 500 Mio. Euro nicht berücksichtigt werden muß. In diesen Fällen wird die Standardrestlaufzeit in Höhe von 2,5 Jahren verwendet.[118]

Zusätzliche Symbole:

T_f^{Rest}	=	Restlaufzeit des Kredites f in PE
PD_f	=	Einjahres-Ausfallwahrscheinlichkeit des Kredites f in %
ρ_f	=	Korrelation des Kreditausfallrisikos von Kredit f mit dem Ausfallrisiko der übrigen Aktiva der Bank
$b(PD_f)$	=	zusätzlicher Term zur Angleichung der Eigenkapitalanforderungen nach Basel II für Kredit f auf die durchschnittliche Eigenkapitalverpflichtung nach Grundsatz I und zur Berücksichtigung der effektiven Restlaufzeit des Kredites f
N( )	=	Standardnormalverteilung
G( )	=	Inverse der Standardnormalverteilung
LGD_f	=	Verlustquote des Kredites f in %
JU_f	=	Jahresumsatz des kreditbeantragenden Unternehmens in Mio. Euro
ρ_f^{KMU}	=	Korrelation des Kreditausfallrisikos des Kredites f für KMU mit den übrigen Aktiva der Bank

Die in Gleichung (3.9) zu verwendende Eigenkapitalunterlegungspflicht K_f wird in Spalte 1 der nachstehenden Tabelle 3.6 angegeben. Die Gleichungen zur Bestimmung des Korrelationsfaktors ρ_f in Spalte 2 und des Korrekturterms $b(PD_f)$ in Spalte 3 sind in die Bestimmungs-Gleichungen K_f der Spalte 1 einzusetzen.

[118] Vgl. Hausen, Florian; Rachev, Svetlozar T.; Trück, Stefan: Basel II: Letzte Änderungen der Risikogesichtskurve im IRB-Ansatz, in: Zeitschrift für das gesamte Kreditwesen, 2004, Seiten 1252 - 1257, hier Seite 1254.
Im folgenden wird davon ausgegangen, daß die nationale Aufsicht von der Möglichkeit der Vernachlässigung einer Restlaufzeitanpassung keinen Gebrauch macht, so daß der zusätzliche Term auch bei kleinen und mittleren Unternehmen zu berücksichtigen ist.

	Formelbestandteile		
Spalte (....)	(1) prozentual Eigenkapitalanforderung zur Verwendung in Gleichung (3.9) $\mathbf{K_f}$ in GE/(GE · PE)	(2) Korrelationsfaktor $\boldsymbol{\rho_f}$	(3) Korrekturterm $\mathbf{b(PD_f)}$
Großunternehmen	$LGD_f \cdot \left(N\left(\frac{G(PD_f) + \sqrt{\rho_f} \cdot G(0,999)}{\sqrt{(1-\rho_f)}} \right) - PD_f \right) \cdot \frac{1 + \left(T_f^{Rest} - 2,5\right) \cdot b(PD_f)}{1 - 1,5 \cdot b(PD_f)}$	$0,12 \cdot \left(\frac{1-e^{-50 \cdot PD_f}}{1-e^{-50}} \right) + 0,24 \cdot \left(1 - \frac{1-e^{-50 \cdot PD_f}}{1-e^{-50}} \right)$	$\left(0,11852 - 0,05478 \cdot \ln(PD_f) \right)^2$
Kleine und mittlere Unternehmen	$LGD_f \cdot \left(N\left(\frac{G(PD_f) + \sqrt{\rho_f} \cdot G(0,999)}{\sqrt{(1-\rho_f)}} \right) - PD_f \right) \cdot \frac{1 + \left(T_f^{Rest} - 2,5\right) \cdot b(PD_f)}{1 - 1,5 \cdot b(PD_f)}$	$0,12 \cdot \left(\frac{1-e^{-50 \cdot PD_f}}{1-e^{-50}} \right) + 0,24 \cdot \left(1 - \frac{1-e^{-50 \cdot PD_f}}{1-e^{-50}} \right) - 0,04 \cdot \left(1 - \frac{JU_f - 5}{45} \right)$	$\left(0,11852 - 0,05478 \cdot \ln(PD_f) \right)^2$
wohnwirtschaftliches Retailportfolio	$LGD_f \cdot \left(N\left[\frac{G(PD_f) + \sqrt{\rho_f^{wohn}} \cdot G(0,999)}{\sqrt{1-\rho_f^{wohn}}} \right] - PD_f \right)$	0,15	
cualifiziert revolvierendes Retailportfolio	$LGD_f \cdot \left(N\left(\frac{G(PD_f) + \sqrt{\rho_f^{rR}} \cdot G(0,999)}{\sqrt{1-\rho_f^{rR}}} \right) - PD_f \right)$	0,04	
übriges Retailportfolio	$LGD_f \cdot \left(N\left(\frac{G(PD_f) + \sqrt{\rho_f^{üR}} \cdot G(0,999)}{\sqrt{1-\rho_f^{üR}}} \right) - PD_f \right)$	$0,03 \cdot \left(\frac{1-e^{-35 \cdot PD_f}}{1-e^{-35}} \right) + 0,16 \cdot \left(1 - \frac{1-e^{-35 \cdot PD_f}}{1-e^{-35}} \right)$	

Tab. 3.6: Überblick über Formeln zur Eigenkapitalunterlegung in Abhängigkeit der Risikoklasse

Quelle: eigene Darstellung mit den Formeln aus IKE Nr. 272, 273, 283, 328, 329, 330

Da der erste Term in den Gleichungen für K_f in Spalte 1 den unerwarteten Verlust unter der Annahme einer einjährigen Betrachtungsweise herleitet, muß durch den zweiten Faktor

$$\frac{1+\left(T_f^{Rest}-2{,}5\right)\cdot b\left(PD_f\right)}{1-1{,}5\cdot b\left(PD_f\right)}$$

die tatsächliche Restlaufzeit des Kredites f berücksichtigt werden, weil mit Zunahme der Laufzeit die Gefahr eines Kreditausfalls steigt.[119] Darüber hinaus dient dieser Term auch zur Kalibrierung der Funktion auf die Eigenkapitalhöhe des Grundsatzes I, da die durchschnittliche Eigenkapitalbelastung der Banken bei Anwendung des IRB-Basisansatzes den nach aktuellem Grundsatz I ermittelten Betrag des vorzuweisenden Eigenkapitals nicht übersteigen soll. Für Kredite des Retailbereichs wird eine Restlaufzeit von einem Jahr einheitlich angenommen. Deshalb erfolgt keine Korrektur mit dem obigen Faktor. Die angenommene Restlaufzeit in Höhe eines Jahres resultiert aus der Verwendung einer Ein-Jahresbasis für die Berechnung des Value at Risk.[120] Eine abweichende Laufzeit in Verbindung mit einer Änderung des Ausfallrisikos wirkt deshalb nicht eigenkapitalentlastend oder eigenkapitalerhöhend. Einflußfaktoren auf die Höhe der Eigenkapitalunterlegungspflicht sind dann nur die Ausfallwahrscheinlichkeit und die Verlustquote, durch deren Beeinflussung Unternehmen die Kreditkosten reduzieren können.

Der Korrekturterm $b\left(PD_f\right)$ in Spalte 3 der Tabelle 3.6 wird vom Basler Ausschuß ohne Begründung vorgegeben. Er dient zur Kalibrierung der Eigenkapitalanforderungen, da die durchschnittliche Eigenkapitalanforderung an Banken im Vergleich zur bisherigen Regelung nach Grundsatz I nicht steigen soll.

Korrelationseffekte zwischen den Ausfällen von Krediten im Kreditportfolio der Banken werden mit Hilfe des Korrelationsfaktors ρ_f berücksichtigt (dritte Spalte in Tabelle 3.6), dessen durch Basel II vorgegebener Rechenansatz sich für die verschiedenen Kreditportfolios unterscheidet.

Es wird ein inverser Zusammenhang zwischen Ausfallwahrscheinlichkeit und Korrelation der Kreditausfälle angenommen, so daß sich die Korrelation mit steigender Ausfallwahrscheinlichkeit verringert und mit sinkender Ausfallwahrscheinlichkeit erhöht. Dieser Zusammen-

119 Dieses wird bei der Herleitung der Formel in einem folgenden Kapitel noch deutlich und soll deshalb hier nicht näher erklärt werden.

120 Vgl. Rau-Bredow, Hans (2001).

hang kann durch die Annahme erklärt werden, daß mit steigenden Ausfallwahrscheinlichkeiten die gegenseitige Abhängigkeit von Kreditausfällen abnimmt.

Für Kredite an kleine und mittlere Unternehmen wird vom Basler Ausschuß eine geringere Eigenkapitalunterlegung verlangt. Begründet wird die reduzierte Eigenkapitalunterlegung unter anderem mit der geringeren gegenseitigen Abhängigkeit der Ausfälle kleiner und mittlerer Unternehmen. Die Verringerung der Höhe der Eigenkapitalunterlegung durch die Korrektur des Korrelationsfaktors für KMU ist in erster Linie jedoch nicht wissenschaftlich fundiert - denn die Höhe des Ausfallrisikos ist unabhängig von der Unternehmensgröße - sondern eher politisch motiviert. Andererseits ergibt sich bei Kleinkrediten eine stärkere Risikostreuung. Hintergrund war aber vor allem die in Deutschland befürchtete Kreditverknappung für den deutschen Mittelstand aufgrund seiner speziellen Finanzierungsstruktur.

Die unterstellte niedrige Abhängigkeit von Ausfällen der Kredite an mittelständische Unternehmen schlägt sich in einem niedrigeren von der Aufsicht vorgegebenen Korrelationsfaktor ρ_f nieder.[121] Die Senkung des Korrelationsfaktors für KMU gegenüber demjenigen für Kredite an Großunternehmen wird nach IKE Nr. 273 durch die Multiplikation des Korrelationskoeffizienten für Großunternehmen mit dem folgenden Ausdruck erreicht:

$$0,04 \cdot \left(1 - \frac{JU_f - 5}{45}\right)$$

Die Korrektur ist auf einem Intervall für den Jahresumsatz von 5 bis 50 Mio. Euro begrenzt. Bei geringeren Umsätzen wird die Untergrenze von 5 Mio. Euro verwendet, ist der Umsatz größer als 50 Mio. Euro ist die Risiko-Bestimmungsgleichung K_f für Großunternehmen zu verwenden.

Für wohnwirtschaftliche Realkredite wird eine einheitliche Korrelation der Ausfallwahrscheinlichkeiten in Höhe von 0,15 vorgegeben (IKE Nr. 328), für Kredite des qualifiziert revolvierenden Retailportfolios ein Korrelationskoeffizient in Höhe von 0,04. Die Korrelation der Kreditausfälle dieser Portfolios wird somit ohne Begründung seitens des Baseler Ausschusses als unabhängig von der Ausfallwahrscheinlichkeit der einzelnen Kredite angenommen. Da der durch den Baseler Ausschuß vorgegebene Wert des Korrelationsfaktors für das wohnwirtschaftliche Realkreditportfolio und für das qualifiziert revolvierende Retailportfolio im Intervall der möglichen Werte für die Korrelation der Ausfälle von Krediten an Unterneh-

[121] Ob diese Annahme auch empirisch nachgewiesen werden kann, wird im Kapitel zur Kritik am Konsultationspapier erläutert.

men liegt, werden sich die Verläufe der Eigenkapitalbeträge in Abhängigkeit der Ausfallwahrscheinlichkeit schneiden, so daß die Portfoliozuordnung der Kredite Auswirkung auf die gesamte Eigenkapitalunterlegungspflicht der Banken und damit der Kreditzinssatzhöhe für Unternehmenskredite hat.

Der nach Basel II zu berechnende Korrelationsfaktor für Unternehmenskredite des übrigen Retailportfolios ist wiederum von der Ausfallwahrscheinlichkeit der Kredite abhängig. Mit zunehmender Ausfallwahrscheinlichkeit nimmt der Korrelationsfaktor ab.

Aufgrund der Abhängigkeit der Korrelation von der Ausfallwahrscheinlichkeit des Kredites und deren Einfluß auf das vorzuhaltende haftende Eigenkapital ist keine eindeutige Aussage möglich, welche Zuordnung eines Kredites in eines der Portfolios des Retailbereichs am besten ist. Für sehr geringe Ausfallwahrscheinlichkeiten ist die Eigenkapitalbelastung bei Zuordnung des Kredites in das übrige Retailportfolio geringer als bei einer Zuordnung in das qualifizierte revolvierende Portfolio. Durch die richtige Wahl kann der Kreditzinssatz für ein kreditsuchendes Kleinunternehmen reduziert werden.

Die Zugehörigkeit eines Kredites zu einem bestimmten Portfolio der Bank ist also eine zusätzliche Entscheidungsgrundlage für die Kreditaufnahme eines Unternehmens, weil durch einen Wechsel die Kreditkosten gesenkt werden können. Das optimale Kreditportfolio für einen Kreditnehmer variiert mit der Höhe der ermittelten Ausfallwahrscheinlichkeit. Dieser Zusammenhang wird mit Hilfe der Abbildung 3.3 verdeutlicht, in der die Kapitalanforderungen für unterschiedliche Kreditarten angegeben werden.

Zusätzliche Symbole:

K_{wohn} = Kapitalanforderung für Kredite, die dem wohnwirtschaftlichen Retailportfolio zugeordnet werden, in GE/GE

K_{UN} = Kapitalanforderung für Kredite an Groß-Unternehmen in GE/GE

K_{KMU} = Kapitalanforderung für Kredite an KMU in GE/GE

K_{rev} = Kapitalanforderung für Kredite, die dem revolvierenden Retailportfolio zugeordnet werden, in GE/GE

$K_{übr}$ = Kapitalanforderung für Kredite, die dem übrigen Retailportfolio zugeordnet werden, in GE/GE

Daten:

Verlustquote = 45%

Restlaufzeit = 2,5 Jahre

Jahresumsatz des KMU = 5 Mio. Euro

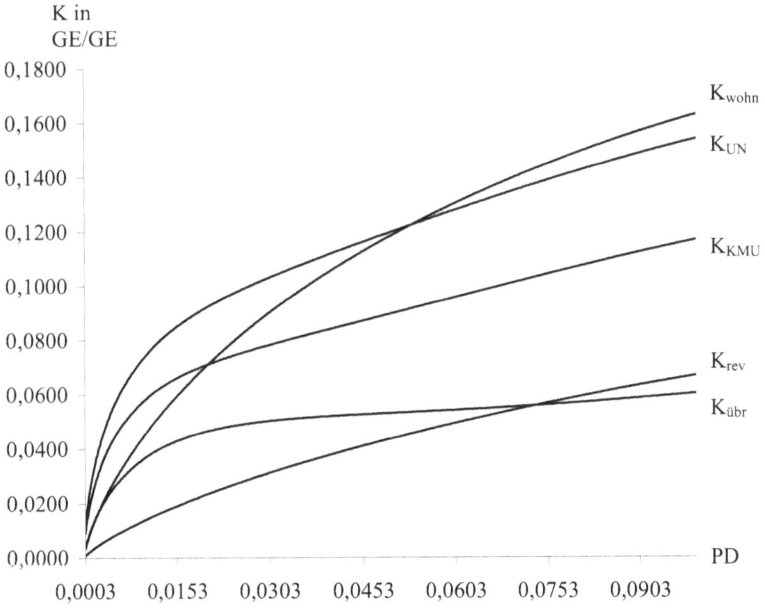

Abb. 3.3: Vergleich der Eigenkapitalanforderungen für verschiedene Kreditnehmer in Abhängigkeit von der Ausfallwahrscheinlichkeit

Quelle: Eigene Berechnungen mit den Formeln des Konsultationspapiers

Aus der Abbildung 3.3 wird vor allem deutlich, daß unter den o.a. Daten die Eigenkapitalbelastung für Kredite an den Mittelstand für alle Ausfallwahrscheinlichkeiten geringer als für solche an Großunternehmen ist, da die Kurve K_{KMU} für jede Ausfallwahrscheinlichkeit unterhalb der Kurve K_{UN} liegt. Zudem ist ersichtlich, daß für geringe Ausfallwahrscheinlichkeiten die Zuordnung eines Kredites zum revolvierenden Retailportfolio zu den geringsten Eigenkapitalanforderungen führt (Kurve K_{rev}), während für höhere Ausfallwahrscheinlichkeiten das übrige Retailportfolio (Kurve $K_{übr}$) die geringste Eigenkapitalbelastung aufweist.

Für die Unternehmensfinanzierung ist vor allem interessant, wie sich Basel II auf den Kreditzinssatz auswirkt. Für kleine und mittlere Unternehmen soll deshalb im folgenden angeführt werden, welche Ausfallwahrscheinlichkeiten zu einer Veränderung des haftenden Eigenkapitals bei Übergang von Grundsatz I auf Basel II und damit zu einer Veränderung des Kreditzinssatzes führen.

3.2.4 Kritische Ausfallwahrscheinlichkeit des Kreditgebers für die Gleichheit der Eigenkapitalverpflichtung nach Basel II und Grundsatz I

Damit die Gleichheit der Risikopositionen nach Grundsatz I und Basel II eine ausreichende Bedingung für die Gleichheit der benötigten Eigenkapitalbasis ist, muß angenommen werden, daß Wertberichtigungen in Höhe der **erwarteten** Verluste aus Kreditgeschäften durchgeführt werden.[122]

Des weiteren sind die folgenden Annahmen notwendig:

- die Gleichheit des Solvabilitätskoeffizienten vor und nach Einführung von Basel II und
- die Vernachlässigung der Kosten der Einführung von Ratingsystemen[123]

Für die Gleichheit der Kreditzinssätze muß des weiteren gelten, daß Mindestkreditzinssätze zur Deckung der Kosten aus der Kreditvergabe von den Banken berechnet werden, die Marktseite wird vernachlässigt.

Mit Hilfe dieser Annahmen kann die Bedingung (3.11) aufgestellt werden.

Zusätzliche Symbole:

RG_f^{alt} = Risikogewicht für den Kredit l nach Grundsatz I in %

V_f^{alt} = Buchwert des Kredites f in GE

K_f = Eigenkapitalanforderung für den Kredit f in %

EAD_f = Restwert des Kredites f im Ausfallzeitpunkt in GE

$$(3.11) \quad RG_f^{alt} \cdot V_f^{alt} = K_f \cdot 12{,}5 \cdot EAD_f$$

Auf der linken Seite steht das Risikovolumen aus einem Kreditgeschäft nach Grundsatz I, auf der rechten Seite nach Basel II.

Das Standard-Risikogewicht für Kredite an kleine und mittlere Unternehmen RG_f^{alt} ohne Besicherung beträgt im Grundsatz I 100%, so daß bei Gleichheit von V_f^{alt} und EAD_f die prozentuale Eigenkapitalanforderung K_f den Wert 8% annehmen muß, um die Gleichheit der Eigenkapitalunterlegung herzustellen.[124]

---

[122] Diese Annahme ist wichtig, damit von derselben Eigenkapitalbasis vor und nach Einführung von Basel II ausgegangen werden kann.

[123] Diese Annahme ist notwendig, da die zusätzlichen Kosten aus der Implementierung eines Ratingsystems den Betriebskostensatz und damit den kalkulatorischen Zins erhöhen würden. In diesem Fall reicht dann die Gleichheit des haftenden Eigenkapitals für die Gleichheit der Zinssätze nicht aus. Es müßten weitere Annahmen getroffen werden.

[124] Nach IKE Nr. 474 ist die Gleichheit von Kreditrestbetrag und Kreditbetrag bei Ausfall (EAD) zulässig.

(3.12) $K_f \quad = \quad 0{,}08\ GE/(GE \cdot PE)$

Je nach betrachteter Kreditart bzw. je nach betrachtetem Kreditnehmer können nun die Formeln aus der Tabelle 3.6 für K_f in die Gleichung (3.12) eingesetzt werden. Da diese die Standardnormalverteilung beinhalten, sind weitere Umformungen nicht mehr möglich. Die Ermittlung der Ausfallwahrscheinlichkeiten, die für die Gültigkeit der Gleichung (3.12) sorgen, erfolgt über numerische Verfahren. Bei der Betrachtung von Krediten an kleine und mittlere Unternehmen müssen die Werte von vier Parametern berücksichtigt werden. Dieses sind:

- die Ausfallwahrscheinlichkeit des Kredites/Kreditnehmers
- die Restlaufzeit des Kredites
- die Unternehmensgröße und
- die Verlustquote bei Ausfall.

Die nachstehende Tabelle 3.7 auf der folgenden Seite gibt einen Überblick über die kritischen Ausfallwahrscheinlichkeiten, bei deren Überschreitung die Eigenkapitalbelastung für an Großunternehmen und mittelständischen Unternehmen vergebene Kredite gegenüber dem alten Grundsatz I steigt. Folgende Annahmen werden für die Berechnung getroffen:

- Einhaltung des Mindestsolvabilitätskoeffizienten in Höhe von 8%,
- Kredit-Restlaufzeit von 2,5 Jahren und
- Verlustquote von 45% bzw. 75%.[125]

Für Großunternehmen ist bei einer Ausfallwahrscheinlichkeit von 1,24% im Falle erstrangiger Kredite die Gleichheit von Eigenkapitalunterlegung nach Grundsatz I und IRB-Ansatz gegeben. Weisen Großunternehmen eine höhere Ausfallwahrscheinlichkeit auf, steigen die kalkulatorischen Kreditzinssätze. Mit Abnahme der Unternehmensgröße sinkt die anhand der Gleichungen des Konsultationspapiers ermittelte Korrelation des Ausfallrisikos.[126] Dadurch steigt die kritische Ausfallwahrscheinlichkeit, die zu einer Gleichheit der Eigenkapitalhöhe nach Grundsatz I und Basel II führt. Kleine und mittlere Unternehmen können damit ein schlechteres Bonitätsurteil erhalten als Großunternehmen, ohne daß sich die kalkulatorischen Kreditzinssätze erhöhen. In der Ausgestaltung des Investitions- und Finanzierungsprogramms sind diese Unternehmen folglich flexibler, ohne daß negative Auswirkungen auf den Zinssatz zu erwarten sind. Deutlich wird auch, daß die Verlustquote einen wesentlichen Einfluß auf die Höhe der Eigenkapitalunterlegungspflicht der Banken ausübt, weil mit höherer Verlustquote

[125] Diese Werte bilden die Standardwerte nach dem IRB-Basisansatz und sind bei Verwendung dieses Ansatzes von den Banken anzuwenden.

[126] siehe für die Formel die Tabelle 3.6.

bereits bei geringen Ausfallwahrscheinlichkeiten die kalkulatorischen Zinssätze nach Basel II diejenigen nach Grundsatz I übersteigen. Im Zuge eines Investitions- und Finanzierungsmodells muß dieses deshalb von mittelständischen Unternehmen berücksichtigt werden.[127]

Verlustquote LGD in % des ausstehenden Kreditbetrages (EAD)	Unternehmensgröße/ Jahresumsatz JU_f in Mio. Euro	kritische Ausfall-wahrscheinlichkeit PD_f in %
45	50	1,24
	40	1,44
	30	1,78
	20	2,22
	10	2,86
	5	3,23
75	50	0,36
	40	0,41
	30	0,46
	20	0,51
	10	0,58
	5	0,61

Tab. 3.7: Kritische Ausfallwahrscheinlichkeit in % für eine gleiche Eigenkapitalbelastung nach Grundsatz I und IRB-Basisansatz

Unter Zugrundelegung der durchschnittlichen Ausfallwahrscheinlichkeiten je Ratingklasse nach dem Ratingmodell der Kreditanstalt für Wiederaufbau[128] liegt die Ausfallwahrscheinlichkeit für Großunternehmen, die zu einer Änderung des haftenden Eigenkapitalbetrages führt, innerhalb der Ratingklasse BBB (Historische Ausfallwahrscheinlichkeit). Kredite an Unternehmen können daher ein Bonitätsurteil erhalten, das dem eher spekulativen Bereich entspricht, ohne daß die Eigenkapitalanforderung für diese Art von Krediten steigt. Da die kritische Ausfallwahrscheinlichkeit für mittelständische Unternehmen bei 3,23% liegt, können diese sogar noch schlechtere Bonitätsbeurteilungen aufweisen (B, historisch) ohne daß

127 Für eine Schätzung Verlustquote siehe bspw. Gürtler, Marc; Heithecker, Dirk.
128 Vgl. Kreditanstalt für Wiederaufbau: Rating (2001), S. 25.

sich die Eigenkapitalbelastung für Kredite an diese Unternehmen erhöht.[129] Der Verlauf der kritischen Ausfallwahrscheinlichkeit wird in der folgenden Abbildung 3.4 in Abhängigkeit von der Restlaufzeit und der Verlustquote dargestellt.

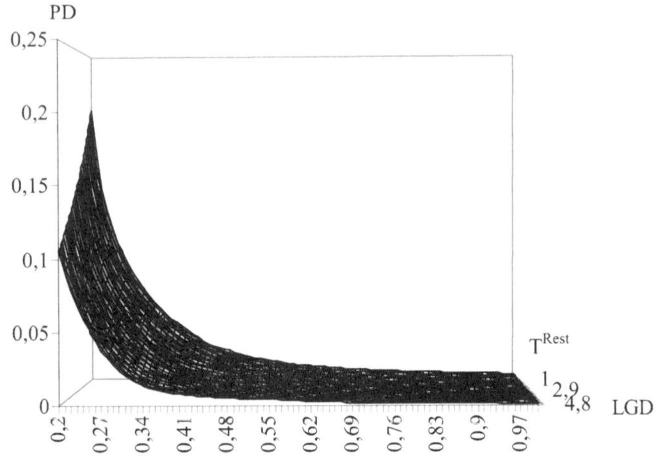

Abb. 3.4: Ausfallwahrscheinlichkeit von Krediten für eine Eigenkapitalunterlegung in Höhe von 8% in Abhängigkeit der Restlaufzeit und der Verlustquote

Quelle: Eigene Darstellung, Berechnung mit den EK-Formeln für KMU aus dem Konsultationspapier

Es ist zu erkennen, daß neben der Verlustquote LGD auch die Restlaufzeit eines Kredites T^{Rest} einen Einfluß auf die Höhe der kritischen Ausfallwahrscheinlichkeit besitzt. Mit zunehmender Restlaufzeit sinkt die kritische Ausfallwahrscheinlichkeit, weil die Eigenkapitalbelastung mit Erhöhung der Restlaufzeit steigt. Ein Unternehmen muß dann bei höherer Restlaufzeit eine niedrigere Ausfallwahrscheinlichkeit aufweisen, um nach Basel II gegenüber Grundsatz I nicht schlechter gestellt zu werden.

Eine Reduktion der Eigenkapitalunterlegungspflicht für Kredite und damit die Reduzierung von Finanzierungskosten durch mittelständische Unternehmen ist auch im IRB-Ansatz durch

[129] Vgl. für die Bonitätsstruktur und durchschnittliche 1-Jahres-Ausfallwahrscheinlichkeit eines typischen Mittelstandsportfolios für die Jahre von 1998 bis 2000 bspw. Jansen, Sven (2002), Seiten 787 - 796, speziell die Abbildung 3 auf Seite 789.

die Stellung von Sicherheiten möglich. Die Vorgehensweise zur Sicherheitenverwendung wird im folgenden betrachtet.

3.2.5 Der Einfluß von Sicherheiten auf den Eigenkapitalnachweis für Kredite

Als finanzielle Kreditsicherheiten können alle bereits im Standardansatz definierten Sicherheiten gemäß Tabelle 3.3 verwendet werden. Darüber hinaus können zusätzlich sogenannte 'IRB-Sicherheiten' wie Forderungsabtretungen, Gewerbe- und Wohnimmobilien und sonstige Sicherheiten zur Kapitalkostensenkung eingesetzt werden. Sicherheiten reduzieren wie im umfassenden Standardansatz den Forderungsbetrag. Da der Forderungsbetrag nicht direkt in der Formel zur Eigenkapitalunterlegung nach dem IRB-Ansatz erscheint, wird die Verlustquote gemäß IKE Nr. 291 in einem weiteren Rechenschritt (3.13) korrigiert.

Zusätzliche Symbole:

$LGDnR_f$ = Verlustquote **n**ach **R**isikominderung durch Sicherheiten für Kredit f in GE/GE

$$(3.13)\quad LGDnR_f = \max\left\{0, LGD_f \cdot \frac{KRnR_f}{KRvR_f}\right\}$$

Durch die Möglichkeit, IRB-Sicherheiten zu stellen, ist in den IRB-Ansätzen im Vergleich zum Standardansatz eine stärkere Reduktion des benötigten haftenden Eigenkapitals zur Unterlegung des Kreditrisikos möglich. Der kalkulatorische Zinssatz kann damit weiter gesenkt werden, wodurch sich die Vorteilhaftigkeit des IRB-Ansatzes für Kreditgeber und Kreditnehmer erhöht.

Damit die von den Unternehmen bereitgestellten anerkennungsfähigen **IRB**-Sicherheiten zur Reduzierung der Eigenkapital-Verpflichtung der Bank verwendet werden dürfen, muß das Verhältnis aus Sicherheitenwert und Forderungswert aufsichtsrechtlich vorgegebene Grenzwerte übersteigen. Unterschreitet das Verhältnis lediglich eine untere Grenze, findet die Sicherheit bei der Berechnung der Verlustquote keine Verwendung, die Sicherheit ist für die Bank und für das Unternehmen wertlos. Im Falle der Überschreitung einer oberen Grenze wird dem Gesamtkreditbetrag aber eine Verlustquote in Höhe der in der folgenden Tabelle 3.8 angegebenen Werte zugewiesen (IKE Nr. 295). Das Verhältnis aus Sicherheit und Forderungsbetrag wird nach IKE Nr. 295 durch die folgende Gleichung (3.14) ermittelt. Dabei wird die Sicherheit jeweils um Abschläge für Währungsinkongruenzen und Laufzeitinkongruenzen korrigiert.[130]

Zusätzliche Symbole:

$VSKR_{fj}$ = Verhältnis aus Sicherheitsbetrag und Kreditbetrag in GE/GE

S_j = Wert des Sicherungsmittels j in GE

(3.14) $$VSKR_{fj} = \frac{S_j}{KR_f} \geq \text{Grenzwert gemäß Tab. 3.8 Spalte 3 und 4}$$

Der Quotient aus Sicherheitenwert und Forderungsbetrag muß mit den im Konsultationspapier vorgegebenen Werten für die Intervallgrenzen verglichen werden. Diese sind in der Tabelle 3.8 angegeben.

Grenzwerte / Sicherheit	Verlustquote in % des Forderungsbetrages	**untere** Intervallgrenze I^u in % des Forderungsbetrages	**obere** Intervallgrenze I^o in % des Forderungsbetrages
anerkannte finanzielle Sicherheiten	0%	0%	n.a.
Forderungsabtretungen	35%	0%	125%
Sicherheiten aus gewerblichen und Wohnimmobilien	35%	30%	140%
sonstige Sicherheiten	40%	30%	140%

Tab. 3.8: LGD für den durch Sicherheiten unterlegten Teil von vorrangigen Forderungen (IKE Nr. 295)

Liegt der Wert des im Ausdruck (3.14) definierten Quotienten innerhalb des Intervalls aus Ober- und Untergrenze der Tabelle 3.8, so werden für die Ermittlung der Verlustquote von vorrangigen Forderungen voll besicherte und unbesicherte Tranchen ermittelt. Dem voll besicherten Forderungsanteil wird pauschal die Verlustquote der zugeordneten Sicherheit[131] zugewiesen, der verbleibende Blanko-Anteil wird mit der Verlustquote für unbesicherte Kredite (45% oder 75%) bewertet (IKE Nr. 296). Dieser Zusammenhang wird mit folgendem Beispiel verdeutlicht.

[130] Vgl. Beckmann, Christian; Papazoglou, Panajotis (2004), Seiten 146 - 150, oder Gürtler, Marc; Heithecker, Dirk (2005), Seite 928.

[131] Siehe Tabelle 3.8.

Datengrundlage:

- Kreditbetrag: 100 GE
- Wert der sonstigen Sicherheit S_j: 120 GE

$$VSKR_{fj} = \frac{S_j}{KR_f}$$

$$= \frac{120}{100} = 1{,}2 \text{ GE/GE}$$

Die sonstige Sicherheit kann zur Besicherung des Kredites verwendet werden, da der Quotient aus Sicherungsmittel und Kreditbetrag mit 1,2 GE/GE den Wert 0,3 GE/GE bzw. 30% in Spalte 3 der Tabelle 3.8 überschreitet. Da die obere Grenze in Höhe von 1,4 GE/GE jedoch nicht erreicht wird, ist der Kreditbetrag in einen vollständig besicherten und einen nichtbesicherten Kreditanteil zu zerlegen.

Der maximale Kreditbetrag, der mit den vorliegenden Sicherheiten gedeckt werden kann, wird durch das Einsetzen der oberen Schranke als $VSKR_{fj}$ in die o.a. Gleichung (3.14) und anschließender Umstellung nach dem Forderungsbetrag ermittelt. Es ergibt sich der folgende funktionale Zusammenhang.

Zusätzliche Symbole:

$vbKR_f$ = voll besicherter Forderungsanteil des Kredites f in GE

I^o = obere Intervallgrenze für die Anrechnung von Sicherheit S in % des Kreditbetrages f

$$vbKR_f = \frac{S_j}{I^o} \tag{3.15}$$

Für das o.a. Beispiel ergibt sich der vollständig besicherte Kreditbetrag wie folgt:

$$vbKR_f = \frac{S_j}{I^o}$$

$$= \frac{100}{1{,}4} = 71{,}43 \text{ GE}$$

Der anteilige Kreditbetrag von 71,43 GE gilt als vollständig durch die sonstige Sicherheit gedeckt. Für diesen Betrag ist eine LGD von 40%, für den restlichen Kreditbetrag von 100 – 71,43 = 28,57 GE ist eine LGD in Höhe von 45% zu verwenden.

Für Unternehmen wäre eine Aufteilung der Sicherheiten auf verschiedene Kredite dann sinnvoll, wenn der zu entrichtende Kreditzins auf kalkulatorischer Grundlage festgesetzt wird.

Sicherheiten werden nunmehr so eingesetzt, daß eine maximale Reduzierung der haftenden Eigenkapitalbasis erzielt werden kann, um dadurch den durchschnittlichen Kreditzinssatz über alle Kredite zu minimieren.

Bei gleichzeitiger Verwendung von finanziellen Sicherheiten laut Tabelle 3.3 und IRB-Sicherheiten wird zunächst der verbleibende Forderungsbetrag nach Anrechnung der finanziellen Sicherheiten analog zum Standardansatz ermittelt. Anschließend wird der restliche Forderungsbetrag in verschiedene Tranchen unterteilt, die jeweils nur **mit einer weiteren Sicherungsart** abgesichert werden (IKE Nr. 296). Zu unterscheiden sind folglich Forderungsanteile, die durch die folgenden Sicherheiten besichert sind:

- anerkennungsfähige finanzielle Sicherheiten,
- Forderungsabtretungen,
- gewerbliche oder Wohnimmobilien und
- sonstige Sicherheiten.

Als letzte Tranche wäre der unbesicherte Kreditbetrag separat auszuweisen.

Zunächst sind finanzielle Sicherheiten und Forderungsabtretungen zu verwenden, da nach deren Berücksichtigung das Verhältnis aus der Summe der übrigen Sicherheiten und dem Restkreditbetrag wiederum die untere Intervallgrenze übersteigen muß. Für den Restkreditbetrag wird wieder die Standardverlustquote für unbesicherte Kredite verwendet (IKE Nr. 296).[132] Die geforderte Eigenkapitalunterlegung für den Gesamtkredit wird aus der separaten Berechnung der einzelnen Tranchen ermittelt. Durch folgendes Beispiel wird der zu wählende Ablauf der Kreditbesicherung verdeutlicht. Es werden dabei drei Fälle betrachtet. Die Fälle unterscheiden sich durch die Höhe der eingebrachten sonstigen Sicherheiten und Immobiliensicherheiten.

Datengrundlage:

Kreditbetrag:	100	GE
finanzielle Sicherheiten:	20	GE
Forderungsabtretungen:	5	GE
Wohnimmobilien und sonstige Sicherheiten:		
Fall 1:	15	GE
Fall 2:	23	GE
Fall 3:	110	GE

[132] Die genaue Darstellung der Berechnungsweise erfolgt im Kapital zur optimalen Sicherheitenaufteilung für verschiedene Kredite.

Von Korrekturfaktoren soll hier abgesehen werden. Die Sicherheiten werden in einer bestimmten Reihenfolge verwendet:

1. Schritt: Verwendung von finanziellen Sicherheiten
2. Schritt: Verwendung von Forderungsabtretungen
3. Schritt: Berechnung des unbesicherten Restkreditbetrages

	Kreditbetrag	100 GE
./.	finanzielle Sicherheiten	20 GE
./.	Forderungsabtretungen	4 GE
	$\left(vbKR_f = \frac{S_j}{I^o} = \frac{5}{1,25} = 4 \text{ GE} \right)$	
=	unbesicherter Kreditbetrag vor Wohnimmobilien und sonstigen Sicherheiten	76 GE

4. Schritt: Überprüfung der Einhaltung der unteren und oberen Grenze für Immobilien- und sonstigen Sicherheiten

Fall 1	Fall 2	Fall 3
$VSKR_{fj} = \frac{15}{76}$ $= 0{,}197$ GE/GE	$VSKR_{fj} = \frac{100}{76}$ $= 1{,}316$ GE/GE	$VSKR_{fj} = \frac{110}{76}$ $= 1{,}447$ GE/GE
keine Verwendung der Wohnimmobilien und sonstigen Sicherheiten, da $VSKR_{fj} < 30\%$	Verwendung der Wohnimmobilien und sonstigen Sicherheiten möglich, da $VSKR_{fj} > 30\%$ besicherter Kreditbetrag: $vbKR_f = \frac{100}{1,4}$ $= 71{,}43$ GE/GE unbesicherter Kreditbetrag: 76 – 71,43 = 4,57 GE	Verwendung der Wohnimmobilien und sonstigen Sicherheiten möglich, da $VSKR_{fj} > 30\%$ da $VSKR_{fj} > I^o$ ist eine vollständige Besicherung möglich benötigte Sicherungsmittel: $vbKR_f \cdot I^o = 76 \cdot 1{,}4$ $= 106{,}4$ GE freie Sicherungsmittel 110 – 106,4 = 3,6 GE

Tab. 3.9: Fallunterscheidung bei Verwendung von Sicherheiten

Eine weiterführende Darstellung und Optimierung der Sicherheitenstellung bei gegebenen Krediten eines Unternehmens erfolgt im Kapitel „Optimale Aufteilung von Sicherheiten auf Kredite“ (Kapitel 5).

Neben der Verwendung der vorgegebenen Verlustquoten im IRB-Basisansatz können Banken bei Anwendung des fortgeschrittenen IRB-Ansatzes eigene Schätzungen der Verlustquote verwenden. Dadurch ist eine weitere Reduzierung der haftenden Eigenkapitalbasis und der kalkulatorischen Kreditzinssätze möglich. Da die individuelle Verlustquote des Kreditnehmers die Kreditkosten beeinflußt, können eigene Schätzungen der Verlustquote in ein vollständiges Investitions- und Finanzierungsprogramm aufgenommen werden. Auch die Wahl des Kreditgebers bei der Planung des Investitions- und Finanzierungsprogramms von Unternehmen hat dann durch die abweichende Verwendung der Eigenkapitalvorschriften und die differierenden Verlustquoten Einfluß auf den kalkulierten Kreditzinssatz und kann deshalb zur Reduzierung von Finanzierungskosten beitragen.

Neben finanziellen und IRB-Sicherheiten können mittelständische Unternehmen auch durch das Einbringen von (Dritt-)Garantien eine Reduktion der aufsichtsrechtlich benötigten Haftungsbasis des Kreditinstitutes bewirken. Der Forderungsbetrag wird wiederum in eine besicherte und eine unbesicherte Tranche unterteilt. Der Unternehmenskredit wird nunmehr wie ein Kredit an den Garanten behandelt, weshalb sich dieser demselben internen Ratingverfahren wie der Kreditnehmer unterziehen muß. Dem durch Garantien besicherten Teil der Forderung wird folglich das Risikogewicht zugeordnet, das sich aus der Risikogewichtungsfunktion und der Ausfallwahrscheinlichkeit des Garanten ergibt. Die Verlustquote des besicherten Kreditbetrages kann gemäß IKE Nr. 303 durch die Verlustquote der Garantie ersetzt werden. Durch zusätzliche Sicherheiten zur Garantie kann die Verlustquote des besicherten Kreditbetrages weiter gesenkt werden (IKEn Nr. 303). Dadurch ist aber auch eine Doppelbesicherung von Forderungsanteilen durch eine Garantie und eine übrige Sicherheit möglich. Dem unbesicherten Teil wird weiterhin das Risikogewicht des Kreditnehmers zugewiesen (IKE Nr. 302 ff.). Bei Anwendung des Basisansatzes wird je nach Sicherungsgüte und Verwertbarkeit der Garantie gemäß IKE Nr. 303 eine Standardverlustquote für den durch Garantien besicherten Kreditbetrag in Höhe von 45% bzw. 75% angesetzt. Diese Verlustquoten entsprechen also denen für unbesicherte Kredite. Ist bei Ausfall des Garanten im Verwertungsfall die Garantie nur nachrangig zu bedienen, ist für diese eine Verlustquote in Höhe von 75% anzuwenden. Steht die Garantie im Verlustfall anderen erstrangigen Verbindlichkeiten des Garanten gleich, kann eine Verlustquote in Höhe von 45% verwendet werden. Ist der Kredit mit einer vorrangigen Forderung der Bank verbunden, kann durch die Stellung einer Garantie die Verlustquote im IRB-Basisansatz nur weiter gesenkt werden, wenn zusätzliche Sicherheiten vom Kreditgeber oder Garanten gestellt werden, da sich ohne weitere Sicherheiten die Verlustquoten von

Garantien und unbesicherten Krediten entsprechen. In diesem Fall ist die Verlustquote der zusätzlichen Sicherheit bei dieser Doppelbesicherung zu verwenden.

Im fortgeschrittenen Ansatz werden Garantien im Rahmen der Ausfallwahrscheinlichkeit oder der Verlustquoten-Schätzung berücksichtigt. Das ermittelte Risikogewicht für den besicherten Kredit darf wie im Basisansatz die Höhe des Risikogewichtes einer direkten Forderung an den Sicherungsgeber nicht unterschreiten (IKE Nr. 306).

Eine weitere Senkung des benötigten haftenden Eigenkapitals durch Garantien ist durch die Berücksichtigung des sogenannten Doppelausfall-Effektes möglich. Da normalerweise Kreditnehmer und Garantiegeber nicht zeitgleich ausfallen, gibt die oben dargestellte vollständige Substitution des Ausfallrisikos des Kreditnehmers durch das des Garanten nicht das tatsächliche Risiko aus einem Kreditgeschäft wieder. Durch den Ansatz des Doppelausfall-Effektes wird die Korrelation zwischen Ausfall des Kreditnehmers und des Garanten berücksichtigt. Eine vollständige Reduktion des Ausfallbetrages wäre bei einem Korrelationskoeffizienten in Höhe von -1 gegeben, da in diesem Fall der jeweils andere Beteiligte an dem Kreditengagement mit Sicherheit nicht ausfällt.[133] Eine Reduktion des Ausfallbetrags zur Verminderung des nachzuweisenden Haftungskapitals auf 'Null' ist jedoch im Basler Konsultationspapier nicht vorgesehen.

Zu den Forderungen, auf die der Doppelausfall-Ansatz angesetzt werden darf, zählen auch Unternehmensforderungen gemäß IKE Nr. 218 - 228 und Forderungen an kleine Unternehmen, die dem Retailbereich zugeordnet werden können.[134] Ausgeschlossen sind Forderungen an Finanzunternehmen und Forderungen, die durch Unternehmen garantiert werden, die derselben Gruppe wie der Kreditnehmer angehören[135], da in diesem Fall die Abhängigkeit der Ausfallwahrscheinlichkeiten als zu hoch angesehen wird. Die Wahl des Garanten im Rahmen der Finanzplanung von Unternehmen übt damit Einfluß auf die Höhe des Kreditzinssatzes aus.

Die Möglichkeit, daß bei einem Doppelausfall sowohl der Kreditnehmer als auch der Garant Teile der Forderung in Höhe der jeweiligen Rückzahlungsquote bei Ausfall zahlen, darf nicht

[133] Dieser Ansatz entstammt der Portfoliotheorie von Markowitz, der erstmals die Effekte einer Diversifizierung anhand von Wertpapierportfolios gezeigt hat.
[134] Vgl. Basler Ausschuß für Bankenaufsicht (2005), Nr. 214.
[135] Vgl. Basler Ausschuß für Bankenaufsicht: Die Anwendbarkeit von Basel II auf Handelsaktivitäten und die Behandlung von Double-Default-Effekten, Übersetzung der Deutschen Bundesbank, Juli 2005, Nr. 215.

berücksichtigt werden (Doppel-Recovery-Effekt).[136] Weitere Sicherheiten können wie im Substitutionsansatz zur Reduzierung der Verlustquote verwendet werden.[137] Es sind somit drei Ausfallquoten denkbar:

- die Ausfallquote des unbesicherten Kredites,
- die korrigierte Ausfallquote nach Anrechnung von anderen Sicherheiten als Garantien und
- die Ausfallquote eines angenommenen direkten unbesicherten Kredites an den Garanten.

Die Eigenkapitalanforderung für Kredite an Unternehmen, die durch Garantien besichert werden und auf die der Doppelausfall-Ansatz angewendet wird, ergibt sich wie folgt (IKEn Nr. 284 b):

Zusätzliche Symbole:

K_f^{DD} = Kapitalanforderung im Falle eines gleichzeitigen Ausfalls von Kreditnehmer und Garanten für den Kredit f in GE/GE

LGD^{DD} = Ausfallquote im Doppelausfall-Ansatz; Verlustquote des unbesicherten Kredites oder Verlustquote der Garantie oder Verlustquote der zusätzlichen Sicherheit

PD_g = Ausfallwahrscheinlichkeit des Garanten

$$(3.16)\quad K_f^{DD} = K_f \cdot \left(0{,}15 + 160 \cdot PD_g\right)$$

$$= LGD^{DD} \cdot \left(N\left(\frac{G(PD_f) + \sqrt{\rho_f} \cdot G(0{,}999)}{\sqrt{(1-\rho_f)}} \right) - PD_f \right)$$

$$\cdot \frac{1 + \left(T_f^{Rest} - 2{,}5\right) \cdot b\left(\min\left\{PD_g, PD_f\right\}\right)}{1 - 1{,}5 \cdot b\left(\min\left\{PD_g, PD_f\right\}\right)} \cdot \left(0{,}15 + 160 \cdot PD_g\right)$$

mit: $b\left(\min\left\{PD_g, PD_f\right\}\right) = \left(0{,}11852 - 0{,}05478 \cdot \ln\left(\min\left\{PD_f, PD_g\right\}\right)\right)^2$

Der Korrelationsparameter wird mit Hilfe der bekannten Gleichungen aus IKE Nr. 272 und 273 berechnet.[138] Die Ausfallwahrscheinlichkeit des Kredites/Kreditnehmers ist hierfür zu

136 Vgl. Basler Ausschuß für Bankenaufsicht (2005), Nr. 221.

137 Vgl. Basler Ausschuß für Bankenaufsicht (2005), Nr. 235. Dieses wird umgesetzt in IKEn Nr. 284b.

138 Vgl. für die Formel zur Berechnung der Korrelation von Kreditausfällen die Tabelle 3.6. für Erklärungen zu den übrigen in der Gleichung enthaltenen Bestandteile die Ausführungen zur Tabelle 3.6.

verwenden. Das risikogewichtete Aktivum RW_f wird wie im Falle der Verwendung des Substitutionsansatzes bestimmt (IKEn Nr. 284c).

Neben Eigenkapitalanforderungen für Kredite sind auch andere Bankgeschäfte von den Regelungen des Basler Akkordes betroffen. Hierzu zählen vor allem angekaufte Forderungen, die im folgenden betrachtet werden.

3.3 Die Eigenkapitalanforderungen im IRB-Ansatz für angekaufte Forderungen

Der Verkauf von Forderungen an Kreditinstitute zählt zu den Möglichkeiten der Außenfinanzierung von kleinen und mittleren Unternehmen. Risikobehaftete Positionen auf der Aktivseite werden reduziert, gleichzeitig fließen liquide Mittel in das Unternehmen, die zu Tilgungen von Krediten und zur Erhöhung der Eigenkapitalquote verwendet werden können, was eine Reduzierung des eigenen Bonitätsrisikos zur Folge hat. Durch dessen Reduktion sinken die benötigte Haftungsbasis der Kreditinstitute und der kalkulatorische Zinssatz für Kreditaufnahmen, folglich die Finanzierungskosten des Unternehmens.

Der Basler Ausschuß hat auch für dieses Aktivgeschäft der Banken aufsichtsrechtliche Eigenkapitalanforderungen formuliert. Zur Bestimmung der gewichteten Risikoaktiva für das Ausfallrisiko sind im Basler Konsultationspapier im wesentlichen ähnliche Vorgehensweisen wie für direkte Kredite an Unternehmen angegeben. Können die Forderungen eindeutig einer Forderungsklasse (z.B. Großunternehmen, KMU oder Retail) zugeordnet werden, muß das Risikogewicht für das Ausfallrisiko anhand der Risikogewichtsfunktion für diese Forderungsklasse ermittelt werden. Werden von der Bank Forderungspools angekauft und können die einzelnen Forderungen nicht in die verschiedenen Forderungsklassen eingeteilt werden, erfolgt die Anwendung der Risikogewichtungsfunktion, die zur höchsten Eigenkapitalunterlegungspflicht führt (IKE Nr. 363). Sind beispielsweise qualifizierte revolvierende Kredite und Unternehmenskredite untrennbar in einem angekauften Portfolio vorhanden, so ist die Risikogewichtungsfunktion für Unternehmenskredite auf das gesamte Portfolio anzuwenden. [139]

Im folgenden werden Mindestanforderungen an die Bonitätsbeurteilungsverfahren von Banken angegeben.

[139] Die weitere Vorgehensweise ist dem Basler Konsultationspapier zu entnehmen. Für das im Kapitel 6 dargestellte Modell ist die genaue Vorgehensweise nicht relevant.

3.4 Mindestanforderungen an die Bonitätsbeurteilungsverfahren von Banken

Die Bonitätsbeurteilungsverfahren von Banken müssen bestimmte Kriterien erfüllen, damit sie zur Erstellung eines Rating verwendet werden dürfen. Insbesondere die Kenntnis der zu berücksichtigenden Kennzahlen bzw. der Parameter zur Berechnung der durchschnittlichen Ausfallwahrscheinlichkeit einzelner Ratingklassen ist für mittelständische Unternehmen wichtig, da deren Ausprägungen Einfluß auf die Höhe des kalkulatorischen Kreditzinssatzes ausüben. Der Begriff Ratingsystem/Bonitätsbeurteilungssystem im Sinne des Konsultationspapiers steht dabei für alle Methoden, Prozesse, Kontrollen, Datenerhebungen und DV-Systeme, „die zur Bestimmung von Kreditrisiken, zur Zuweisung interner Ratings und zur Quantifizierung von Ausfall und Verlustschätzung dienen" (IKE Nr. 394).[140]

Im Rahmen des Bonitätsbeurteilungsprozesses werden sowohl das Ausfallrisiko des Unternehmens als auch transaktionsspezifische Faktoren wie Transferrisiken aufgrund unterschiedlicher Währungen, Nachrangigkeit der Verbindlichkeit und Garantien untersucht. Grundsätzlich sind alle Kredite **eines** Unternehmens in dieselbe Schuldnerklasse aufzunehmen. Jedoch sind die kreditspezifischen Einflußfaktoren zu beachten, die damit zu einer abweichenden Einordnung dieser Kredite führen können (IKE Nr. 396 - 399). Durch deren Berücksichtigung können nämlich die Ausfallwahrscheinlichkeiten der Kredite eines Schuldners voneinander abweichen und damit rechnerisch unterschiedliche Zinssätze erzeugen. Deshalb ist eine aktive Kreditpolitik mittelständischer Unternehmen notwendig.

Im Zuge der Bonitätsbeurteilung müssen gemäß IKE Nr. 404 Kredite mittelständischer Unternehmen in mindestens acht Ratingklassen mit unterschiedlichen durchschnittlichen Ausfallwahrscheinlichkeiten eingeteilt werden. Im Standardansatz finden dagegen gemäß Tabelle 3.1 nur vier Ratingklassen Verwendung. Deshalb ist die Risikoerfassung im IRB-Ansatz genauer. In die schlechteste Ratingklasse sind ausgefallene Kredite aufzunehmen. Für Retailkredite ist im Basler Konsultationspapier keine Mindestanzahl an Ratingklassen vorgegeben. Jedoch soll innerhalb einer Ratingklasse nicht ein unangemessen hoher Anteil des Gesamt-Retailportfolios enthalten sein (IKE Nr. 409), so daß Kredite mit stark unterschiedlichen Ausfallwahrscheinlichkeiten nicht in einer Ratingklasse vermischt werden. Durch die Verwendung weniger Ratingklassen würde weiterhin die Möglichkeit der Quersubventionierung von Krediten mit schlechter Bonität bestehen. Derartige Kredite können deshalb im Retailportfolio einen niedrigeren kalkulatorischen Zinssatz erhalten, als wenn deren Eigenkapitalanforde-

[140] Die in der Theorie gebräuchliche Einteilung und Definition von Rating und Ratingverfahren wird im Kapitel Rating angegeben und soll hier nicht vorweggenommen werden.

rung nach den Formeln für Unternehmen ermittelt wird. In den unternehmerischen Investitions- und Finanzierungsentscheidungen ist dieser Aspekt deshalb zu berücksichtigen.

Für die Anzahl bankintern zu bildender Klassen für unterschiedliche Verlustquoten liegen keine Mindestanforderungen vor. Jedoch sollen bei starker Streuung der Verlustquoten mehrere Klassen verwendet werden. Eine Durchschnittsbildung über die gesamte Grundgesamtheit an Krediten ist zu vermeiden (IKE Nr. 407). Damit sind beispielsweise im fortgeschrittenen IRB-Ansatz ohne explizite Berücksichtigung der Restlaufzeiten für Kredite an Großunternehmen 48 unterschiedliche Ausprägungen für die Funktion K_f möglich, falls sechs unterschiedliche Verlustquotenklassen und acht Ratingklassen von den Banken unterschieden werden. Im IRB-Basisansatz sind bei Verwendung der beiden Verlustquoten in Höhe von 75% und 45% bereits 16 unterschiedliche Ausprägungen und damit kalkulatorische Zinssätze möglich. Weitere Zinsdifferenzen zwischen Krediten entstehen durch unterschiedliche Kreditlaufzeiten.

Eine vollständige Abkehr vom Versicherungsprinzip bei der Preisbestimmung von Krediten kann durch Basel II nicht erreicht werden, da weiterhin Bonitatsklassen verwendet werden. Krediten werden damit allgemeine Durchschnittswerte für die Ausfallwahrscheinlichkeiten und Verlustquoten der jeweiligen Ratingklasse zugewiesen. Somit tragen innerhalb einer Klasse die Einzelkredite auch die Ausfallrisiken der anderen Kredite mit. Während Kredite, die eine Ausfallwahrscheinlichkeit am oberen Ende der Klassengrenze aufweisen, von dieser Quersubventionierung profitieren, werden risikoärmere Kredite weiterhin mit einem höheren Zinsaufschlag versehen, als das Risiko aus diesem Kredit verlangen würde.

Ratingkriterien zur Beurteilung der Bonität mittelständischer Unternehmen werden vom Basler Ausschuß aus gutem Grund nicht angegeben, damit Unternehmen durch bestimmte Handlungen das Bonitätsurteil nicht verbessern, ohne daß sich die Risikosituation verändert. Hier ist insbesondere an bilanzpolitische Maßnahmen zu denken, die im Kapitel zum Rating noch näher beschrieben werden. Durch das Ratingverfahren soll erreicht werden, daß Unternehmen mit gleichem Risiko derselben Ratingklasse zugeordnet werden (IKE Nr. 410),[141] unabhängig von den für zweckmäßig gehaltenen Kriterien. Neben der Verwendung von Modellen zur Bonitätsbeurteilung, die idiosynkratische Fehler vermeiden können, sollen auch menschliche

[141] Für Spezialfinanzierungen werden Bewertungsverfahren vorgeben, die hier jedoch nicht näher erläutert werden sollen und dem Konsultationspapier zu entnehmen sind.

Urteile in das Rating einfließen, um die begrenzte Anzahl von Informationen zu kompensieren, die im Modell berücksichtigt werden müssen.

Sind das verwendete Ratingverfahren und die Gewichtung der verwendeten Kennzahlen bekannt, können von den Kreditnehmern durch Bilanzierungswahlrechte oder aber „Scheingeschäfte“ die Kennzahlwerte, die das Kreditinstitut für die Finanz- und Bonitätsanalyse einsetzt, positiv beeinflußt werden, um ein besseres Rating und günstigere Kredite zu erhalten.

Im nachstehenden Kapitel werden deshalb mögliche Ratingverfahren zur Ermittlung der Unternehmensbonität dargestellt.

4 Rating als Instrument zur Senkung der Kreditkosten von Unternehmen

Die Umsetzung von Basel II in die nationale Gesetzgebung wird vermutlich zu einer Spreizung zwischen Zinssätzen für sichere und ausfallrisikobehaftete Kredite führen, weil die Eigenkapitalunterlegungspflicht und damit die Kosten für Banken mit Zunahme des Ausfallrisikos steigen. Zur Einschätzung des unerwarteten Verlustes aus Krediten an den Mittelstand werden von den Banken vor allem **interne** Ratingverfahren Verwendung finden, da mittelständische Unternehmen aufgrund der hohen Kosten für externe Bonitätsbeurteilungen in der Regel keine externen Bonitätsbeurteilungen in Auftrag geben können.[142] Zudem ist die Eigenkapitalbelastung der Banken für Kreditrisiken bei Anwendung eines internen Ansatzes geringer als bei Verwendung des Standardansatzes mit externen Ratingurteilen.[143] Mit Hilfe von internen Ansätzen muß von den Banken im Rahmen einer Bonitätsanalyse vor allem die Ausfallwahrscheinlichkeit eines Kredites geschätzt werden.[144] Eine Erleichterung der Bestimmung von Ausfallwahrscheinlichkeiten wird durch die Verwendung von Bonitätsklassen erreicht; Kreditnehmer mit ähnlichem Bonitätsurteil werden derselben Bonitätsklasse zugeordnet. Die anhand historischer Daten ermittelte durchschnittliche Ausfallwahrscheinlichkeit einer Ratingklasse wird jedem Kredit bzw. Unternehmen dieser Ratingklasse zugewiesen.

Damit ein kreditsuchendes Unternehmen das von der Bank zu erhebende Bonitätsurteil ermitteln oder betriebswirtschaftlich beeinflussen kann, ist die Kenntnis des von der Bank verwendeten Ratingverfahrens und der Rating-Kriterien wichtig. Da die Bilanzanalyse eine große Bedeutung bei der Ermittlung des Unternehmensrisikos hat, gehört vor allem die Bilanzierungspolitik zu den Einflußmöglichkeiten auf das Bonitätsurteil. Gesetzlich vorgesehene Wahlrechte werden beim Bilanzansatz und der Bewertung einzelner Bilanzpositionen genutzt, um ein besseres Bonitätsurteil zu erreichen. Auch das Investitions- und Finanzierungsprogramm hat Einfluß auf das Ergebnis der Kreditwürdigkeitsprüfung von Banken, da sich hieraus die zukünftigen Ein- und Auszahlungen ergeben. Um Ansatzpunkte für eine Ratingbeeinflussung durch Unternehmen aufzuzeigen, sollen im Folgenden die möglichen Verfahren der Kreditwürdigkeitsprüfung dargestellt werden. Hierfür ist zunächst zu prüfen, welche Teilrisiken im Bonitätsrisiko durch die Ratingverfahren von Banken berücksichtigt werden.

---

142 Vgl. Poddig, T.; Oelerich, A. (2003), Seite 61.

143 Vgl. Basel Committee on Banking Supervision (2006).

144 Für das im Kreditrisikomanagement verwendete Ratingverfahren einer genossenschaftlichen Zentralbank vgl bspw. Düerkop, Carsten; Pagel, Dirk (2005), Seiten 1251 ff.

4.1 Zu messendes Risiko in Ratingverfahren

Aus einer Kreditvergabe entsteht die Gefahr, daß Zins- und Tilgungszahlungen nicht in der vorab festgelegten Höhe geleistet werden. Neben dem Bonitätsrisiko, welches darin besteht, daß der Kreditnehmer bei Fälligkeit seine Verbindlichkeiten nicht oder nicht vollständig zurückzahlen kann oder will, sind auch das Marktrisiko und das Besicherungsrisiko zu berücksichtigen.[145] Ein Überblick über die verschiedenen Risikoarten und Teilrisiken des Kreditrisikos enthält Abbildung 4.1.

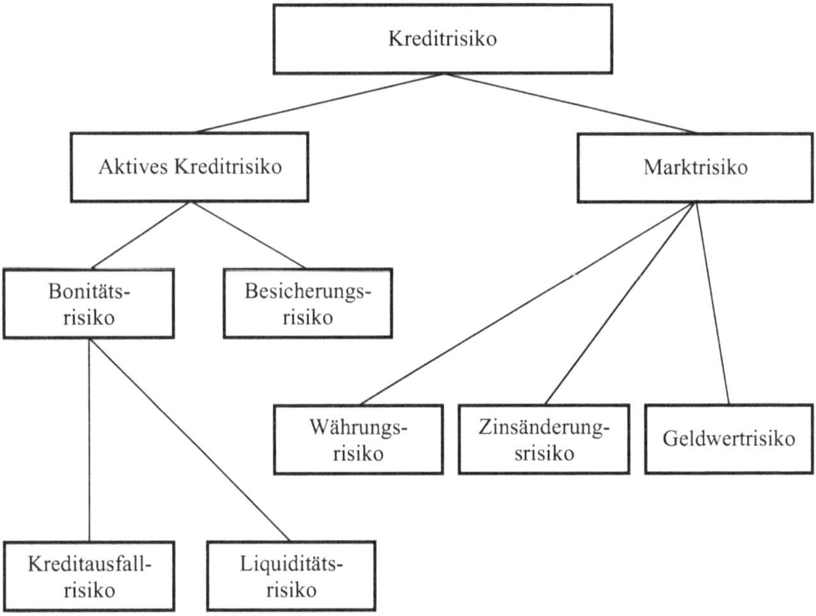

Abb. 4.1: Teilrisiken des Kreditrisikos

Quelle: Schüler, Thorsten (2002), Seite 11.

Das Marktrisiko wird in Ratingverfahren nicht betrachtet, weil nur das aktive Kreditrisiko, auch als Ausfallrisiko bezeichnet, mit den Einzelrisiken Bonitätsrisiko und Besicherungsrisiko zu messen ist.

Das Ausfallrisiko besteht darin, daß ein spezieller Kredit nicht oder nicht vollständig zurückgezahlt wird, weil der Kreditnehmer zahlungsunfähig geworden ist. Das darin enthaltene Bo-

145 Die Gefahr der Unmöglichkeit von Zins- und Tilgungszahlungen entsteht vor allem durch die Streuung der Nettogeinne vor Steuern. Vgl. hierzu Schäfer, Henry (2002), Seiten 104 f.

nitätsrisiko, welches aus dem Kreditausfallrisiko und dem Liquiditätsrisiko besteht, wird auch durch das leistungswirtschaftliche Risiko, das Kapitalstrukturrisiko und das Konkursrisiko bestimmt.[146] Das leistungswirtschaftliche Risiko kennzeichnet die Gefahr des Eintretens von nicht beeinflußbaren Umweltzuständen, die eine ordnungsgemäße Erfüllung des Kreditvertrages verhindern. Hierunter fallen vor allem konjunkturelle Schwankungen.[147]

Eine weitere Differenzierung des Bonitätsrisikos kann nach den Bestandteilen der ausfallenden Zahlungen erfolgen, hierbei sind das Verzinsungsrisiko und das Rückführungsrisiko zu unterscheiden.[148] Die Gefahr, daß die Zahlungen nicht termingerecht erfolgen, wird innerhalb des Bonitätsrisikos durch das Terminrisiko/Liquiditätsrisiko erfaßt.[149]

Das Bonitätsrisiko wird in der Literatur jedoch noch weiter gefaßt, indem im Ratingverfahren neben dem Ausfall von Zahlungen auch bereits Bonitätsverschlechterungen von Unternehmen, also die Erhöhung der Ausfallwahrscheinlichkeit, als Kreditereignis betrachtet werden. Das Risiko für die Banken ergibt sich dann aus der Reduzierung des Marktwertes von gekauften Unternehmensanleihen oder aber durch die Notwendigkeit zur Erhöhung von Pauschalwertberichtigungen auf den Kreditbestand.[150]

Für das Ausfallrisiko sind auch die Rangfolge der Befriedigung, die Besicherung und die Kreditlaufzeit von Bedeutung. Insbesondere die Stellung von Sicherheiten hat Einfluß auf die Höhe des im Konkursfall zurückgezahlten Kreditrestbetrages, da die gesetzliche Konkursrangfolge durch Sicherheiten geändert wird.[151] Da sich die Zusammensetzung des für die Absicherung eines Kredites verwendeten Sicherheitenpools von der eines anderen Kredites an dasselbe Unternehmen in der Regel unterscheidet, können Kredite an dasselbe Unternehmen verschiedenen Bonitätseinschätzungen unterliegen.

Die Sicherungsmittel können bei der Berechnung der benötigten haftenden Eigenmittel für Kreditrisiken nach Basel II auf verschiedene Weise berücksichtigt werden. Entweder wird der ermittelte erwartete Verlust um die Sicherheiten reduziert, oder die Sicherheiten werden bei der Ermittlung der Bonität des Kreditnehmers in Ratingverfahren als bonitätserhöhend be-

146 Vgl. Wiegel, K.D. (1985), oder Schmoll, Anton (2001), Seite 889.
147 Vgl. Hartmann-Wendels, Thomas; Pfingsten, Andreas; Weber, Martin (2000), Seite 151.
148 Vgl. Brakensiek, T. (1991), Seite 14.
149 Vgl. Hartmann-Wendels, Thomas; Pfingsten, Andreas; Weber, Martin (2000), Seite 151.
150 Vgl. Blattmann, Patrick A. (2000), Seiten 144 - 145, Müller-Masia, Christoph; Hahnenstein, Lutz; Holzberger, Harriet; Söhlke, Thomas (2005), Seite 71.
151 Rudolph, Bernd (1995), Seite 893 und die dort angegebene Literatur.
Vgl. Berblinger, Jürgen (1996), Seite 34.

rücksichtigt.[152] Da auch Sicherungsmittel Wertschwankungen unterliegen können, ist das Besicherungsrisiko bei einer Kreditvergabe zu berücksichtigen. Im folgenden sollen unter dem Begriff des Kreditrisikos alle Risiken zusammenfassend betrachtet werden.

Zur Ermittlung der Bonität eines Unternehmens stehen Banken verschiedene Verfahren zur Verfügung, die durch Basel II jedoch nicht explizit festgelegt werden. Lediglich ungenau gefaßte Anforderungen werden im Konsultationspapier in den IKE 394 ff. formuliert.[153] Im folgenden Kapitel werden allgemein verschiedene theoretische und praktisch angewendete Verfahren dargestellt und wesentliche Begriffe zum Rating definiert.

4.2 Klassifikation und Darstellung der Verfahren zur Kreditwürdigkeitsprüfung

Eine einheitliche Definition/Klassifizierung der verschiedenen Verfahren für die Kreditwürdigkeitsprüfung existiert nicht. Neben Scoring-Modellen werden in der Literatur vor allem Ratings als Verfahren zur Kreditwürdigkeitsprüfung genannt.[154] Ganz allgemein kann Rating als Wiedergabe einer Meinung bezüglich eines bestimmten Sachverhaltes in Form einer Note oder Zensur verstanden werden.[155] Das in dieser Arbeit relevante Rating ist als Kredit-/Kreditnehmer-Rating zu verstehen. Es beinhaltet die in Form einer Note ausgedrückte Meinung über die Bonität eines Kreditnehmers. Da keine einheitliche Abgrenzung der Begriffe Rating und Scoring existiert, werden im folgenden die Begriffe Rating, Scoring, Bonitätsbeurteilungsverfahren und Verfahren zur Kreditwürdigkeitsprüfung als Synonyme für Verfahren zur Ermittlung der Wahrscheinlichkeit für eine termingerechte Rückzahlung von Krediten verwendet. Dabei sollen sowohl der Beurteilungsprozeß als auch dessen durch Symbole ausgedrücktes Rating-Ergebnis als Rating bezeichnet werden.[156]

Die Verfahren der Kreditwürdigkeitsprüfung können anhand verschiedener Kriterien unterteilt werden. Logisch deduktive und empirisch induktive Verfahren können jeweils weiter in Verfahren für die Beurteilung von Privat- und Firmenkunden unterteilt werden. Die nachfolgende Tabelle 4.1 gibt einen Überblick über die Verfahren.

---

[152] Vgl. Blattmann, Patrick A. (2000), Seite 148.
[153] Für Zulassungskriterien für Ratingagenturen vgl. bspw. Hose, Christian (2002), Seiten 71 f.
[154] Vgl. Füser, Karsten (2001), Seite 37.
[155] Vgl. Eigermann, Judith (2002), Seite 29 und die dort angegebene Literatur.
[156] Vgl. Munsch, Michael; Weiß, Bernd: Rating (2001), Seite 11.

Kundensegment / Art des Verfahrens	natürliche Personen	Unternehmen
logisch-deduktiv	- traditionelle, nicht standardisierte Kredit-würdigkeitsprüfung - Bonitäts-Checklisten	- klassische Kredit-würdigkeitsprüfung - Prüfung von Finanzplänen - Mustererkennung
empirisch-induktiv	- Kredit-Scoring - Expertensysteme	- Insolvenzprognose - Rating-Systeme

Tab. 4.1: Verfahren der Kreditwürdigkeitsprüfung
Quelle: Schierenbeck, Henner (1999), Seite 253.

Logisch deduktive Systeme stellen auf einen Ursache- Wirkungszusammenhang ab. Als Wirkung gilt die Unternehmensinsolvenz/der Kreditausfall, die Ursachen müssen mit Hilfe des eingesetzten Ratingverfahrens ermittelt werden. Empirisch induktive Verfahren basieren auf Vergangenheitsanalysen. Es werden ausgefallene und solvente Unternehmen gegenübergestellt und charakteristische Unternehmenskennzahlenwerte gesucht, die eine Klassifikation weiterer Unternehmen erlauben.[157]

Die in der Tabelle 4.1 angegebenen Verfahren der Kreditwürdigkeitsprüfung können weiter in externe und interne Verfahren unterteilt werden. Während externe Bonitätsbeurteilungen von (externen) Rating-Agenturen durchgeführt werden, besteht 'Internes Rating' in der Anwendung von Bonitätsbeurteilungsmodellen durch Kreditinstitute. Da sich interne und externe Bonitätsbeurteilungsverfahren in der Vergangenheit stark angeglichen haben, ist eine Unterscheidung kaum mehr möglich. Um gemäß Basel II anerkannt zu werden, müssen externe Ratingagenturen jedoch bestimmte Standards erfüllen.[158]

Von Banken wurden insbesondere quantitative Kreditwürdigkeitsprüfungen intern durchgeführt, die vorwiegend auf mathematisch-statistischen Methoden basierten, üblicherweise wurden die Ergebnisse mit Hilfe qualitativer Elemente verbessert. Externe Bonitätsbeurteilungen basierten in der Regel auf Experteneinschätzungen. Ebenso wie bei den internen Verfahren werden Zeitvergleiche und das Überschreiten oder Unterschreiten von Schwellenwerten im Jahresabschluß untersucht. Sogenannte Benchmarks für den Übergang in eine andere Ratingklasse werden für die verschiedenen Branchen und Sektoren gebildet, um das zu untersu-

[157] Vgl. Schierenbeck, Henner (1999), Seiten 253 ff.
[158] Vgl. Hundt, I.; Neitz, B.; Grabau, F. (2003), Seite 16 ff. Die Standards werden hier nicht angeführt, da im folgenden insbesondere interne Ratingverfahren von Bedeutung sind.

chende Unternehmen besser bewerten zu können. Ein wesentlicher Unterschied zwischen internen Bank-Ratingverfahren und externen, durch Ratingagenturen durchgeführten Bonitätsbeurteilungen bestand überwiegend in der Anzahl an verwendeten Kennzahlen. Während externe Ratingagenturen zwischen 18 und 150 spezielle Kennzahlen verwendeten, war die Anzahl bei internen Bonitätsbeurteilungen mit 5 bis 12 i.d.R. wesentlich geringer und wäre deshalb bei Kenntnis durch das Unternehmen leichter zu beeinflussen.[159]

Das Ergebnis eines Rating wird in der Regel anhand einer ordinalen Skala dargestellt,[160] wie die nachfolgende Tabelle 4.2 zeigt. Ratingurteile werden zunächst in eine Rangfolge der Form „schlechter oder besser als" gebracht. Die nachfolgende Tabelle 4.2 gibt einen Überblick über Rating-Skalen nach Moody's und Standard & Poor's im Vergleich zum klassischen Schulnotensystem in Verbindung mit einer kurzen verbalen Erläuterung zur Bonitätseinschätzung. Dabei werden die Definitionen für Anleihen-Ratings verwendet. Im Basler Akkord werden für externe Ratingurteile dieselben Abkürzungen für die Ratingeinstufung verwendet wie von Standard and Poor's.[161] Wie zu erkennen ist, fängt der spekulative Bereich bei B+ bzw. BB- an. Wird die Einstufung des Anleiherating auf Unternehmen übertragen, sind gemäß Abbildung 1.2 auf Seite 8 über 20% der Kreditvergaben an kleine und mittlere Unternehmen dem eher spekulativen Bereich zuzuordnen.

[159] Aus empirischen Studien ist ersichtlich, daß bereits die Berücksichtigung weniger Kennzahlen zu sehr guten Ergebnissen der Bonitätseinschätzung führen. Vgl. hierfür auch Baetge, J. (1994), Seiten 1-10, oder Oestereicher, A.; Piotrowski-Aller, S. (1996), Seiten 335 - 371.
Der Beurteilungsprozeß von externen Ratingagenturen kann entnommen werden aus Baum, B. (1987), Seite 13.

[160] Vgl. Everling, Oliver (1991), Seite 21.

[161] Die Darstellung der Zuordnung von Ratingsymbolen zu Definitionen der Ratingklassen und deren Deutung der Risikosituation von Unternehmen wird häufig als Masterskala bezeichnet. Vgl. Everling, O. (2002), Seite 966 ff.

	Moody's	Standard & Poor's	Schulnote	Erläuterung
Investment grade	Aaa	AAA		Exceptional, höchste Qualität der Anleihen
	Aa1 Aa2 Aa3	AA+ AA AA-	1	Excellent, hohe Qualität der Anleihen
	A1 A2 A3	A+ A A-	2	Good, viele günstige Anlageeigenschaften, Wertpapiere der oberen Mittelklasse, langfristig können sich negative Faktoren bemerkbar machen.
	Baa1 Baa2 Baa3	BBB+ BBB BBB-	3	Adequate, Anleihen mittlerer Qualität, spekulative Elemente werden deutlich
	Ba1 Ba2 Ba3	BB+ BB BB-	3-4	Questionable, Anleihen mit spekulativen Elementen, aber noch im guten wirtschaftlichen Umfeld
Spekulative grade	B1 B2 B3	B+ B B-	4	Poor, Sicherung langfristiger Zins- und Tilgungszahlungen erscheint als gering.
	Caa	CCC+ CCC CCC-	4-	Very poor, Akute Gefährdung und geringster Anlegerschutz, erste Anzeichen von Zahlungsverzug.
	CC	CC	5	Extrem poor, hochspekulative Titel, Vertragsverletzung offenkundig.
	C	C	5-	Lowest, bei Moody's niedrigste Klasse und bereits im Zahlungsverzug
		D	6	Default, Zahlungsverzug

Tab. 4.2: Ratingskalen und Definitionen ausgewählter Ratingagenturen
Quelle: Munsch, Michael; Weiß, Bernd (2001), Seite 15.

Ein Vorteil der Verwendung von Ratingklassen für die Kreditvergabe ist, daß ihnen sowohl idealisierte/theoretische als auch empirische Ausfallwahrscheinlichkeiten zugewiesen werden können.[162] Einen Überblick über die Zuordnung von historisch beobachtbaren durchschnittlichen Ausfallwahrscheinlichkeiten zu den betrachteten Kreditnehmern enthält Tabelle 4.3. Die Ausfallwahrscheinlichkeiten können ständig aufgrund neuer Daten aktualisiert werden.

162 Theoretischen Ausfallwahrscheinlichkeiten werden mit Hilfe von Modellen, bspw. von Standard and Poor's, berechnet. Sie werden folglich nicht direkt aus historisch beobachtbaren Ausfällen abgeleitet.

Rating-Klasse	Idealisierte Ausfallquoten in %	Historische Ausfallquoten in %
AAA	0,01	0,00
AA+	0,02	0,00
AA	0,03	0,00
AA-	0,04	0,03
A+	0,05	0,02
A	0,07	0,05
A-	0,09	0,05
BBB+	0,13	0,12
BBB	0,22	0,22
BBB-	0,39	0,35
BB+	0,67	0,44
BB	1,17	0,94
BB-	2,03	1,33
B+	3,51	2,91
B	6,08	8,38
B-	10,54	10,32
CCC/CC	18,27	21,94
C/D	Zahlungsunfähigkeit	

Tab. 4.3: 1-Jahres-Ausfallquoten in %

Quelle: Kreditanstalt für Wiederaufbau (2001), Seite. 25.

Hiernach fällt mit einer historischen Wahrscheinlichkeit von 2,91% ein mit B+ beurteiltes Unternehmen aus, während die idealisierte Ausfallwahrscheinlichkeit bei 3,51% liegt. Die angegebenen Ausfallwahrscheinlichkeiten sind jedoch regelmäßig zu niedrig, da ein Unternehmen zwischen dem Erstrating und einem Ausfall in der Regel zunächst einer schlechteren Ratingklasse zugeordnet wird, bevor ein Ausfall festgestellt wird. Deshalb wird der Ausfall nicht der besseren Ratingklasse angelastet, der das Unternehmen zunächst zugeordnet war. Wird beispielsweise ein Unternehmen bei einem Erstrating der Ratingklasse A+ zugeordnet, eine Periode später der Ratingklasse BB und in der dritten Periode der Ausfallklasse D, wird der Ratingklasse BB und nicht der Ratingklasse A+ der Ausfall zugewiesen.

Die Möglichkeiten der Bonitätsbestimmung und damit der Ermittlung von Ausfallwahrscheinlichkeiten für Kredite/Kreditnehmer können in vier Arten unterteilt werden. In der **er-**

sten Art von Verfahren wird die Bonität von Kreditnehmern unter Einbeziehung von Expertenwissen ermittelt. Es werden sowohl quantitative als auch qualitative Merkmale, wie Managementqualität, Finanzstruktur usw. betrachtet. Im Bilanz-Bonitätsrating der Banken werden hauptsächlich aus Jahresabschlüssen Kennzahlen zur Finanz-, Vermögens- und Ertragslage berechnet, um aus den Kennzahlenwerten auf die Bonität des Unternehmens zu schließen. Die Bonitätsanalyse eines Kreditnehmers wird dabei nicht einmalig durchgeführt, sondern regelmäßig während des gesamten Kreditzeitraumes und in der Regel jährlich aktualisiert. Das Ratingurteil wird alleine aufgrund der Erfahrung des Kreditsachbearbeiters gebildet. Die Verknüpfung der Kennzahlen erfolgt somit rein subjektiv. Das Endergebnis enthält die in Tabelle 4.3 dargestellten Symbole. Eine direkte Quantifizierung der Ausfallwahrscheinlichkeiten erfolgt nicht[163], ist in der Regel auch nicht möglich. Diese wird deshalb aus den Ratingtabellen, ähnlich wie Tabelle 4.3, entnommen. Eine erste Erweiterung zur Objektivierung von Ratingurteilen erfolgt durch sogenannte Expertensysteme, in denen das Wissen von Analysten durch Computerprogramme nachgebildet wird.

Statistische/mathematische Modelle sind üblich, um funktionale Beziehungen zwischen beobachtbaren Variablen zu schätzen, sie bilden die Ratingverfahren der **zweiten Art**. Als beobachtbare Variablen gelten dabei zum einen die Kennzahlen aus der Bilanzanalyse, zum anderen der Ausfall bzw. Nichtausfall des Unternehmens. Aus der Analyse von Vergangenheitsdaten sollen zukünftige Ausfälle von Unternehmen mit Hilfe von bestimmten Kennzahlen prognostiziert werden.[164] Zur formalen Abbildung der Zusammenhänge zwischen unabhängigen bzw. erklärenden Variablen (bspw. Bilanzkennzahlen) und der abhängigen Variable (Kreditereignis) werden diskriminanzanalytische Verfahren, logistische Regressionsmodelle, neuronale Netze und Verweildauer bzw. Hazardratenmodelle verwendet. Als Ergebnis werden metrische Bonitätskennziffern generiert, die durch Transformation in ordinale Ratingklassen gebracht werden.[165] Dabei werden Bonitätskennziffern innerhalb einer festgelegten Bandbreite in einer Ratingklasse zusammen-gefaßt.[166] Bei dieser Art von Bonitätsbeurteilung wird häufig von der Insolvenzprognose oder dem Kreditscoring gesprochen. Diese Verfahren werden im nachstehenden Kapitel noch näher beschrieben, weil sie vorzugsweise in Banken eingesetzt werden.

---

163 Vgl. Rösch, Daniel (2001), Seite 5.

164 Vgl. für die Berücksichtigung von zukunftsorientierten Prognosedaten Bretschneider, Thomas; Reiss, Wolfgang; Schneider, Karen (2005), Seiten 8 ff.

165 Einen zusammenfassenden Überblick gibt unter anderem Füser, Karsten (2001), Seiten 54 ff.

166 Vgl. Rösch, Daniel (2001), Seite 6.

Die **dritte Art** von Bonitätsbeurteilungsverfahren zeichnet sich dadurch aus, daß eine Beziehung zwischen Ausfallwahrscheinlichkeit und einer beobachtbaren Variable durch ein ökonomisches Modell hergestellt wird. Als erklärende Variable wird der Firmenwert verwendet, der dabei als Barwert der zukünftigen Unternehmenserträge definiert wird.[167] Unterschreitet dieser den Wert des Fremdkapitals, wird angenommen, daß das betrachtete Unternehmen die Verbindlichkeiten nicht zurückzahlt, also die Kredite ausfallen. Die Ausfallwahrscheinlichkeit ist bei unterstellter Normalverteilung der möglichen Unternehmenswerte direkt aus der Wahrscheinlichkeit des Unterschreitens des Fremdkapitalwertes abzulesen, und somit als Funktion des Firmenwertes gemäß Abbildung 4.2 auf der folgenden Seite darstellbar.[168]

Der Firmenwert sollte als Barwert zukünftiger Cash-Flows ermittelt werden. Da diese nicht vorliegen, werden sie überwiegend mit Hilfe von historischen Daten geschätzt. Eine einfache Fortschreibung der historischen Daten in die Zukunft ist jedoch nicht möglich, weil sich Umweltsituationen ändern können. Deshalb sind die Cash-Flows anzupassen, um den Kritikpunkt des Vergangenheitsbezugs abzuschwächen.[169] In der Praxis werden vor allem Simulationsverfahren zur Bestimmung der Cash-Flows eingesetzt, um die restriktive Annahme normalverteilter Cash-Flows zu umgehen. Ebenfalls ist der Wert der Kredite für zukünftige Perioden als variabel anzunehmen, so daß die Berechnung der Wahrscheinlichkeit, mit der die Fremdkapitalwerte durch den Ertragswert des Unternehmens unterschritten wird, deutlich komplexer wird.[170]

Für die Diskontierung der zukünftigen Cash-Flows kann anstelle eines risikoangepaßten Zinssatzes der risikolose Zinssatz verwendet werden, da kein Unternehmens-Kaufpreis berechnet werden soll, sondern lediglich dieselbe Bewertung der Einnahmenüberschüsse und Kapitaldienste zwischen den Unternehmen gewährleistet werden soll.[171] Deshalb ist die Art des verwendeten Diskontierungsverfahrens irrelevant.

In der Abbildung 4.2 ist eine Verteilung des Firmenwertes angegeben, die sich aus historischen Werten bestimmen läßt. Auf der Ordinate ist jeweils die Wahrscheinlichkeit abgebildet, mit der ein bestimmter Firmenwert als Ertragswert realisiert wird. Die Wahrscheinlichkeit

---

167 Die Verfahren zur Bestimmung des Marktwertes von Unternehmen auf der Basis von zukünftigen Zahlungen sind zum einen das Ertragswertverfahren, zum andern die Discounted Cash Flow-Verfahren. Eine kurze Beschreibung wird im Kapitel zur Bestimmung des Kreditzinssatzes gegeben. Für eine formale Darstellung siehe auch Schönbucher, Philipp J. (2000) Seiten 21 f.

168 Vgl. Rösch, Daniel (2001), Seite 6; bzw. Rolfes, Bernd (1999), Seiten 337-339.

169 Vgl. Rolfes, Bernd (1999), Seite 356.

170 Zu den weiterführenden Modellen zählen die sogenannten first generation structural form models und die second generation structural form models. Vgl. hierzu Altman, Edward; Resti, Adrea; Sironi Andrea (2002).

171 Vgl. Rolfes, Bernd (1999), Seiten 353f.

eines Kreditausfalls wird mit Hilfe der Verteilungsfunktion bestimmt, da deren Wert angibt, mit welcher Wahrscheinlichkeit der Firmenwert kleiner gleich dem vorgegebenen Wert des Fremdkapitals (FK) ist.

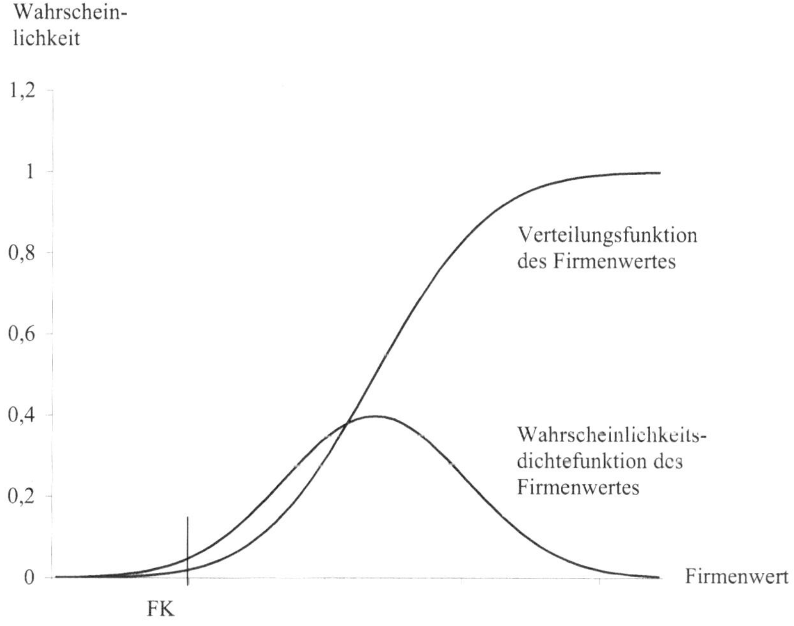

Abb. 4.2: Dichtefunktion des Ertragswertes eines fiktiven Unternehmens

Durch die ermittelte Ausfallwahrscheinlichkeit können Kreditnehmer/Kredite den vom Basler Ausschuß in IKE Nr. 404 geforderten Ratingklassen zugeordnet werden. Auch die direkte Verwendung der Ausfallwahrscheinlichkeit in den Formeln des Konsultationspapiers gemäß Tabelle 3.6 auf Seite 62 ist möglich. Der Umweg über die Bestimmung von Ratingklassen entfällt bei diesem Verfahren. Dadurch können die Kosten für den Risikozuschlag für unerwartete Verluste unternehmens-/kreditindividuell ohne einen Rückgriff auf Durchschnittswerte direkt bestimmt werden.

Die **vierte Verfahrensart** zur Ermittlung der Bonität eines Unternehmens zeichnet sich durch Modelle aus, die die Ausfallintensität[172] als zeitstetigen stochastischen Prozeß modellieren.

[172] Unter Ausfallintensität wird die durchschnittliche Ausfallrate verstanden, i.d.R. gemessen als erwartete Anzahl von Ausfällen pro Jahr. Siehe bspw. Kiesel, Rüdiger; Schmid, Bernd, Seite 10.

Die benötigten Parameter werden aus Anleihen des zu untersuchenden Unternehmens ermittelt. Dafür werden Marktpreise der Anleihen mit denen von risiko-losen Anleihen verglichen und die Renditeunterschiede als Indikator für das Risiko des Ausfalls verwendet. Gerade diese Gruppe von Modellen ist für die Bonitätsbeurteilung von mittelständischen Unternehmen am deutschen Markt nicht geeignet, da nahezu kein mittelständisches Unternehmen Anleihen begibt.[173]

In Banken werden am häufigsten Modelle der Arten eins und zwei verwendet, um die Bonität eines Unternehmens zu ermitteln. Auf diese wird im folgenden deshalb näher eingegangen.

4.3 Verwendung klassischer und statistischer/mathematischer Modelle zur Bestimmung der Bonität von mittelständischen Unternehmen

Eine Bonitätsbeurteilung folgt in der Regel einem hierarchisch strukturierten Prozeß. Zunächst werden Länderrisiken, dann Branchenrisiken und zuletzt Unternehmensrisiken betrachtet. Auch nach Basel II sind für interne Ratings durch Banken neben unternehmensspezifischen Risiken auch die Länder- und Branchenrisiken zu berücksichtigen.[174] Deshalb wird seit einiger Zeit die Datenbasis für die Branchen- und Länderrisikoanalyse aufgebaut.

Die internationale Kreditwürdigkeit des Herkunftslandes des Kreditnehmers dient als Obergrenze für eine Bonitätseinstufung der in diesem Land seßhaften Kreditnehmer. Für das **Länderrisiko** ist bewertungsrelevant, wie das Herkunftsland des Kreditnehmers den Transfer bzw. Währungsumtausch von Zahlungen reguliert, wodurch wesentliche Beschränkungen der Rückzahlung von Krediten entstehen können, obwohl das Unternehmen zur Rückzahlung des Kredites gewillt ist. Zu den relevanten Determinanten des Länderrisikos zählen sowohl die Politik des Landes oder die Staatsform (Demokratie, Diktatur,….) als auch gesamtwirtschaftliche Größen bzw. Kennzahlen, zu denen beispielhaft gehören:

- das Bruttoinlandsprodukt pro Kopf,
- die Investitionsquote,
- die Auslandsschulden im Verhältnis zu den Deviseneinnahmen,
- die Inflationsrate oder auch
- die Auslandsschulden im Verhältnis zum Bruttoinlandsprodukt.[175]

---

173 Vgl. Rösch, Daniel (2001), Seite 6.
174 Auch aufgrund der eingeführten Mindestanforderungen an das Kreditgeschäft sind Banken verpflichtet, auch andere Risiken über Unternehmensrisiken hinaus zu messen.
175 Wagner, Jörg (2002), Seite 9.

Da für die Auswirkungen der Einführung von Basel II auf den deutschen Mittelstand das Länderrisiko allenfalls eine untergeordnete Rolle spielt, sollen diese Ausführungen an dieser Stelle bereits beendet werden. Wichtiger sind Sachverhalte, die sich aus dem **Branchenrisiko** für die Bonitätseinschätzung ergeben:

- konjunkturelle Abhängigkeiten des wirtschaftlichen Erfolges eines Kreditnehmers,
- wirtschaftspolitische Veränderungen innerhalb einer Branche und branchenübergreifend,
- Marktzugangsbeschränkungen und
- technologische Veränderungen.[176]

Kleine und mittlere Unternehmen sind besonders von der Branchenentwicklung abhängig, da sie üblicherweise nicht so stark diversifiziert sind wie Großunternehmen.[177] Deshalb hat das Branchenrisiko bei der Beurteilung von mittelständischen Unternehmen i.d.R. eine größere Bedeutung als bei diversifizierten Großunternehmen.

Als letzte Stufe der Bonitätsermittlung steht das **Unternehmensrisiko** im Blickfeld. Dieses bildet den klassischen Kern jeder Bonitätsbeurteilung eines Unternehmens. Hierfür werden speziell formelle, persönliche und wirtschaftliche Fakten und Zukunftsaussichten des mittelständischen Unternehmens überprüft. Die formelle Kreditfähigkeitsprüfung befaßt sich mit juristischen Aspekten, u.a. mit der Geschäftsfähigkeit des Kreditnehmers. Für die Bonitätseinstufung mittelständischer Unternehmen ist die Rechtsform des Unternehmens von Bedeutung, da aus ihr erste Schlüsse auf Sicherheiten und auch auf Finanzierungsmöglichkeiten gezogen werden können. Während bei Gesellschaftsformen mit beschränkter Haftung (GmbH, GmbH & Co KG) im Konkursfall ohne zusätzlich vereinbarte persönliche Gesellschafterhaftung nur auf das Vermögen des Unternehmens zur Befriedigung der Gläubiger zurückgegriffen werden kann, haften bei reinen Personengesellschaften die Gesellschafter mit ihrem gesamten Vermögen[178]. Diese zusätzliche Haftungsbasis ist bei einer Kreditwürdigkeitsprüfung zu berücksichtigen. Unter Vernachlässigung weiterer Bonitätseinflüsse müßten Personengesellschaften tendenziell bessere Ergebnisse bei der Kreditwürdigkeitsprüfung als Kapitalgesellschaften erzielen.

Mit Hilfe der Prüfung der wirtschaftlichen Verhältnisse soll die Frage beantwortet werden, ob der Kreditnehmer fähig ist, den Kredit zurückzuzahlen. Hierfür werden betriebswirtschaftli-

176 Vgl. Berblinger, Jürgen (1996), Seiten 64-65.
177 Vgl. Falkenstein, Erik; Boral, Andrew K.; Carty, Lea V. (2000), Seite 35.
178 Vgl. zu den Haftungsverhältnissen der Gesellschaftsformen z.B.: Olfert, Klaus; Reichel, Christopher (2003).

che Kennzahlwerte berechnet, die sich vorwiegend auf quantitative Grundlagen stützen und üblicherweise durch qualitative Kriterien ergänzt werden.[179]

Als Beispiel für einen Bonitätsbewertungsprozeß soll hier auf das Vorgehen der Ratingagentur Moody's Bezug genommen werden. Wettbewerbliche, betriebliche, finanzwirtschaftliche und rechtliche Risiken, die Unternehmensstruktur und die Qualität des Managements werden berücksichtigt.[180] Als wesentliche Einflußfaktoren im Bereich **wettbewerblicher und betrieblicher Risiken** gelten:

- der relative Marktanteil des Unternehmens,
- der Grad der Diversifizierung,
- die Umsatz-, Kosten- und Ergebnissituation und
- die Absatz- und Beschaffungssituation.[181]

Hierfür werden sowohl die finanzwirtschaftliche als auch die erfolgswirtschaftliche Ebene untersucht. Bei der Analyse **finanzwirtschaftlicher Risiken** wird die Zahlungsfähigkeit des Unternehmens ermittelt. Besondere Aufmerksamkeit wird auf die Analyse der Bilanz und der Kapitalflußrechnung gelegt. Der Verfahrensablauf der finanzwirtschaftlichen Unternehmensprüfung ist üblicherweise in die folgenden Phasen unterteilt:[182]

- Bilanzaufbereitung,
- Bilanzkritik,
- Ermittlung von Kennzahlen und
- Interpretation der Ergebnisse.

Im Zuge der Bilanzaufbereitung werden Strukturbilanzen durch die Neuordnung, Verknüpfung, Umrechnung und Aggregation des handels- und evtl. steuerrechtlichen Jahresabschlusses aufgestellt.[183] Mit Hilfe der Strukturbilanzen wird mit Hilfe einer Datenverdichtung eine Vereinfachung der späteren Beurteilung des Unternehmens erreicht. Durch die gleichzeitige Vereinheitlichung der Bilanzen verschiedener Unternehmen können Standardanalysen durchgeführt werden. An die Aufstellung der Strukturbilanzen schließt sich die kritische Analyse der Bilanzpolitik des Unternehmens an. Unternehmen mit einer ungünstigen Ertragslage

---

[179] Es sei hier darauf hingewiesen, daß sich die verwendeten Kennzahlen von Bonitätsanalysen durch Jahresabschlußdaten zwischen verschiedenen Branchen unterscheiden. Vgl. hierzu Rüsberg, Lars (1992), Seiten 32 ff.

[180] Vgl. hier und im folgenden Berblinger, Jürgen (1996), Seite 66.
Risikoindikatoren können auch entnommen werden: Ewert, Ralf; Szczesny, Andrea (2002) Seite 576 ff.

[181] Vgl. Berblinger, Jürgen (1996), Seiten 66-67.

[182] Vgl. Grof, Erika (2002), Seite 111.

[183] Coenenberg, Adolf G. (2005), Seiten 956 ff.

und/oder hohem Schuldenstand nutzen normalerweise bilanzielle Wahlrechte und Ermessenspielräume, um ein positiveres Bilanzbild zu erzeugen. Gut strukturierte Unternehmen versuchen dagegen, aus steuerlichen Gründen eine Ergebnisverschlechterung zu erreichen. Kennzahlenanalysen haben dann das Ziel, derartige Einflußnahmen zu eliminieren und eine Vergleichbarkeit zwischen verschiedenen Unternehmen zu gewährleisten. Im Anschluß an die Bilanzaufbereitung und Bilanzkritik werden Kennzahlen ermittelt, die eine einfachere Beurteilung/Interpretation der Bilanzen durch Aggregation der Informationen auf einzelne Werte ermöglichen.[184] Untersucht werden im wesentlichen[185]

- die Cash-flow-Kraft und Liquiditätsreserven,
- die Verfügbarkeit alternativer Liquiditätsquellen,
- die Struktur der Verbindlichkeiten sowie
- das Eigenkapital und die Reserven.

Durch **die Cash Flow-Analyse** soll gezeigt werden, ob das Unternehmen seine Zahlungsverpflichtungen durch Liquiditätsüberschüsse aus dem operativen Geschäft erfüllen kann. Neben den operativen Cash-Flows sind für die Bonitätsbeurteilung auch Liquiditätsreserven wie Barreserven und kurzfristig liquidierbare Vermögensgegenstände zu berücksichtigen. Zu den kurzfristigen alternativen Finanzierungsquellen zählen insbesondere zugesagte und noch nicht in Anspruch genommene Banklinien. Je mehr alternative Liquiditätsquellen zur Verfügung stehen, desto besser kann das Unternehmen auf unvorhersehbare Auszahlungsströme reagieren, so daß die Bonität als besser zu bewerten ist.

Die Struktur der Verbindlichkeiten wird üblicherweise anhand der folgenden Kriterien untersucht:

- Fristenkongruenz,
- Fälligkeitsstruktur,
- Anteil und Struktur der Finanzverbindlichkeiten,
- außerbilanzielle Verbindlichkeiten und
- langfristige Miet- und Leasingverbindlichkeiten.[186]

Als quantitative Kriterien gelten bei Banken vor allem die

- Vermögens-, Finanzierungs- und Kapitalstruktur,

[184] Vgl. Grof, Erika (2002), Seiten 112 f.
[185] Einen umfassenden Überblick über Bilanzkennzahlen und die zu berechnenden Größen gibt unter anderem Coenenberg, Adolf G. (2005).
[186] Vgl. Berblinger, Jürgen (1996), Seiten 67-68.

- Belastung aus Verschuldung,
- Liquiditätssituation,
- Rentabilität und Ertragskraft,
- Zahlungsziele und Umschlagshäufigkeiten und die
- Kapitaldienstfähigkeit.[187]

Im Rahmen der **erfolgswirtschaftlichen** Bilanzanalyse kann eine Unterteilung in Ergebnisquellenkennzahlen und Rentabilitätskennzahlen erfolgen. Kennzahlendefinitionen sind in der einschlägigen Lehrbuchliteratur zu finden.[188]

Da Kennzahlenwerte miteinander korrelieren können, sollte die Beurteilung nicht getrennt voneinander, sondern simultan erfolgen. Ein Beispiel ist die heutige Ertragskraft, die Auswirkungen auf die künftige Finanzlage hat.[189] Zur Beurteilung werden sowohl Soll-Ist-Vergleiche als auch Branchen- und Zeitvergleiche durchgeführt.

Da im Konsultationspapier des Basler Ausschusses für die Bankenaufsicht Mindestkriterien für die Erstellung von Ratings genannt werden, wird durch die Tabelle 4.4 ein vergleichender Überblick über bestehende Ratingsysteme und die geforderten Mindestkriterien nach Basel II gegeben.

187 Vgl. Grunwald, Egon; Grunwald, Stephan (1999), Seite 73.

188 Eine Übersicht gibt beispielsweise Perridon, Lous; Steiner, Manfred (2004). Vgl. auch: Wöhe, Günter; Bilstein, Jürgen (1998).
Für einen umfassenden Kennzahlenkatalog vgl. auch Feidicker, Markus (1992), Seiten 58 ff. oder Hüls, Dagmar (1995), Seiten 75 ff., oder Coenenberg, Adolf G. (2005).

189 Vgl. Baetge, Jörg; Sieringhaus, Isabel (1996), Seite 225.

Standard & Poor's	Moody's	repräsentative deutsche Bank	Mindestkriterien nach Basel II

Finanzielles Risiko:
- Finanzmerkmale
- Finanzpolitik
- Rentabilität
- Kapitalstruktur
- Cash-flow-Absicherung
- Finanzielle Flexibilität
	Finanzielles Risiko:
	- Cash-flow
	- Liquidität
	- Verschuldung
	- Eigenkapital
		Ertrags- und Finanzlage:
		- Ertragslage
		  - Cash-Flow
		  - Rentabilität
		  - u.s.w.
		- Finanzlage
		  - EK-Quote
		  - Liquidität
		  - u.s.w.
			- Vergangene und prognostizierte Fähigkeit, Erträge zu erwirtschaften, um Kredite zurückzuzahlen und anderen Finanzbedarf zu decken, wie zum Beispiel Kapitalaufwand für das laufende Geschäft und zur Erhaltung des Cash-Flow
			- Kapitalstruktur und die Wahrscheinlichkeit, daß unvorhergesehene Umstände die Kapitaldecke aufzehren könnten und dies zur Zahlungsunfähigkeit führt
			- Finanzielle Flexibilität in Abhängigkeit vom Zugang zu Fremd- und Eigenkapitalmärkten, um zusätzliche Mittel erlangen zu können

Geschäftsrisiko: - Industrie-merkmale - Wettbewerbs-position	Wettbewerbs- und Unternehmensrisiken: - Relativer Marktanteil /Wettbewerbssituation - Diversifikation - Umsatz, Aufwand, BE - Kunden und Lieferanten Unternehmensstruktur und rechtliche Risiken: - Einbezug verbundener Unternehmen	Unternehmenssituation: - Brancheneinschätzung - Marktbedingungen /Wettbewerbsposition - Produktionsprogramm - spezielle Risiken - Prognosen/Umsatz- und Finanzplanung - Unternehmensstruktur	- Grad der Fremdfinanzierung und die Auswirkungen von Nachfrageschwankungen auf Rentabilität und Cash-flow - Qualität der Einkünfte, d.h. der Grad, zu dem die Einkünfte und der Cash-Flow des Kreditnehmers aus dem Kerngeschäft und nicht aus einmaligen nicht wiederkehrenden Quellen stammen - Positionen innerhalb der Industrie und zukünftige Aussichten - Risikocharakteristik des Landes, in dem ein Unternehmen seine Geschäfte betreibt, und deren Auswirkungen auf die Schuldendienstfähigkeit des Kreditnehmers einschließlich des Transfer-Risikos, wenn sich der Sitz des Kreditnehmers in einem anderen Land befindet und er eventuell keine Fremdwährung zur Bedienung seiner Verbindlichkeiten beschaffen kann
	Management-Qualität: - Planung, Controlling - Managementerfahrung - Organisationsstruktur - Nachfolgeregelung	Management: - Erfahrung - Nachfolgeregelung - Prognosesicherheit der Planung, Controlling	- Qualität und rechtzeitige Verfügbarkeit von Informationen über den Kreditnehmer, einschließlich Verfügbarkeit testierter Jahresabschlüsse, die anzuwendenden Rechnungslegungsstandards und Einhaltung dieser Standards - Stärke und Fähigkeit des Managements, auf veränderte Bedingungen effektiv zu reagieren und Ressourcen einzusetzen sowie der Grad der Risikobereitschaft versus Konservativität
		Kundenverbindung/Kontoführung	

Tab. 4.4: Vergleich von Basel II mit bestehenden Ratingsystemen

Quelle: Paetzmann, Karsten (2001), Seite 495.

Die Verfahren, mit denen die Risiken eingeschätzt werden und die Bonitätseinstufung ermittelt wird, sind sehr vielfältig, wie bereits die obige Tabelle 4.1 bzgl. der Unterteilung in logisch deduktive und empirisch induktive Verfahren gezeigt hat. Einen genaueren Überblick geben die nächsten Kapitel.

4.3.1 Die traditionelle/klassische Kreditwürdigkeitsprüfung mit Hilfe von subjektiv gewählten Kriterien

Bei Anwendung der traditionellen/klassischen Kreditwürdigkeitsprüfung erfolgt die Auswahl der Kriterien subjektiv durch die Banken, ebenso wie die Bewertung und Gewichtung der Kriterien. Aufgrund der Subjektivität von Einzelwerten ist es für die Kreditnehmer schwierig, das Bonitätsergebnis nachzuvollziehen. Zudem besteht die Gefahr, daß verschiedene Beurteiler zu unterschiedlichen Ergebnissen gelangen. Werden jedoch bei verschiedenen Banken Kreditangebote angefordert, so können Bonitätsbeurteilungen verglichen werden. Systematisiert wird die klassische Bonitätsprüfung durch Checklisten bzw. Mustererkennungsverfahren.[190] Die in den Checklisten angeführten Kriterien dienen zur

- Bestimmung der Einnahmenüberschüsse für die Bedienung der Kredite,
- Erfassung der Entwicklung und Schwankung relevanter Kennzahlen,
- Vermögens- bzw. Eigenkapitalbestimmung,
- Bestimmung der Höhe und des zeitlichen Zugriffes auf liquide Mittel und deren Beschaffung und
- Bestimmung des Wertes von Sicherheiten.[191]

Die Subjektivität der klassischen Bonitätsanalyse durch Banken kann als Kritikpunkt gewertet werden, da die Gefahr besteht, daß wesentliche Sachverhalte nicht zutreffend berücksichtigt werden. Unterschiedliche Bewertungen desselben Kreditnehmers durch verschiedene Mitarbeiter einer Bank sind möglich, was zur Unmöglichkeit einer systematischen Steuerung des Kreditportfolios auf der Gesamtbankebene führen kann.[192]

Die Verwendung von Kennzahlen und Kennzahlenwerten, die von internationalen Ratingagenturen veröffentlicht werden, würde durch Objektivierung die Akzeptanz des Ratingverfahrens bei verschiedenen Kreditnehmern als auch -gebern bewirken.[193] Dadurch können Unternehmen erfahren, welche Kennzahlenwerte mindestens erreicht werden müßten, um einer

[190] Vgl. Rolfes, Bernd (1999), Seite 341.
[191] Vgl. Rolfes, Bernd (1999), Seite 338.
[192] Vgl. Rolfes, Bernd (1999), Seite 338.
[193] Zu umfangreichen Kennzahlenkatalogen vgl. Feidicker, Markus 1992), Seiten 58 ff. oder Hüls, Dagmar (1995), Seiten 75 ff.

bestimmten Ratingklasse zugeordnet zu werden. Beispielhaft sind die von Standard and Poor's veröffentlichten Kennzahlenwerte in der Tabelle 4.5 angegeben,[194] die für die Zuordnung zu einer gewünschten Ratingklasse vorzuweisen sind.

Zusätzliche Symbole:

EBIT = Jahresergebnis zuzüglich Ertragssteuern und Zinsen[195] in GE/PE

EBITDA = Jahresergebnis zuzüglich Ertragsteuern, Zinsen Abschreibungen und Goodwill in GE/PE

3 Jahres-Median für Ratingklasse	AAA	AA	A	BBB	BB	B	CCC
EBIT / Zinsaufwand	21,4	10,1	6,1	3,7	2,1	0,8	0,1
EBITDA / Zinsaufwand	26,5	12,9	9,1	5,8	3,4	1,8	1,3
freier operativer CashFlow / Verbindlichkeiten	84,2	25,2	15,0	8,5	2,6	3,2	12,9
EBITDA + zahlungsunw. Aufwendungen ./. zahlungsunw. Erträge / Verbindlichkeiten	128,8	55,4	43,2	30,8	18,8	7,8	1,6
Gesamtkapitalrentabilität	34,9	21,7	19,4	13,6	11,6	6,6	1,0
Operativer Gewinn / Umsatzerlöse	27,0	22,1	18,6	15,4	15,9	11,9	11,9
langfristige Verbindlichkeiten / langfristiges Kapital	13,3	28,2	33,9	42,5	57,2	69,7	68,8
Fremdkapital / Gesamtkapital	22,9	37,7	42,5	48,2	62,6	74,8	87,7

Tab. 4.5: Mediane ausgesuchter Kennzahlen in Prozent für US-Industrieunternehmen für die Jahre 1998 bis 2000
Quelle: Standard and Poor's (2002), Seite 54.

Eine Gesamtkapitalrentabilität von 21,7% spricht bspw. für eine Einstufung des Unternehmens in die Ratingklasse AA.

Als Schwachpunkte von Ratingverfahren der Banken, die auf Jahresabschlußanalysen basieren, sind die Vergangenheitsorientierung der Jahresabschlüsse und die Nichtberücksichtigung

194 Vgl. Standard and Poor's (2002), Seiten 54 f.

195 EBIT ist die Abkürzung für earnings before interest and tax, EBITDA steht für earnings before interest, tax, amortization and depreciation

weiterer Informationen zur wirtschaftlichen Lage des zu beurteilenden Unternehmens (Qualität des Managements, technisches Know-how, Marktstellung u.s.w.) zu nennen.[196] Für die Bestimmung der Bonitätsklasse im noch in Kapitel 6 vorzustellenden Modell sind die klassischen Verfahren nicht geeignet, da das Bonitätsurteil durch das Modell festgelegt werden soll. Erfahrungen und Interpretationsmöglichkeiten von Kreditsachbearbeitern, die keiner mathematischen Gesetzmäßigkeit folgen, sind im Modell nicht darstellbar.

Ziel des Einsatzes mathematischer Verfahren ist die Erhöhung der Objektivität der Kreditwürdigkeitsprüfung.[197]

4.3.2 Mathematische/Statistische Modelle

Durch die Zusammenführung aller relevanten Merkmale in eine Kennziffer, die die Bonität des Unternehmens ausdrückt, können sowohl Unternehmen untereinander als auch der ermittelte Kennziffernwert mit einem kritischen Wert verglichen werden. Als Datengrundlage dienen historische Merkmalswerte, insbesondere Datenbestände aus Krisensituationen sind zu berücksichtigen (IKE Nr. 434).

Während die Insolvenzprognose jahresabschlußbezogen und daher quantitativ ist, verwenden Kredit-Rating-Modelle neben quantitativen auch qualitative Kriterien zur Bonitätsbeurteilung. Für beide Verfahren können Trennfunktionen bzw. Trennwerte ermittelt werden, die solvente von insolventen Unternehmen durch Ableitungen risikorelevanter Kennzahlen, Kennzahlengruppen und deren Ausprägungen trennen können.[198] Die beiden zur Zeit noch am häufigsten verwendeten Verfahren sind die Diskriminanzanalyse und die Beurteilung der Bonität mittels Neuronaler Netze.[199] Jedoch werden häufiger auch wieder regressionsanalytische Verfahren wie die Logit- und Probit-Modelle eingesetzt. Neben einer linearen Trennfunktion, wie bei der Multivariaten Diskriminanzanalyse, können vor allem Neuronale Netze andere Verknüpfungsmöglichkeiten (bspw. multiplikative) von Einzelkennzahlen berücksichtigen, durch die eine bessere Trennung als bei der linearen Diskriminanzfunktion erfolgen soll.[200] Das Ziel

---

196 Vgl. Baetge, Jörg; Sieringhaus, Isabel (1996), Seiten 223 f.
Dicken, Andre Jacques (1997), Seite 60.

197 Darüber hinaus führt der Einsatz von mathematischen/statistischen Verfahren im Vergleich zur traditionellen Kreditwürdigkeitsprüfung zu einer kostengünstigeren Ermittlung der Bonität. Vgl. auch Baetge, J. (1998), Seiten 751 - 758.

198 Vgl. Rolfes, Bernd (1999), Seite 338.

199 Vgl. Füser, Karsten (2001), Seite 88.

200 Auch in der Klasse Multivariater Diskriminanzfunktionen gibt es Modelle, die auf nichtlinearen Funktionszusammenhängen basieren. Für diese Funktionsarten ist jedoch eine besondere Problematik zu beachten, die im Kapitel zur Diskriminanzanalyse angeführt wird.

beider Verfahren ist vorrangig die Unterstützung der **binären** Kreditvergabeentscheidung, d.h. Kreditgewährung oder Kreditablehnung.[201] Jedoch ist auch eine Zuordnung zu mehreren unterschiedlichen Ratingklassen mit Hilfe dieser Verfahren möglich. Im folgenden Kapitel wird zunächst die Diskriminanzanalyse näher beschrieben.

4.3.2.1 Die Diskriminanzanalyse

Die multivariate Diskriminanzanalyse zählt im Vergleich zur klassischen Bilanzanalyse zu den sogenannten modernen Verfahren der Kreditwürdigkeitsprüfung.[202] Die wesentlichen Schwächen der Bilanzanalyse (subjektive Auswahl der Kennzahlen, deren Gewichtung und Zusammensetzung) werden durch dieses empirisch-statistische Verfahren umgangen. Anhand historischer Daten für insolvente und solvente Unternehmen werden trennfähige Kennzahlen i.d.R. aus Jahresabschlußdaten mit Hilfe einer Trennfunktion ermittelt. Diese quantitativen Merkmale können durch qualitative (bspw. Managementqualität) erweitert werden, wodurch die Genauigkeit der Zuordnung eines Kreditnehmers zu einer bestimmten Ratingklasse gesteigert wird.[203] Neben der Auswahl der Kennzahlen mit der höchsten Trennschärfe werden zusätzlich die Gewichte der Kennzahlen je nach Erklärungswert einer Insolvenz zur Verwendung in der Trennfunktion ermittelt.[204] Hierfür wird ein zu definierendes Diskriminanzkriterium maximiert.[205] Solange eine Verbesserung der Trennfunktion möglich ist, werden unscharf trennende Kennzahlen auf statistischer Basis aus der Diskriminanzfunktion ausgeschlossen. Die auf diese Weise ermittelte allgemeine Diskriminanzfunktion gemäß Gleichung (4.1) wird für die Klassifikation von Kreditantragstellern verwendet.[206]

Zusätzliche Symbole:

Y^D = Diskriminanzvariable

X_j^D = Merkmalsvariable für Merkmal j

b_j^D = Diskriminanzkoeffizient für Merkmal j

b_0^D = Konstante

---

201 Vgl. Rolfes, Bernd (1999), Seite 339.

202 Erstmals wurde das Verfahren 1968 von Altman für die Klassifikation von solventen und insolventen Unternehmen eingesetzt. Vgl. Altman, E. I. (1968), Seiten 589 - 609.

203 Vgl. zum Einbezug von qualitativen Merkmalen Blochwitz, Stefan; Eigermann, Judith (2000), Seiten 58 - 73.

204 Vgl. Bleier, Ernst (1989), Seiten 175 f.

205 Vgl. Rolfes, Bernd (1999), Seite 344.
Vgl. für die formale Aufstellung des Diskriminanzkriteriums Backhaus, Klaus; Erichson, Bernd; Plinke, Wulff; Weiber, Rolf (1996), Seite 99 f.

206 Vgl. Baetge, Jörg; Sieringhaus, Isabel (1996), Seiten 229-231.

(4.1) $$Y^D = b_0^D + \sum_{j=1}^{J} b_j^D \cdot X_j^D$$

Als Merkmalsvariable X_j^D wird beispielsweise der Verschuldungsgrad verwendet. Der Beitrag jeder Kennzahl zum Gesamturteil ist aus der Formel ersichtlich. Je wichtiger eine Kennzahl ist, desto größer ist der Summand $b_j^D \cdot X_j^D$, der mit zunehmender Höhe die errechnete Bonität eines Unternehmens steigert.

Einen Überblick über die Verfahren der Diskriminanzanalyse gibt die folgende Abbildung 4.3.

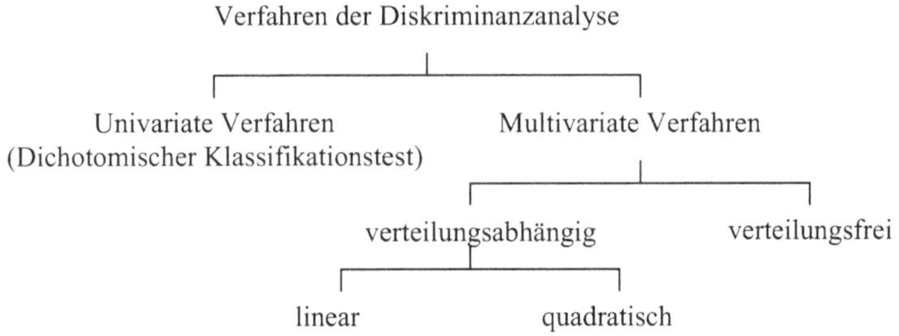

Abb. 4.3: Einteilung der Verfahren der Diskriminanzanalyse
Quelle: Schüler, Thorsten (2002), Seite 91.

Aufgrund der Komplexität quadratischer Diskriminanzfunktionen und weiterer Probleme wird mit linearen Diskriminanzfunktionen gearbeitet. Dikriminanzfunktionswerte oberhalb eines bestimmten Schwellenwertes zeigen die Zuordnung des Unternehmens zu einer Ratingklasse an.

Die Kritik an der multivariaten Diskriminanzanalyse zur Bestimmung der Bonität von Kreditnehmern ist vielfältig. Zunächst wird angeführt, daß die Anzahl fehlklassifizierter Kredite bzw. die Anzahl unklarer Ratingergebnisse, die eine eindeutige Zuordnung nicht ermöglichen, relativ groß ist. Dieses wird unter anderem mit den fehlenden statistischen Vorraussetzungen (Annahme der Normalverteilung und der Homogenität der Varianzen) begründet. Jedoch wird von verschiedenen Autoren angeführt, daß die lineare multivariate Diskriminanzanalyse relativ robust gegenüber einer Verletzung der Normalverteilungsannahme ist.[207] Damit würde sie

[207] Vgl. Fahrmeir, Ludwig; Häußler, Walter; Tutz, Gerhard (1996), hier Seite 379.

die Anforderungen an die Validität gemäß IKE Nr. 417 erfüllen und als Bonitätsermittlungsverfahren im IRB-Ansatz verwendet werden können. Zu beachten ist aber, daß durch die Vorauswahl von Kennzahlen die Objektivierung stark eingeschränkt wird. Aufgrund der Vielfältigkeit der möglichen Kennzahlen ist jedoch eine Vorauswahl unvermeidbar, weil nicht alle möglichen Kennzahlenzusammensetzungen auf ihre Trennfähigkeit überprüft werden können.

Auch bei diesem statistischen Verfahren ist die faktische Fortschreibung der Vergangenheitsentwicklung in die Zukunft als kritisch anzugeben. Die Kritik der Vergangenheitsorientierung kann durch die Aufnahme von Kennzahlen, die Konjunkturprognosen ermöglichen, abgeschwächt werden.[208]

Darüber hinaus werden Gewichtungen der Kennzahlen, die in die Diskriminanzgleichung eingehen, für den gesamten Zeitablauf konstant gesetzt. Da dieses jedoch insbesondere in den unterschiedlichen Phasen von Konjunkturzyklen nicht zwangsläufig zutrifft, wäre die Bestimmung von korrigierten Gewichtungen durch die regelmäßige Ermittlung des optimalen Trennscores sinnvoll.[209] Demgemäß wird im Basler Konsultationspapier auch die Robustheit der Rating-Verfahren gegenüber konjunkturellen Schwankungen gefordert, was die Variation der Gewichtungsfaktoren im Zeitablauf zwar nahelegt, praktisch wegen unzureichender Datenbasis aber kaum umzusetzen sein wird. So sind Unternehmensdaten aus Zeiten konjunktureller Abschwünge für die Schätzungen der Ausfallbeträge zu berücksichtigen (IKE Nr. 468).

Ein weiterer Kritikpunkt ist, daß im Rahmen der Diskriminanzanalyse keine Ursachenforschung für Unternehmensinsolvenzen durchgeführt wird. Da lediglich die Symptome in Form von Kennzahlenausprägungen abgebildet werden, unterbleibt die Verknüpfung von Ursache und Wirkung.[210]

Darüber hinaus wird in der Literatur folgendes kritisiert:

- das Fehlen ausreichender Daten für Unternehmens-/Kreditausfälle[211],
- die fehlende Unabhängigkeit verschiedener Kennzahlen und
- die Annahme von Varianzhomogenität[212]

Die lineare multivariate Diskriminanzanalyse eignet sich gut zur Herleitung von Bonitätsurteilen in linearen Modellen, weil eine lineare Verknüpfung von Variablen, die in den Model-

Feilmeier, M.; Fergel, I.; Segerer, G. (1981), Seite B26.
208 Vgl. Grunwald, Egon; Grunwald, Stephan (1999), Seite 105.
209 Vgl. Oehler, Andreas; Unser, Matthias (2002), Seite 237.
210 Vgl. Oehler, Andreas; Unser, Matthias (2002), Seite 237.
211 Vgl. Backhaus, Klaus; Erichson, Bernd; Plinke, Wulff; Weiber, Rolf (1996), Seite 95.
212 Vgl. Niehaus, Hans-Jürgen (1987), Seite 88.

len Verwendung finden, erfolgen kann. Deshalb wird in Kapitel 6 eine lineare Diskriminanzfunktion zur Zuordnung von Unternehmen in Ratingklassen verwendet.

Im Folgenden sollen der Vollständigkeit halber Verfahren dargestellt werden von denen zum Teil etwas genauere Ergebnisse für eine Bonitätsanalyse erhofft werden, die sich jedoch für den Einsatz in einem linearen Investitions- und Finanzierungsmodell, wie es in Kapitel 6 vorgestellt wird, weniger eignen.

4.3.2.2 Künstliche Neuronale Netze

Der Begriff „künstliche neuronale Netze“ stammt aus dem Forschungsbereich der sogenannten 'Künstlichen Intelligenz' und leitet sich vom neuronalen Netz des menschlichen Gehirns ab.[213] Die Architektur der künstlichen neuronalen Netze besteht ebenfalls aus Knoten, den Neuronen, und Wegen zwischen den Knoten.[214] An jedem Knoten werden vorhandene Informationen, im Falle der Kreditklassifizierung also Unternehmensdaten, mittels beliebiger Funktionen verarbeitet und dann an den nächsten Knoten weitergegeben.[215]

Ihre Bedeutung erlangen die künstlichen Neuronalen Netze durch die Überwindung der linearen Trennung des Merkmalraums.[216] Des weiteren entfallen die einschränkenden statistischen Prämissen der linearen multivariaten Diskriminanzanalyse.[217] Darüber hinaus soll das Verfahren robust gegenüber fehlenden oder fehlerhaften Daten sein.[218]

Bei der Programmierung künstlicher Neuronaler Netze werden keine direkten Anweisungen in Form von „wenn die Kennzahl einen bestimmten Wert erreicht, mache.....“ festgelegt. Das System baut die Entscheidungsregel nach der Eingabe von Beispieldaten eigenständig auf.[219] Für die Trennung in solvente und ausfallgefährdete Unternehmen werden sowohl quantitative als auch qualitative Merkmale im System erfaßt und mit dem Ausfall oder Nicht-Ausfall des Unternehmens verknüpft. Das Modell soll die Daten auf Gesetzmäßigkeiten untersuchen, die eine Trennung der Unternehmen in solvente und insolvente Kreditnehmer erlauben. Künstli-

---

213 Für ein künstliches neuronales Netzwerk vgl. bspw. das Modell BP-14 von Baetge, Baetge, Jörg; Jerschensky, Andreas (1999).

214 Vgl. unter anderem Wittkemper, H.-G. (1994), Seite 11, oder Füser, K. (1995), Seite 11.

215 Vgl. Zell, A. (1996), Seite 73 f.

216 Lineare Trennung würde bedeuten, daß beispielsweise im zweidimensionalen Raum eine Gerade so gelegt wird, daß alle Unternehmen, die sich aufgrund der Merkmalsausprägungen auf der einen Seite befinden einer bestimmten Unternehmensgruppe, bspw. solventen Unternehmen zugeordnet werden können, alle auf der anderen Seite befindlichen, den ausfallgefährdeten. Künstliche Neuronale Netze können beliebige Kurven erzeugen, die den Merkmalsraum trennen.

217 Vgl. Rolfes, Bernd (1999), Seite 349.

218 Vgl. Füser, Karsten (2001), Seite 70.

219 Für den genauen Ablauf der Verarbeitung der Daten vgl. beispielsweise Füser, K. (1995).

che Neuronale Netze können deshalb als eine flexible Art der statistischen Regressionsanalyse bezeichnet werden. Dem Modell wird gelegentlich Lernfähigkeit bescheinigt. Es sollte jedoch eher als merkfähig charakterisiert werden, da es sich für eine bestimmte Datenkonstellation die ermittelten Werte an einem Knoten merkt und auf neue Klassifikationselemente, also beispielsweise neu zu klassifizierende Kredite, anwendet.[220]

Ein wesentliches Problem der künstlichen neuronalen Netze ist die Gefahr, daß das System übertrainiert wird. Es trennt dann zwar den zugrundeliegenden Trainingsdatensatz perfekt, eine Klassifikation von zusätzlichen Unternehmen ist jedoch nicht mehr möglich, bzw. die Klassifizierungsgüte für die Einordnung neuer Unternehmen nimmt mit zunehmendem Training ab.[221] Ein weiterer Kritikpunkt ist die mangelnde betriebswirtschaftliche Interpretationsmöglichkeit der Ergebnisse, da zum einen die Funktionsstruktur zu komplex ist, zum anderen nicht genau erkannt werden kann, warum und anhand welcher Kriterien eine Trennung der Unternehmen in solvente und nicht solvente erfolgt. Das Modell hat deshalb den Charakter einer Black Box, was deren Verwendbarkeit für die Bonitätsprüfung einschränkt.[222] Der Zusammenhang zwischen Rating und Finanzierungsprogramm wäre aber sichtbar zu machen, möglichst als linearer Zusammenhang zwischen Bonitätsbeurteilung und Kennzahlenausprägung. Künstliche Neuronale Netze beinhalten jedoch in der Regel hochgradig nichtlineare Funktionen, so daß zusätzlich eine Linearisierung für den Einsatz in linearen Modellen durchzuführen wäre. Jedoch ist anzumerken, daß Neuronale Netze insbesondere Grundgesamtheiten ohne lineare Strukturen u.U. besser trennen als die lineare Diskriminanzfunktion und deshalb verstärkt in der Praxis eingesetzt werden.[223] Da allerdings nicht oder nur schwer nachvollzogen werden kann, wie ein Ratingurteil durch Neuronale Netze zustandegekommen ist, wird die geforderte Überprüfung der Ratingergebnisse durch Mitarbeiter nach IKE Nr. 417 erschwert. Insbesondere aufgrund der nichtlinearen Struktur dieser Art von Modellen scheiden künstliche neuronale Netze zur Bonitätsermittlung im sechsten Kapitel aus.

Die letzte Art von mathematischen/statistischen Modellen sind Regressionsmodelle.

---

220 Vgl. Anders, U.; Szczesny, A. (1996), Seite 5.
221 Vgl. Siemes, Andreas (2002), Seite 147.
222 Vgl. Carstens, Christoph (2001), Seite 80.
223 Vgl. Füser, Karsten (2001), Seiten 69 f.

4.3.2.3 Regressionsmodelle

Regressionsmodelle sollen eine abhängige Variable (hier das Bonitätsurteil) durch eine Menge unabhängiger Variablen (Unternehmenskennzahlen) erklären. Für neue Objekte, z.B. neue Unternehmenskredite, wird dann der Wert für die abhängige Variable durch beobachtbare unabhängige Variablen vorhergesagt. Die Verknüpfung der unabhängigen, erklärenden Variablen untereinander kann durch verschiedene Funktionstypen erfolgen. Zu den Regressionsverfahren zählen das einfache lineare Regressionsmodell, Logit- und Probit-Modelle.[224]

Der Wert für die Klassifikationsvariable (abhängige Variable), der bei der Durchführung einer Regressionsanalyse im Rahmen der Kreditwürdigkeitsprüfung eines Unternehmens ermittelt wird, kann direkt als Wahrscheinlichkeit interpretiert werden. Dabei wird die abhängige Variable als Zufallsvariable modelliert, die unabhängigen Variablen werden als bekannt angenommen. Der wesentliche Vorteil der regressionsanalytischen Verfahren ist, daß weder die Annahme der Normalverteilung noch die Gleichheit der Varianz-Kovarianz-Matrizen innerhalb einer Ratingklasse gefordert wird. Jedoch sind für die einfache lineare Regressionsanalyse die Wahrscheinlichkeiten für eine mögliche Insolvenz nicht auf das Intervall zwischen Null und Eins normiert, so daß die ökonomische Interpretation der Ergebnisse nur schwer möglich ist. Durch die Normierung auf das Wahrscheinlichkeitsintervall zwischen Null und Eins würde die Funktion jedoch die Fähigkeit verlieren, differenziert werden zu können, so daß das Optimum in geschlossener Form nicht gefunden werden kann. Deshalb sind Regressionsmodelle in einem linearen Investitions- und Finanzierungsmodell kaum geeignet, die Ratingklasse für das Unternehmen zu bestimmen. Die Weiterentwicklung des einfachen Verfahrens, die sich aus diesem Problem ergibt, führt zu den Logit- und Probit-Modellen.[225]

Einfache lineare Logit- und Probit-Modelle bei der Kreditwürdigkeitsprüfung unterscheiden in Ausfall und Nichtausfall von Krediten und werden deshalb als Binäre Modelle bezeichnet.[226] Die Gleichung zur Bestimmung des Gesamtscores setzt sich aus der Summe von Unternehmenskennzahlen, die mit Konstanten multiplikativ verknüpft sind, und einer Zufallsvariable zusammen. Überschreitet der sich ergebende Wert eine bestimmte Schwelle, wird ein Ausfall unterstellt, ähnlich wie bei der multivariaten Diskriminanzfunktion. Eine direkte Vergleichbarkeit ist aber aufgrund der Verwendung eines Zufallterms nicht möglich. Der Zufalls-

[224] Vgl. Schüler, Thorsten (2002), Seite 96, oder Pytlik, Martin (1995), Seite 121.
[225] Vgl. Oehler, Andreas; Unser, Matthias (2002), Seiten 237 - 238.
[226] Vgl. hierfür und im folgenden Kaiser, Ulrich; Szczesny, Andrea (2002), Seiten 364 ff.

term folgt für Logit-Modelle einer logistischen Verteilung, für Probit-Modelle der Standardnormalverteilung.[227]

Die wesentliche Kritik an sämtlichen Verfahren der Regressionsanalyse beinhaltet wiederum die statistischen Annahmen. So müssen bspw. die Zufallsterme logistisch oder normalverteilt sein. Die Regressionsanalyse ist zwar robust gegenüber der Nichteinhaltung dieser Prämissen,[228] doch auch diese Verfahren sind aufgrund des Zufallsterms und des nichtlinearen Zusammenhangs zwischen erklärenden Variablen und Bonitätsurteil für das vorzustellende lineare Investitions- und Finanzierungsmodell nicht bzw. nur bedingt geeignet. Auf sie soll nicht vertiefend eingegangen werden.

4.4 Eignung der verschiedenen Rating-Verfahren für die Bestimmung der Eigenkapitalunterlegung im Rahmen von Basel II

Die Akzeptanz eines von Banken angewendeten Ratingverfahrens ist sowohl bei den Kreditnehmern als auch bei den Aufsichtsbehörden u.a. von dessen Fähigkeit abhängig, das Ausfallrisiko der Kredite/Kreditnehmer richtig vorherzusagen. Vom Basler Ausschuß wird die regelmäßige Prüfung der Validität eines Ratingverfahrens zwecks Qualitätsbeurteilung vorgeschrieben (IKE Nr. 500 ff.).[229] Durch die Validität des Ratingverfahrens wird die inhaltliche Gültigkeit der Untersuchungsergebnisse erfaßt.[230] Im Falle von Bonitätsbeurteilungen ist nachzuweisen, daß gute von schlechten Kreditnehmern mit ausreichender Sicherheit getrennt werden können bzw. daß die realisierten Ausfallwahrscheinlichkeiten je Ratingklasse den vorab angenommenen Ausfallwahrscheinlichkeiten entsprechen. Die Teilschritte der Gesamtvalidierung eines Ratingsystems werden schematisch von der folgenden Abbildung 4.4 wiedergegeben.

[227] Für die Schätzung der Koeffizienten der Regressionsverfahren siehe bspw. Fahrmeir, Ludwig; Hamerle, Alfred (1996), Seite 59 ff.
Einen Überblick über Maximum-Likelihood-Methoden gibt bspw. Verbeek, M. (2000).
Das Verfahren soll hier nicht weiter dargestellt werden, da für das Modell zur Bewertung der Finanzstruktur der Unternehmen keine Regressionsanalysen verwendet werden soll.

[228] Press, S. James; Wilson, Sandra (1978), S. 699 - 705.

[229] Vgl. für ein Instrumentarium zum regelmäßigen Qualitätscheck bspw. Henking, Andreas; Hüls, Ralf; Krieger, Stefan (2005), Seiten 57 ff.

[230] Es wird also danach gefragt, ob gemessen wurde, was gemessen werden sollte. Vgl. Schneck, Ottmar (1998), Seite 730.

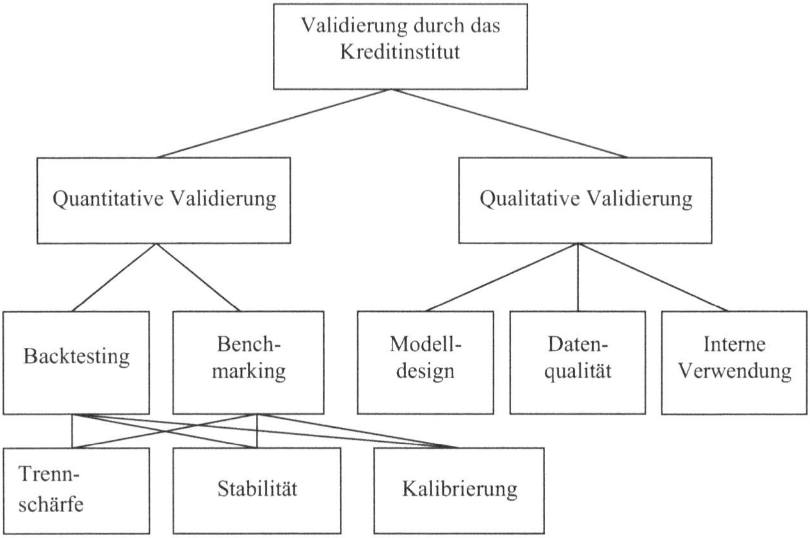

Abb. 4.4: Validierung eines internen Ratingsystems
Quelle: o.V. (2003), Seite 62.

Wie aus der Abbildung 4.4 zu ersehen ist, wird die Gesamtvalidierung eines Ratingsystems sowohl anhand quantitativer als auch qualitativer Faktoren durchgeführt.[231] Im Konsultationspapier wird in den Nr. 500 ff. vor allem die quantitative Validierung gefordert, die dem linken Teil der Abbildung 4.4 entspricht.

4.4.1 Die quantitative Validierung

Zu den quantitativen Kriterien und Methoden, mittels derer die Validität eines Ratingsystems untersucht werden kann, zählen gemäß der Abbildung 4.4 dessen Trennschärfe, Kalibrierung und Stabilität. Durch die Trennschärfe wird die Fähigkeit gemessen, ex ante zwischen ausfallenden und nicht ausfallenden Kreditnehmern zu unterscheiden.[232] Je geringer der Fehler bei der Einordnung von Unternehmen in die Ratingklassen ist, desto trennschärfer ist das Ratingverfahren.

Zur Kalibrierung eines Ratingsystems zählt die Ermittlung von möglichst genauen Ausfallwahrscheinlichkeiten, Verlustquoten und Kredithöhen bei Ausfall je Kredit. Dabei wird re-

231 Vgl. o.V. (2003), Seite 61.
232 Vgl. unter anderem Hamerle, Alfred; Rösch, Daniel (2005), Seite 15, oder Krämer, Walter (2003), Seiten 395 - 410.

gelmäßig versucht, die über alle Kredite summierten Fehleinschätzungen zu minimieren.[233] Insbesondere beim fortgeschrittenen IRB-Ansatz, der eine bankinterne Ermittlung dieser Parameter zuläßt, wird dem Aspekt der Kalibrierung eine hohe Bedeutung beigemessen.

Zum Validierungskriterium Stabilität gehört, daß Ratingsysteme auch in Extremsituationen noch ausreichend genaue Bonitätsergebnisse erzielen.[234] Der Basler Ausschuß berücksichtigt den Stabilitätsaspekt, indem er Mindestanforderungen für die Schätzung der Ausfallwahrscheinlichkeiten aufnimmt, um insbesondere konjunkturelle Abschwungphasen zu berücksichtigen.[235]

Die Trennschärfe eines Ratingsystems wird gemessen, indem nur zwei Ratingklassen, eine Ausfallklasse und eine Klasse der solventen Unternehmen betrachtet werden. Dabei können im wesentlichen zwei Fehlerarten unterschieden werden. Der α-Fehler, auch high side override oder Fehler erster Art, beziffert den Anteil der Unternehmen, die bei der Prognose als gut klassifiziert werden, später jedoch ausfallen. Der β-Fehler, auch low side override oder Fehler zweiter Art, beziffert den Anteil an Unternehmen, die durch das Rating als schlecht klassifiziert werden, später aber nicht ausfallen. Die Fehler aus der Falschklassifizierung entstehen u.a. durch die Varianzen der Kennzahlausprägungen von Unternehmen innerhalb einer durch Abbildung 4.5 beispielhaft dargestellten Ratingklasse. Dadurch überschneiden sich die Verteilungsfunktionen der zu bildenden Klassen in den jeweiligen Randbereichen.[236]

Die beiden Fehler (α-Fehler und β-Fehler) sind vollständig negativ korreliert, so daß bei Senken des α-Fehlers (Fehler erster Ordnung) durch eine Verschiebung des Trennkriteriums der β-Fehler (Fehler zweiter Ordnung) steigt.[237] Da die Kosten eines Kreditausfalls in der Regel höher sind als die durch Schätzfehler entstehenden Opportunitätskosten für entgangene Gewinne aus nicht vergebenen Krediten, die trotz Überlebens des Unternehmens abgewiesen wurden, wird in der Praxis das Ratingsystem so kalibriert, daß der Fehler zweiter Ordnung den Fehler erster Ordnung regelmäßig übersteigt. Deshalb ist die Anzahl der Unternehmen größer, die trotz der zukünftigen Fähigkeit, ihre Schulden zurückzuzahlen, keinen Kredit erhalten, als die Anzahl derer, die einen Kredit erhalten, später aber ausfallen. Die optimale Kalibrierung des Ratingverfahrens führt zur Gleichheit der marginalen Grenzkosten.[238]

233 Vgl. Krahnen, Jan P.; Weber, Martin (2001), Seite 14.
234 Vgl. Norden, Lars; Weber, Martin (2005), Seite 41.
235 Vgl. IKE Nr. 503.
236 Dieses wird durch die Abbildung 4.5 deutlich.
237 Vgl. Baetge, Jörg; Baetge, Kai; Kruse, Ariane (2001), Seite 987f.
238 Vgl. Rolfes, Bernd (1999), Seite 344, oder Dittmar, Thomas; Steiner, Manfred (2000), Seite 439.

Zusätzliche Symbole:

P(kranke) = Wahrscheinlichkeit für die Ausprägung des Trennkriteriums für kranke Unternehmen

P(gesunde) = Wahrscheinlichkeitsdichte für die Ausprägung des Trennkriteriums für gesunde

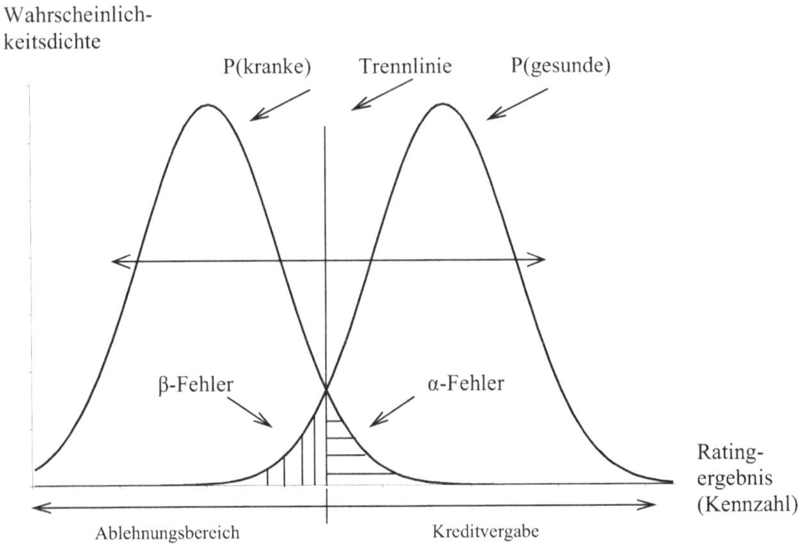

Abb. 4.5: Trennung in Alpha- und Beta-Fehler

Mit Bewegung der Trennlinie auf der Ratingergebnis-Achse steigt mit Abnahme des α-Fehlers der β-Fehler und umgekehrt. Neben der Gesamtkostenminimierung können als weitere Zielvorgaben für das Risikomanagement die Minimierung des Gesamtfehlers oder die Minimierung des β-Fehlers unter Vorgabe eines konstanten α-Fehlers definiert werden.[239]

Weiterhin kann die Trennschärfe eines Ratingsystems durch die CAP-Kurve (Cumulative Accuracy Profile Kurve), die ROC-Kurve (Receiver Operating Characteristic), den minimalen Klassifizierungsfehler und den Binomialtest bestimmt werden.[240] Durch die CAP-Kurve, auch Power-Curve genannt, und die ROC-Kurve wird die Trennschärfe eines Ratingsystems gra-

[239] Vgl. Dittmar, Thomas; Steiner, Manfred (2000), Seite 439. Die jeweiligen Vor- und Nachteile von Zielvorgaben für Unternehmen und die Vorgehensweise können der Literatur entnommen werden. Vgl. dazu Buchner (1985), Seite 311, Gebhardt (1980), Seite 205 f. und Feidicker, Markus (1992), Seite 197 ff.

[240] Vgl. bspw. Oehler, Andreas; Unser, Matthias (2002), Seite 236.

phisch dargestellt. Einen Überblick über diese beiden Kurven geben die Abbildungen 4.6 und 4.7.[241]

Zusätzliche Symbole:

Fl_x = Fläche zwischen perfekter Modellkurve und Zufallsmodell

Fl_y = Fläche zwischen realem Ratingkurvenverlauf und Zufallsmodell

Fl_z = Fläche zwischen der Winkelhalbierenden und der Abszisse

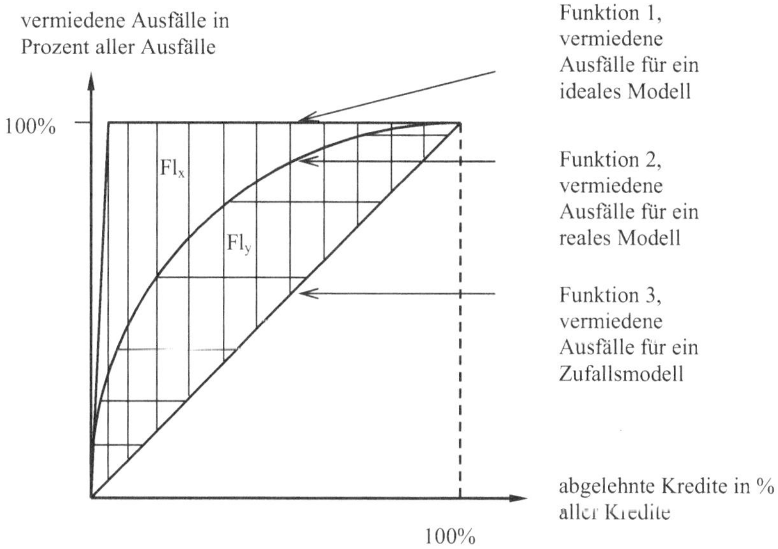

Abb. 4.6: Power-Curve/CAP-Kurve

Quelle: Carstens, Christoph (2001), Seite 79.

[241] Vgl. auch Blochwitz, Stefan; Hamerle, Alfred; Hohl, Stefan; Rauhmeier, Robert; Rösch, Daniel (2004), Seiten 1275 - 1278.

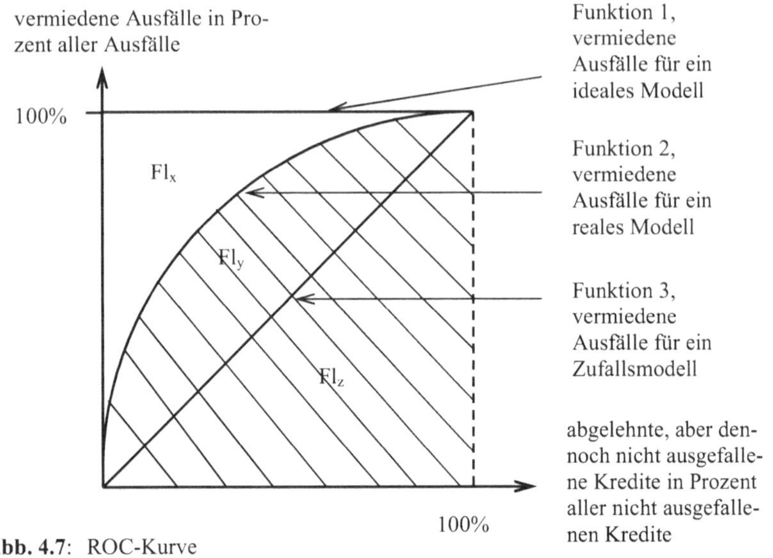

Abb. 4.7: ROC-Kurve

Quelle: Engelmann, Bernd; Hayden, Evelyn; Tasche, Dirk (2003), S. 7.

In beiden Abbildungen sind als Funktionen ein Optimalmodell (oberste Kurve), ein reales Ratingmodell (mittlere Kurve) und ein Zufallsmodell (Winkelhalbierende) eingezeichnet. Während in der Abbildung 4.6 zur CAP-Kurve auf der Abszisse die abgelehnten Kredite in Prozent aller Kredite abgetragen werden, werden bei der ROC-Kurve (Abbildung 4.7) die abgelehnten, aber dennoch nicht ausgefallenen Kredite in Prozent aller nicht ausgefallenen Kredite betrachtet. Auf der Ordinate sind jeweils die vermiedenen Ausfälle in Prozent aller Ausfälle angegeben. Je trennschärfer ein Ratingsystem ist, desto näher liegt der reale (Funktion 2) am optimalen (Funktion 1) Kurvenverlauf.

Für Verläufe 1-3 der CAP-Kurve gelten die folgenden Begründungen:
Ist ein Ratingsystem perfekt (Funktion 1, perfekte Modellkurve), nimmt mit Zunahme der abgelehnten Kredite die Anzahl vermiedener Ausfälle zu. Da eine Fehlklassifizierung nicht auftritt, wird mit jedem abgelehnten Kredit ein weiterer Ausfall vermieden, solange 100% der ausfallenden Kredite noch nicht erreicht sind. Die Steigung der Funktion 1 ist umso größer, desto weniger Ausfälle auftreten. Beispielsweise wären bei genau einem Ausfall bei einem abgelehnten Kredit bereits 100% der Ausfälle vermieden, bei drei Ausfällen erst bei drei ab-

gelehnten Krediten. Im Zufallsmodell (Funktion 3) werden erst mit Ablehnung aller Kredite auch alle Ausfälle vermieden. Der Funktionsverlauf für das reale Modell (Funktion 2) liegt zwischen den Verläufen für das optimale und für das Zufallsmodell. Die Anzahl vermiedener Ausfälle ist höher als für das Zufallsmodell, wenn das Modell Ausfälle vorhersagen kann. Es ist jedoch nicht perfekt, so daß dennoch Fehlklassifizierungen der Kredite auftreten. Deshalb liegt der Kurvenverlauf für Funktion 3 unterhalb des Kurvenverlaufs für Funktion 1.

Die Interpretation der möglichen ROC-Kurven sind der CAP-Kurve zu entnehmen. Da jedoch auf der Abszisse nur Kredite abgetragen werden, die abgelehnt wurden und dennoch nicht ausfallen, beginnt die Funktion 1 (ideales Modell) bei 100% vermiedener Ausfälle in Prozent aller Ausfälle. Eine Fehlklassifikation ist deshalb sowohl im Sinne des α-Fehlers als auch des β-Fehlers ausgeschlossen.

Die Aussagen zur Trennfähigkeit von Ratingsystemen mit Hilfe der o.a. Kurven (ROC- und CAP-Kurve) können auch als Kennzahlenwerte angegeben werden. Hier sind vor allem der Gini-Koeffizient und die Kennzahl AUC (Area under the Curve) zu nennen, die im folgenden nicht weiter dargestellt werden, weil sie im Modell in Kapitel 6 keine Verwendung finden.[242]

Eine weitere Möglichkeit der Prüfung von Ratingsystemen ist der Vergleich von prognostizierten Ausfallwahrscheinlichkeiten mit eintretenden Ausfällen, der nach IKE Nr. 501 regelmäßig gefordert wird.[243] Hierfür kann bspw. das Brier-Maß/der Brier-Score angewendet werden.[244] Das Brier-Maß stellt ein anreizkompatibles Abweichungsmaß dar,[245] weil es die höchste Trenngüte anzeigt, wenn die bonitätsbeurteilende Bank als Prognosewert die erwartete subjektive Ausfallwahrscheinlichkeit einsetzt. Eine Über- bzw. Untertreibung führt immer zu einem schlechteren Brier-Score.[246] Damit stellt dieses Maß ein glaubwürdiges Kriterium dar,

---

242 Vgl. bspw. O.V. (2003), Seiten 61 - 74.
Zur Interpretation der Kennzahlenwerte und für charakteristische Werte vgl. bspw. Hoock, Reiner; Lammer, Markus www.agrarverlag.at/raiffeisenblatt/401082.html (Stand 03.05.06)
Parchert spricht von benötigten Gini-Koeffizienten in Höhe von mindestens 70% für eine gute Trennfähigkeit. Vgl. Parchert, Ronny (2005), Seiten 363 - 382.
Insbesondere für die Ermittlung der Kennzahl AUC vgl. Engelmann, Bernd; Hayden, Evelyn; Tasche, Dirk (2003), Seite 9 - 10.
Durch die beiden Kennzahlen können Ratingsysteme lediglich nach der Trennschärfe geordnet werden. Eine exakte Prognose der Ausfallwahrscheinlichkeiten ist nicht möglich. Vgl. hierzu Krämer, Walter, Seite 9.

243 Vgl. für Anwendungen der verschiedenen Verfahren z.B. Grunert, Jens; Noreden, Lars; Weber, Martin (2005), Seiten 509 - 531, oder Frerichs, Hergen; Wahreburg, Mark (2003), oder Güttler, Andre; Krämer, Walter (2003).

244 Vgl. Krämer, Walter, Seite 11.

245 Anreizkompatibilität bedeutet hier, daß Banken keine absichtliche Unter- oder Überschätzung von Ausfallwahrscheinlichkeiten vornimmt, um die Eigenkapitalunterlegung zu ändern, weil die Ziele des Kreditinstituts mit der Angabe der „richtigen Ausfallwahrscheinlichkeit" übereinstimmen.

246 Vgl. Krämer, Walter, Seite 11.

mit dem Banken die Qualität des verwendeten Ratingverfahrens für die Aufsicht messen können.

Ein einfacher Vergleich zweier Ratingverfahren mittels der oben dargestellten Verfahren schließt nicht aus, daß ein Verfahren nur zufällig aber nicht signifikant besser ist. Deshalb ist regelmäßig auch ein Signifikanztest zur eigenen Sicherheit durchzuführen. Signifikanztests für Trennschärfekriterien sind jedoch bisher kaum entwickelt worden bzw. befinden sich in der Entwicklungsphase.

Neben der vorgestellten quantitativen Validierung ist aber auch eine qualitative Validierung von Ratingsystemen notwendig.

4.4.2 Die Qualitative Validierung

Die qualitative Validierung umfaßt vor allem die Datenqualität, das Modelldesign und die Verwendung des Ratingsystems. Wird ein Ratingsystem zur internen Steuerung von Kreditvergaben und Risikokapitalzuweisungen verwendet, kann davon ausgegangen werden, daß das Kreditinstitut als Folge des Eigeninteresses Vertrauen in das eigene Ratingsystem setzt. Sollte das System aber ausschließlich für aufsichtsrechtliche Zwecke angewandt werden, kann nicht ausgeschlossen werden, daß die Bank an der Richtigkeit der Ergebnisse zweifelt, und auch kein Interesse an einer hinreichenden Ergebnisqualität entwickelt. Deshalb wird in IKE Nr. 444 verlangt, daß Banken das Verfahren zur Bestimmung des benötigten haftenden Eigenkapitals auch für die interne Risikosteuerung verwenden. Als Qualitätskriterium für die Datenbasis zählt insbesondere eine hinreichend große Datenhistorie, da ein treffsicheres Rating unmöglich ist, wenn zu wenige Ausfallinformationen vorhanden sind. Zudem ist eine saubere Dokumentation des Ratingverfahrens notwendig, um eine Validierung auf der vorhandenen Datengrundlage durchführen zu können. Die Risikofaktoren, die für die Klassifizierung von Krediten verwendet werden, sollten deutlich dargestellt werden und ökonomisch plausibel sein. Auch die statistische Fundierung ist wichtig.[247]

4.4.3 Kritik an der Validierung von Ratingsystemen

Die Verfahren zur Validierung von Ratingsystemen, die die Bonität eines Unternehmens abbilden, basieren entweder auf retrospektiven oder auf prospektiven Modelltests. Retrospektive Modelltests verwenden als Kalibrierungsgrundlage historische Daten. Häufig werden jedoch

[247] Vgl. o.V. (2003), Seite 68.

die Daten verwendet, auf deren Basis bereits das Modell entwickelt wurde, so daß die Unabhängigkeit des Tests von der Modellentwicklung nicht gegeben ist. Diese Art der Tests wird auch 'In-Sample-Test' genannt. Im Gegensatz hierzu steht das Backtesting, ein prospektiver Modelltest, bei dem in jeder Periode die in der Realität eingetretene Situation und die Situation, die sich aufgrund des Modells ergeben würde, verglichen werden.[248] Der wesentliche Vorteil dieser Vorgehensweise ist, daß ein echter 'Out-Of-Sample-Test' vorliegt. In jeder Periode kann jedoch nur ein Vergleich durchgeführt werden, so daß das statistische Erfordernis einer großen Datenmenge nicht gegeben ist.[249] Gerade die fehlende Datenbasis für die Ausfallklassen ist aber für eine aussagekräftige Prüfung der Validität hinderlich.[250]

Mit den letzten Ausführungen sollte versucht werden, die Problematik der Meßbarkeit der Qualität von Bonitätsbeurteilungsverfahren zu verdeutlichen. Ziel ist, das reale Ausfallrisiko eines Kredites bzw. Kreditnehmers für die Bestimmung risikoadäquater Kreditkonditionen zu verwenden, die theoretischen Grundlagen sind jedoch noch nicht ausgereift. Basel II gibt die Verantwortung für die Qualitätsermittlung von Ratingsystemen an die nationalen Aufsichtsbehörden ab, indem keine „harten Faktoren" zur Bestimmung der Güte von Ratingverfahren genannt werden. Es wird lediglich vorgeschrieben, daß mit Hilfe des Ratingsystems die Kreditnehmer leistungsmäßig verschiedenen Bonitätsklassen zuzuordnen sind.[251]

Abschließend soll erläutert werden, welche Vorteile sich aus der Kenntnis des Ratingverfahrens für die Fremdfinanzierung mittelständischer Unternehmen ergeben könnten.

248 Vgl. hierzu Bühler, Wolfgang; Engel, Christoph; Korn, Olaf; Stahl, Gerhard (2002), Seiten 181 - 217.
249 Vgl. Meyer zu Selhausen, Hermann (2004), Seite 771.
250 Vgl. Meyer zu Selhausen, Hermann (2004), Seite 776.
251 Vgl. IKE Nr. 500 ff.

4.5 Vorteile für Kreditnehmer aus der Kenntnis der Funktionsweise des eingesetzten Ratingsystems

In den vorherigen Kapiteln wurde erläutert, welche Wirkungen Basel II aufgrund veränderter Eigenkapitalunterlegung für Banken ausüben kann und wie sich als Folge daraus der Kapitalkostensatz für Unternehmenskredite u.U. ändert. Das Kapitel Rating dient dazu, zu zeigen, wie Kreditinstitute die Bonität der Unternehmen ermitteln, um Ausfallwahrscheinlichkeiten für die Kalkulation von Kreditkonditionen systemgerecht zu nutzen.

Die Kenntnis der Bonitätsbeurteilungsverfahren erschließt den Kreditnehmern Gestaltungsmöglichkeiten für die Aufstellung des Jahresabschlusses zum Zwecke der Optimierung der Fremdfinanzierung über Bankkredite. Unternehmen können u.a. durch Ausweiswahlrechte, Gliederungswahlrechte und Erläuterungswahlrechte sowie durch Ermessensspielräume und Wahlrechte des Bilanzansatzes und des Bewertungsansatzes Einfluß auf das Ratingurteil nehmen.[252] Der gezielte Einsatz von Kreditsicherheiten leistet einen weiteren Beitrag hierzu. Auf die Bilanzpolitik soll hier näher eingegangen werden, da bei einer progressiven Bilanzpolitik das Risiko bei einer Kreditvergabe real höher sein kann, als das Bonitätsbeurteilungsverfahren einer Bank anzeigt.[253]

Als Bezugspunkt soll eine vom Institut für Wirtschaftsprüfung an der Universität des Saarlandes aufgestellte Normbilanz für deutsche Unternehmen dienen, die die typischen Bilanzierungsweisen von Unternehmen beinhaltet. Wird von dieser abgewichen, wird entweder eine progressive oder eine konservative Bilanzierungspolitik angenommen. Bei Anwendung einer progressiven Bilanzierungspolitik wird vermutet, daß ein rein mathematisches Ratingverfahren ohne Korrekturrechnungen des Jahresabschlusses die Bonität des Unternehmens zu gut einschätzt. Durch die nachfolgenden Tabellen 4.6 und 4.7 wird ein Überblick über die wesentlichen Indikatoren für diese progressive Bilanzierungspolitik gegeben.

252 Vgl. Graw, Henning; Keller, Claus Ulrich (2004), Seite 29, oder Ammann, H.; Müller, S. (2004), Seite 279.

253 Einen Überblick über von Unternehmen als wichtig erachteten Maßnahmen zur Ratingverbesserung gibt bspw. Müller, Stefan; Brackschulze, Kai; Ordemann, Tammo (2005), Seite 129.

	Bilanz-positionen	Vorschriften zur Handels-bilanz	Ausweis in der Norm-bilanz	Indikator progressiver Bilanzpolitik	Erkennbarkeit im Jahres-abschluß
Aktiva	Ingang-setzung und Erweiterungs-aufwen-dungen	§ 269 HGB	nicht aktiviert	Ausweis/ Er-höhung $t_{Afa} \geq 4$ Jahre	gesonderter Ausweis und Anhang
	Geschäfts-/Firmenwert	§ 255 Abs. 4 HGB	Aufwand	Ausweis/ Er-höhung $t_{Afa} > 15$ Jahre	gesonderter Ausweis und Anhang
	aktivisch latente Steuern	§ 274 Abs. 2 HGB	Ausweis/ Erhöhung	kein Ansatz	gesonderter Ausweis und Anhang
Passiva	Rück-stellungen	§ 249 Abs. 1 Satz 3 HGB	Bildung	kein Ansatz	Anhang
	Pensionsver-pflichtungen	Art. 28 Abs. 2 EGHGB	Passivierung in voller Höhe der Zusage	keine oder nur teilweise Pas-sivierung	Anhang
		Spielraum zwischen 3% und 6%	Verzinsung unter 6%	Verzinsung mit 6%	Anhang

Tab. 4.6: Ansatzwahlrechte, die Indikatoren für eine **progressive** Bilanzpolitik sind

Quelle: Graw, Henning; Keller, Claus Ulrich (2004), Seite 30.

Aus der Tabelle 4.6 ergibt sich, daß bei einer Aktivierung des Geschäfts- und Firmenwertes eine progressive Bilanzpolitik unterstellt werden kann, weil der Bilanzgewinn erhöht und ein operativ unzureichender Gewinn verschleiert werden kann. Diese Aktivierung ist aufgrund eines höheren Gewinnausweise mit einer erhöhten Steuerbelastung verbunden, folglich außer für eine eventuelle positive Beeinflussung eines Bonitätsergebnisses nicht vorteilhaft. Weitere Analysen im Rahmen einer Bonitätsbeurteilung sind in diesem Fall sinnvoll, werden jedoch häufig in rein mathematischen/statistischen Verfahren nicht vorgenommen. Neben den Ansatzwahlrechten für einzelne Bilanzpositionen kann auch durch Bewertungswahlrechte Einfluß auf Bonitätsurteile ausgeübt werden. Insbesondere Unterschiede in den Abschreibungen bei Anwendung des gemilderten Niederstwertprinzips oder unterlassenen Zuschreibungen führen zu veränderten Bonitätsurteilen bei ansonsten gleicher Bonität.

In der Tabelle 4.7 werden ergänzend zu Tabelle 4.6 Bewertungswahlrechte aufgeführt. Geringwertige Wirtschaftsgüter können bspw. zu einer beabsichtigten Verbesserung des Bonitätsurteils beitragen, weil sie gemäß § 6 Abs. 2 EstG entweder sofort abgeschrieben werden oder in der Bilanz aktiviert werden können.[254]

	Bilanz-positionen	Vorschriften zur Handels-bilanz	Ausweis in der Norm-bilanz	Indikator progressiver Bilanzpolitik	Erkennbarkeit im Jahres-abschluß
Wertansatzwahlrechte	steuerliche Sonderab-schreibungen	§ 254 HGB	Anwendung	kein Ansatz	bei Kapital-ges. Ausweis des Unter-schieds-betrages im Anhang
	Abschreibun-gen auf den nahen Zu-kunftswert	§ 253 Abs. 3 Satz 3 HGB	Anwendung	kein Ansatz	Anhang
	Zuschreibun-gen (nur Perso-nengesell-schaften)	§ 253 Abs. 5 HGB	keine An-wendung (Ausn.: steuerliche Betriebs-prüfung)	Anwendung	Begründung und Angabe gem.§280 Abs. 3 HGB im Anhang nur für Kapital-gesellschaften
	Herstellungs-kosten	§ 255 Abs. 2 HGB	Ansatz mit/unter steuerlicher Wertunter-grenze	Ansatz mit steuerlicher Wertober-grenze	Anhang
			Ansatz zu Einzelkosten	Ansatz mit Gemeinkosten	
			Ansatz ohne Fremdkapital-zinsen	Ansatz mit Fremdkapital-zinsen	

[254] Im Falle der Aktivierung erhöht sich der bilanziell auszuweisende Gewinn.

Methodenwahlrechte	Verbrauchsfolgeverfahren steigende Preise sinkende Preise	§ 256 HGB	lifo fifo	fifo lifo	Anhang
	Abschreibung auf bewegliche Wirtschaftsgüter des Anlagevermögens	Wahlrecht zur Abschreibungsmethode	nach gebrochener Abschreibungsmethode	lineare Abschreibung	Anhang
			Anwendung der Vereinfachungsregel	keine Anwendung	
			keine Verwendung extrem kurzer oder langer Nutzungsdauer	Verwendung ungewöhnlich hoher Nutzungsdauern	
	geringwertige Wirtschaftsgüter	§ 6 Abs. 2 EstG	sofortige Abschreibung	keine Sofortabschreibung	Anhang
	Bewertungswechsel im Zeitablauf	§ 252 Abs. 2 HGB	keine Anwendung	Anwendung	Anhang

Tab. 4.7: Bewertungswahlrechte nach HGB und EStG, die eine **progressive** Bilanzierungspolitik anzeigen

Quelle: Graw, Henning; Keller, Claus Ulrich (2004), Seite 30.

Basieren Ratingverfahren ausschließlich auf quantitativen Bilanzauswertungen, können Unternehmen Einfluß auf die Kreditvergabe der Kreditinstitute und auf die Kreditkonditionen nehmen, indem Ansatz- und Bewertungswahlrechte bei der Bilanzerstellung ausgenutzt werden. Die Gewichtung einzelner Bilanzkennzahlen in den Ratingsystemen kann folglich Änderungen des Investitions- und Finanzierungsverhaltens bewirken.[255] Anhand der folgenden Diskriminanzfunktion der Deutschen Bundesbank ist dieser Sachverhalt exemplarisch darstellbar. In der Tabelle 4.8 werden hierfür in Spalte (1) die Gewichtungsfaktoren der Kennzahlen, in Spalte (2) die Kennzahl und in Spalte (4) die Positionen angegeben, die in die

[255] Vgl. für Anreize der Unternehmen für die Kenntnis von Ratingkriterien z.B. Hofmann, Gerhard (2004), Seite 575.

Kennzahlen eingehen. Die Summe der Spalte (3) ergibt den Wert der Diskriminanzfunktion für das zu beurteilende Unternehmen.

Zusätzliche Symbole:

D = Diskriminanzwert

BV = Bilanzierungsverhalten, gemessen auf einer Skala

EMQ^U = Eigenmittelquote von Unternehmen

$$= \frac{\text{Eigenkapital + langfr. Gesellschafterdarlehen}}{\text{Gesamtkapital}} \text{ in \%}$$

EÜQ = Einnahmenüberschußquote

$$= \frac{\text{Einnahmenüberschuß}}{\text{Umsatzerlöse}} \text{ in \%}$$

URvS = Umsatzrendite vor Steuern

$$= \frac{\text{Ergebnis vor Steuern}}{\text{Umsatzerlöse}} \text{ in \%}$$

DU = Debitorenumschlag

$$= \frac{\text{Forderungen aus Lieferung und Leistung} \cdot 365}{\text{Umsatzerlöse}} \text{ in Tagen}$$

	(1)	(2)	(3)	(4)
	Gewichtungs-faktor	Kennzahl	Produkt (1) · (2)	enthaltene Positionen
(1)	4,18	BV	$4{,}18 \cdot BV$	
(2)	0,13	EMQ^U	$0{,}13 \cdot EMQ^U$	Eigenkapital, langfr. Gesellschafterdarlehen, Gesamtkapital
(3)	0,29	EÜQ	$0{,}29 \cdot$ EÜQ	Einnahmenüberschuß, Umsatzerlöse
(4)	0,39	URvS	$0{,}39 \cdot URvS$	Ergebnis vor Steuern, Umsatzerlöse
(5)	0,09	DU	$0{,}09 \cdot DU$	Forderungen aus Lieferungen und Leistungen, Umsatzerlöse
D =			$\sum$ (1)...(5)	

Tab. 4.8: Eingangsgrößen und deren Verknüpfung in der Diskriminanzfunktion der Deutschen Bundesbank

Eine Abkehr von progressiver Bilanzierung (Position 1) würde in der obigen Tabelle zu einer besonders starken Verbesserung der Kennzahl führen, gleichzeitig sinkt jedoch bei z.B. Bildung weiterer stiller Reserven die Eigenmittelquote bzw. die Einnahmenüberschußquote. Die absolute Änderung des Diskriminanzwertes ist noch nicht direkt abzulesen, da sich der Wertbeitrag einer Kennzahl für den Diskriminanzwert aus dem Produkt aus Kennzahl und Konstanten ergibt. Die Abnahme eines Kennzahlenwertes kann zu einer gleichzeitigen Zunahme eines anderen Kennzahlenwertes in gleicher oder abweichender Höhe führen. Jedoch ist eine Veränderung des Ratingergebnisses denkbar.[256]

Noch kritischer sind Verbesserungen des Ratings durch Scheingeschäfte. Der Verkauf von Lagerbeständen an einen Dritten unter gleichzeitiger Kreditgewährung an denselben ist ein reiner Aktivtausch, das Risiko aus den Lagerbeständen verbleibt in der Regel beim Verkäufer.[257] Der Kreditzinssatz würde aufgrund von Scheingeschäften sinken, und die übrigen Kreditnehmer der Bank müßten die durch Ausfälle aufgrund von Fehlklassifikationen entstehenden unplanmäßigen Kosten zusätzlich tragen.

Die von der Deutschen Bundesbank verwendeten Kennzahlen in der Diskriminanzfunktion weichen von denen anderer Untersuchungen ab. Die nachstehenden Bilanz- bzw. GuV-Relationen werden beispielsweise von Altmann und Saunders als Klassifikationskriterien verwendet:[258]

$$(4.2)\quad - \quad \frac{\text{working capital}}{\text{Bilanzsumme}}$$

$$(4.3)\quad - \quad \frac{\text{einbehaltene Gewinne}}{\text{Bilanzsumme}}$$

$$(4.4)\quad - \quad \frac{EK_{Buch}}{\text{Bilanzsumme}}$$

$$(4.5)\quad - \quad \frac{\text{EBIT}}{\text{Bilanzsumme}}$$

In einer anderen Studie[259] werden anstelle der Daten aus Jahresabschlüssen allgemein verfügbare Daten des Unternehmens erhoben, die von Banken regelmäßig zu beobachten sind.

256 Vgl. Thießen, Friedrich (2004), Seite 573.
Indikatoren für ergebnisverbessernde Bilanzierungsmaßnahmen finden sich in Graw, Henning; Keller, Claus Ulrich (2004), Seiten 27 - 31.

257 Vgl. Thießen, Friedrich (2004), Seite 573.

258 Vgl. Altman, E.; Saunders, A. (1998), Seiten 1721 - 1742.

259 Vgl. Anders, U.; Szczesny, A. (1998), Seiten 892 – 915.

Zu diesen Kriterien gehören:[260]

- Unternehmensalter,
- Mitarbeiterzahl,
- Unternehmensumsatz,
- Umsatzentwicklung,
- Rechtsform,
- Branche,
- Diversifikationsgrad des Unternehmens,
- Bildungsabschluß,
- Geschlecht und Alter des Unternehmens und
- Durchschnittsalter der Anteilseigner.

Daten zur Ertragslage sowie Gewinn- und Verlustrechnung sind im Rahmen der Studie vernachlässigt worden. Mit Hilfe der vorstehenden Kriterien konnte eine Logistische Regression insgesamt 68,3% und ein Neuronales Netzwerk 73,3% der verwendeten Teststatistik richtig klassifizieren. Das Interessante an dieser Studie ist, daß ohne eine einzige Kennzahl aus einer Jahresabschlußanalyse die Klassifikationsgüte der beiden o.a. Modelle genausogut wie bei anderen Untersuchungen ist, die vornehmlich auf Jahresabschlußanalysen basieren.[261]

Die Verbesserung eines Bonitätsurteils durch Aktivitäten des Kreditnehmers ist nur möglich, wenn dieser die Werte der von Banken berücksichtigten Kennzahlen ändern kann. Wie wichtig einzelne Bilanzkennziffern für die Ratingsysteme von Banken sind, soll abschließend anhand der folgenden Tabelle 4.9 dargestellt werden.[262]

---

260 Vgl. Anders, U.; Szczesny, A. (1998), Seite 903.

261 Vgl. für andere Untersuchungen zur Trennungsqualität von unterschiedlichen Verfahrensarten beispielhaft Odom, Marcus; Ramesh, Sharda (1990), Seiten 163 - 167 (MDA 74,5%, neuronales Netzwerkmodell 81,8%), oder Baetge, Jörg (1994), Seiten 4 - 25 (neuronales Netzwerk 74,4 - 76, 1%), oder Pytlik, Martin (1995) (MDA 77,2%, neuronales Netzwerk zwischen 76,3 und 88,8%).

262 Vgl. Goldbach, K.; Grabau, F.-R., Hundt, I.; Neitz, B. (2002).

Kennziffer	Anteil der befragten Banken mit Urteil „wichtig“ in Prozent
Cashflow	90
Eigenkapitalquote	70
Lagerdauer	70
Betriebsergebnis	70
Umsatzrendite	40
Kreditorenlaufzeit	40
Lang-/kurzfristige FK-Quote	40
Eigenkapitalrendite	30
Debitorenlaufzeit	30
Anlagenintensität	30
Selbstfinanzierungsgrad	30
Liquiditätsgrad	30

Tab. 4.9: Einschätzung der Wichtigkeit von Bilanzkennziffern in Ratingsystemen
Quelle: Thießen, Friedrich (2004), Seite 573.

Aus der Aufstellung wird deutlich, daß den Einzahlungsüberschüssen eines Unternehmens und dessen Eigenkapitalquote die größte Bedeutung für die Bonitätsbeurteilung zugesprochen wird.

4.6 Ein Ratingsystem für mittelständische Unternehmen

Prinzipiell ist jedes der bisher genannten Ratingverfahren geeignet, das Risiko aus einer Kreditvergabe an den Mittelstand zu messen. Die aufsichtsrechtliche Zulässigkeit richtet sich nach den oben beschriebenen weichen Faktoren des Basler Konsultationspapiers.[263] Soll eine Entscheidung über die Kreditvergabe aufgrund von Jahresabschlüssen und weiteren z.T. oben genannten Kennzahlen erfolgen, scheiden ökonomische Modelle aus, da sie lediglich Marktwerte des Eigen- und Fremdkapitals berücksichtigen. Diese müssen über Cash-Flow-Berechnungen und Diskontierung ermittelt werden, da mittelständische Unternehmen überwiegend nicht am Kapitalmarkt auftreten. Da jedoch insbesondere bei kleinen Unternehmen der Erfolg von der Qualität des Unternehmers abhängt, muß diese bei der Bonitätsbeurteilung berücksichtigt werden. Auch die für mittelständische Unternehmen übliche Verbindung von Privateigentum und Unternehmenswert ist durch eine Cash-Flow-Betrachtung nicht einfach

[263] Vgl. bspw. IKE Nr. 500 ff.

darzustellen. Ökonomische Modelle bilden bei Vernachlässigung der Besonderheiten von mittelständischen Unternehmen deren Bonität nur unzureichend ab. Deshalb bieten sich für Bonitätsbeurteilungen mittelständischer Unternehmen insbesondere mathematische / statistische Modelle in Form von Regressionsanalysen oder der multivariaten Diskriminanzanalyse an.[264] Künstliche Neuronale Netze können zwar in ihrer Trennschärfe besser sein, jedoch sind die Ratingergebnisse schlecht kommunizierbar, weil der direkte Zusammenhang von eingegebenen Daten und Ratingurteil nicht erkennbar ist.

Bei der Entwicklung des linearen Investitions- und Finanzierungsmodells im weiteren Verlauf dieser Arbeit wird für das zu implementierende Ratingsystem auf die lineare Diskriminanzanalyse zurückgegriffen. Als Eingangsgröße dienen Unternehmenskennzahlen. Die Diskriminanzanalyse hat zum einen den Vorteil, daß die einzelnen Kennzahlen linear verknüpft sind, zum anderen die Auswirkungen einer Änderung von bestimmten Kennzahlenwerten auf das Ratingergebnis direkt zu erkennen sind. Speziell wird im sechsten Kapitel die Diskriminanzfunktion von Altman und Saunders verwendet, da sie zum einen eine hohe Trennfähigkeit für Unternehmensinsolvenzen aufweist, zum anderen im Nenner der einzelnen Kennzahlen nur eine Größe, die Bilanzsumme verwendet wird. Dadurch ist die Aufnahme in das Modell besonders einfach. Die Trennfunktion hat die folgende Gestalt.[265]

Zusätzliche Symbole:

wc_t = working capital in Periode t in GE/PE

G_t^{thes} = einbehaltene Gewinne in Periode t in GE/PE

$EBIT_t$ = Gewinn vor Steuern und Zinsaufwand in Periode t in GE/PE[266]

EK_t^{bil} = bilanzielles Eigenkapital in Periode t in GE

B_t = Bilanzsumme in Periode t in GE

z_t = ermittelter z-Score für das Unternehmen in Periode t

$$(4.6)\qquad z_t = 6,56\cdot\frac{wc_t}{B_t}+3,26\cdot\frac{G_t^{thes}}{B_t}+6,72\cdot\frac{EBIT_t}{B_t}+1,05\cdot\frac{EK_t^{bil}}{B_t}$$

bzw.

$$(4.7)\qquad z_t = \frac{6,56\cdot wc_t+3,26\cdot G_t^{thes}+6,72\cdot EBIT_t+1,05\cdot EK_t^{bil}}{B_t}$$

---

264 Vgl. für ein beispielhaftes Ratingverfahren für mittelständische Unternehmen Hartmann-Wendels, Thomas; Lieberoth-Leden, Axel; Mählmann, Thomas; Zunder, Ingo (2005), Seiten 1 - 29.

265 Vgl. Altman, E.; Saunders, A. (1998), Seiten 1721 - 1742.

266 EBIT steht für Earnings Before Interest and Tax

Die Funktionsverläufe von nichtlinearen Modellen, wie bspw. die quadratische Diskriminanzanalyse, müßten für den Einsatz im linearen Investitions- und Finanzierungsmodell linearisiert werden. Dieses würde eine erhebliche Komplexitätserhöhung bedeuten, die i.d.R. nur zu einem geringeren Nutzenzuwachs führt. Die Interpretierbarkeit des Modells würde sich zudem deutlich erschweren. Desweiteren soll die Ausfallwahrscheinlichkeit des Unternehmens nicht exakt abgebildet werden, sondern eine einfache Einstufung in vorab festgelegte Klassen erfolgen, wie nach Basel II verlangt wird. Deshalb ist die Notwendigkeit der exakten Ermittlung der Ausfallwahrscheinlichkeit nicht gegeben. Die Kritik an dem relativ einfachen Verfahren kann durch die relativ hohe Trefferquote der Diskriminanzanalyse abgeschwächt werden. Regelmäßig werden 70% - 85% der Unternehmen korrekt den Klassen für solvente bzw. insolvente Unternehmen zugeordnet.[267]

In den folgenden Kapiteln werden Modelle vorgestellt, durch die Unternehmen ihre Kreditkosten senken bzw. planen können. Hierfür wird im Kapitel 5 die Optimierung der Aufteilung vorhandener Sicherheiten auf vorhandene Kredite zur Senkung der Kreditkosten angegeben. In diesem Kapitel ist die Bonität des Unternehmens gegeben. Sicherheiten werden nicht bonitätserhöhend sondern eigenkapitalkostensenkend bei Banken verwendet.

[267] Vgl. Füser, Karsten (2001), Seite 63.

5 Optimale Aufteilung von Sicherheiten auf Kredite

Bevor im Kapitel 6 die bisher erarbeiteten Ergebnisse in einem linearen Modell zur Optimierung des Investitions- und Finanzierungsprogramms verwendet werden, soll die im Konsultationspapier als kostenmindernd anerkannte Stellung von Sicherheiten aus Sicht eines Unternehmens behandelt werden. Bei kalkulatorischer Berücksichtigung von Opportunitätskosten aus der Eigenkapitalbelegung sind Kreditkosten durch die Stellung von Sicherheiten und der damit einhergehenden Risikoreduktion zu senken. Insbesondere das später in Kapitel 5.4.4 unter Berücksichtigung aller Arten von anerkannten Sicherheiten im IRB-Basisansatz vorzustellende Optimierungsmodell hebt sich von den bereits in der Literatur dargestellten Modellen zur Unternehmensfinanzierung ab. Ein über die Literatur bekannt gewordenes nichtlineares Optimierungskalkül zur Aufteilung von Sicherheiten auf Kredite ist für die Optimierung von vollständigen Investitions- und Finanzierungsprogrammen mit Hilfe der Linearoptimierung aufgrund seiner Nichtlinearität nicht verwendbar.[268] Ein weiteres Modell ist zwar linear, jedoch wird noch nicht die erst neuerdings vom Basler Ausschuß akzeptierte Anwendung des Doppelausfall-Effektes berücksichtigt.[269] In beiden Ansätzen fehlt zudem die Berücksichtigung eines Risikozuschlags auf den aufgenommenen Kreditbetrag, der die Modellierung des Planungs- und Entscheidungsproblems erheblich erschwert. Für Barkredite wird dieser Risikozuschlag zwar nicht verwendet, jedoch sollen auch Kreditleihen erfaßt werden können, so daß auch dieser Zuschlag Verwendung finden muß.

5.1 Ansatzfähige Sicherheitenarten für die Eigenkapitalermittlung gemäß Basel II

Wie in Kapitel 3 bereits erläutert wurde, stehen den Kreditinstituten verschiedene Verfahren zur Anrechnung von Sicherheiten auf den aufsichtsrechtlich erforderlichen Eigenkapitalnachweis zur Verfügung. Die Wahl des Anrechnungsverfahrens zur Berücksichtigung von Sicherheiten ist den Kreditinstituten nur bedingt freigestellt. Durch den Einsatz eines Verfahrens zur Ermittlung der aufsichtsrechtlich geforderten Eigenkapitalbasis, IRB- oder Standardansatz, werden bereits einige Sicherheitenarten und weitere Verfahren zur Berücksichtigung von Sicherheiten ausgeschlossen.[270] Wird beispielsweise der Standardansatz zur Berechnung des aufsichtsrechtlichen Eigenkapitals eingesetzt, dürfen gemäß IKE Nr. 145 f. sogenannte

---

268 Vgl. Gürtler, Marc; Heithecker, Dirk (2005), Seiten 926 - 930.

269 Vgl. Beckmann, Christian; Papazoglou, Panajotis (2004), Seiten 146 - 150.
Eine lineare Optimierung unter Berücksichtigung der ersten Ausarbeitung des Basler Ausschusses zur Neufassung der Eigenkapitalrichtlinien für Banken erstellten Hailer, Angelika C.; Loch, Friedemann; Stork, Peter (2002), Seiten 1202 - 1206. Dort werden jedoch nur finanzielle Sicherheiten im Standardansatz berücksichtigt. Sowohl Garantien als auch die Besonderheiten von IRB-Sicherheiten werden nicht erläutert.

270 Vgl. Ott, Klaus; Böing, Christian (2002), Seite 593.

IRB-Sicherheiten nicht verwendet werden. Deshalb unterscheidet sich der Einfluß der verfügbaren Sicherheiten auf das aufsichtsrechtlich vorzuhaltende haftende Eigenkapital der Banken je nach Wahl des Ansatzes zur Eigenkapitalberechnung. Bei kalkulatorisch ermittelten Kreditzinssätzen sind diese dann ebenfalls von der Wahl des Verfahrens der Eigenkapitalermittlung abhängig.

In der nachstehenden Tabelle 5.1 sind zur Verbesserung der Übersicht nochmals alle im Basler Konsultationspapier anerkannten Sicherheiten in Abhängigkeit vom Eigenkapitalermittlungsverfahren aufgeführt. Im Anschluß daran wird eine geeignete Sicherheitenverwaltung für Kreditnehmer vorgeschlagen, bevor in Kapitel 5.2 grundlegende Annahmen für die Optimierung der Sicherheitenaufteilung zur Minimierung der Kapitalkosten getroffen werden. In Kapitel 5.3 erfolgt die Optimierung der Sicherheitenverwendung bei Anwendung des Standardansatzes, im Kapitel 5.4 wird dann auf die Vorgehensweise zur Sicherheitenverwendung im IRB-Ansatz eingegangen. Zur Erhaltung der Übersichtlichkeit werden zunächst nur finanzielle Sicherheiten berücksichtigt, um danach sukzessive weitere Sicherheitenarten in das jeweilige Modell zur Optimierung der Sicherheitenverwendung aufzunehmen.

	Standardansatz		IRB-Ansätze	
	einfacher Ansatz	umfassender Ansatz	Basisansatz	fortgeschrittener Ansatz
anerkennungsfähige sogenannte finanzielle Sicherheiten	Bareinlagen einschl. Einlagenzertifikaten und ähnliche, die von der kreditgebenden Bank emittiert wurden			
	Gold			
	Schuldverschreibungen von Staaten und anderen Stellen mit einem Mindestrating			
	vorrangig zu bedienende, an einer anerkannten Börse gehandelte Schuldverschreibungen von Banken			
	Aktien die in einem Hauptindex notiert sind			
	Anteile an Kapitalanlagegesellschaften und Investmentfonds, wenn der Anteilspreis täglich veröffentlicht wird und die Anlagemöglichkeiten der Kapitalanlagegesellschaften und Investmentfonds auf die hier definierten Wertpapiere beschränkt ist			
		alle Aktien, die an einer anerkannten Börse notiert sind		
		Kapitalanlagegesellschaften und Investmentfonds, die in Aktien investieren, die an einer anerkannten Börse notiert sind		
anerkennungsfähige sogenannte IRB-Sicherheiten			Forderungsabtretungen	
			best. gewerbliche Immobilien	
			Wohnimmobilien	
			sonstige physische Sicherheiten gemäß IKE Nr. 521 f.	
weitere Sicherheiten	Garantien und Kreditderivate			
	Netting von Bilanzpositionen			

Tab. 5.1: Anerkennungsfähige Sicherheiten der verschiedenen Eigenkapitalberechnungsansätze gemäß Basel II

Quelle: Basler Ausschuß für Bankenaufsicht (2004), Nr. 145 f. und 289.

Die Verwaltung des Sicherheitenbestandes eines Unternehmens hatte bereits vor Basel II erhebliche Auswirkungen auf die Kreditvergabe der Banken. Nur bei ausreichender Stellung von Sicherheiten wurden Kredite vergeben, hierzu gehörte bspw. auch regelmäßig die Forderungsabtretung. Eine effiziente Sicherheitenverteilung wird infolge der Kostenwirkungen durch Basel II nun unabdingbar. Hieraus ergibt sich als Notwendigkeit die zweckentsprechende Verwaltung von Sicherheiten und deren Zuordnung zu freien und bereits verwendeten Sicherheiten. Für diesen Zweck wird in Abbildung 5.1 ein Sicherheitenspiegel vorgeschlagen, der für beliebig viele Perioden aufgestellt werden kann. Enthalten sind:

- der Gesamtbestand an Sicherheiten in den jeweiligen Perioden,
- der bereits verwendete Sicherheitenbetrag je Kredit in den jeweiligen Perioden,
- freie Sicherheitenbestände und
- Zugänge und Abgänge von Sicherheiten.

Die Auflistung gemäß Abbildung 5.1 hat den Vorteil, daß bei Kreditverhandlungen in jeder Periode genaue Informationen über den Sicherheitenbestand und vor allem über die freien Sicherheiten vorliegen. Dadurch werden Verhandlungen mit Kreditinstituten erleichtert. Zudem wird die Sicherheitenverwaltung in einigen Ratingmodellen als Kriterium für die Bonitätsbeurteilung verwendet, so daß bereits ein Sicherheitenspiegel positive Auswirkungen auf das Bonitätsurteil hat und damit die Kreditkosten mindert.

Mit Hilfe einer einfachen Erweiterung der Abbildung 5.1 können die eingebrachten Sicherheiten kreditspezifisch entsprechend Abbildung 5.2 aufgezeigt werden. Sicherheiten werden den vorhandenen Unternehmenskrediten zugeordnet. Jeder Zeile kann die Aufteilung einer Sicherheit auf die ggf. verschiedenen Kredite entnommen werden. Die Spalten zeigen die Besicherung eines jeden Kredites.

	Periode 0						Periode 1							Periode...
Sicherheit j	Bestand in GE/PE	verwendet bei in GE/PE			frei in GE/PE	Zugang/ Abgang in GE/PE	Bestand in GE/PE	verwendet bei in GE/PE			frei in GE/PE	Zugang/ Abgang in GE/PE	→
		A	B	....				A	B	....			
Bareinlagen													
Gold													
Schuldverschreibungen													
Aktien und Anteile an Kapitalgesellschaften													
Forderungsabtretungen													
Immobilien													
physische Sicherheiten													
Garantien und Kreditderivate													
Forderungen, die für das Netting verwendet werden können													

Abb. 5.1: Sicherheitenspiegel unter Berücksichtigung der Anerkennungsfähigkeit nach Basel II

	Sicherheit j		Kredit f = 1			....			Kredit f = n			Sicherheit j	
	Buchwert in GE/PE	anrechenbar in GE/PE	Gesamt-wert	besichert	unbesichert				Gesamt-wert	besi-chert	unbesi-chert	verwendet in GE/PE	frei in GE/PE
Bareinlagen													
Gold													
Schuldverschreibungen													
Aktien und Anteile an Kapitalgesellschaften													
Forderungsabtretungen													
Immobilien													
physische Sicherheiten													
Garantien und Kreditderivate													
Forderungen, die für das Netting verwendet werden können													
Σ													

Abb. 5.2: Matrix zur Aufteilung der Sicherheiten auf die in Anspruch genommenen Kredite

5.2 Grundlegende Annahmen für die Optimierung der Sicherheitenaufteilung

Für die nachfolgenden Ansätze zur Optimierung der Sicherheitenaufteilung wird unterstellt, daß das kreditaufnehmende Unternehmen seine Kapitalkosten aus Kreditaufnahmen minimiert. Wird angenommen, daß die Kosten für erwartete Verluste aus Krediten in gleicher Weise wie die Kosten für unerwartete Verluste bei Verwendung von Sicherheiten abnehmen, ist bei kalkulatorisch ermittelten risikoabhängigen Kreditzinssätzen die Minimierung des aufsichtsrechtlich geforderten haftenden Eigenkapitals der kreditgewäh-renden Bank ausreichend, um die Kapitalkosten aus Kreditaufnahmen zu minimieren, da durch das vorzuhaltenden haftende Eigenkapital für das Kreditrisiko der Risikozuschlag für unerwartete Verluste vorgegeben ist. Die Reduzierung des geforderten haftenden Eigenkapitals für die Kredite des Unternehmens erfolgt durch die anteilige Zuweisung von vorhandenen Sicherheiten auf die aufgenommenen Kredite. Die kalkulatorisch ermittelten Zuschläge auf die Zinssätze der einzelnen Kredite desselben Unternehmens ergeben sich aus unterschiedlichen kreditspezifischen Risiken bzw. Laufzeiten. Für das Modell gelten die folgenden Prämissen:

- fest vorgegebener Kreditbestand aufgrund eines gegebenen Investitions- und Finanzierungsprogramms des Unternehmens,
- konstanter Bestand an verwendungsfähigen Sicherheiten,
- anteilige Aufteilung der Sicherheiten auf einzelne Kredite ist möglich.

In den nachfolgenden Kapiteln soll die Minimierung des für die Kreditvergabe der Bank benötigten haftenden Eigenkapitals zur Unterlegung unerwarteter Verluste nach Basel II in einem **linearen** Optimierungsansatz dargestellt werden.

Es wird vereinfachend angenommen, daß der Kreditnehmer nur für eine Periode die optimale Sicherheitenverwendung bei gegebenem Finanzierungsprogramm ermitteln möchte. Zukünftige Kreditaufnahmen und Sicherungsmittelzuflüsse werden deshalb nicht betrachtet. Diese Annahme ist zu rechtfertigen, falls ein Unternehmen in jeder Periode seinen Sicherheitenbestand auf die jeweils vorhandenen Kredite neu aufteilen kann.[271]

Zunächst wird der Fall betrachtet, daß vom Kreditinstitut der Standardansatz für die Berechnung der Eigenkapitalunterlegungspflicht verwendet wird.

[271] Regelmäßig ist die freie Verwendung von Sicherheiten in zukünftigen Perioden aufgrund von Sicherheitsabreden mit Kreditinstituten nicht möglich, da durch diese Abreden Sicherheiten für die Gesamtlaufzeit eines Kredites an den Kredit gebunden werden.

5.3 Verwendung des Standardansatzes zur Anrechnung von Sicherheiten

Die Reduzierung der Eigenkapitalunterlegungspflicht von Banken kann durch die Anrechnung von Sicherheiten im Standardansatz über zwei alternative Verfahren, ein einfacher und ein umfassender Ansatz, erfolgen.

5.3.1 Der einfache Ansatz

Bei Verwendung des einfachen Ansatzes im Standardansatz kann ein Kreditinstitut gemäß IKE Nr. 145 und 189 ausschließlich finanzielle Sicherheiten und Garantien zur Senkung des aufsichtsrechtlich geforderten Betrages der Eigenkapitalunterlegung nutzen.

Die vorhandenen Kreditbeträge werden in besicherte und unbesicherte Anteile zerlegt. Der unbesicherte Anteil eines Kredites ergibt sich aus der Differenz zwischen dem aufgenommenen Gesamt-Kreditbetrag und den beiden Kredittranchen, die jeweils durch finanzielle Sicherheiten bzw. Garantien gesichert sind. Dem unbesicherten Anteil wird das Risikogewicht des Schuldners zugewiesen, während den besicherten Kreditanteilen das Risikogewicht des finanziellen Sicherungsmittels bzw. der Garantie zugeordnet wird. Laufzeitinkongruenzen zwischen Forderungen und Sicherheiten dürfen gemäß IKE Nr. 143 nicht auftreten. Entsprechende Sicherheiten mit abweichender Laufzeit werden zur Risikoreduzierung nicht verwendet. Bei Verwendung von Garantien, die auf eine Fremdwährung lauten, müssen Sicherheitsabschläge für mögliche Wechselkursschwankungen gemäß IKE Nr. 200 auf den Nomialwert der Garantie angewendet werden, Regelungen für Währungsinkongruenzen zwischen finanziellen Sicherheiten und Bankforderungen werden im Basler Konsultationspapier für den einfachen Ansatz allerdings nicht definiert.

Als Ausgangspunkt für die Zielfunktion des Optimierungskalküls zur Minimierung des haftenden Eigenkapitals dient zunächst die Gleichung (3.2) zur Bestimmung der Mindesteigenkapitalquote von Kreditinstituten

$$\text{EKQ} = \frac{\text{hEK}}{\text{risikogewichtete Aktiva für Kreditrisiko (RWA)}}$$

mit der zusätzlichen Annahme, daß diese genau den vom Basler Ausschuß vorgegebenen Minimalwert in Höhe von 8% erreichen soll. Durch eine einfache Umstellung ergibt sich die nachstehende Gleichung (5.1).

$$\text{(5.1)} \quad \text{hEK} = \text{RWA} \cdot 0{,}08$$

Unter der zusätzlichen Annahme, daß diese auf Gesamtbankebene gültige Bedingung auf Einzelkredite übertragen wird, gilt für jeden vergebenen Kredit die obige Bedingung (5.1). Die aus Kostengründen geforderte Minimierung des haftenden Eigenkapitals für das Gesamtkreditengagement eines Unternehmens ergibt sich dann aus der Zielfunktion (5.2) und den dazugehörigen Nebenbedingungen (5.3) bis (5.5).

Variablen:

x_{fj}^{fin} = Anteil der finanziellen Sicherheit j, der für die anteilige Besicherung des Kredites f verwendet wird in GE/GE, definiert für das Intervall von 0 bis 1

hEK_f^U = aufsichtsrechtlich geforderter Eigenkapitalbetrag für die Unterlegung des unerwarteten Verlustes von Kredit f an das Unternehmens U in GE

hEK^U = gesamter aufsichtsrechtlich geforderter Eigenkapitalbetrag für die Unterlegung des unerwarteten Verlustes für alle Kredite von Unternehmen U in GE

x_{fg} = Anteil der Garantie g für die anteilige Besicherung des Kredites f in GE/GE, definiert für das Intervall von 0 bis 1

Konstanten:

rw_f = aufsichtsrechtlich vorgegebenes Risikogewicht für den unbesicherten Teil des Kredites f in GE/GE

rw_j^{fin} = aufsichtsrechtlich vorgegebenes Risikogewicht für das finanzielle Sicherungsmittel j in GE/GE

rw_g = aufsichtsrechtlich vorgegebenes Risikogewicht für die Garantie g in GE/GE

KR_f = gegebener aufgenommener Kreditbetrag für Kredit f in GE

S_j^{fin} = Wert des zur Verfügung stehenden finanziellen Sicherungsmittels j **vor** aufsichtsrechtlich vorgeschriebenen Korrekturen in GE

G_g = Nominalwert der Garantie g **vor** aufsichtsrechtlich vorgeschriebenen Korrekturen in GE

RAW_{fg} = aufsichtsrechtlich vorgegebener Risikoabschlag für eine Währungsinkongruenz zwischen Kredit f und Garantie g in GE/GE

G_{fg}^{korr} = wertangepaßter Garantiebetrag g **nach** Abschlägen für Währungsinkongruenzen zwischen Kredit f und Garantie g für die Unterlegung von Kredit f in GE

$$G_{fg}^{korr} = G_g \cdot \left(1 - RAW_{fg}\right)$$ [272]

Die Zielfunktion (5.2) zur Bestimmung des minimal benötigten haftenden Eigenkapitals von Banken enthält die Summe des für die Einzelkredite aufsichtsrechtlich benötigten haftenden Eigenkapitals der Bank.

$$\text{(5.2)}\quad hEK^{U} = \underbrace{0{,}08 \cdot \sum_{f=1}^{F}\left(KR_f - \underbrace{\sum_{j=1}^{J} x_{fj}^{fin} \cdot S_j^{fin}}_{\substack{\text{durch finanzielle}\\ \text{Sicherheiten besicherte}\\ \text{Kreditbeträge}}} - \underbrace{\sum_{g=1}^{G} x_{fg} \cdot G_{fg}^{korr}}_{\substack{\text{durch Garantien}\\ \text{besicherte Kredit-}\\ \text{beträge}}} \right) \cdot rw_f}_{\substack{\text{haftendes EK für unbesicherte Rest-Kreditbeträge}\\ \text{nach Verwendung von Sicherheiten}}}$$

$$\underbrace{+0{,}08 \cdot \sum_{f=1}^{F}\left(\underbrace{\sum_{j=1}^{J}\left[x_{fj}^{fin} \cdot S_j^{fin} \cdot rw_j^{fin} \right]}_{\substack{\text{durch finanzielle}\\ \text{Sicherheiten besicherte}\\ \text{Kreditbeträge}}} + \underbrace{\sum_{g=1}^{G} x_{fg} \cdot G_{fg}^{korr} \cdot rw_g}_{\substack{\text{durch Garantien}\\ \text{besicherte Kredit-}\\ \text{beträge}}} \right)}_{\text{haftendes EK für besicherte Kreditbeträge}} \rightarrow \min$$

Mit Hilfe der ersten Zeile in Gleichung (5.2) werden zunächst die unbesicherten Restwerte der Kredite f bestimmt und mit den Risikogewichten der Kredite rw_f multipliziert. In der zweiten Zeile werden die besicherten Kredittranchen ausgewiesen und deren Eigenkapitalunterlegungspflicht bestimmt. Die Eigenkapitalunterlegungspflicht für einen Kredit kann aufsichtsrechtlich nur reduziert werden, wenn mindestens ein Risikogewicht rw_j^{fin} oder rw_g eines Sicherungsmittels j oder g kleiner als das Risikogewicht des Kredites rw_f ist.

Neben der Zielfunktion müssen Nebenbedingungen definiert werden, die zusätzliche Bedingungen des Konsultationspapiers an die Sicherheitenstellung beinhalten.[273] Die Beschränkung des Lösungsraums erfolgt zum einen durch die Höhe der maximal verwert-baren Sicherheiten

[272] Der hier verwendete Risikoabschlag versteht sich nach Berücksichtigung expliziter Haltedauern und Nachschußverpflichtungen gemäß den Formeln des Konsultationspapiers. Siehe hierzu auch die Gleichungen (3.6) und (3.7) im Kapitel 3.1.2.

[273] Vgl. für die zusätzlichen Bedingungen unter anderem das Kapitel 3 und die dort angegebenen Verweise auf das Konsultationspapier.

(vorhandener Sicherheitenwert) und zum anderen durch das Erfordernis der Nicht-Übersicherung des Kreditbetrages. Zunächst ist die Summe der für einen Kredit verwendeten Beträge der finanziellen Sicherheiten und Garantien mit Hilfe der Nebenbedingung (5.3) auf die Höhe des Kreditbetrages zu begrenzen, da eine weitere Übersicherung zu keiner weiteren Risikoreduktion gemäß Konsultationspapier führen darf.[274]

$$(5.3) \quad KR_f \geq \underbrace{\sum_{j=1}^{J} x_{fj}^{fin} \cdot S_j^{fin}}_{\text{durch finanzielle Sicherheiten besicherter Kreditbetrag}} + \underbrace{\sum_{g=1}^{G} x_{fg} \cdot G_{fg}^{korr}}_{\text{durch Garantien besicherter Kreditbetrag}} \qquad \forall f$$

Des weiteren ist der Einsatz von finanziellen Sicherheiten im Modell auf den vorhandenen, maximal zur Kreditbesicherung benutzbaren Sicherheitenbetrag zu begrenzen (Nebenbedingung (5.4)).

$$(5.4) \quad \sum_{f=1}^{F} x_{fj}^{fin} \leq 1 \qquad \forall j$$

Da die Variablen x_{fj}^{fin} jeweils für das Intervall zwischen 0 und 1 definiert sind, ergibt sich aus deren Summierung über alle Kredite f der Gesamtanteil der Sicherheit j, der insgesamt den Wert 1 (maximal zur Verfügung stehender Sicherheitenwert in GE/GE) für das gesamte Kreditvolumen nicht übersteigen darf, was im Modell durch die Gleichung (5.4) gesondert berücksichtigt wird. Für Garantien gilt dasselbe, so daß die Nebenbedingung (5.5) zu verwenden ist.

$$(5.5) \quad \sum_{f=1}^{F} x_{fg} \leq 1 \qquad \forall g$$

Eine darüber hinausgehende Reduzierung des benötigten haftenden Eigenkapitals ist im Standardansatz durch den Einsatz des umfassenden Ansatzes möglich, weil gemäß IKE Nr. 147 f. für alle durch finanzielle Sicherheiten unterlegten Kreditbeträge kein haftendes Eigenkapital vorzuhalten ist.

[274] Vgl. hier und für die beiden weiteren Nebenbedingungen (5.4) und (5.5) Beckmann, Christian; Papazoglou, Panajotis (2004), Seite 147.

5.3.2 Der umfassende Ansatz

Die Darstellung der Anrechnung von Sicherheiten im umfassenden Ansatz soll zunächst auf den Einsatz von finanziellen Sicherheiten beschränkt werden, um die besondere Berechnungsweise des geforderten Eigenkapitalbetrages zu verdeutlichen.

5.3.2.1 Unterlegung des Kreditrisikos mit finanziellen Sicherheiten

Bei Anwendung des umfassenden Ansatzes werden zur Ermittlung des besicherten Kreditbetrages die Werte der Sicherheiten vom Gesamtkreditvolumen subtrahiert. Diese (besicherte) Kredittranche gilt als vollständig besichert und unterliegt deshalb gemäß IKE Nr. 147 f. keiner Eigenkapitalunterlegungspflicht. Auf den verbleibenden unbesicherten Restbetrag wird das Risikogewicht des Schuldners/Kreditnehmers angewendet. Aufgrund der vollständigen Vernachlässigung des besicherten Kreditbetrages bei der Ermittlung der Eigenkapitalhöhe müssen von finanziellen Sicherheiten Abschläge für mögliche Wertschwankungen der Sicherheiten und Abschläge für Währungsinkongruenzen zwischen Kredit und Sicherungsmittel gemäß IKE Nr. 130 vorgenommen werden. Ziel ist die Ermittlung eines sicheren Zahlungsstroms aus der besicherten Kredittranche, so daß keine unerwarteten Verluste auftreten und folglich auch keine Eigenkapitalhaltung notwendig ist. Darüber hinaus ist auch der Wert des Kredites aufgrund möglicher Schwankungen gemäß IKE Nr. 130 um einen Zuschlag zu erhöhen. Für Geldleihen beträgt der Aufschlag regelmäßig 0%. Jedoch können sich beispielsweise bei Wertpapierleihen die Werte der Wertpapiere ändern, so daß eine zusätzliche Berücksichtigung möglicher Schwankungen notwendig ist. Dieser Zuschlag auf den Kredit wird ohne Begründung seitens des Basler Ausschusses vorgegeben. Es ist zumindest fraglich, daß der Kreditbetrag nur bei Verwendung von finanziellen Sicherheiten korrigiert werden muß, denn auch ohne Besicherung unterliegt dieser Kreditbetrag denselben Schwankungen.[275] Für unbesicherte Kredite ist jedoch ein Risikozuschlag nicht vorgesehen. Der Kreditbetrag nach Berücksichtigung von finanziellen Sicherheiten ergibt sich unter Berücksichtigung dieser aufsichtsrechtlichen Regelungen aus der Gleichung (5.6). Sowohl der Kreditbetrag als auch der Wert der Sicherheiten werden um die im Basler Konsultationspapier vorgegebenen Sicherheitszu- bzw. -abschläge korrigiert[276]:

---

[275] Eine mögliche Begründung für die Verwendung des Risikozuschlags ist die weitreichende Reduktion des benötigten haftenden Eigenkapitals durch finanzielle Sicherheiten, da für diese kein Eigenkapital vorzuhalten ist. Das Risiko von Kredit- und Sicherheitenschwankungen ist somit nicht mehr gedeckt.

[276] Vgl. hierfür ausführlich das Kapitel 3.1.2 und die Ausführungen im Konsultationspapier.

Zusätzliche Konstanten:

$KRvR_f$ = Kreditbetrag des Kredites f vor Besicherung in GE, enthält besicherten und unbesicherten Anteil (**Kr**editbetrag **v**or **R**isikoreduktion)

RZK_f = nach IKE Nr. 147 geforderter **R**isiko**z**uschlag für Wertschwankungen des **K**redites f in GE/GE

β_f^{fin} = Faktor für den Risikozuschlag zur Berücksichtigung von möglichen Wertschwankungen des Kredites f in GE/GE

$\beta_f^{fin} = (1 + RZK_f)$[277]

T_j^{Rest} = Restlaufzeit des Sicherungsmittels j in PE, bezogen auf den Zeitpunkt der Berücksichtigung

T_f^{Rest} = Restlaufzeit des Kredites f in PE, bezogen auf den Zeitpunkt der Sicherheitenberücksichtigung

RAS_j = nach IKE Nr. 147 geforderter **R**isiko**a**bschlag für **S**icherheit j in GE/GE

RAW_{fj} = nach IKE Nr. 147 geforderter **R**isiko**a**bschlag für **W**ährungsinkongruenzen zwischen Sicherheit j und Kredit f in GE/GE

α_{fj}^{fin} = Faktor für den Abschlag vom Wert des Sicherungsmittels j inkl. Laufzeitdivergenzen zwischen Kredit f und Sicherungsmittel j in GE/GE

$\alpha_{fj}^{fin} = (1 - RAS_j - RAW_{fj}) \cdot \frac{T_j^{Rest} - 0{,}25}{T_f^{Rest} - 0{,}25}$[278]

Zusätzliche Variable:

$KRnR_f$ = Kreditbetrag des Kredites f **nach** Besicherung in GE, unbesicherter Kreditbetrag (**Kr**edit **n**ach **R**isikoreduktion)

$$(5.6)\quad KRnR_f = \underbrace{KRvR_f \cdot \beta_f^{fin}}_{\text{Kreditbetrag nach Korrektur um den Risikozuschlag}} - \underbrace{\sum_j^J x_{fj}^{fin} \cdot S_j^{fin} \cdot \alpha_{fj}^{fin}}_{\text{zur Kreditbesicherung verwendete, risikokorrigierte finanzielle Sicherheiten}} \qquad \forall f$$

---

277 Die Risikoabschläge verstehen sich jeweils nach Berücksichtigung der im Konsultationspapier definierten Haltedauern und Nachschußverpflichtungen. Vgl. für Korrekturen bei Abweichungen von den im Konsultationspapier definierten Fristen das Kapitel 3, sowie IKE Nr. 166 ff.

278 Die Risikoabschläge verstehen sich jeweils nach Berücksichtigung der im Konsultationspapier definierten Haltedauern und Nachschußverpflichtungen. Vgl. für Korrekturen bei Abweichungen von den im Konsultationspapier definierten Fristen das Kapitel 3, sowie IKE Nr. 166 ff.

Der optimale Sicherungsmitteleinsatz für die Bank ist dann gegeben, wenn das haftende Eigenkapital für die Unterlegung des Ausfallrisikos aus Krediten ein Minimum ist. Aufgrund der oben verbal beschriebenen Ermittlung des haftenden Eigenkapitals kann die Zielfunktion des Optimierungsmodells als einfache Multiplikation des Risikogewichtes für den unbesicherten Kreditbetrag mit dem Restkreditbetrag nach Sicherheitenberücksichtigung formuliert werden:[279]

$$(5.7) \quad hEK^{U} = 0{,}08 \cdot \sum_{f=1}^{F} rw_f \cdot KRnR_f \qquad \rightarrow \min$$

Mit Hilfe von Nebenbedingungen muß sichergestellt sein, daß Sicherheiten nicht über deren Maximalwert hinaus berücksichtigt werden (Bedingung (5.8)).[280] Der Restwert eines Kredites darf nicht negativ werden (Bedingung (5.9)). Eine Übersicherung ist damit ausgeschlossen.[281]

$$(5.8) \quad \sum_{f=1}^{F} x_{fj}^{fin} \leq 1 \qquad \forall j$$

$$(5.9) \quad KRnR_f > 0 \qquad \forall f$$

Gemäß IKE Nr. 130 ist der um Risikozuschläge korrigierte Forderungsbetrag vor Sicherheiten-Verwendung nur zu ermitteln, wenn finanzielle Sicherheiten zur Risikoreduktion verwendet werden.[282] Ansonsten ist der unkorrigierte Kreditbetrag für die Eigenkapitalermittlung anzusetzen. Dadurch führt die Verwendung von finanziellen Sicherheiten nur zu einer Reduzierung der Eigenkapitalverpflichtung gegenüber dem Nichtbesicherungsfall, wenn risikokorrigierte finanzielle Sicherheiten mindestens in Höhe des Risikozuschlags auf den Kreditbetrag angesetzt werden. Die eigenkapitalminimierende Verwendung von finanziellen Sicherheiten muß modellendogen sichergestellt werden. Ist das Volumen der vorhandenen finanziellen Sicherheiten geringer als der erforderliche Risiko-Zuschlag auf den Kreditbetrag, würde sich bei einer Verwendung von finanziellen Sicherheiten das aufsichtsrechtlich geforderte Eigen-

---

279 Einen ähnlichen Ansatz verfolgen Hailer, Angelika; Loch, Friedemann; Stork, Peter (2002). Jedoch wird dort zuletzt ein korrigiertes Risikogewicht in der Zielfunktion verwendet. Die Berücksichtigung des Kreditbetrages entfällt durch einige Umformungen. Sie ist jedoch relevant, wenn die vorgestellte Verfahrensweise auch für Modelle angewendet werden sollen, in denen der Kreditbetrag nicht als gegeben angenommen werden kann. Zudem fehlen in dem genannten Modell Vorschriften zur Anrechnung von finanziellen Sicherheiten und auch für die noch später zu betrachtenden IRB-Sicherheiten.

280 Vgl. für die Begründung die Ausführungen in Kapitel 5.3.1, Nebenbedingung (5.5).

281 Vgl. bspw. Beckmann, Christian; Papazoglou, Panajotis (2004), Seite 147.

282 Für diese Arbeit wird angenommen, daß Risikozuschläge für Kredite nur bei Verwendung von finanziellen Sicherheiten verwendet werden müssen. Werden bspw. nur Garantien risikomindernd eingesetzt, entfällt der Zuschlag für den Kreditbetrag. Eine eindeutige Formulierung fehlt im Basler Konsultationspapier. Da jedoch in der Praxis regelmäßig Bürgschaften und Garantien so ausgestaltet sind, daß sie auch mögliche Erhöhungen von Krediten durch aufgelaufene Zinsen und dergleichen erfassen, sind Wertschwankungen durch Garantien gedeckt. Eine Korrektur des Kreditbetrages ist dann nicht notwendig.

kapital erhöhen. Deshalb sind diese in diesem Fall nicht risikomindernd einzusetzen. Der ursprüngliche unkorrigierte Kreditbetrag wird dann als Berechnungsgrundlage für das vorzuhaltende haftende Eigenkapital verwendet. Deshalb muß der in der Nebenbedingung (5.6) enthaltene Risikozuschlag auf den Kreditbetrag für den Fall herausgerechnet werden, falls finanzielle Sicherheiten zur Kreditsicherung keine Verwendung finden. Zunächst muß die Bedingung, daß finanzielle Sicherheiten und der Risikozuschlag auf den Kreditbetrag nur bei Nettoeigenkapitalsenkungen berücksichtigt werden, im Modell durch die nachstehenden Nebenbedingungen (5.11) und (5.12) erreicht werden. Hierfür ist zunächst eine Binärvariable zu definieren.[283]

Zusätzliche Variable:

γ_f^{fin} = Binärvariable für die Berücksichtigung finanzieller Sicherheiten bei der Besicherung von Kredit f, ganzzahlig

$$(5.10)\quad \gamma_f^{fin} = \begin{cases} 1 & \text{für } \left(\beta_f^{fin} - 1\right) \cdot KRvR_f \le \sum_{j=1}^{J} x_{fj}^{fin} \cdot S_j^{fin} \cdot \alpha_{fj}^{fin} \\ 0 & \text{sonst} \end{cases} \qquad \forall f$$

Der Binärvariablen γ_f^{fin} soll der Wert 'Eins' zugewiesen werden, wenn die Differenz zwischen Kreditbetrag nach der Korrektur durch den Sicherheitszuschlag für die Volatilität des Kreditbetrages und ursprünglichem Kreditbetrag (= Risikozuschlag auf den Kredit) kleiner ist als die dem Kredit zugewiesenen korrigierten Sicherheiten. In diesem Fall führt der Einsatz von finanziellen Sicherheiten zu einer Eigenkapitalsenkung. Der Term $\left(\beta_f^{fin} - 1\right) \cdot KR_f$ steht für die Forderungserhöhung, die durch Risiko-Zuschläge auf den Kreditbetrag entsteht. Die Bedingung, daß Sicherheiten nur bei einer Reduktion des aufsichtsrechtlich haftenden Eigenkapitals im Modell angesetzt werden, wird durch die beiden Nebenbedingungen (5.11) und (5.12) berücksichtigt. Dadurch bleibt die Linearität des Modells auch für den Fall erhalten, daß die Kreditbeträge in einer möglichen Erweiterung des Modells zur Sicherheitenoptimierung als variabel gelten.

Die erste aufzunehmende Nebenbedingung (5.11) verknüpft die Höhe der finanziellen Sicherheiten mit der Binärvariable γ_f^{fin}. Durch die Bedingung (5.11) ist für den Fall, daß γ_f^{fin} der Wert 'Null' zugewiesen wird, eine Anrechnung von finanziellen Sicherheiten ausgeschlossen,

[283] Vgl. auch in anderer Form Beckmann, Christian; Papazoglou, Panajotis (2004), Seite 147.

weil der Kreditbetrag ohne Risikozuschlag verwendet wird. Aufsichtsrechtlich ist für diesen Fall die Verwendung von finanziellen Sicherheiten nicht zulässig.

Zusätzliche Konstante:

L = sehr große Zahl, die größer ist als alle anderen Größen des Modells

$$(5.11)\quad \underbrace{\sum_{j=1}^{J} x_{fj}^{fin} \cdot S_j^{fin} \cdot \alpha_{fj}^{fin}}_{\text{zur Kreditbesicherung verwendeter, um Risikoabschläge korrigierter Betrag der finanziellen Sicherheiten}} \leq \underbrace{\gamma_f^{fin} \cdot L}_{\text{Term zur Steuerung der Anrechnung von finanziellen Sicherheiten}} \qquad \forall f$$

In einer weiteren Nebenbedingung wird berücksichtigt, daß der Risikozuschlag auf den Kreditbetrag aufgrund möglicher Wertschwankungen bei Anrechnung von finanziellen Sicherheiten kleiner als die Summe der verwendeten finanziellen Sicherheiten sein muß. Wäre dieser Risikozuschlag größer als der Wert der verwendeten Sicherheiten, wären die Nichtberücksichtigung von finanziellen Sicherheiten und damit die unterlassene Korrektur des Kreditbetrages um den Risikozuschlag vorteilhafter, weil das aufsichtsrechtlich geforderte Eigenkapital für diesen Fall niedriger wäre.

$$(5.12)\quad \underbrace{\left(\beta_f^{fin} - 1\right) \cdot KRvR_f}_{\text{Risikozuschlag auf den Kreditbetrag, wenn finanzielle Sicherheiten verwendet werden}} \leq \underbrace{\sum_{j=1}^{J} x_{fj}^{fin} \cdot S_j^{fin} \cdot \alpha_{fj}}_{\text{zur Kreditbesicherung verwendeter, um Risikoabschläge korrigierter Betrag der finanziellen Sicherheiten}} + \underbrace{\left(1 - \gamma_f^{fin}\right) \cdot L}_{\text{Term zur Steuerung der Anrechnung von finanziellen Sicherheiten}} \qquad \forall f$$

Der zweite Summand auf der rechten Seite in Nebenbedingung (5.12) entfällt im Falle der Anrechnung finanzieller Sicherheiten, da $\left(1 - \gamma_f^{fin}\right)$ den Wert 'Null' annimmt. Im Falle der Nichtberücksichtigung ist die Gleichung wegen des zweiten Summanden auf der rechten Seite immer erfüllt. Durch die Nebenbedingungen (5.11) und (5.12) ist bereits sichergestellt, daß Sicherheiten gar nicht, oder mindestens in Höhe des zusätzlichen Kreditzuschlags verwendet werden und gleichzeitig die Binärvariable den Wert 'Null' bei Nichtanrechnung von finanziellen Sicherheiten und den Wert 'Eins' bei deren Anrechnung annimmt. Die aufsichtsrechtlich geregelte Berücksichtigung finanzieller Sicherheiten im Modell ist damit vollständig beschrieben, jedoch muß noch der Zuschlag auf den Kreditbetrag an die Bedingung der Verwendung finanzieller Sicherheiten geknüpft werden, da dieser aus den oben genannten Gründen im Modell nur verwendet werden darf, wenn finanzielle Sicherheiten für die Besicherung des Kredites angesetzt werden. Ansonsten würde das durch das Modell ausgewiesene haftende Eigenkapital nicht dem nach Basel II benötigtem entsprechen.

Erster Ansatzpunkt für die durchzuführende Korrektur des Risikozuschlags ist die Gleichung (5.6) zur Bestimmung des um Sicherheiten reduzierten Kreditbetrages. Zur Erhaltung der Linearität des Modells ist eine zusätzliche Variable in die Gleichung zur Bestimmung des Kreditbetrages nach Risikominderung aufzunehmen, die im Falle der Nichtberücksichtigung von finanziellen Sicherheiten den Kreditbetrag nach Risikominderung $KRnR_f$ wieder um den Zuschlag für Kreditwertschwankungen verringert, weil bei Nichtberücksichtigung von finanziellen Sicherheiten wieder der ursprüngliche Kreditbetrag $KRvR_f$ vor Sicherheitenberücksichtigung gemäß Basel II für die Eigenkapitalberechnung zu verwenden ist. Es ergibt sich die Gleichung (5.13) aus einer einfachen Erweiterung der Gleichung (5.6) um die neu einzuführende Korrekturvariable $KBKR_f^{fin}$.

Zusätzliche Variable:

$KBKR_f^{fin}$ = Korrekturbetrag zur Steuerung der Berücksichtigung von Zuschlägen für mögliche Wertschwankungen des Kredites f in GE

$$KBKR_f^{fin} = \begin{cases} KRvR_f \cdot \left(\beta_f^{fin} - 1\right), & \text{falls fin. Sicherheiten nicht verwendet werden} \\ 0 & \text{sonst} \end{cases}$$

$$(5.13)\quad KRnR_f = \underbrace{KRvR_f}_{\text{aufgenommener nomineller Kreditbetrag}} + \underbrace{KRvR_f \cdot \left(\beta_f^{fin} - 1\right)}_{\text{Risikozuschlag auf den Kreditbetrag, falls finanzielle Sicherheiten verwendet werden}} - \underbrace{\sum_j^J x_{fj}^{fin} \cdot S_j^{fin} \cdot \alpha_{fj}}_{\text{zur Kreditbesicherung verwendeter, um Risikoabschläge korrigierter Betrag der finanziellen Sicherheiten}} - \underbrace{KBKR_f^{fin}}_{\text{Variable zur Korrektur des Risikozuschlags auf den Kredit bei Nicht-berücksichtigung von finanziellen Sicherheiten}} \quad \forall f$$

Die zusätzliche Variable $KBKR_f^{fin}$ übernimmt die verlangte Korrektur des Risikozuschlags für Kreditschwankungen, um den der Kredit gemäß Basel II erhöht werden muß, wenn finanzielle Sicherheiten berücksichtigt werden. Sie nimmt den Wert des Risikozuschlags $KRvR_f \cdot \left(\beta_f^{fin} - 1\right)$ an, wenn finanzielle Sicherheiten **nicht** verwendet werden, so daß nur der vergebene Kreditbetrag ohne Zuschläge zur Ermittlung des haftenden Eigenkapitals in der Zielfunktion (5.7) Anwendung findet und den Wert 'Null' für den gegenteiligen Fall. Diese Korrektur ist notwendig, da ansonsten immer der um Sicherheitszuschläge korrigierte Kreditbetrag aufgrund der ersten beiden Summanden in Gleichung (5.13) berücksichtigt wird. Für den Fall der Nichtberücksichtigung vorhandener finan-zieller Sicherheiten durch das Modell würde sich daraus eine zu hohe Eigenkapitalunter-legung gegenüber der nach Basel II geforderten ergeben.

In weiteren Nebenbedingungen muß die Ausprägung der zusätzlichen Variablen zur Erfassung der Korrektur des Kreditbetrages nach Risikominderung in Gleichung (5.13) festgelegt werden. Hierfür wird die bereits oben beschriebene Binärvariable γ_f^{fin} verwendet. Die zusätzliche Variable $KBKR_f^{fin}$ ist so zu definieren, daß sie den Wert des Risikozuschlags für den Kredit annimmt, wenn die Binärvariable γ_f^{fin} den Wert 0 erhält, finanzielle Sicherheiten folglich nicht berücksichtigt werden. In diesem Fall darf auf den Kreditbetrag kein Risikozuschlag angewendet werden, so daß dieser durch die zusätzliche Variable $KBKR_f^{fin}$ aus der Gleichung (5.13) entfernt wird. Durch die Nebenbedingungen (5.14) und (5.15) wird dieser Aspekt in das Modell aufgenommen. Zunächst ist die Variable $KBKR_f^{fin}$ auf die Höhe des Zuschlags zu begrenzen (Bedingung (5.14)).

$$(5.14)\quad KBKR_f^{fin} \leq \left(\beta_f^{fin} - 1\right) \cdot KRvR_f \qquad \text{mit } \beta_f^{fin} \geq 1 \qquad \forall f$$

Darüber hinausgehende Beträge würden eine aufsichtsrechtlich nicht erlaubte Reduzierung des unbesicherten Kreditbetrages bedeuten. Die Nebenbedingung (5.15) sorgt dafür, daß nur im Falle der Nichtanwendung von finanziellen Sicherheiten ($\gamma_f^{fin} = 0$) der Risikozuschlag in Gleichung (5.13) subtrahiert wird, da dann Bedingung (5.15) immer erfüllt ist und aufgrund von (5.14) in Verbindung mit der Minimierung der Eigenkapitalunterlegung die Korrekturvariable $KBKR_f^{fin}$ den Wert des Zuschlages auf den Kreditbetrag einnimmt.

$$(5.15)\quad KBKR_f^{fin} \leq \left(1 - \gamma_f^{fin}\right) \cdot L \qquad \forall f$$

Damit ist der Fall einer **alleinigen** Verwendung von finanziellen Sicherheiten zur Risikoreduktion aus Kreditvergaben und Senkung des aufsichtsrechtlich benötigten haftenden Eigenkapitals vollständig dargestellt. Unter den getroffenen Annahmen kann die kapitalkostenminimierende Aufteilung von vorhandenen finanziellen Sicherheiten auf ein gegebenes Kreditvolumen ermittelt werden.

Das Zusammenwirken zwischen den Binärvariablen γ_f^{fin}, dem Einsatz von finanziellen Sicherheiten und der Ausprägung der Korrekturvariablen $KBKR_f^{fin}$ wird im folgenden an einem Beispiel verdeutlicht. Es soll ermittelt werden, ob für einen vorhandenen Kredit finanzielle Sicherheiten zur Risikoreduzierung verwendet werden. Es steht eine finanzielle Sicherheit zur Kreditbesicherung zur Verfügung. Des weiteren sind weitere Kredite vorhanden, die ebenfalls mit dieser finanziellen Sicherheit besichert werden können. Die Besicherung dieser Kredite wird im folgenden als gegeben angenommen, so daß für die Veranschaulichung der Wirkungsweise der Binärvariablen γ_f^{fin} verschiedene Datensituationen vorgegeben werden können. Für das Beispiel liegen die folgenden Daten zugrunde:

$$KRvR_f = 400 \text{ GE}$$

$$\beta_f^{fin} = 1{,}1 \text{ GE/GE}$$

$$S_j^{fin} = 100 \text{ GE}$$

$$\alpha_{fj} = 0{,}8 \text{ GE/GE}$$

Mit Hilfe dieser Daten ergeben sich die folgenden Gleichungen:

aus (5.11) folgt:

$$x_{fj}^{fin} \cdot 80 \leq \gamma_f^{fin} \cdot L$$

aus (5.12) folgt:

$$40 \leq x_{fj}^{fin} \cdot 80 + \left(1 - \gamma_f^{fin}\right) \cdot L$$

aus (5.14) folgt:

$$KBKR_f^{fin} \leq 40$$

aus (5.15) folgt:

$$KBKR_f^{fin} \leq \left(1 - \gamma_f^{fin}\right) \cdot L$$

Im folgenden werden zwei Fälle betrachtet. Im ersten Fall wird unterstellt, daß durch das Modell von der finanziellen Sicherheit 80% auf andere Kredite zu deren Besicherung verteilt werden. Es verbleiben folglich nur 20% zur Besicherung des im Beispiel zu betrachtenden Kredites. Für den zweiten Fall wird angenommen, daß für die Kreditbesicherung 80% der finanziellen Sicherheit zur Verfügung stehen, weil 20% der Sicherheit auf andere Kredite verteilt werden. Daraus ergeben sich für die Gleichungen (5.11) bis (5.15) die folgenden Überlegungen.

Fall 1:

20% der finanziellen Sicherheit stehen zur Kreditbesicherung noch zur Verfügung.

Die Bedingung (5.12)

$$40 \quad \leq \quad x_{fj}^{fin} \cdot 80 + \left(1 - \gamma_f^{fin}\right) \cdot L$$

ist nur erfüllt, wenn die Binärvariable den Wert 0 annimmt, weil der erste Summand aufgrund der bereits für andere Kredite verwendeten Sicherheitenbeträge maximal den Wert 16 GE ($0,2 \cdot 80$) annehmen kann. Aus $\gamma_f^{fin} = 0$ folgt unter Beachtung der Gleichung (5.11),

$$x_{fj}^{fin} \cdot 80 \quad \leq \quad \gamma_f^{fin} \cdot L$$

daß x_{fj}^{fin} ebenfalls den Wert 0 annehmen muß. Die finanzielle Sicherheit wird folglich zur Besicherung des betrachteten Kredites nicht verwendet, weil der Risikozuschlag auf den Kreditbetrag bei Verwendung von finanziellen Sicherheiten den Wert der verwendbaren finanziellen Sicherheiten übersteigt. Die Korrekturvariable $KBKR_f^{fin}$ kann aufgrund der Bedingung (5.15)

$$KBKR_f^{fin} \leq \left(1 - \gamma_f^{fin}\right) \cdot L$$

beliebige Wert annehmen, ist jedoch aufgrund von (5.14)

$$KBKR_f^{fin} \leq 40$$

auf den Wert 40 GE beschränkt. Der Kreditbetrag nach Risikominderung durch finanzielle Sicherheiten läßt sich wie folgt mit Hilfe der Gleichung (5.13) darstellen.

$KRnR_f$ =	400	+ 40	− 0	− 40	= 400 GE
	nomineller Kreditbetrag	Risikozuschlag	finanzielle Sicherheit	Korrekturvariable	

Somit ist der nominelle aufgenommene Kreditbetrag in der Zielfunktion zur Minimierung des aufsichtsrechtlich geforderten haftenden Eigenkapitals zu verwenden.

Fall 2:

80% der finanziellen Sicherheit stehen noch zur Kreditbesicherung zur Verfügung.

Die Bedingung (5.12)

$$40 \quad \leq \quad x_{fj}^{fin} \cdot 80 + \left(1 - \gamma_f^{fin}\right) \cdot L$$

ist sowohl für $\gamma_f^{fin} = 0$ als auch für $\gamma_f^{fin} = 1$ erfüllt, wenn mindestens 50% der freien finanziellen Sicherheiten in Höhe von 80 GE zur Kreditbesicherung verwendet werden $(0{,}5 \cdot 80 = 40)$. Auch die Gleichung (5.11)

$$x_{fj}^{fin} \cdot 80 \quad \leq \quad \gamma_f^{fin} \cdot L$$

ist für $\gamma_f^{fin} = 1$ immer erfüllt, so daß die finanziellen Sicherheiten verwendet werden können. Die Korrekturvariable $KBKR_f^{fin}$ kann aufgrund der Bedingung (5.15)

$$KBKR_f^{fin} \leq \left(1 - \gamma_f^{fin}\right) \cdot L$$

und $\gamma_f^{fin} = 1$ nur den Wert 'Null' annehmen. Der Kreditbetrag nach Risikominderung durch finanzielle Sicherheiten läßt sich unter der Annahme, daß die gesamte freie finan-zielle Sicherheit zur Risikoreduzierung verwendet wird, wie folgt mit Hilfe der Gleichung (5.13) darstellen.

$KRnR_f$	= 400	+ 40	− 64	=	376 GE
	Kreditbetrag	Risiko-zuschlag	finanzielle Sicherheit		

Der in der Zielfunktion zur Minimierung des aufsichtsrechtlich geforderten haftenden Eigenkapitals zu verwendende Kreditbetrag nach Risikominderung beträgt somit 376 GE.

Abschließend wird die vorgestellte Minimierung des von Banken aufsichtsrechtlich benötigten haftenden Eigenkapitals durch die Aufteilung von **vorhandenen Sicherheiten** auf ein **vorhandenes Kreditportfolio** nochmals mit Hilfe der Tabelle 5.2 zusammenfassend dargestellt.

Zielfunktion	
Minimierung des aufsichtsrechtlich geforderten haftenden Eigenkapitals durch Aufteilung von finanziellen Sicherheiten auf Kredite zur Minimierung der Kapitalkosten	$hEK = 0{,}08 \cdot \sum_{f=1}^{F} rw_f \cdot KRnR_f \rightarrow \min$
Nebenbedingungen	
Ermittlung des unbesicherten Kreditbetrages	$KRnR_f = KRvR_f + KRvR_f \cdot \left(\beta_f^{fin} - 1\right) - \sum_{j}^{J} x_{fj}^{fin} \cdot S_j^{fin} \cdot \alpha_{fj} - KBKR_f^{fin}$
Risikozuschlag auf den Kreditbetrag	$KBKR_f^{fin} \leq \left(\beta_f^{fin} - 1\right) \cdot KRvR_f$ $KBKR_f^{fin} \leq \left(1 - \gamma_f^{fin}\right) \cdot L$
Verknüpfung finanzieller Sicherheiten mit dem Risikozuschlag	$\left(\beta_f^{fin} - 1\right) \cdot KRvR_f \leq \sum_{j=1}^{J} x_{fj}^{fin} \cdot S_j^{fin} \cdot \alpha_{fj} + \left(1 - \gamma_f^{fin}\right) \cdot L$ $\sum_{j=1}^{J} x_{fj}^{fin} \cdot S_j^{fin} \cdot \alpha_{fj}^{fin} \leq \gamma_f^{fin} \cdot L$
Verhinderung der Übersicherung	$KRnR_f \geq 0$
Beschränkung finanzieller Sicherheiten auf den vorhandenen Wert	$\sum_{f=1}^{F} x_{fj}^{fin} \leq 1$

Tab. 5.2: Optimierungsansatz für die Sicherheitenaufteilung zur Minimierung der Eigenkapitalunterlegungspflicht bei ausschließlicher Berücksichtigung von finanziellen Sicherheiten

5.3.2.2 Simultane Berücksichtigung von finanziellen Sicherheiten und Garantien

Im Gegensatz zu den bisherigen Modellen sind nun neben finanziellen Sicherheiten auch Kreditderivate (Credit Default Swaps und Total Return Swaps) und Garantien im vorhandenen Sicherheitenpool enthalten. Diese sollen zur aufsichtsrechtlichen Besicherung von vorhandenen Krediten dienen, so daß wiederum das aufsichtsrechtlich benötigte haftenden Eigenkapital für die Deckung von unerwarteten Verlusten aus Kreditgeschäften und damit die Kapitalkosten durch eine optimale Sicherheitenaufteilung minimiert werden. Kreditderivate und Garantien werden für die Besicherung von vorhandenen Krediten wie im einfachen Ansatz behandelt, indem ihr Wert aufsichtsrechtlich den unbesicherten Kreditbetrag reduziert. Gleichzeitig sind jedoch auch die mit Kreditderivaten und Garantien besicherten Kreditbeträge mit haftendem Eigenkapital zu unterlegen, da diese nicht als risikolos anzusehen sind. Dem Wert dieser Sicherungsmittel ist das Risikogewicht des **Garantiegebers** zuzuordnen. Die unbesicherte Tranche des Kredites wird mit dem Risikogewicht des **Kreditnehmers** gewichtet. Nutzt eine Bank aufsichtsrechtlich für einen Kredit mehrere Sicherungsarten, muß für jede Sicherungsart eine eigene Kredittranche definiert werden, die dann jeweils nur durch diese Sicherungsmittelart gedeckt wird. Jede Kredit-Tranche darf folglich nur mit einer Sicherungsart unterlegt werden (IKE Nr. 206).

Zunächst stellt sich die Frage, ob der Kreditbetrag vor Risikominderung nur bei Anwendung von finanziellen Sicherheiten korrigiert werden muß. Die Ausführungen im Konsultationspapier sind diesbezüglich unklar. Da jedoch durch andere Sicherheiten keine vollständige Eliminierung/Reduzierung des Haftungskapitals erreicht wird und zudem Übersicherungsquoten definiert werden, scheint eine Korrektur des Kreditbetrages bei Verwendung dieser IRB-Sicherheiten nicht zweckdienlich. Im folgenden soll nur bei Verwendung von finanziellen Sicherheiten der Kredit um einen Risikozuschlag korrigiert werden. Es stellt sich hierbei weiterhin die Frage, ob lediglich der Rest-Kreditbetrag **nach** Berücksichtigung von Garantien um einen Aufschlag für Wertschwankungen verändert werden muß, falls finanzielle Sicherheiten berücksichtigt werden, oder ob der Gesamtkreditbetrag **vor** der Verwendung von Garantien zu korrigieren ist. Werden zunächst Garantien angesetzt, ist das nachzuweisende haftende Eigenkapital niedriger, als wenn der Risiko-Aufschlag auf den Kreditbetrag vor einer Berücksichtigung von Garantien angewendet wird. Im Basler Konsultationspapier fehlt auch diesbezüglich eine exakte Anwendungsvorschrift. Unter dem Aspekt einer konservativen Risikoermittlung wäre die zweite Alternative, die Anwendung des Zuschlags für mögliche Wertschwankungen auf den Gesamtkreditbetrag **vor** Garantieberücksichtigung, angebracht. Bei somit fehlender Angabe zur Vorgehensweise läßt sich vermuten, daß die Banken den Weg wählen werden, der zu einer niedrigeren Eigenkapitalverpflichtung führt. Für alle Geldleihen, wie bspw. den traditionellen Unternehmenskredit ist diese Überlegung jedoch hinfällig, da keine Zuschläge anzuwenden sind.

In den nachstehenden Ausführungen wird zugunsten der Minimierung des Risikos die konservative Verfahrensweise unterstellt. Aus den angestellten Überlegungen folgt für die Zielfunktion der nachstehende Ausdruck (5.16), wenn Garantien nach finanziellen Sicherheiten berücksichtigt werden. In Erweiterung der bisherigen Problemstellung ist eine mögliche und im umfassenden Ansatz erlaubte Laufzeitinkongruenz zwischen Kredit f und Garantie g zu berücksichtigen, die zu einer weiteren Korrektur der Höhe des Sicherungsmittels (Senkung des Sicherheitenwertes) führt.

Zusätzliche Konstanten:

T_g^{Rest} = Restlaufzeit der Garantie g in PE, bezogen auf den Zeitpunkt der Berücksichtigung

T_f^{Rest} = Kreditrestlaufzeit von Kredit f in PE, bezogen auf den Zeitpunkt der Berücksichtigung der Sicherheit

RAW_{fg} = nach IKE Nr. 147 geforderter Risikoabschlag für Währungsinkongruenzen zwischen Garantie g und Kredit f in GE/GE

G_{fg}^{korr} = korrigierter Gesamtwert der Garantie g für die Absicherung von Kredit f in GE

$$G_{fg}^{korr} = G_g \cdot \left(1 - RAW_{fg}\right) \cdot \frac{\left(T_g^{Rest} - 0{,}25\right)}{\left(T_f^{Rest} - 0{,}25\right)}$$ [284]

Die Zielfunktion des Optimierungskalküls zur Ermittlung des minimal geforderten haftenden Eigenkapitals lautet wie folgt.

Zusätzliche Variable:

$KBKR_f^{fin}$ = Korrekturbetrag zur Steuerung der Berücksichtigung von Zuschlägen für Wertschwankungen des Kredites f in GE

[284] Der hier verwendete Risikoabschlag versteht sich nach Berücksichtigung expliziter Haltedauern und Nachschußverpflichtungen gemäß den Formeln des Konsultationspapiers (IKE Nr. 147 ff.). Siehe hierzu auch die Gleichungen (3.5) und (3.6) im Kapitel 3.1.2.

$$(5.16)\quad hEK^{U} = \underbrace{0{,}08 \cdot \sum_{f=1}^{F} rw_f \cdot \left(\underbrace{\beta_f^{fin} \cdot KRvR_f}_{\text{um Risikozuschläge korrigierter Kreditbetrag vor Sicherheitenanwendung}} - \underbrace{\left(\sum_{j}^{J} x_{fj}^{fin} \cdot S_{fj} \cdot \alpha_{fj}^{fin} \right)}_{\text{Betrag der für Kredit f verwendeten finanziellen Sicherungsmittel}} - \underbrace{KBKR_f^{fin}}_{\text{Korrekturvariable für den Kreditrisikozuschlag}} \right)}_{\text{haftendes Eigenkapital für unbesicherte Kreditbeträge vor Garantieberücksichtigung}}$$

$$\underbrace{-0{,}08 \cdot \sum_{f=1}^{F} \sum_{g=1}^{G} \left(rw_f - rw_g \right) \cdot \underbrace{x_{fg} \cdot G_{fg}^{korr}}_{\text{um Risikoabschläge korrigierter Garantiebetrag, der zur Besicherung verwendet wird}}}_{\text{durch Anwendung von Garantien erreichte Reduktion des benötigten haftenden Eigenkapitals}} \rightarrow \min$$

In der ersten Zeile der Zielfunktion (5.16) wird die Eigenkapitalhöhe für den unbesicherten Restkreditbetrag vor Berücksichtigung von Garantien ermittelt. Mit Hilfe der zweiten Zeile wird die Risikominderung durch Garantien bestimmt. Ein niedrigeres Risikogewicht des Garanten infolge höherer Bonität als das Risikogewicht des Kreditnehmers/Kredites führt zu einer Reduktion des benötigten haftenden Eigenkapitals.

Mit Hilfe der nachstehenden Nebenbedingungen (5.17) und (5.18) wird zunächst wieder die Variable $KBKR_f^{fin}$ zur Korrektur des Risikozuschlags für Wertschwankungen des Kredites wie im vorherigen Kapitel gesteuert.

$$(5.17)\quad KBKR_f^{fin} \leq \left(1 - \gamma_f^{fin}\right) \cdot L \qquad \forall f$$

$$(5.18)\quad KBKR_f^{fin} \leq \left(\beta_f^{fin} - 1\right) \cdot KRvR_f \qquad \forall f$$

Finanzielle Sicherheiten werden nur verwendet, wenn der angerechnete Betrag größer als der Risikozuschlag auf den Kreditbetrag ist.[285] Um diese Bedingung einzuhalten, werden die Nebenbedingungen (5.19) und (5.20) in das Modell aufgenommen.

[285] Vgl. das voranstehende Kapitel für die Verwendung von finanziellen Sicherheiten zur Besicherung von Krediten. Dort wird auch ein Zahlenbeispiel zur Wirkungsweise der Binärvariablen gegeben. Siehe hierzu die Erklärungen zu den Formeln (5.11) bis (5.15).

$$(5.19)\quad \left(\beta_f^{fin}-1\right)\cdot KRvR_f \leq \sum_{j=1}^{J} x_{fj}^{fin}\cdot S_j^{fin}\cdot \alpha_{fj}^{fin} + \left(1-\gamma_f^{fin}\right)\cdot L \qquad \forall f$$

$$(5.20)\quad \sum_{j=1}^{J} x_{fj}^{fin}\cdot S_j^{fin}\cdot \alpha_{fj}^{fin} \leq \gamma_f^{fin}\cdot L \qquad \forall f$$

Desweiteren ist zu gewährleisten, daß keine Übersicherung des Kreditbetrages erfolgt (5.21) und die Anrechnung von Garantien und finanziellen Sicherheiten auf ihren Höchstbetrag beschränkt ist ((5.22) und (5.23)).[286]

$$(5.21)\quad \left(\underbrace{\beta_f^{fin}\cdot KRvR_f}_{\text{um Risikozuschläge korrigierter Kreditbetrag}} - \underbrace{\sum_{g=1}^{G} x_{fg}\cdot G_{fg}^{korr}}_{\text{zur Besicherung verwendeter, um Währungs- und Laufzeitinkongruenzen korrigierter Garantie-Betrag}} - \underbrace{\sum_{j}^{J} x_{fj}^{fin}\cdot S_j^{fin}\cdot \alpha_{fj}}_{\text{zur Besicherung verwendeter, um Währungs- und Laufzeitinkongruenzen korrigierter Garantie-Betrag}} - \underbrace{KBKR_f^{fin}}_{\text{Variable zur Korrektur des Risikozuschlags auf den Kredit, falls finanzielle Sicherheiten nicht verwendet werden}}\right) \geq 0 \qquad \forall f$$

$$(5.22)\quad \sum_{f=1}^{F} x_{fg} \leq 1 \qquad \forall g$$

$$(5.23)\quad \sum_{f=1}^{F} x_{fj}^{fin} \leq 1 \qquad \forall j$$

Da Bilanzpassiva, z.B. Guthaben auf Sparkonten oder Termingeldkonten, zur Reduzierung der Eigenkapitalunterlegungspflicht aus den Aktivgeschäften einer Bank wie finanzielle Sicherheiten behandelt werden, sollen diese nicht explizit in das o.a. Modell aufgenommen werden; sie können formal wie finanzielle Sicherheiten berücksichtigt werden.[287]

Abschließend wird das Modell in der nachstehenden Tabelle 5.3 nochmals zusammengefaßt.

[286] Zur Begründung siehe die Erklärungen zur Bedingung (5.5).
Vgl. Beckmann, Christian; Papazoglou, Panajotis (2004), Seite 147 oder Gürtler, Marc; Heithecker, Dirk (2005), Seite 928, unter anderem Nebenbedingungen 6 bzw. 7.

[287] Vgl. hierzu Kapitel 3.1.3.

Zielfunktion	
Minimierung des aufsichtsrechtlich vorzuhaltenden haftenden Eigenkapitals für vorhandene Kredite durch finanzielle Sicherheiten, Kreditderivate und Garantien	$hEK = 0{,}08 \cdot \sum_{f=1}^{F} rw_f \cdot \left(\beta_f^{fin} \cdot KRvR_f\right) - 0{,}08 \cdot \sum_{f=1}^{F} rw_f \cdot \left(\sum_{j}^{J} x_{fj}^{fin} \cdot S_{fj} \cdot \alpha_{fj}^{fin}\right) - 0{,}08 \cdot \sum_{f=1}^{F} rw_f \cdot KBKR_f^{fin} - 0{,}08 \cdot \sum_{f=1}^{F} rw_f \cdot \sum_{g=1}^{G} x_{fg} \cdot G_{fg}^{korr} + 0{,}08 \cdot \sum_{f=1}^{F} \sum_{g=1}^{G} rw_g \cdot x_{fg} \cdot G_{fg}^{korr} \rightarrow min$
Nebenbedingungen	
Korrekturterm für den Risikozuschlag für mögliche Wertschwankungen des Kredites bei Verwendung von finanziellen Sicherheiten	$KBKR_f^{fin} \leq \left(\beta_f^{fin} - 1\right) \cdot KRvR_f$ $KBKR_f^{fin} \leq \left(1 - \gamma_f^{fin}\right) \cdot L$
Verknüpfung von finanziellen Sicherheiten und Risikozuschlag auf den Kreditbetrag	$\left(\beta_f^{fin} - 1\right) \cdot KRvR_f \leq \sum_{j=1}^{J} x_{fj}^{fin} \cdot S_j^{fin} \cdot \alpha_{fj} + \left(1 - \gamma_f^{fin}\right) \cdot L$ $\sum_{j=1}^{J} x_{fj}^{fin} \cdot S_j^{fin} \cdot \alpha_{fj}^{fin} \leq \gamma_f^{fin} \cdot L$
Verhinderung der Übersicherung des vorhandenen Kredites durch Garantien und finanzielle Sicherheiten	$\left(\beta_f^{fin} \cdot KRvR_f - \sum_{g=1}^{G} x_{fg} \cdot G_{fg}^{korr} - \sum_{j}^{J} x_{fj}^{fin} \cdot S_j^{fin} \cdot \alpha_{fj} - KBKR_f^{fin}\right) \geq 0$
Beschränkung finanzieller Sicherheiten auf den vorhandenen Wert	$\sum_{f=1}^{F} x_{fj}^{fin} \leq 1$
Beschränkung von Garantien auf den vorhandenen Wert	$\sum_{f=1}^{F} x_{fg} \leq 1$

Tab. 5.3: Optimierungsansatz für die Sicherheitenaufteilung zur Minimierung der Eigenkapitalverpflichtung bei Berücksichtigung von finanziellen Sicherheiten und Garantien

Als weitere Möglichkeit zur Berechnung des nachzuweisenden Haftungskapitals von Banken steht der IRB-Ansatz zur Verfügung.

5.4 Optimierung der Sicherheitenverwendung bei Anwendung des IRB-Ansatzes

Wie in den vorherigen Ausführungen sollen auch für die Anrechnung von Sicherheiten im IRB-Ansatz zunächst nur finanzielle Sicherheiten berücksichtigt werden, um die Verfahrensweise der Kreditbesicherung im IRB-Ansatz zu verdeutlichen.

5.4.1 Stellung von finanziellen Sicherheiten

Als Zielfunktion dient wiederum der Grundansatz zur Ermittlung des benötigten haftenden Eigenkapitals zur Unterlegung des Kreditausfallrisikos nach Anrechnung von Sicherheiten, den es zu minimieren gilt. Zunächst wird der Teil der Gleichung zur Berechnung des geforderten haftenden Eigenkapitals gemäß der Tabelle 3.6,

$$LGD_f \cdot \left(N\left(\frac{G(PD_f) + \sqrt{\rho_f} \cdot G(0{,}999)}{\sqrt{(1-\rho_f)}} \right) - PD_f \right) \cdot \frac{1 + \left(T_f^{Rest} - 2{,}5\right) \cdot b(PD_f)}{1 - 1{,}5 \cdot b(PD_f)},$$

der nur von der Ausfallwahrscheinlichkeit abhängig ist (gesamter o.a. Term außer LGD_f), aus Vereinfachungsgründen in einer Veränderlichen zusammengefaßt.[288] Für den Fall vorgegebener Daten des Kredites und des Kreditnehmers ist diese Veränderliche als Konstante vorzugeben. Dadurch ergibt sich die verkürzte Darstellungsweise einer Zielfunktion (5.24), in der gemäß den Bedingungen für die Herleitung von Gleichung (3.10) das benötigte haftende Eigenkapital für Kredite an das Unternehmen U bestimmt wird.

Zusätzliche Variablen:

$LGDnR_f$ = Verlustquote für den risikobehafteten Restkreditbetrag nach Anwendung risikosenkender Sicherheiten in GE/GE

Zusätzliche Konstante:

$FaKons_f$ = **Fa**ktor gemäß **Kons**ultationspapier (IKE Nr. 272) für die Ermittlung des aufsichtsrechtlich benötigten haftenden Eigenkapitals in GE/GE, dieser Faktor ist ausschließlich von der Ausfallwahrscheinlichkeit und der Kredit-Restlaufzeit abhängig [289]

[288] Diese Vorgehensweise findet sich auch wieder bei Beckmann, Christian; Papazoglou, Panajotis (2004), Seite 146.

[289] Die Größenerweiterung für Kredite an KMU soll hier nicht dargestellt werden, weil die zusätzlich zu berücksichtigenden Faktoren aufgrund der gegebenen Kreditdaten als konstant für die hier zu untersuchende Fragestellung angenommen werden können.

$$= \left[N\left(\frac{G(PD_f) + \sqrt{\rho_f} \cdot G(0{,}999)}{\sqrt{(1-\rho_f)}} \right) - PD_f \right] \cdot \frac{1 + \left(T_f^{Rest} - 2{,}5\right) \cdot b(PD_f)}{1 - 1{,}5 \cdot b(PD_f)}$$

$$(5.24) \quad hEK^U = \sum_{f=1}^{F} LGDnR_f \cdot EAD_f \cdot FaKons_f \qquad \rightarrow \min$$

Anerkennungsfähige finanzielle Sicherheiten werden gemäß IKE Nr. 290 f. im IRB-Basisansatz ähnlich wie im umfassenden Standardansatz behandelt. Der sieht vor, daß finanzielle Sicherheiten den Kreditbetrag aufsichtsrechtlich mindern, so daß für diese besicherte Kredittranche kein Eigenkapital von der Bank vorzuhalten ist. Da der Kreditbetrag jedoch nicht explizit in den Formeln des Konsultationspapiers zur Eigenkapitalunterlegung des IRB-Ansatzes erscheint, werden finanzielle Sicherheiten durch die Korrektur der Verlustquote berücksichtigt. Die nach IKE Nr. 291 vorgegebene Vorgehensweise wird mit Hilfe der Gleichung (5.25) formal dargestellt.

Zusätzliche Konstanten:

$LGDvR_f$ = Verlustquote bei Ausfall für Kredit f vor Sicherheiten in GE/GE

$KRvR_f$ = Wert der ausstehenden Forderungen f vor Anrechnung von Sicherheiten (**Kr**editbetrag **v**or Risikominderung) in GE

Zusätzliche Variablen:

$KRnR_f$ = Wert der ausstehenden Forderung f nach Anrechnung von Sicherheiten (**Kr**editbetrag **n**ach **R**isikominderung) in GE

$LGDnR_f$ = Verlustquote bei Ausfall für Kredit f nach Anrechnung von Sicherheiten (**LGD** **n**ach **R**isikominderung) in GE/GE

$$(5.25) \quad LGDnR_f = \max\left\{0, LGDvR_f \cdot \frac{KRnR_f}{KRvR_f}\right\} \qquad \forall f$$ [290]

Die um finanzielle Sicherheiten korrigierte Verlustquote $LGDnR_f$ in der vorstehenden Gleichung (5.25) ergibt sich gemäß IKE Nr. 291 durch Multiplikation der Verlustquote ohne Besicherung $LGDvR_f$ mit dem Quotienten aus den Forderungen nach Risikominderung $KRnR_f$ und den Forderungen vor Risikominderung $KRvR_f$. Die Forderungen nach Risikominderung $KRnR_f$ werden dabei wie im umfassenden Standardansatz ermittelt, demzufolge

[290] Vgl. IKE Nr. 291.

vom Kreditbetrag vor Risikominderung $KRvR_f$ der Betrag der angewendeten finanziellen Sicherungsmittel subtrahiert wird.[291]

Eine Erhöhung des Sicherheitenbetrages führt zu einer Verringerung des Forderungsbetrages nach Risikominderung $KRnR_f$ da ein höherer Betrag vom Kreditbetrag vor Risikominderung aufsichtsrechtlich subtrahiert wird.[292] Dadurch sinkt die Verlustquote $LGDnR_f$ im Vergleich zur Verlustquote ohne Sicherheitenanrechnung $LGDvR_f$. Nach Einsetzen des Ausdrucks für den Forderungsbetrag nach Risikominderung $KRnR_f$ in die o.a. Gleichung (5.25) ergibt sich für die korrigierte Verlustquote der folgende Zu-sammenhang:

$$(5.26)\quad LGDnR_f = \max\left\{0, LGDvR_f \cdot \frac{\beta_f^{fin} \cdot KRvR_f - \sum_j^J x_{fj}^{fin} \cdot S_j^{fin} \cdot \alpha_{fj}^{fin}}{KRvR_f}\right\} \quad \forall f$$

Der Ausdruck für die Verlustquote nach Risikominderung gemäß Gleichung (5.26) wird in die Zielfunktion (5.24) eingesetzt. Es soll wiederum die minimale Eigenkapitalanforderung für die gegebenen Kredite eines Unternehmens durch eine optimale Aufteilung vorhandener Sicherheiten erreicht werden. Es ergibt sich der nachstehende Ausdruck (5.27) gemäß IKE Nr. 272 und 291.[293]

$$(5.27)\quad hEK^U = \sum_{f=1}^{F} \underbrace{LGDvR_f \cdot \frac{\beta_f^{fin} \cdot KRvR_f - \sum_j^J x_{fj}^{fin} \cdot S_j^{fin} \cdot \alpha_{fj}^{fin}}{KRvR_f}}_{\text{Verlustquote nach Risikominderung durch finanzielle Sicherheiten}} \cdot EAD_f \cdot FaKons_f \rightarrow \min$$

Durch die Gleichung (5.27) ist das gemäß dem Konsultationspapier benötigte haftende Eigenkapital einer Bank für alle Kredite eines Unternehmens U vollständig beschrieben, wenn nur finanzielle Sicherheiten zur Besicherung von Krediten zur Verfügung stehen. Für die Modellgestaltung ergeben sich jedoch wiederum zwei Probleme. Zum einen ist modellendogen zu gewährleisten, daß der Risikozuschlag auf den Kreditbetrag für mögliche Wertschwankungen

291 Siehe hierzu das vorherige Kapitel 5.3.2.1 insbesondere die Gleichung (5.6).

292 Siehe hierzu die Gleichung (5.13).

293 Diese Art der Zielfunktion (Minimierung des aufsichtsrechtlich benötigten haftenden Eigenkapitals wird auch bei Hailer, Angelika; Loch, Friedemann; Stork, Peter (2002), bei Beckmann, Christian; Papazoglou, Panajotis (2004) und bei Heithecker, Dirk; Gürtler, Marc (2005) verwendet. Jedoch fehlt bei allen genannten der Korrekturfaktor für den Kreditbetrag, der im folgenden eine wesentliche Erweiterung der Modellierung des Modells erfordert.

des Kredites nur angewendet wird, wenn finanzielle Sicherheiten verwendet werden, zum anderen muß die in linearen Optimierungsmodellen nicht erlaubte multiplikative Verknüpfung von Variablen in der Gleichung (5.27) verhindert werden.[294] Hierfür wird der geschätzte Kreditbetrag im Ausfallzeitpunkt EAD_f durch den vorgegebenen aktuellen Kreditbetrag ersetzt. Diese Vorgehensweise ist konsistent zu den Bestimmungen des Konsultationspapiers (IKE Nr. 474). Durch diese Prämisse kann im Nenner der Forderungsbetrag vor Risikominderung $KRvR_f$ und im Zähler der Kreditbetrag im Ausfallzeitpunkt EAD_f gekürzt und damit die Gleichung (5.27) vereinfacht werden. Die Problematik der Anwendung des Zuschlags auf den Kreditbetrag aufgrund der Anrechnung finanzieller Sicherheiten wird wie im vorherigen Kapitel durch die Einführung der bereits bekannten Hilfsvariablen $KBKR_f^{fin}$ gelöst. Durch diese beiden Überlegungen (Kürzung und Aufnahme Korrekturvariable) läßt sich die Zielfunktion des Optimierungsmodells (5.27) wie folgt schreiben (Gleichung (5.28)).[295]

$$(5.28)\quad hEK^U = \sum_{f=1}^{F} LGDvR_f \cdot \left(\underbrace{\beta_f^{fin} \cdot KRvR_f}_{\text{um Risikozuschläge korrigierter Kreditbetrag vor Anrechnung von Sicherheiten}} - \underbrace{\sum_j x_{fj}^{fin} \cdot S_j^{fin} \cdot \alpha_{fj}^{fin}}_{\text{zur Besicherung verwendete, um Risikoabschläge korrigierte finanzielle Sicherheiten}} - \underbrace{KBKR_f^{fin}}_{\text{Korrekturterm (Hilfsvariable) zur Berücksichtigung der Nichtanwendung des Risikozuschlags auf den Kredit bei Nichtanrechnung von finanziellen Sicherheiten}} \right) \cdot FaKons_f \rightarrow \min$$

In der Gleichung (5.28) wird wiederum das haftende Eigenkapital der Bank für alle Kredite an Unternehmen U berechnet. In der Klammer wird hierfür der Kreditbetrag nach Anrechnung von finanziellen Sicherheiten bestimmt.

Die Nebenbedingungen sind wie im umfassenden Standardansatz zu definieren. Zunächst ist die zur Korrektur des Risikozuschlages für Kredite verwendete Hilfsvariable $KBKR_f^{fin}$ in ihrer Höhe auf den Risiko-Zuschlag für den Kredit $\left(\beta_f^{fin} - 1\right) \cdot KRvR_f$ zu begrenzen (Gleichung (5.29)), damit durch das Modell keine Eigenkapitalreduzierung ohne Verwendung von Sicherheiten erfolgt.

[294] Vgl. hierzu auch die Ausführungen in Kapitel 5.3.2.1, insbesondere die Beschreibungen zu den Bedingungen (5.10) bis (5.15).

[295] Diese Vorgehensweise findet sich auch wieder bei Beckmann, Christian; Papazoglou, Panajotis (2004), Seite 146. Dort sind jedoch weitere Sicherheiten berücksichtigt. Die Zielfunktion (5.31) ist eine Vereinfachung der bei Beckmann und Papazoglou zu findenden Zielfunktion.

$$(5.29)\quad KBKR_f^{fin} \leq \left(\beta_f^{fin} - 1\right) \cdot KRvR_f \qquad \forall f$$

Zum anderen ist diese Hilfsvariable an die Verwendung von finanziellen Sicherheiten zu knüpfen (Gleichung (5.30)). Nur wenn finanzielle Sicherheiten nicht verwendet werden, darf die Hilfsvariable den Wert des Kredit-Risikozuschlags annehmen, da dann nach Basel II der Risikozuschlag nicht anzuwenden ist. Letzteres wird wie in den vorangehenden Kapiteln durch die Verknüpfung des Risikozuschlags $KBKR_f^{fin}$ mit der Binärvariable γ_f^{fin} mit Hilfe der Nebenbedingung (5.30) gewährleistet. Nimmt die Binärvariable γ_f^{fin} den Wert 'Eins' an, werden finanzielle Sicherheiten folglich zur Besicherung des Kredites f verwendet, muß nach Basel II der Risikozuschlag auf den Kreditbetrag durchgeführt werden. In der Zielfunktion muß die Korrekturvariable deshalb den Wert 'Null' annehmen, was durch die nachstehende Nebenbedingung (5.30) sichergestellt wird.

$$(5.30)\quad KBKR_f^{fin} \leq \left(1 - \gamma_f^{fin}\right) \cdot L \qquad \forall f$$

Desweiteren ist die Binärvariable γ_f^{fin} so mit den finanziellen Sicherheiten $x_{fj}^{fin} \cdot S_j^{fin} \cdot \alpha_{fj}^{fin}$ zu verknüpfen, daß sie nur dann einen Wert von 'Eins' annimmt, wenn finanzielle Sicherheiten berücksichtigt werden (Bedingungen (5.31) und (5.32)). Nur in diesem Fall ist nach Basel II ein Risikoaufschlag auf den Kredit anzuwenden; die Korrekturvariable $KBKR_f^{fin}$ erhält dann den Wert 'Null'.

$$(5.31)\quad \underbrace{\sum_{j=1}^{J} x_{fj}^{fin} \cdot S_j^{fin} \cdot \alpha_{fj}^{fin}}_{\text{zur Besicherung verwendete, um Risikoabschläge korrigierte finanzielle Sicherheiten}} \leq \gamma_f^{fin} \cdot L \qquad \forall f$$

$$(5.32)\quad \underbrace{\left(\beta_f^{fin} - 1\right) \cdot KRvR_f}_{\text{Risikozuschlag auf den Kreditbetrag, wenn finanzielle Sicherheiten verwendet werden}} \leq \underbrace{\sum_{j=1}^{J} x_{fj}^{fin} \cdot S_j^{fin} \cdot \alpha_{fj}^{fin}}_{\text{zur Besicherung verwendete, um Risikoabschläge korrigierte finanzielle Sicherheiten}} + \underbrace{\left(1 - \gamma_f^{fin}\right) \cdot L}_{\text{Term zur Steuerung des Einsatzes von finanziellen Sicherheiten}} \qquad \forall f$$

Die Begrenzung der Anrechnung finanzieller Sicherheiten auf die Höhe des korrigierten Kreditbetrages muß durch eine weitere Bedingung (5.33) erfolgen, damit eine Übersicherung ausgeschlossen ist.[296]

$$(5.33)\quad \underbrace{\sum_{j=1}^{J} x_{fj}^{fin} \cdot S_j^{fin} \cdot \alpha_{fj}^{fin}}_{\text{zur Besicherung verwendete, um Risikoabschläge korrigierte finanzielle Sicherheiten}} \leq \underbrace{\beta_f^{fin} \cdot KRvR_f}_{\text{um Risikozuschläge korrigierter Kreditbetrag}} \qquad \forall f$$

Abschließend wird das gesamte lineare Optimierungsmodell noch einmal in Tabelle 5.4 als Gesamtdarstellung zusammengefaßt.

Zielfunktion	
Minimierung des aufsichtsrechtlich vorzuhaltenden haftenden Eigenkapitals für vorhandene Kredite durch finanzielle Sicherheiten	$hEK^U = \sum_{f=1}^{F} LGDvR_f \cdot \beta_f^{fin} \cdot KRvR_f \cdot FaKons_f - \sum_{f=1}^{F} LGDvR_f \cdot \sum_{j}^{J} x_{fj}^{fin} \cdot S_j^{fin} \cdot \alpha_{fj}^{fin} \cdot FaKons_f - \sum_{f=1}^{F} LGDvR_f \cdot KBKR_f^{fin} \cdot FaKons_f$
Nebenbedingungen	
Steuerung der Hilfsvariablen für die Anwendung des Risikozuschlags auf den Kreditbetrag	$KBKR_f^{fin} \leq \left(\beta_f^{fin} - 1\right) \cdot KRvR_f$ $KBKR_f^{fin} \leq \left(1 - \gamma_f^{fin}\right) \cdot L$
Verknüpfung finanzieller Sicherheiten und Risikozuschlag	$\left(\beta_f^{fin} - 1\right) \cdot KRvR_f \leq \sum_{j=1}^{J} x_{fj}^{fin} \cdot S_j^{fin} \cdot \alpha_{fj} + \left(1 - \gamma_f^{fin}\right) \cdot L$ $\sum_{j=1}^{J} x_{fj}^{fin} \cdot S_j^{fin} \cdot \alpha_{fj}^{fin} \leq \gamma_f^{fin} \cdot L$

[296] Die Erläuterungen zu den Nebenbedingungen sind dem voranstehenden Kapitel zu entnehmen. Für alle Variablen gilt die Nichtnegativitätsbedingung. Vgl. die Erläuterungen zu den Bedingungen (5.17) bis (5.20).

Verhinderung der Übersicherung	$\sum_{j=1}^{J} x_{fj}^{fin} \cdot S_j^{fin} \cdot \alpha_{fj}^{fin} \leq \beta_f^{fin} \cdot KRvR_f$
Beschränkung der Anwendung von finanziellen Sicherheiten auf den vorhandenen Sicherheitenwert	$\sum_{f=1}^{F} x_{fj}^{fin} \leq 1$

Tab. 5.4: Optimierungsansatz für die Sicherheitenaufteilung zur Minimierung der Eigenkapitalverpflichtung im IRB-Ansatz bei Berücksichtigung von finanziellen Sicherheiten

Zusätzlich können in den IRB-Ansätzen sogenannte IRB-Sicherheiten für die Reduzierung der Eigenkapitalunterlegung der Kreditinstitute verwendet werden, wodurch das aufsichtsrechtlich benötigte haftende Eigenkapital weiter reduziert werden kann. Die Verfahrensweise im Modell wird im folgenden Kapitel 5.4.2 zunächst für die alleinige Verwendung von IRB-Sicherheiten dargestellt.

5.4.2 Verwendung von IRB-Sicherheiten

Damit IRB-Sicherheiten zur Besicherung von Krediten verwendet werden dürfen, müssen sie gemäß Basel II in bestimmter Höhe vorliegen. In IKE Nr. 295 werden dafür Schwellenwerte in Prozent des zu besichernden Kreditbetrages definiert. Wird diese Schwelle durch das IRB-Sicherungsmittel überschritten, darf es zur Besicherung des Kredites und zur Senkung des aufsichtsrechtlich benötigten haftenden Eigenkapitals verwendet werden. Bei Unterschreiten ist dieses Sicherungsmittel aufsichtsrechtlich wertlos, es gilt als nicht risikomindernd.[297] Neben dieser unteren Schwelle wird je IRB-Sicherungsart eine weitere Schwelle in IKE Nr. 295 vorgegeben, die durch den Sicherheitenwert überschritten werden muß, damit ein Kredit als vollständig besichert gilt (Übersicherungsquote).[298]

Im Konsultationspapier wird keine Angabe gemacht, ob IRB-Sicherheiten um Abschläge für Wertschwankungen und Währungsinkongruenzen korrigiert werden müssen. Ebenso wird nicht explizit angeführt, ob der Kreditbetrag um Zuschläge für mögliche Wertschwankungen

[297] Eine Begründung des Ausschlusses von IRB-Sicherungsmitteln bei der Besicherung von Krediten für den Fall, daß deren Wert den unteren Schwellenwert nicht erreicht, wird im Konsultationspapier nicht gegeben. Da ohnehin für voll besicherte Kredittranchen der IRB-Sicherheitenwert den Kreditwert übersteigen muß (Risikozuschläge) ist der Ausschluß von geringwertigen IRB-Sicherungsmitteln auch durch ein strenges Sicherheitsdenken nicht zu begründen.

[298] Diese im Basler Konsultationspapier enthaltenen Bedingungen für die Verwendung von IRB-Sicherheiten sind im Kapitel 3.2.5 an einem Zahlenbeispiel verdeutlicht worden.

zu korrigieren ist. In der Bankpraxis ist deshalb zu erwarten, daß IRB-Sicherheiten und Kredite mit ihren Ursprungswerten angesetzt werden. Aufgrund der Definition von Übersicherungsgrenzen, ab denen ein Kredit erst als vollständig besichert gilt, kann ebenfalls angenommen werden, daß damit mögliche Wertschwankungen vollständig erfaßt werden. Deshalb kann auf zusätzliche Korrekturen für Wertschwankungen sowohl der Sicherheiten als auch des Kreditbetrages verzichtet werden. Jedoch wird im folgenden vorsichtshalber angenommen, daß sowohl Laufzeitinkongruenzen bei der Absicherung als auch das Währungsrisiko zusätzlich zu berücksichtigen sind, so daß für das Wechselkursrisiko eine Korrektur der IRB-Sicherheiten mit Hilfe eines Abschlags erfolgen muß. Allerdings fehlt auch hier eine exakte Vorgabe durch das Konsultationspapier.

Aus den vorstehenden Bedingungen für die Verwendung von IRB-Sicherheiten folgt die nachstehende Vorgehensweise für deren Anrechnung im Modell zur Optimierung der Sicherheitenaufteilung. Zunächst ist das Verhältnis aus Sicherheitenbetrag und Forderungsbetrag zu ermitteln.

Zusätzliche Konstanten:

S_j^{IRB} = Betrag des vorhandenen IRB-Sicherungsmittels j in GE

$S_{fj}^{IRB,korr}$ = um Sicherheitsabschläge für Währungsinkongruenzen und Laufzeitinkongruenzen zwischen IRB-Sicherungsmittel j und Kredit f berichtigter Wert der Sicherheit j in GE

$$S_{fj}^{IRB,korr} = S_j^{IRB} \cdot \left[1 - RAW_{fj}\right] \cdot \frac{T_j^{Rest} - 0,25}{T_f^{Rest} - 0,25}$$ [299]

Zusätzliche Variablen:

$VSKR_f$ = Verhältnis aus Summe der Sicherheiten einer IRB-Sicherungsart und dem vorhandenen aufgenommenen **Kr**editbetrag f in GE/GE

x_{fj}^{IRB} = Anteil des IRB-Sicherungsmittels j zur anteiligen Besicherung des Kredites f für die Reduzierung des aufsichtsrechtlich benötigten haftenden Eigenkapitals in GE/GE

$$(5.34)\quad VSKR_f = \frac{\sum_{j=1}^{J} x_{fj}^{IRB} \cdot S_{fj}^{IRB,korr}}{KRvR_f} \qquad \forall f$$

[299] Der hier verwendete Risikoabschlag versteht sich nach Berücksichtigung expliziter Haltedauern und Nachschußverpflichtungen gemäß den Formeln des Konsultationspapiers. Siehe hierzu auch die Gleichungen (3.6) und (3.7) im Kapitel 3.1.2.

Die prozentuale Sicherungsquote $VSKR_f$ nach Gleichung (5.34) wird mit den vorgegebenen Schwellenwerten in IKE Nr. 295 verglichen. Die Sicherheit findet bei der Besicherung des Kredites keine Verwendung, wenn die ermittelte Sicherungsquote unterhalb der Mindestbesicherungsquote gemäß der dritten Spalte in der nachstehenden Tabelle 5.5 liegt (IKE Nr. 295). Dem Kredit f wird dann die Verlustquote für unbesicherte Kredite zugewiesen. Bei Überschreitung des maximalen Verhältnisses aus Sicherungsmittel und Kreditbetrag gemäß Spalte 4 der Tabelle 5.5 wird der Forderung eine Verlustquote nach Risikominderung in Höhe der in Spalte 2 angegebenen Werte zugewiesen (IKE Nr. 295 ff.). Fällt die prozentuale Sicherungsquote zwischen die Mindestsicherungsquote und dem maximalen Verhältnis aus Sicherheiten und Kreditbetrag, müssen für die Ermittlung der Verlustquote nach Risikominderung die Forderungsbeträge vor Sicherheiten in einen voll besicherten und einen Blanko-Anteil zerlegt werden (IKE Nr. 296). Dem vollständig besicherten Forderungsanteil wird die Verlustquote der zugeordneten Sicherheit zugewiesen, der verbleibende Blanko-Anteil erhält die Verlustquote für unbesicherte Kredite.[300] Für die finanziellen Sicherheiten wird gemäß IKE Nr. 295 keine Verlustquote festgesetzt, weil die mit finanziellen Sicherheiten unterlegten Kreditbeträge als sicher gelten. Darüber hinaus erfolgt keine Schwellenwertberechnung für den Ansatz von finanziellen Sicherheiten, so daß bereits ab der ersten Geldeinheit eine Reduktion der Eigenkapitalverpflichtung erreicht wird.[301]

Zusätzliche Konstanten:

$I^{u,IRB}$ = Verhältnis aus Summe der verwendeten IRB-Sicherungsmitteln und Kreditbetrag in GE/GE gemäß IKE Nr. 295, das mindestens eingehalten werden muß, damit die IRB-Sicherungsmittel verwendet werden dürfen (Mindestsicherungsquote)

$I^{o,IRB}$ = Verhältnis aus Summe der verwendeten IRB-Sicherungsmitteln und Kreditbetrag in GE/GE gemäß IKE Nr. 295, ab dem der Kreditbetrag als vollständig besichert gilt (Übersicherungsquote)

---

300 Für ein Zahlenbeispiel siehe das Kapitel 3.2.5.

301 Dafür muß bei Verwendung von finanziellen Sicherheiten jedoch der Kreditbetrag um Risikozuschläge erhöht werden. Dieses gilt jedoch nicht für Geldleihen. (Vgl. die Ausführungen in den vorstehenden Kapiteln zur Berücksichtigung von finanziellen Sicherheiten.)

	Verlustquote in % LGD^{IRB}	Mindestsicherungsquote für die Anwendung von IRB Sicherheiten in % des zu besichernden Kreditbetrages $I^{u,IRB}$	maximale Sicherungsquote für die vollständige Besicherung des Kredites in % des zu besichernden Kreditbetrages $I^{o,IRB}$
für die Risikominderung anerkannte finanzielle Sicherheiten gemäß IKE Nr. 145 f.	0 %	0 %	n.a.
Forderungsabtretungen	35 %	0 %	125 %
Sicherheiten in Form von Rechten an gewerblichen und Wohnimmobilien	35 %	30 %	140 %
sonstige Sicherheiten	40 %	30 %	140 %

Tab. 5.5: Mindest-Verlustquote für die Berechnung des aufsichtsrechtlich geforderten haftenden Eigenkapitals für den besicherten Teil von Forderungen nach IKE Nr. 295

Der voll besicherte Forderungsanteil $vbKR_f$ wird durch das Einsetzen der oberen Schranke $I^{o,IRB}$ als prozentuale Sicherungsquote $VSKR_f$ in die Gleichung (5.34) i.V.m. anschließende Umstellung nach dem Forderungsbetrag $KRvR_f$ berechnet.

Zusätzliche Variablen:

$vbKR_f$ = **v**oll **b**esicherter Forderungsbetrag des **Kr**edites f in GE

Aus (5.34)

$$VSKR_f = \frac{\sum_{j=1}^{J} x_{fj}^{IRB} \cdot S_{fj}^{IRB,korr}}{KRvR_f} \quad \Big| \; VSKR_f = I^{o,IRB}\,;\; KRvR_f = vbKR_f$$

folgt durch die oben genannte Vorgehensweise die Gleichung (5.35):

$$(5.35)\quad vbKR_f = \frac{\sum_{j=1}^{J} x_{fj}^{IRB} \cdot S_{fj}^{IRB,korr}}{I^{o,IRB}} \qquad \forall\, f$$

In der vorstehenden Gleichung (5.35) dürfen jeweils nur Sicherungsmittel einer sogenannten IRB-Sicherungsart eingesetzt werden, bspw. also nur Forderungsabtretungen, da für jede IRB-Sicherungsart separat die Grenzen $I^{u,IRB}$ und $I^{o,IRB}$ laut Tabelle 5.5 einzuhalten sind. Im folgenden wird nun aus Vereinfachungsgründen die Optimierung der Sicherheitenaufteilung zur Reduzierung des aufsichtsrechtlich benötigten haftenden Eigenkapitals für den Fall dargestellt, daß nur eine Art von IRB-Sicherheiten zur Absicherung der Kredite zur Verfügung steht, auch finanzielle Sicherheiten oder Garantien werden nicht berücksichtigt. Dadurch wird die Umsetzung der obigen Bedingungen an die Verwendung von IRB-Sicherheiten für die Besicherung von vorhandenen Krediten im linearen Optimierungskalkül deutlicher. Die Zielfunktion des nachfolgend zu formulierenden Optimierungskalküls (5.36) zur Minimierung des aufsichtsrechtlich geforderten haftenden Eigenkapitals für die Kredite eines Unternehmens weist bei Verwendung einer IRB-Sicherheitenart die folgende Form auf.

Zusätzliche Konstanten:

LGD^{IRB} = vorgegebene Verlustquote für die jeweilige IRB-Sicherungsart in GE/(GE · PE)

(5.36)
$$hEK^{U} = \underbrace{\sum_{f=1}^{F} \left(\underbrace{\frac{\dfrac{\sum_{j=1}^{J} x_{fj}^{IRB} \cdot S_{fj}^{IRB,korr}}{I^{o,IRB}}}{KRvR_f}}_{\text{voll besicherter prozentualer Anteil des Kredites f}} \cdot LGD^{IRB} \cdot EAD_f \cdot FaKons_f \right)}_{\text{Eigenkapitalanforderung für die Gesamtheit der voll besicherten Kreditbeträge}}$$

$$+ \underbrace{\sum_{f=1}^{F} \left(\underbrace{\frac{KRvR_f - \dfrac{\sum_{j=1}^{J} x_{fj}^{IRB} \cdot S_{fj}^{IRB,korr}}{I^{o,IRB}}}{KRvR_f}}_{\text{unbesicherter prozentualer Anteil des Kredites f}} \cdot LGDvR_f \cdot EAD_f \cdot FaKons_f \right)}_{\text{Eigenkapitalanforderung für die Gesamtheit der nicht besicherten Kreditbeträge}} \rightarrow \min$$

Mit Hilfe des ersten Teils der Zielfunktion (5.36) wird die Eigenkapitalunterlegungspflicht für die Gesamtheit der voll besicherten Kreditbeträge ermittelt. Der zweite Teil der Zielfunktion (5.36) beinhaltet das benötigte Eigenkapital zur Unterlegung des Restausfallrisikos für alle **unbesicherten** Kreditanteile. Eine erste Vereinfachung ist möglich, indem der Kreditbetrag im Verlustzeitpunkt EAD_f und der Forderungsbetrag **vor** Risikominderung $KRvR_f$ gleichgesetzt werden.[302] Daraus ergibt sich folgender Ausdruck:[303]

$$(5.37)\quad hEK^U = \underbrace{\sum_{f=1}^{F} \underbrace{\frac{\sum_{j=1}^{J} x_{fj}^{IRB} \cdot S_{fj}^{IRB,korr}}{I^{o,IRB}}}_{\text{durch IRB-Sicherheiten voll besicherter Betrag des Kredites f}} \cdot \left(LGD^{IRB} - LGDvR_f\right) \cdot FaKons_f}_{\text{Reduzierung des haftenden Eigenkapitals durch Verwendung von IRB-Sicherheiten, dieser Term ist immer kleiner gleich null, da } LGD^{IRB} \le LGDvR_f}$$

$$+ \underbrace{\sum_{f=1}^{F} KRvR_f \cdot LGDvR_f \cdot FaKons_f}_{\text{benötigtes haftendes Eigenkapital für den Gesamtkredit vor Berücksichtigung von IRB-Sicherheiten}} \quad \rightarrow \min$$

In der ersten Zeile wird der Betrag des haftenden Eigenkapitals ermittelt, der durch die Stellung von IRB-Sicherheiten eingespart wird. Da die vorgegebenen Ausfallquoten der IRB-Sicherheiten üblicherweise kleiner als die vorgegebene Verlustquote von Krediten sind, ist die erste Zeile der Zielfunktion (5.37) stets negativ. Der auf diese Weise entstehende Differenzbetrag entspricht aufsichtsrechtlich dem eingesparten haftenden Eigen-kapital **nach** Stellung von IRB-Sicherheiten. Dieser eingesparte Betrag wird vom benötigten haftenden Eigenkapital ohne Anwendung von IRB-Sicherheiten (zweite Zeile) subtrahiert, wodurch das benötigte haftende Eigenkapital **nach** Risikominderung durch IRB-Sicherheiten bestimmt wird.

Im folgenden ist durch Nebenbedingungen im Modell zu gewährleisten, daß IRB-Sicherheiten gemäß IKE Nr. 295 nur verwendet werden, wenn das Verhältnis aus Sicherungsmittel und

[302] Diese Vorgehensweise ist legitim, weil nach IKE Nr. 474 der Kreditbetrag im Ausfallzeitpunkt den aktuellen Restkreditbetrag nicht unterschreiten darf.

[303] Vgl. hierfür mit geringer Abweichung Beckmann, Christian; Papazoglou, Panajotis (2004), Seite 147.

Kreditbetrag die Mindestsicherungsquote überschreitet.[304] Hierfür wird eine Binärvariable γ_f^{IRB} eingeführt, die den Wert 'Eins' annimmt, wenn die Summe der für die Besicherung eines Kredites f verwendeten IRB-Sicherheiten einer IRB-Sicherheitenart den Mindestsicherungsbetrag gemäß IKE Nr. 295 übersteigt. Im umgekehrten Fall nimmt diese Binärvariable den Wert 'Null' an.[305]

Zusätzliche Variable:

γ_f^{IRB} = Binärvariable zur Steuerung der Anrechenbarkeit von IRB-Sicherheiten auf den Kredit f, mögliche Werte sind 0 und 1

$$\gamma_f^{IRB} = \begin{cases} 1 & \text{für } \dfrac{\sum_{j=1}^{J} x_{fj}^{IRB} \cdot S_{fj}^{IRB,korr}}{KRvR_f} \geq I^{u,IRB} \\[2ex] 0 & \text{für } \dfrac{\sum_{j=1}^{J} x_{fj}^{IRB} \cdot S_{fj}^{IRB,korr}}{KRvR_f} < I^{u,IRB} \end{cases} \qquad \forall f$$

Diese Bedingung muß im Folgenden für die Aufnahme in ein lineares Modell mit Hilfe der Bedingungen (5.38) und (5.39) ausformuliert werden, damit zum einen die Binärvariable γ_f^{IRB} mit der Verwendung von IRB-Sicherheiten $\sum_{j=1}^{J} x_{fj}^{IRB} \cdot S_{fj}^{IRB,korr}$ verknüpft ist, zum anderen die Linearität des Modells erhalten bleibt.

$$(5.38) \quad \left(1-\gamma_f^{IRB}\right) \cdot L + \sum_{j=1}^{J} x_{fj}^{IRB} \cdot S_{fj}^{IRB,korr} \geq KRvR_f \cdot I^{u,IRB} \qquad \forall f$$

Durch die Nebenbedingung (5.38) wird erreicht, daß die Binärvariable γ_f^{IRB} den Wert 'Null' annimmt, wenn IRB-Sicherheiten für die Besicherung des Kredites f nicht verwendet werden, folglich alle x_{fj}^{IRB} den Wert 'Null' annehmen. Nur in diesem Fall ist die Bedingung (5.38) erfüllt, da dann auf der linken Seite ein Wert größer 'Null' steht. Für den zweiten Fall, daß IRB-Sicherheiten verwendet werden, könnte die Binärvariable sowohl den Wert 'Eins' als auch den Wert 'Null' annehmen. In diesem Fall kann jedoch bei alleiniger Aufnahme der Ne-

[304] Zur Begründung der Anwendung von Schwellenwerten siehe den Anfang dieses Kapitels.

[305] Die Berücksichtigung der Anrechnungsgrenzen von IRB-Sicherheiten sind auch zur finden bei Beckmann, Christian; Papazoglou, Panajotis (2004), Seite 147, jedoch in einer von hier abweichenden Form.

benbedingung (5.38) in das Modell die Summe der verwendeten IRB-Sicherheitenbeträge die nach IKE Nr. 295 geforderte untere Schwelle unterschreiten, da durch den ersten Summanden in (5.38) $\left(1-\gamma_f^{IRB}\right)\cdot L$ die Bedingung (5.38) erfüllt werden würde. Die Binärvariable nimmt dann den Wert 'Null' an. Deshalb ist eine weitere Nebenbedingung einzuführen, die dafür sorgt, daß für $\gamma_f^{IRB} = 0$ keine IRB-Sicherheiten Anwendung finden. Dieses wird durch die Nebenbedingung (5.39) gewährleistet. Erhält die Binärvariable γ_f^{IRB} den Wert 'Null', damit Nebenbedingung (5.38) erfüllt ist, ist der Einsatz von IRB-Sicherheiten aufgrund (5.39) ausgeschlossen, da diese Nebenbedingung für $\gamma_f^{IRB} = 0$ nur erfüllt wird, wenn alle x_{fj}^{IRB} den Wert 'Null' annehmen.

$$(5.39) \quad \sum_{j=1}^{J} x_{fj}^{IRB} \cdot S_{fj}^{IRB,korr} \leq \gamma_f^{IRB} \cdot L \qquad \forall f$$

Die vorstehenden Nebenbedingungen (5.38) und (5.39) gewährleisten nur zusammen, daß die IRB-Sicherheiten berücksichtigt werden können, falls die Summe verschiedener Sicherheiten j **einer** IRB-Sicherungsart die untere Grenze für den Kredit übersteigt; das ist nach IKE Nr. 295 Voraussetzung, damit IRB-Sicherheiten verwendet werden dürfen.

Neben diesen Bedingungen (5.38) und (5.39) sind noch weitere zu definieren, damit eine Übersicherung eines Kredites verhindert (Nebenbedingung (5.40)) und die Verwendung der Sicherheiten auf ihren tatsächlichen Wert begrenzt wird (Nebenbedingung (5.41)). Durch die Nebenbedingung (5.40) ist die Übersicherung ausgeschlossen, da der unbesicherte Restkreditbetrag nach Anrechnung von IRB-Sicherheiten mindestens den Wert Null annehmen muß.[306]

$$(5.40) \quad KRvR_f - \frac{\sum_{j=1}^{J} x_{fj}^{IRB} \cdot S_{fj}^{IRB,korr}}{I^{o,IRB}} \geq 0 \qquad \forall f$$

Die nachstehende Nebenbedingung (5.41) sorgt dafür, daß maximal der vorhandene Sicherheitenwert bei der Besicherung von Krediten Anwendung finden kann. Hierfür ist die Summe der Anteile von Sicherheiten, die zur Besicherung der verschiedenen gegebenen Kredite f verwendet werden, auf 1 zu begrenzen.

[306] Vgl. hier und für die Nebenbedingung (5.44) Beckmann, Christian; Papazoglou, Panajotis (2004), Seite 147.

$$(5.41)\quad \sum_{f=1}^{F} x_{fj}^{IRB} \leq 1 \qquad \forall j$$

Abschließend wird das Optimierungskalkül in der Tabelle 5.6 zusammengefaßt.

Zielfunktion	
Minimierung des aufsichtsrechtlich vorzuhaltenden haftenden Eigenkapitals für vorhandene Kredite durch die Unterlegung der Kredite mit IRB-Sicherheiten	$hEK^{U} = \sum_{f=1}^{F} \frac{\sum_{j=1}^{J} x_{fj}^{IRB} \cdot S_{fj}^{IRB,korr}}{I^{o,IRB}} \cdot \left(LGD^{IRB} - LGDvR_f\right) \cdot FaKons_f + \sum_{f=1}^{F} KRvR_f \cdot LGDvR_f \cdot FaKons_f \rightarrow \min$
Nebenbedingungen	
Einhaltung der nach Basel II geforderten Mindest-anrechnung für IRB-Sicherheiten	$\left(1-\gamma_f^{IRB}\right) \cdot L + \sum_{j=1}^{J} x_{fj}^{IRB} \cdot S_{fj}^{IRB,korr} \geq KRvR_f \cdot I^{u,IRB}$ $\sum_{j=1}^{J} x_{fj}^{IRB} \cdot S_{fj}^{IRB,korr} \leq \gamma_f^{IRB} \cdot L$
Verhinderung der Übersicherung	$KRvR_f - \frac{\sum_{j=1}^{J} x_{fj}^{IRB} \cdot S_{fj}^{IRB,korr}}{I^{o,IRB}} \geq 0$
Beschränkung von IRB- Sicherheiten auf deren vorhanden Wert	$\sum_{f=1}^{F} x_{fj}^{IRB} \leq 1$

Tab. 5.6: Optimierungsansatz für die Sicherheitenaufteilung zur Minimierung der Eigenkapitalverpflichtung im IRB-Ansatz unter ausschließlicher Berücksichtigung von sog. IRB-Sicherheiten

Während bisher nur jeweils ein Sicherungsmittel im IRB-Ansatz verwendet wurde, sollen im weiteren Verlauf dieser Arbeit unterschiedliche Sicherungsmittel simultan Berücksichtigung finden.

5.4.3 Verwendung eines Sicherheitenpools zur Reduzierung der Kapitalkosten von Unternehmen bestehend aus finanziellen Sicherheiten und IRB-Sicherheiten

Wird bei der Absicherung eines Kredites ein Sicherheitenpool bestehend aus finanziellen Sicherheiten und verschiedenen IRB-Sicherheitenarten verwendet, muß die Bank die Forderung in verschiedene Tranchen teilen. Jede Tranche wird jeweils nur mit einer Sicherungsart unterlegt. Zu unterscheiden sind Forderungsanteile, die durch anerkennungsfähige

- finanzielle Sicherheiten,
- Forderungsabtretungen,
- gewerbliche Immobilien bzw. Wohnimmobilien und
- durch sonstige Sicherheiten

unterlegt werden. Als letzte Tranche ist der unbesicherte Kreditbetrag separat auszuweisen. Bei der Tranchenbildung ist gemäß IKE Nr. 296 zu beachten, daß finanzielle Sicherheiten vor allen anderen Sicherheiten zu berücksichtigen sind, weil der Kredit-Zuschlag für Wertschwankungen auf den Gesamtkreditbetrag anzuwenden ist, wenn finanzielle Sicherheiten zur Besicherung eines Kredites verwendet werden.[307] Der Gebrauch von IRB-Sicherheiten zur Reduzierung des Kreditausfallrisikos führt zu keiner Korrektur des Forderungsbetrages um Risikozuschläge für Wertschwankungen.[308] Trotz der Verwendung von Übersicherungsquoten werden IRB-Sicherheiten um Währungs- und Laufzeitinkongruenzen zwischen Kredit und Sicherheit korrigiert. Sonstige Sicherheiten und Immobiliarsicherheiten dürfen gemäß IKE Nr. 296 nur verwendet werden, wenn deren Summe die nach Basel II geforderte Mindestsicherungsquote von Krediten übersteigt. Besicherte Kredittranchen erhalten die Verlustquote des Sicherungsmittels, für nicht besicherte Kreditbeträge wird die Verlustquote des Kredites angenommen (IKE Nr. 296). Die geforderte Eigenkapitalunterlegung für den Gesamtkredit ergibt sich als Summe der Eigenkapitalunterlegungen der einzelnen Kredittranchen. Für den Optimierungsansatz ist die bereits bekannte Zielfunktion Ausgangspunkt, in der das haftende Eigenkapital für die Unterlegung des Kreditausfallrisikos minimiert wird. Die Zielfunktion hat die folgende Gestalt.

$$(5.42) \quad hEK^{U} = \sum_{f=1}^{F} \left(LGDnR_f \cdot EAD_f \cdot FaKons_f \right) \quad \rightarrow \min$$

Nach Basel II wird die Bildung von besicherten und unbesicherten Kredittranchen gefordert. Dieses wird in der Zielfunktion (5.42) durch die Aufspaltung der Verlustquote nach Berück-

[307] Siehe hierzu auch die Ausführungen zu Beginn des Kapitels 5.3.2.1.

[308] Auch hier sei nochmals darauf hingewiesen, daß die nationalen Aufsichtsbehörden eine andere Vorgehensweise vorgeben können, da im Konsultationspapier eine eindeutige Angabe nicht zu finden ist.

sichtigung von risikomindernden Sicherheiten $LGDnR_f$ erreicht. Für $LGDnR_f$ ergibt sich die Gleichung (5.43).

Zusätzliche Konstanten:

LGD^{fin} = vom Baseler Ausschuß für den IRB-Basisansatz vorgegebene Verlustquote für den durch finanzielle Sicherheiten besicherten Teil eines Kredites in GE/GE

LGD^{Imm} = vom Baseler Ausschuß für den IRB-Basisansatz vorgegebene Verlustquote für den Kreditbetrag, der durch Immobilien besichert ist, in GE/GE

LGD^{sonst} = vom Baseler Ausschuß für den IRB-Basisansatz vorgegebene Verlustquote für den Kreditbetrag, der durch sonstige IRB-Sicherheiten besichert ist, in GE/GE

LGD^{FAbtr} = vom Baseler Ausschuß für den IRB-Basisansatz vorgegebene Verlustquote für den durch Forderungsabtretungen besicherten Kreditbetrag in GE/GE

LGD^{unbes} = vom Baseler Ausschuß für den IRB-Basisansatz vorgegebene Verlustquote für den restlichen, nicht besicherten Kreditbetrag in GE/GE

Zusätzliche Variablen:

KR_f^{fin} = durch finanzielle Sicherheiten gedeckter Kreditbetrag in GE

KR_f^{FAbtr} = durch Forderungsabtretungen besicherter Kreditbetrag in GE

KR_f^{unbes} = unbesicherter Kreditbetrag in GE

KR_f^{sonst} = durch sonstige Sicherheiten gedeckter Kreditbetrag in GE

KR_f^{Imm} = durch Wohnimmobilien besicherter Kreditbetrag in GE

$$(5.43)\quad LGDnR_f = \underbrace{\frac{LGD^{fin}}{KRvR_f}\cdot KR_f^{fin}}_{\substack{\text{Anteil der Verlustquote für durch finanzielle}\\ \text{Sicherheiten besicherte Kreditbeträge an der}\\ \text{Verlustquote nach Sicherheiten}}} + \underbrace{\frac{LGD^{Imm}}{KRvR_f}\cdot KR_f^{Imm}}_{\substack{\text{Anteil der Verlustquote für durch Immobilien}\\ \text{besicherte Kreditbeträge an der Verlustquote}\\ \text{nach Sicherheiten}}} + \underbrace{\frac{LGD^{sonst}}{KRvR_f}\cdot KR_f^{sonst}}_{\substack{\text{Anteil der Verlustquote für durch sonstige}\\ \text{Sicherheiten besicherte Kreditbeträge an der}\\ \text{Verlustquote nach Sicherheiten}}}$$

$$+ \underbrace{\frac{LGD^{FAbtr}}{KRvR_f}\cdot KR_f^{FAbtr}}_{\substack{\text{Anteil der Verlustquote für durch Forderungsabtre-}\\ \text{tungen besicherte Kreditbeträge an der Verlustquote}\\ \text{nach Sicherheiten}}} + \underbrace{\frac{LGD^{unbes}}{KRvR_f}\cdot KR_f^{unbes}}_{\substack{\text{Anteil der Verlustquote für unbesicherte Kredit-}\\ \text{beträge an der Verlustquote nach Sicherheiten}}} \qquad \forall f$$

Ein Beispiel soll die Aufteilung der Verlustquote nach Risikominderung verdeutlichen. Für einen Kredit mit dem Nominalkreditbetrag von 100 GE wird durch das Modell eine mit Forderungsabtretungen besicherte Kredittranche in Höhe von 20 GE als optimal ermittelt. Eine weitere Besicherung mit anderen Sicherheitenarten erfolgt nicht. Dadurch ergibt sich für den obigen Ausdruck folgende Verlustquote nach risikomindernder Berücksichtigung von Sicherheiten:

$$\begin{aligned} LGDnR_f &= \frac{LGD^{FAbtr}}{KRvR_f}\cdot KR_f^{FAbtr} + \frac{LGD^{unbes}}{KRvR_f}\cdot KR_f^{unbes} \\ &= \frac{0,35}{100}\cdot 20 + \frac{0,45}{100}\cdot 80 \\ &= 0,43 \text{ GE/GE} \end{aligned}$$

Aus der Tranchenbildung des Kredites (20 GE mit Forderungsabtretungen besicherter Kreditbetrag, 80 GE unbesichert) kann eine durchschnittliche Verlustquote nach Verwendung von risikosenkenden Sicherheiten ermittelt werden. Diese Tranchenbildung führt zum selben haftenden Eigenkapital wie die Verwendung der Verlustquote nach Risikominderung $LGDnR_f$.

In der Gleichung (5.43) entfällt üblicherweise die Tranche der Kreditbeträge, die durch finanzielle Sicherheiten besichert wird, weil ihr eine Verlustquote von 0% zugewiesen wird ($LGD^{fin} = 0$). Daraus ergibt sich nach Einsetzen der Gleichung (5.43) in die Zielfunktion (5.42) die folgende Zielfunktion (5.44), in der wieder das benötigte haftende Eigenkapital minimiert wird.[309]

[309] Vgl. ähnlich Beckmann, Christian; Papazoglou, Panajotis (2004), Seite 148.

$$(5.44)\quad hEK^{U} = \underbrace{\sum_{f=1}^{F}\Bigg(\underbrace{\frac{LGD^{Imm}}{KRvR_f}\cdot KR_f^{Imm}}_{\substack{\text{Anteil der Verlustquote für}\\ \text{durch Immobilien besicherte}\\ \text{Kreditbeträge an der Verlust-}\\ \text{quote nach Sicherheiten}}} + \underbrace{\frac{LGD^{sonst}}{KRvR_f}\cdot KR_f^{sonst}}_{\substack{\text{Anteil der Verlustquote für}\\ \text{durch sonstige Sicherheiten}\\ \text{besicherte Kreditbeträge an der}\\ \text{Verlustquote nach Sicherheiten}}}\Bigg)\cdot EAD_f\cdot FaKons_f}_{\substack{\text{aufsichtsrechtlich geforderter Eigenkapitalbetrag für durch Immobilien}\\ \text{und sonstige Sicherheiten unterlegte Kreditbeträge}}}$$

$$+\underbrace{\sum_{f=1}^{F}\Bigg(\underbrace{\frac{LGD^{FAbtr}}{KRvR_f}\cdot KR_f^{FAbtr}}_{\substack{\text{Anteil der Verlustquote für}\\ \text{durch Forderungsabtretungen}\\ \text{besicherte Kreditbeträge an}\\ \text{der Verlustquote nach}\\ \text{Sicherheiten}}} + \underbrace{\frac{LGD^{unbes}}{KRvR_f}\cdot KR_f^{unbes}}_{\substack{\text{Anteil der Verlustquote für}\\ \text{unbesicherte Kreditbeträge}\\ \text{an der Verlustquote nach}\\ \text{Sicherheiten}}}\Bigg)\cdot EAD_f\cdot FaKons_f}_{\substack{\text{aufsichtsrechtlich geforderter Eigenkapitalbetrag für durch Forderungs-}\\ \text{abtretungen unterlegte Kreditbeträge und für unbesicherte Kreditbeträge}}}$$

$$\rightarrow \min$$

Zunächst kann der Gesamt-Forderungsbetrag $KRvR_f$ im Nenner der Summanden von Gleichung (5.44) durch Kürzen mit den Kreditbeträgen bezogen auf den Ausfallzeitpunkt EAD_f entfernt werden.[310] Dadurch ergibt sich die nachstehende Zielfunktion (5.45), die im Modell verwendet wird.

$$(5.45)\quad hEK^{U} = \underbrace{\sum_{f=1}^{F}\left(LGD^{Imm}\cdot KR_f^{Imm} + LGD^{sonst}\cdot KR_f^{sonst}\right)\cdot FaKons_f}_{\substack{\text{aufsichtsrechtlich geforderter Eigenkapitalbetrag für durch}\\ \text{Immobilien und sonstige Sicherheiten unterlegte Kreditbeträge}}}$$

$$+\underbrace{\sum_{f=1}^{F}\left(LGD^{FAbtr}\cdot KR_f^{FAbtr} + LGD^{unbes}\cdot KR_f^{unbes}\right)\cdot FaKons_f}_{\substack{\text{aufsichtsrechtlich geforderter Eigenkapitalbetrag für durch Forderungs-}\\ \text{abtretungen unterlegte Kreditbeträge und für unbesicherte Kreditbeträge}}} \rightarrow \min$$

Für das vorstehende Zahlenbeispiel nimmt die Zielfunktion (5.45) die folgende Gestalt an. Für $FaKons_f$ wird bspw. ein Wert von 0,04 GE/GE vorgegeben.

---

[310] Zur Zulässigkeit der Gleichsetzung des Forderungsbetrages im Ausfallzeitpunkt und des aktuellen Kreditbetrages siehe die vorstehenden Ausführungen und das Kapitel 3.2.1.3 mit den dort angegebenen Verweisen auf das Konsultationspapier.

$$\begin{aligned} hEK^{U} &= \left(LGD^{FAbtr} \cdot KR_f^{FAbtr} + LGD^{unbes} \cdot KR_f^{unbes}\right) \cdot FaKons_f \\ &= \left(0{,}35 \cdot 20 + 0{,}45 \cdot 80\right) \cdot 0{,}04 \\ &= 1{,}72 \text{ GE} \end{aligned}$$

Für den Kredit wären somit 1,72 GE an aufsichtsrechtlich gefordertem Haftungskapital zu halten.

Für die Zerlegung des Forderungs-Gesamtbetrages in Tranchen, die jeweils nur durch ein Sicherungsmittel besichert werden, und für die Berechnung der einzelnen Verlustquoten, sind nun die verschiedenen Bedingungen des Konsultationspapiers in weiteren Nebenbedingungen zu berücksichtigen. Zunächst ist der durch finanzielle Sicherheiten gedeckte Kreditbetrag zu ermitteln.[311]

$$(5.46)\quad KR_f^{fin} = \underbrace{\sum_j^J x_{fj}^{fin} \cdot S_j^{fin} \cdot \alpha_{fj}^{fin}}_{\substack{\text{um Risikoabschläge}\\ \text{korrigierter Wert der zur}\\ \text{Besicherung von Kredit f}\\ \text{verwendeten finanziellen}\\ \text{Sicherheiten}}} - \underbrace{\left(\beta_f^{fin} - 1\right) \cdot KRvR_f}_{\substack{\text{Risikozuschlag}\\ \text{auf den Kredit-}\\ \text{betrag f}}} + \underbrace{KBKR_f^{fin}}_{\substack{\text{Korrekturvariable}\\ \text{zur Bereinigung des}\\ \text{Risikozuschlags auf}\\ \text{den Kreditbetrag bei}\\ \text{Nichtverwendung}\\ \text{von finanziellen}\\ \text{Sicherheiten}}} \qquad \forall f$$

Dieser entspricht demnach gemäß Gleichung (5.46) der Summe der Beträge der korrigierten finanziellen Sicherheiten j, die für die Absicherung eines beliebigen Kredites f verwendet werden, abzüglich des Zuschlages auf den Kreditbetrag aufgrund möglicher Wertschwankungen des Kredites. Letzterer ist zu subtrahieren, weil er den Gesamt-Kreditbetrag erhöht, die Besicherungsquote deshalb sinkt. Im Fall der Nichtverwendung von finanziellen Sicherheiten muß der besicherte Kreditbetrag den Wert 'Null' annehmen. Jedoch ist in obiger Gleichung (5.46) der Zuschlag zum Kreditbetrag aufgrund der Formulierung immer anzuwenden, so daß eine Korrektur durch die zusätzliche Variable $KBKR_f^{fin}$ im Modell erfolgen muß, wenn keine finanziellen Sicherheiten berücksichtigt werden. Weil die Steuerung dieser Variablen

[311] Für ein Zahlenbeispiel zur Ermittlung des Werts der Binärvariablen zur Steuerung des Einsatzes von finanziellen Sicherheiten und der Korrekturvariable $KBKR_f^{fin}$ siehe die Ausführungen zu den Nebenbedingungen (5.12) bis (5.15).

$KBKR_f^{fin}$ wie in den vorherigen Kapiteln erfolgt, wird hier auf eine weitere Erklärung verzichtet.[312]

$$(5.47)\quad \underbrace{\left(\beta_f^{fin}-1\right)\cdot KRvR_f}_{\text{Risikozuschlag für Wertschwankungen des Kredites}} \le \underbrace{\sum_{j=1}^{J} x_{fj}^{fin}\cdot S_j^{fin}\cdot \alpha_{fj}^{fin}}_{\text{um Risikoabschläge korrigierter Wert aller finanziellen Sicherheiten, die für die Besicherung von Kredit f verwendet werden}} + \underbrace{\left(1-\gamma_f^{fin}\right)\cdot L}_{\text{zusätzlicher Term zur Steuerung des Einsatzes von finanziellen Sicherheiten}} \qquad \forall f$$

$$(5.48)\quad \underbrace{\sum_{j=1}^{J} x_{fj}^{fin}\cdot S_j^{fin}\cdot \alpha_{fj}^{fin}}_{\text{um Risikoabschläge korrigierter Wert aller finanziellen Sicherheiten, die für die Besicherung von Kredit f verwendet werden}} \le \underbrace{\gamma_f^{fin}\cdot L}_{\text{zusätzlicher Term zur Steuerung des Einsatzes von finanziellen Sicherheiten}} \qquad \forall f$$

$$(5.49)\quad \underbrace{KBKR_f^{fin}}_{\text{Korrekturvariable}} \le \underbrace{\left(1-\gamma_f^{fin}\right)\cdot L}_{\text{Term zur Steuerung des Einsatzes von finanziellen Sicherheiten}} \qquad \forall f$$

$$(5.50)\quad \underbrace{KBKR_f^{fin}}_{\text{Korrekturvariable}} \le \underbrace{\left(\beta_f^{fin}-1\right)\cdot KRvR_f}_{\text{Risikozuschlag für Wertschwankungen des Kredites}} \qquad \forall f$$

Der nach Verwendung von finanziellen Sicherheiten verbleibende unbesicherte Restkreditbetrag $\left(KRvR_f - KR_f^{fin}\right)$ wird weiter um den durch Forderungsabtretungen besicherten Betrag KR_f^{FAbtr} reduziert. Da für Forderungsabtretungen die nach Basel II geforderte Mindestsicherungsquote Null Prozent ist, kann die Einführung einer Nebenbedingung zur Überschreitung einer Mindestsicherungsquote entfallen. Die durch Forderungsabtretungen voll besicherte Kredittranche nach Berücksichtigung der nach IKE Nr. 295 geforderten Übersicherungsquote läßt sich dann in folgender Weise ermitteln:

[312] Die Erläuterungen zu den Nebenbedingungen sind dem voranstehenden Kapitel zu entnehmen. Für alle Variablen gilt die Nichtnegativitätsbedingung. Vgl. die Erläuterungen zu den Bedingungen (5.17) bis (5.20).

Zusätzliche Konstanten:

$l^{o,FAbtr}$ = Verhältnis aus zur Besicherung verwendeten Forderungsabtretungen und Kreditbetrag, ab der dieser Restkreditbetrag als vollständig besichert gilt (Vollbesicherungsquote), als Kreditbetrag wird de Rest-Kreditbetrag nach finanziellen Sicherheiten verwendet

S_j^{FAbtr} = vertraglich festgelegte Höhe der vorhandenen Forderungsabtretung j in GE

RAW_{fj} = aufsichtsrechtlich vorgegebener **R**isiko**a**bschlag für eine **W**ährungsinkongruenz zwischen Kredit f und Forderungsabtretung j in GE/GE

$S_{fj}^{FAbtr,korr}$ = um Währungs- und Laufzeitinkongruenzen zwischen Kredit f und Forderungsabtretung korrigierter Betrag der Forderungsabtretung j zur Sicherung von Kredit f in GE

$$S_{fj}^{FAbtr,korr} = S_j^{FAbtr} \cdot \left[1 - RAW_{fj}\right] \cdot \frac{T_j^{Rest} - 0,25}{T_f^{Rest} - 0,25}$$ [313]

Zusätzliche Variable:

x_{fj}^{FAbtr} = Anteil der Forderungsabtretung j in GE/GE, die zur anteiligen Sicherung des Kredites f verwendet wird

$$(5.51) \quad KR_f^{FAbtr} = \frac{\sum_j^J x_{fj}^{FAbtr} \cdot S_{fj}^{FAbtr,korr}}{l^{o,Fabtr}} = \frac{\text{Betrag der zur Sicherung von Kredit f verwendeten Forderungsabtretungen}}{\text{Vollbesicherungsquote}} \qquad \forall f$$

Im Zähler der Gleichung (5.51) steht die Summe der zur Unterlegung des Kredites f verwendeten Beträge der Forderungsabtretungen, im Nenner die Sicherungsquote, ab der ein Kredit als voll besichert gilt, so daß der mit Forderungsabtretungen besicherte Kreditbetrag KR_f^{FAbtr} ausgewiesen wird.

Für die Anrechenbarkeit von Immobiliensicherheiten und sonstigen IRB-Sicherheiten muß gemäß IKE Nr. 295 eine Mindestsicherungsquote überschritten werden. Berechnungsgrundlage für die aufsichtsrechtlich notwendige Bestimmung der Absicherungsquote gemäß IKE Nr. 295 ist gemäß IKE Nr. 296 der Restkreditbetrag **nach** Abzug der Tranchen, die durch finanzi-

[313] Für Erläuterungen zu den Risikoabschlägen siehe die Fußnote 278.

elle Sicherheiten und Forderungsabtretungen besichert werden. Im Falle der Existenz von Sicherungspools aus Immobiliensicherheiten und sonstigen Sicherheiten kann zur Berechnung des Verhältnisses aus verwendeten Sicherheiten und Kreditbetrag gemäß Gleichung (5.52) die Summe der Beträge aus sonstigen und Immo-biliensicherheiten verwendet werden:

Zusätzliche Konstanten:

S_j^{Imm} = vorhandener Betrag der Immobiliensicherheit j in GE

$S_{fj}^{Imm,korr}$ = korrigierter Wert der Immobiliensicherheit j für Kredit f in GE

$$= S_j^{Imm} \cdot \left[1 - RAW_{fj}\right] \cdot \frac{T_j^{Rest} - 0,25}{T_f^{Rest} - 0,25}$$

S_j^{sonst} = vorhandener Betrag der sonstigen Sicherheit j in GE

$S_{fj}^{sonst,korr}$ = korrigierter Wert der sonstigen Sicherheit j bei Besicherung von Kredit f in GE

$$= S_j^{sonst} \cdot \left[1 - RAW_{fj}\right] \cdot \frac{T_j^{Rest} - 0,25}{T_f^{Rest} - 0,25}$$

$l^{u,Imm,sonst}$ = in IKE Nr. 295 geforderte Mindestsicherungsquote in Prozent des Kreditbetrages, ab der der Einsatz von sonstigen und Immobiliensicherheiten zur Besicherung eines Kredites Verwendung finden darf

Zusätzliche Variable:

x_{fj}^{Imm} = Anteil am Gesamtwert der Immobiliarsicherheit j in GE/GE, die zur anteiligen Sicherung des Kredites f verwendet wird, definiert auf dem Intervall von Null bis Eins

x_{fj}^{sonst} = Anteil am Gesamtwert der sonstigen Sicherheit j in GE/GE, die zur anteiligen Sicherung des Kredites f verwendet wird, definiert auf dem Intervall von Null bis Eins

$VSKR_f$ = **V**erhältnis aus **S**icherheitsbetrag und **K**redit in GE/GE

$$(5.52) \quad VSKR_f = \frac{\sum_{j=1}^{J} x_{fj}^{Imm} \cdot S_{fj}^{Imm,korr} + \sum_{j=1}^{J} x_{fj}^{sonst} \cdot S_{fj}^{sonst,korr}}{KRvR_f - KR_f^{fin} - KR_f^{FAbtr}}$$

Des weiteren ist eine Binärvariable $\gamma_f^{Imm,sonst}$ zu definieren, durch die sichergestellt wird, daß die Bedingung der Überschreitung der Mindestbesicherungsquote gemäß IKE Nr. 295 für die Anrechenbarkeit dieser Sicherheiten eingehalten wird.[314]

Zusätzliche Variable:

$\gamma_f^{Imm,sonst}$ = Binärvariable für die Steuerung der Anwendung von Immobilien und sonstige Sicherheiten

$$(5.53)\quad \gamma_f^{Imm,sonst} = \begin{cases} 1 & \text{für } \dfrac{\sum_{j=1}^{J} x_{fj}^{Imm} \cdot S_{fj}^{Imm,korr} + \sum_{j=1}^{J} x_{fj}^{sonst} \cdot S_{fj}^{sonst,korr}}{KRvR_f - KR_f^{fin} - KR_f^{FAbtr}} \geq I^{u,Imm,sonst} \\ 0 & \text{für } \dfrac{\sum_{j=1}^{J} x_{fj}^{Imm} \cdot S_{fj}^{Imm,korr} + \sum_{j=1}^{J} x_{fj}^{sonst} \cdot S_{fj}^{sonst,korr}}{KRvR_f - KR_f^{fin} - KR_f^{FAbtr}} < I^{u,Imm,sonst} \end{cases} \quad \forall f$$

Die Erklärung kann dem voranstehenden Kapitel, insbesondere den Ausführungen zu den Nebenbedingungen (5.38) und (5.39) entnommen werden, in dem nur eine IRB-Sicherheit berücksichtigt wurde. Sollte jeweils **nur eine** Sicherungsart (Immobiliar- oder sonstige Sicherheiten) vorhanden sein, entfällt der jeweils andere Term im Zähler der o.a. Bedingungen (5.53). In das Modell wird die Bedingung (5.53) durch die beiden Nebenbedingungen (5.54) und (5.55) aufgenommen.

$$(5.54)\quad \underbrace{\frac{\sum_{j=1}^{J} x_{fj}^{Imm} \cdot S_{fj}^{Imm,korr} + \sum_{j=1}^{J} x_{fj}^{sonst} \cdot S_{fj}^{sonst,korr}}{I^{u,Imm,sonst}}}_{\substack{\text{maximaler Kreditbetrag nach}\\ \text{IKE Nr. 295, wenn Immobili-}\\ \text{ensicherheiten und sonstige}\\ \text{Sicherheiten zur anteiligen}\\ \text{Sicherung des Kredites ver-}\\ \text{wendet werden sollen}}} \geq \underbrace{KRvR_f}_{\substack{\text{gegebener Kreditbe-}\\ \text{trag vor Sicherheiten-}\\ \text{verwendung}}} - \underbrace{KR_f^{fin}}_{\substack{\text{durch finanzielle Si-}\\ \text{cherheiten unterlegter}\\ \text{Kreditbetrag}}} \underbrace{-KR_f^{FAbtr}}_{\substack{\text{durch Forderungsab-}\\ \text{tretungen unterlegter}\\ \text{Kreditbetrag}}} - \underbrace{\left(1-\gamma_f^{Imm,sonst}\right) \cdot L}_{\substack{\text{zusätzlicher Term zur}\\ \text{Steuerung der Anrechen-}\\ \text{barkeit von sonstigen}\\ \text{und Immobilien-}\\ \text{sicherheiten}}} \quad \forall f$$

---

[314] Vgl. für auch Beckmann, Christian; Papazoglou, Panajotis (2004), Seite 148, dort jedoch mit Erweiterungen, die erst im nächsten Kapitel aufgenommen werden.

$$(5.55)\quad \underbrace{\sum_{j=1}^{J} x_{fj}^{Imm} \cdot S_{fj}^{Imm,korr}}_{\text{Betrag der Immobiliensicherheiten, die zur Besicherung von Kredit f verwendet werden}} + \underbrace{\sum_{j=1}^{J} x_{fj}^{sonst} \cdot S_{fj}^{sonst,korr}}_{\text{Betrag der sonstigen Sicherheiten, die zur Besicherung von Kredit f verwendet werden}} \leq \underbrace{\gamma_f^{Imm,sonst} \cdot L}_{\text{zusätzlicher Term zur Steuerung der Verwendung von sonstigen und Immobiliensicherheiten zur Besicherung von Kredit f}} \qquad \forall f$$

Werden positive Werte für x_{fj}^{Imm} oder x_{fj}^{sonst} im Modell ermittelt, muß die Binärvariable aufgrund der zweiten Nebenbedingung (5.55) den Wert 'Eins' annehmen. Dann entfällt der letzte Term auf der rechten Seite der Bedingung (5.54). x_{fj}^{Imm} und x_{fj}^{sonst} müssen so große Werte annehmen, daß diese Nebenbedingung erfüllt wird. Ist dieses nicht möglich (kein ausreichendes Volumen der Sicherungsmittel), bleibt nur der zweite Fall, daß beide Variablen den Wert 'Null' annehmen. Dann ist aufgrund der Nebenbedingung (5.55) sowohl ein Wert für die Binärvariable in Höhe von 'Null' oder 'Eins' möglich, in der Nebenbedingung (5.54) jedoch nur ein Wert von 'Null', da dann die rechte Seite der Ungleichung negativ ist, diese folglich immer erfüllt ist. Aufgrund der Nebenbedingung (5.55) und des nun vorliegenden Wertes der Binärvariablen von 'Null' verbleiben x_{fj}^{Imm} und x_{fj}^{sonst} mit Werten von ebenfalls 'Null', und beide Nebenbedingungen sind erfüllt.

Dieses soll an einem einfachen Zahlenbeispiel verdeutlicht werden. Es wird ein Kredit, eine finanzielle Sicherheit und eine Forderungsabtretung mit folgenden Daten betrachtet:

$$KRvR_f = 100\text{ GE}$$

$$KR_f^{fin} = 10\text{ GE}$$

$$KR_f^{FAbtr} = 5\text{ GE}$$

$$l^{u,Imm,sonst} = 0{,}3\text{ GE/GE}$$

Die o.a. Sicherheiten werden vollständig zur Besicherung des Kredites verwendet. Nach Einsetzen der o.a. Werte ergibt sich für die Nebenbedingung (5.54) die folgende Ausprägung:

$$\frac{\sum_{j=1}^{J} x_{fj}^{Imm} \cdot S_{fj}^{Imm,korr} + \sum_{j=1}^{J} x_{fj}^{sonst} \cdot S_{fj}^{sonst,korr}}{0{,}3} \geq 120 - 12 - 6 - \left(1 - \gamma_f^{Imm,sonst}\right) \cdot L$$

$$\Longleftrightarrow \quad \sum_{j=1}^{J} x_{fj}^{Imm} \cdot S_{fj}^{Imm,korr} + \sum_{j=1}^{J} x_{fj}^{sonst} \cdot S_{fj}^{sonst,korr} \geq 30{,}6 - 0{,}3 \cdot \left(1 - \gamma_f^{Imm,sonst}\right) \cdot L$$

Des weiteren ist die Nebenbedingung (5.55) zu berücksichtigen.

$$\sum_{j=1}^{J} x_{fj}^{Imm} \cdot S_{fj}^{Imm,korr} + \sum_{j=1}^{J} x_{fj}^{sonst} \cdot S_{fj}^{sonst,korr} \leq \gamma_f^{Imm,sonst} \cdot L$$

Es sind nun zwei Fälle zu betrachten. Im ersten Fall sind die zur Besicherung verwendbaren Immobiliensicherheiten und sonstigen Sicherheiten größer als 30,6 GE. Die Besicherung des Kredites ist dann aufsichtsrechtlich gestattet, da die geforderte Mindestsicherungsquote in Höhe von 30% überschritten wird $(102 \cdot 0{,}3 = 30{,}6 \text{ GE})$. Die Binärvariable $\gamma_f^{Imm,sonst}$ kann demnach den Wert 1 oder auch 0 annehmen, in beiden Fällen ist die Nebenbedingung (5.54) erfüllt. Die zweite Nebenbedingung (5.55) ist für beliebige Werte der Sicherheitenanrechnungsbeträge erfüllt, wenn $\gamma_f^{Imm,sonst} = 1$ ist, so daß die Anrechnung der Sicherheiten zur Kreditbesicherung möglich ist. Interessanter ist der zweite Fall, daß die vorhandenen Sicherheiten nicht ausreichen, die aufsichtsrechtlich geforderte Mindestsicherungsquote zu erfüllen, die Summe der Sicherungsmittel also kleiner als 30,6 GE ist. In diesem Fall muß in der Nebenbedingung (5.54) die Binärvariable $\gamma_f^{Imm,sonst}$ den Wert 'Null' annehmen, damit diese Bedingung erfüllt ist. Dadurch könnten aufgrund dieser Nebenbedingung (5.54) die Immobiliensicherheiten und die sonstigen Sicherheiten in beliebiger Höhe verwendet werden. Aufgrund der Nebenbedingung (5.55) ist jedoch die Verwendung von diesen Sicherheiten zur Kreditbesicherung ausgeschlossen, da alle x_{fj}^{Imm} und x_{fj}^{sonst} den Wert 'Null' annehmen müssen, damit diese Nebenbedingung erfüllt wird.

Die Beträge der mit sonstigen und Immobiliarsicherheiten unterlegten Kredittranchen ergeben sich aus den nachstehenden Gleichungen (5.56) und (5.57). Es ist wiederum eine in IKE Nr. 295 vorgegebene Maximalbesicherungsquote $I^{o,sonst}$ bzw. $I^{o,Imm}$ zu berücksichtigen.[315]

$$(5.56) \quad KR_f^{Imm} = \frac{\sum_{j}^{J} x_{fj}^{Imm} \cdot S_{fj}^{Imm,korr}}{I^{o,Imm}} \qquad \forall f$$

[315] Für Erklärungen siehe die Nebenbedingung (5.51) und die Ausführungen im vorherigen Kapitel.

$$(5.57)\quad KR_f^{sonst} = \frac{\sum_j^J x_{fj}^{sonst} \cdot S_{fj}^{sonst,korr}}{l^{o,sonst}} \qquad \forall f$$

Zum Abschluß ist der unbesicherte Kreditbetrag aus der Differenz des ursprünglichen Kreditbetrages und der Höhe der besicherten Tranchen zu ermitteln, der in der Zielfunktion mit Hilfe der Verlustquote des Kreditnehmers in einen Eigenkapitalbetrag umgerechnet wird.

$$(5.58)\quad KR_f^{unbes} = KRvR_f - KR_f^{fin} - KR_f^{FAbtr} - KR_f^{Imm} - KR_f^{sonst} \qquad \forall f$$

Ebenfalls muß die maximale Verwendung der Sicherheiten begrenzt werden.

Zusätzliche Variable:

x_{fj}^{l} = Anteil des Sicherungsmittels j der Sicherungsart l (Forderungsabtretungen, sonstige Sicherheiten, finanzielle Sicherheiten oder Immobiliensicherheiten) für die anteilige Absicherung von Kredit f in GE/GE

$$(5.59)\quad \sum_{f=1}^{F} x_{fj}^{l} \leq 1 \qquad \forall j, l$$

Da alle x_{fj}^{l} auf einem Intervall zwischen Null und Eins definiert sind, ist durch die Begrenzung der Summe der Sicherheitenanteile x_{fj}^{l} auf den Wert 'Eins' die Verwendung des Sicherungsmittels j zur Besicherung der Kredite f auf den vorhandenen Sicherheitenwert begrenzt. Eine Übersicherung ist dadurch ausgeschlossen, daß alle besicherten und unbesicherten Kredittranchen auf Werte größer Null beschränkt sind.

In der Tabelle 5.7 werden abschließend alle benötigten Formeln für die Optimierung der Sicherheitenverwendung zur Minimierung des aufsichtsrechtlich benötigten haftenden Eigenkapitals unter Verwendung von finanziellen Sicherheiten und IRB-Sicherheiten im IRB-Ansatz angegeben.

Zielfunktion	
Minimierung des aufsichtsrechtlich vorzuhaltenden haftenden Eigenkapitals für vorhandene Kredite durch die Unterlegung dieser Kredite mit IRB-Sicherheiten und finanziellen Sicherheiten	$\begin{aligned} hEK^{U} = & \sum_{f=1}^{F} LGD^{Imm} \cdot KR_f^{Imm} \cdot FaKons_f \\ & + \sum_{f=1}^{F} LGD^{sonst} \cdot KR_f^{sonst} \cdot FaKons_f \\ & + \sum_{f=1}^{F} LGD^{FAbtr} \cdot KR_f^{FAbtr} \cdot FaKons_f \\ & + \sum_{f=1}^{F} LGD^{unbes} \cdot KR_f^{unbes} \cdot FaKons_f \rightarrow \min \end{aligned}$
Nebenbedingungen	
Bestimmung des Kreditbetrages, der mit finanziellen Sicherheiten unterlegt wird	$\begin{aligned} KR_f^{fin} = & \sum_{j}^{J} x_{fj}^{fin} \cdot S_j^{fin} \cdot \alpha_{fj}^{fin} \\ & - \left(\beta_f^{fin} - 1\right) \cdot KRvR_f + KBKR_f^{fin} \end{aligned}$
Verknüpfung finanzieller Sicherheiten und Risikozuschlag auf den Kreditbetrag zur Bestimmung der Anwendbarkeit von finanziellen Sicherheiten	$\left(\beta_f^{fin} - 1\right) \cdot KRvR_f \leq \sum_{j=1}^{J} x_{fj}^{fin} \cdot S_j^{fin} \cdot \alpha_{fj} + \left(1 - \gamma_f^{fin}\right) \cdot L$ $\sum_{j-1}^{J} x_{fj}^{fin} \cdot S_j^{fin} \cdot \alpha_{fj}^{fin} \leq \gamma_f^{fin} \cdot L$
Verknüpfung der Korrekturvariablen für den Risikozuschlag auf den Kreditbetrag an die Verwendung von finanziellen Sicherheiten	$KBKR_f^{fin} \leq \left(\beta_f^{fin} - 1\right) \cdot KRvR_f$ $KBKR_f^{fin} \leq \left(1 - \gamma_f^{fin}\right) \cdot L$
Bestimmung des Kreditbetrages, der mit Forderungsabtretungen unterlegt wird	$KR_f^{FAbtr} = \frac{\sum_{j}^{J} x_{fj}^{FAbtr} \cdot S_{fj}^{FAbtr,korr}}{I^{o,FAbtr}}$

Mindestanrechnung für sonstige und Immobiliensicherheiten	$\frac{\sum_{j=1}^{J} x_{fj}^{Imm} \cdot S_{fj}^{Imm,korr} + \sum_{j=1}^{J} x_{fj}^{sonst} \cdot S_{fj}^{sonst,korr}}{I^{u,Imm,sonst}} \geq KRvR_f - KR_f^{fin} - KR_f^{FAbtr} - \left(1-\gamma_f^{Imm,sonst}\right) \cdot L$ $\sum_{j=1}^{J} x_{fj}^{Imm} \cdot S_{fj}^{Imm,korr} + \sum_{j=1}^{J} x_{fj}^{sonst} \cdot S_{fj}^{sonst,korr} \leq \gamma_f^{Imm,sonst} \cdot L$
Bestimmung des Kreditbetrages, der mit Immobiliensicherheiten unterlegt wird	$KR_f^{Imm} = \frac{\sum_{j}^{J} x_{fj}^{Imm} \cdot S_{fj}^{Imm,korr}}{I^{o,Imm}}$
Bestimmung des Kreditbetrages, der mit sonstigen Sicherheiten unterlegt wird	$KR_f^{sonst} = \frac{\sum_{j}^{J} x_{fj}^{sonst} \cdot S_{fj}^{sonst,korr}}{I^{o,sonst}}$
Bestimmung des unbesicherten Restkreditbetrages	$KR_f^{unbes} = KRvR_f - KR_f^{fin} - KR_f^{FAbtr} - KR_f^{Imm} - KR_f^{sonst}$
Beschränkung finanzieller und IRB- Sicherheiten	$\sum_{f=1}^{F} x_{fj}^{1} \leq 1$

Tab. 5.7: Optimierungsansatz für die Sicherheitenaufteilung zur Minimierung der Eigenkapitalverpflichtung im IRB-Ansatz bei vorhandenen finanziellen Sicherheiten und IRB-Sicherheiten zur anteiligen Besicherung von gegebenen Krediten

Die komplexeste Vorgehensweise zur Berücksichtigung von Sicherheiten ist der Fall der gleichzeitigen Verwendung **aller Sicherheitenarten**, also der Berücksichtigung von Garantien, finanziellen Sicherheiten und IRB-Sicherheiten. Diese vollständige Sicherheitenberücksichtigung zur Minimierung des aufsichtsrechtlich benötigten haftenden Eigenkapitals soll im folgenden dargestellt werden. Dieser Fall ist bereits von anderen Autoren aufgegriffen worden, jedoch wird die Optimierung entweder mit einem nichtlinearen Modell durchgeführt,[316] oder die Neuerungen durch den Doppelausfalleffekt sind noch nicht berücksichtigt worden.[317]

[316] Vgl. hierfür Gürtler, Marc; Heithecker, Dirk (2005), Seiten 926 - 930.
[317] Vgl. Hailer, Angelika C.; Loch, Friedemann; Stork, Peter (2002), Seiten 1202 - 1206

5.4.4 Simultane Berücksichtigung von finanziellen Sicherheiten, IRB-Sicherheiten und Garantien zur Reduzierung der Finanzierungskosten durch Minimierung des aufsichtsrechtlich benötigten haftenden Eigenkapitals

Wie im Standardansatz werden auch im IRB-Ansatz Garantien anerkannt. Die Berechnung der Eigenkapitalunterlegung des Kreditrisikos je Kredittranche, die durch eine Garantie besichert ist, erfolgt in Abhängigkeit von der Risikogewichtungsfunktion und der Ausfallwahrscheinlichkeit des Garanten. Als Verlustquote kann gemäß IKEn Nr. 303 sowohl diejenige des Garanten als auch die des Kreditnehmers oder die Verlustquote einer für die Garantie gestellten zusätzlichen Sicherheit dienen. Im letzten Fall liegt eine doppelte Absicherung eines Forderungsbetrages vor. Eine Doppelbesicherung mit finanziellen Sicherheiten macht allerdings wenig Sinn, da bereits durch deren alleinige Stellung das Verlustrisiko des Kreditinstitutes für den besicherten Kreditbetrag vollständig entfällt. Eine eventuell zu verwendende Garantie kann den benötigten Eigenkapitalbetrag für die mit finanziellen Sicherheiten besicherten Kreditbeträge nicht weiter senken. Deshalb wären in Optimierungsprogrammen nur die Doppelbesicherung mit Garantien und IRB-Sicherheiten zu berücksichtigen.

Falls ein mittelständisches Unternehmen für ein anderes Unternehmen eine Garantie übernimmt, kann allein aufgrund unterschiedlicher Unternehmensgrößen von garantiegebendem und garantienehmendem Unternehmen eine Reduzierung des benötigten haftenden Eigenkapitals erreicht werden, wenn die Ausfallwahrscheinlichkeiten beider Unternehmen identisch sind.[318] Verantwortlich dafür ist der zusätzliche Term in der Eigenkapitalfunktion zur Berücksichtigung der Unternehmensgröße gemäß IKE Nr. 273, der das haftende Eigenkapital für Kreditnehmer-Einheiten bestehend aus kleinen und mittleren Unternehmen umso stärker reduziert, je kleiner das Unternehmen ist.

Neben der Verwendung der Risikogewichtungsfunktion für Garanten kann auch die des Doppelausfall-Ansatzes zur Bestimmung des haftenden Eigenkapitals genutzt werden.[319] Zudem können drei verschiedene Ausfallquotenarten (Kredit, Garantie, weitere Sicherheiten) verwendet werden. Deshalb ist die Zielfunktion des voranstehenden Kapitels wesentlich zu erweitern. Es sind Kredittranchen aufzunehmen, bei deren Berechnung des benötigten haftenden Eigenkapitals die folgenden Komponenten zu berücksichtigen sind:

(1) Ausfallquote des Kredites, Substitutionsansatz

(2) Ausfallquote des Kredites, Doppelausfall-Ansatz

---

[318] Vgl. für diesen Zusammenhang die Ausführungen in Kapitel 3.2.5.

[319] Für die Beschreibung des Doppelausfall-Ansatzes vergleiche das Kapitel 3.2.4 Vgl. auch Suyter, Alexander (2005).

(3) Ausfallquote der Garantie, Substitutionsansatz

(4) Ausfallquote der Garantie, Doppelausfall-Ansatz

(5) Ausfallquote einer weiteren Sicherheit (Ford.-Abtr., Immobiliens., sonstige S.), Substitutionsansatz

(6) Ausfallquote einer weiteren Sicherheit (Ford.-Abtr., Immobiliens., sonstige S.), Doppelausfall-Ansatz

Es ist wie im umfassenden Standardansatz zu entscheiden, ob anerkennungsfähige finanzielle Sicherheiten **nach** Garantiestellung oder **vor** der Kreditbetragsminderung durch die Garantien berücksichtigt werden. Neben dem Problem der unterschiedlichen Höhen des Risikozuschlags für mögliche Wertschwankungen auf den aufsichtsrechtlich relevanten Kredit besitzt diese Entscheidung auch Auswirkungen auf die Berücksichtigungsmöglichkeiten von Immobilien- und sonstigen Sicherheiten. Durch den vorherigen Abzug der Garantien vom Kreditbetrag vor Anrechnung von anderen Sicherungsmitteln sind die im Basler Akkord in IKE Nr. 295 geforderten Mindestbesicherungsquoten für Immobi-liensicherheiten und sonstige Sicherheiten leichter einzuhalten, so daß auch von diesen Sicherungsarten bereits geringere Beträge bei einer Kreditbesicherung angerechnet werden können.

Da der Nominalbetrag von Unternehmenskrediten in der Regel keinen Marktschwankungen unterliegt, ist ein Zuschlag auf den Kreditbetrag in Höhe von 0% anzusetzen (IKE Nr. 130). Deshalb ist für die Berechnung der Risikozuschlagshöhe auf den Kreditbetrag bei Verwendung von finanziellen Sicherheiten eine Fallunterscheidung für die Verwendungsreihenfolge von Sicherheiten überflüssig. Die Berücksichtigung der Garantien **vor** finanziellen Sicherheiten führt zu dem gleichen Ergebnis für deren Anrechnungsfähigkeit wie die Berücksichtigung von Garantien **nach** finanziellen Sicherheiten. Jedoch bleiben die Auswirkungen auf die Anrechnungsfähigkeit von Immobilien- und sonstigen Sicherheiten bestehen. Werden Garantien vor diesen Sicherungsmitteln berücksichtigt, sind die nach IKE Nr. 295 geforderten Mindestsicherungsquoten von Immobilien- und sonstigen Sicherheiten leichter einzuhalten, so daß bereits Sicherungsmittel mit geringerem Wert verwendet werden dürfen. Im folgenden soll die 'konservative' risikoreduzierende Wirkungsweise von Garantien berücksichtigt werden. In diesem Fall sind die durch Garantien besicherten Kredittranchen **nach** allen übrigen Kredittranchen auszuweisen. Sie führen deshalb zu keiner Reduzierung des Risikozuschlags auf den Kreditbetrag bei Verwendung von finanziellen Sicherheiten und zu keiner Erleichterung der Anrechnung von Immobi-lien- und sonstigen Sicherheiten.

Um sämtliche möglichen Sicherheiten des Konsultationspapiers bei der Besicherung von Krediten zu berücksichtigen, sind die folgenden Schritte durchzuführen:

1. Schritt: Ermittlung des durch finanzielle Sicherheiten besicherten Kreditbetrages
2. Schritt: Ermittlung des durch Forderungsabtretungen besicherten Kreditbetrages
3. Schritt: Kontrolle der Untergrenze zur Verwendung von sonstigen und Immobiliensicherheiten
4. Schritt: Berechnung des durch sonstige und Immobiliensicherheiten besicherten Kreditbetrages
5. Schritt: Ermittlung des durch Garantien besicherten Kreditbetrages
6. Schritt: Ermittlung des unbesicherten Kreditbetrages
7. Schritt: Ermittlung der Eigenkapitalunterlegung durch Summierung der für die einzelnen Tranchen ermittelten Eigenkapitalerfordernisse

Dieser Verfahrensablauf wird mit Hilfe der nachstehenden Abbildung eines Flußdiagramms (Abb. 5.3) verdeutlicht. Zuoberst steht der aufgenommene Kreditbetrag. Als erster Schritt wird geprüft, ob finanzielle Sicherheiten verwendet werden. Ist dieses der Fall (ja), wird dem rechten Zweig der Abbildung gefolgt. Zunächst ist der Risikozuschlag auf den Kredit durchzuführen, dann der Kreditbetrag um finanzielle Sicherheiten zu reduzieren. Als Ergebnis steht der Kreditbetrag nach Anrechnung von finanziellen Sicherheiten. Im zweiten Fall, daß finanzielle Sicherheiten nicht verwendet werden, ist dem linken Zweig der Abbildung zu folgen (nein), so daß der aufgenommene Kreditbetrag für den nächsten Schritt (Verwendung von Forderungsabtretungen) zu verwenden ist, u.s.w.

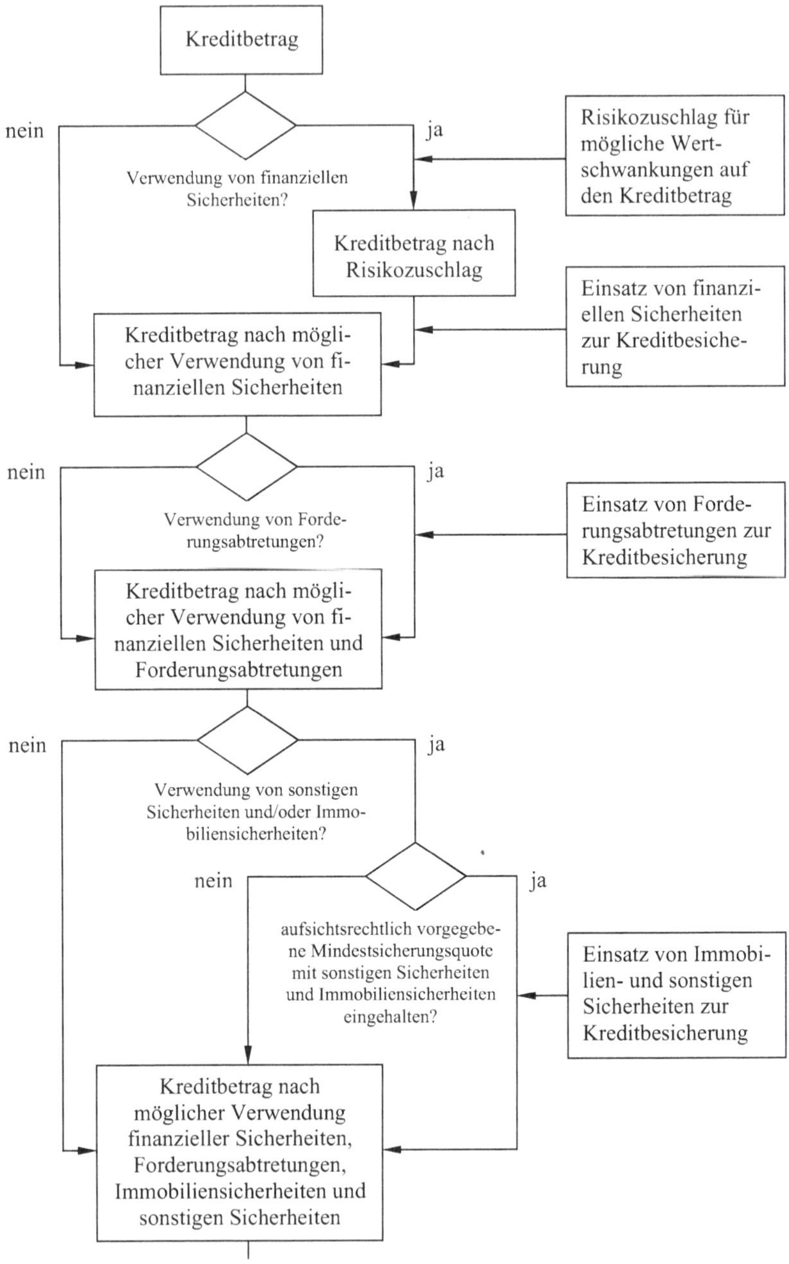
Kreditbetrag
nein
ja
Verwendung von finanziellen Sicherheiten?
Risikozuschlag für mögliche Wertschwankungen auf den Kreditbetrag
Kreditbetrag nach Risikozuschlag
Einsatz von finanziellen Sicherheiten zur Kreditbesicherung
Kreditbetrag nach möglicher Verwendung von finanziellen Sicherheiten
nein
ja
Verwendung von Forderungsabtretungen?
Einsatz von Forderungsabtretungen zur Kreditbesicherung
Kreditbetrag nach möglicher Verwendung von finanziellen Sicherheiten und Forderungsabtretungen
nein
ja
Verwendung von sonstigen Sicherheiten und/oder Immobiliensicherheiten?
nein
ja
aufsichtsrechtlich vorgegebene Mindestsicherungsquote mit sonstigen Sicherheiten und Immobiliensicherheiten eingehalten?
Einsatz von Immobilien- und sonstigen Sicherheiten zur Kreditbesicherung
Kreditbetrag nach möglicher Verwendung finanzieller Sicherheiten, Forderungsabtretungen, Immobiliensicherheiten und sonstigen Sicherheiten

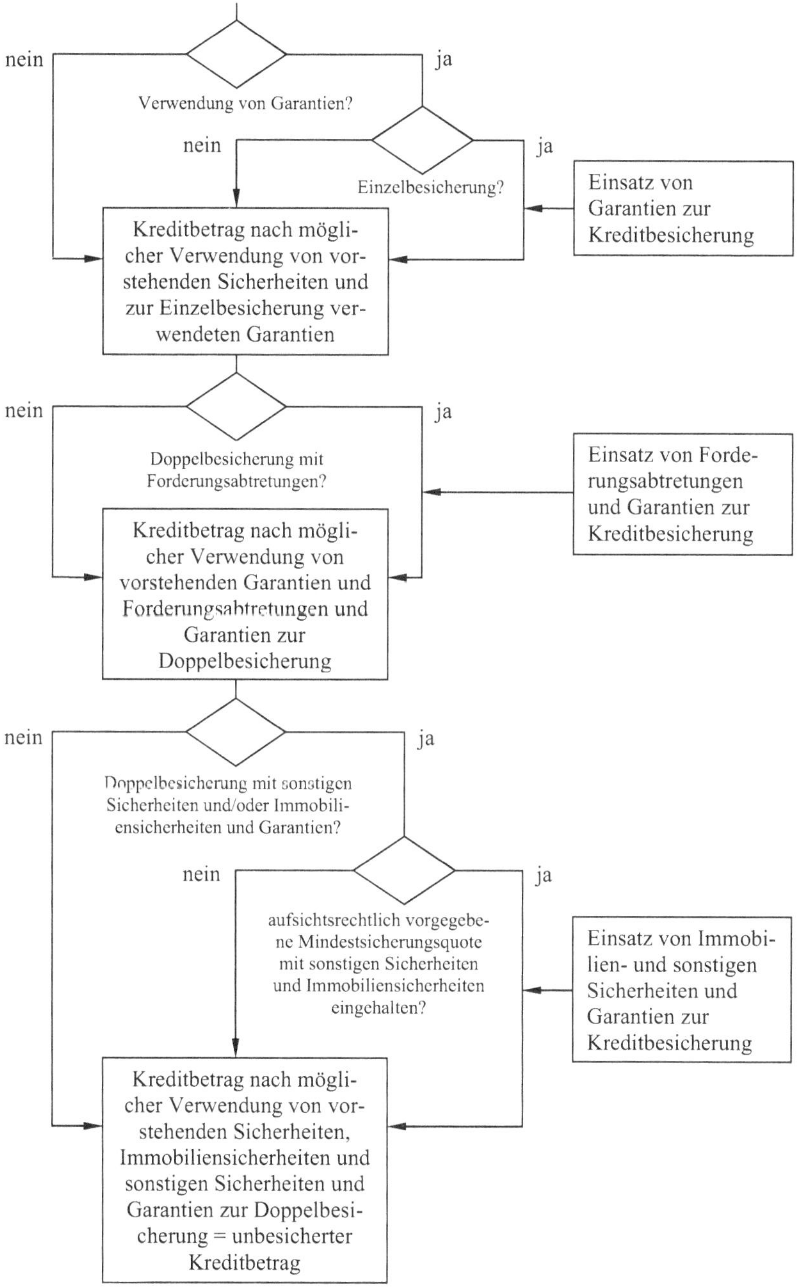

Abb. 5.3: Flußdiagramm zur Darstellung der Kreditbesicherung mit allen verwendungsfähigen Sicherheiten gemäß Basel II

Die Darstellung des linearen Modells zur Optimierung der Sicherheitenverteilung für die Reduzierung der Kapitalkosten durch Verringerung des benötigten haftenden Eigenkapitals beginnt wieder mit der Angabe der Zielfunktion. In der Zielfunktion (5.60) wird wie in den vorstehenden Kapiteln das benötigte haftende Eigenkapital durch die optimale Zuordnung der Sicherheiten auf die vorhandenen Kredite minimiert. Dabei können wiederum die gegebenen Einzel-Sicherheiten und gegebenen Kredite in Tranchen zerlegt werden. Ein Sicherungsmittel kann demnach für verschiedene Kredite anteilig risikoreduzierend eingesetzt werden. Für die jeweils mit den Sicherheiten unterlegten anteiligen Kredittranchen ist Haftungskapital in unterschiedlicher Höhe zu halten, so daß sich die Kapitalkosten für die einzelnen besicherten und unbesicherten Tranchen unterscheiden. Durch die Minimierung des vorzuhaltenden haftenden Eigenkapitals werden unter Verwendung der zu Beginn des Kapitels 5 getroffenen Annahmen gleichfalls die Kapitalkosten minimiert.[320]

Zusätzliche Konstanten:

LGD_g = Ausfallquote des Garanten g in GE/GE

$FaKons_g^G$ = durch das Basler **Kons**ultationspapier vorgegebener **Fa**ktor der Funktion für die Eigenkapitalermittlung von Kreditinstituten, der nur von der Ausfallwahrscheinlichkeit des Garanten g und der Restlaufzeit der Garantie g abhängt, verwendet wird der Substitutionsansatz (G, keine Berücksichtigung des Doppelausfall-Effektes)

$$FaKons_g^G = \left(N\left(\frac{G(PD_g) + \sqrt{\rho_g} \cdot G(0{,}999)}{\sqrt{(1-\rho_g)}} \right) - PD_g \right) \cdot \frac{1 + \left(T_g^{Rest} - 2{,}5\right) \cdot b(PD_g)}{1 - 1{,}5 \cdot b(PD_g)}$$

$FaKons_{fg}^{DD}$ = durch das Basler Konsultationspapier vorgegebener Faktor der Funktion für die Eigenkapitalermittlung von Kreditinstituten für den Fall der Berücksichtigung des Doppelausfall-Effektes (DD, **d**ouble **d**efault) zwischen Kredit f und Garantie g

[320] Die Zielfunktion ist ähnlich strukturiert wie die Zielfunktionen der vorangehenden Kapitel. Ähnlichkeiten zu bereits in der Literatur anzutreffenden Zielfunktionen sind deshalb vorhanden. Jedoch sind entgegen den bereits vorhandenen Modellen von Hailer, Angelika; Loch, Friedemann; Stork, Peter (2002), Beckmann, Christian; Papzoglou, Panajotis (2004) der Doppelausfall-Effekt und Risikozuschläge für Wertschwankungen des Kredites in dieser Zielfunktion enthalten, was die Zielfunktion erheblich erweitert. Gürtler, Marc; Heithecker, Dirk (2005) berücksichtigen zwar den Doppelausfall-Effekt, ihr Modell ist jedoch nichtlinear und deshalb für lineare Optimierungsprogramme nicht verwendbar.

$$\mathrm{FaKons}_{fg}^{DD} = \left(N\left(\frac{G(PD_f) + \sqrt{\rho_f} \cdot G(0{,}999)}{\sqrt{(1-\rho_f)}} \right) - PD_f \right) \cdot \frac{1 + \left(T_f^{Rest} - 2{,}5\right) \cdot b\left(\min\left\{PD_g, PD_f\right\}\right)}{1 - 1{,}5 \cdot b\left(\min\left\{PD_g, PD_f\right\}\right)} \cdot \left(0{,}15 + 160 \cdot PD_g\right)$$

Zusätzliche Variablen:

$KR_{fg}^{G,g}$ = durch Garantie g besicherter anteiliger Forderungsbetrag des Kreditesf, unter Berücksichtigung der Risikogewichtungsfunktion des Garanten G und der Verlustquote des Garanten g (hochgestellter Index g) in GE

$KR_{fg}^{G,f}$ = durch Garantie g besicherter anteiliger Forderungsbetrag des Kredites f, unter Berücksichtigung der Risikogewichtungsfunktion des Garanten G und der Verlustquote des Kreditnehmers f (hochgestellter Index f) in GE

$KR_{fg}^{G,FAbtr}$ = durch Garantie g besicherter anteiliger Forderungsbetrag des Kredites f, unter Berücksichtigung der Risikogewichtungsfunktion des Garanten G und der Verlustquote von Forderungsabtretungen (hochgestellter Index FAbtr) in GE

$KR_{fg}^{G,Imm}$ = durch Garantie g besicherter anteiliger Forderungsbetrag des Kredites f, unter Berücksichtigung der Risikogewichtungsfunktion des Garanten G und der Verlustquote von Immobilien (hochgestellter Index Imm) in GE

$KR_{fg}^{G,sonst}$ = durch Garantie g besicherter anteiliger Forderungsbetrag des Kredites f, unter Berücksichtigung der Risikogewichtungsfunktion des Garanten G und der Verlustquote von sonstigen IRB-Sicherheiten (hochgestellter Index sonst) in GE

$KR_{fg}^{DD,g}$ = durch Garantie g besicherter anteiliger Forderungsbetrag des Kredites f, unter Berücksichtigung der Risikogewichtungsfunktion des Doppelausfall-Effektes DD und der Verlustquote des Garanten (hochgestellter Index g) in GE

$KR_{fg}^{DD,f}$ = durch Garantie g besicherter anteiliger Forderungsbetrag des Kredites f, unter Berücksichtigung der Risikogewichtungsfunktion des Doppelausfall-Effektes DD und der Verlustquote des Kreditnehmers (hochgestellter Index f) in GE

$KR_{fg}^{DD,FAbtr}$ = durch Garantie g besicherter anteiliger Forderungsbetrag des Kredites f, unter Berücksichtigung der Risikogewichtungsfunktion des Doppelausfall-Effektes DD und der Verlustquote von Forderungsabtretungen (hochgestellter Index FAbtr) in GE

$KR_{fg}^{DD,Imm}$ = durch Garantie g besicherter anteiliger Forderungsbetrag des Kredites f, unter Berücksichtigung der Risikogewichtungsfunktion des Doppelausfall-Effektes DD und der Verlustquote von Immobiliensicherheiten (hochgestellter Index Imm) in GE

$KR_{fg}^{DD,sonst}$ = durch Garantie g besicherter anteiliger Forderungsbetrag des Kredites f, unter Berücksichtigung der Risikogewichtungsfunktion des Doppelausfall-Effektes DD und der Verlustquote von sonstigen Sicherheiten (hochgestellter Index sonst) in GE

$$(5.60)\quad hEK^{U} = \underbrace{\sum_{f=1}^{F} KR_f^{Imm} \cdot LGD^{Imm} \cdot FaKons_f}_{\text{aufsichtsrechtlich benötigtes Haftungskapital für durch Immobilien besicherte Kreditbeträge}} + \underbrace{\sum_{f=1}^{F} KR_f^{FAbtr} \cdot LGD^{FAbtr} \cdot FaKons_f}_{\text{aufsichtsrechtlich benötigtes Haftungskapital für durch Forderungsabtretungen besicherte Kreditbeträge}}$$

$$+ \underbrace{\sum_{f=1}^{F} KR_f^{sonst} \cdot LGD^{sonst} \cdot FaKons_f}_{\text{aufsichtsrechtlich benötigtes Haftungskapital für durch sonstige Sicherheiten besicherte Kreditbeträge}} + \underbrace{\sum_{f=1}^{F} \sum_{g}^{G} KR_{fg}^{G,g} \cdot LGD_g \cdot FaKons_g^G}_{\text{aufsichtsrechtlich benötigtes Haftungskapital für durch Garantien besicherte Kreditbeträge; verwendet werden die Verlustquote der Garantie und die Risikogewichtungsfunktion des Garanten}}$$

$$+ \underbrace{\sum_{f=1}^{F} \sum_{g}^{G} KR_{fg}^{G,f} \cdot LGD_f \cdot FaKons_g^G}_{\text{aufsichtsrechtlich benötigtes Haftungskapital für durch Garantien besicherte Kreditbeträge; verwendet werden die Verlustquote des Kredites und die Risikogewichtungsfunktion des Garanten}}$$

$$+ \underbrace{\sum_{f=1}^{F} \sum_{g}^{G} KR_{fg}^{G,FAbtr} \cdot LGD^{FAbtr} \cdot FaKons_g^G}_{\text{aufsichtsrechtlich benötigtes Haftungskapital für durch Garantien und Forderungsabtretungen doppelt besicherte Kreditbeträge; verwendet werden die Verlustquote von Forderungsabtretungen und die Risikogewichtungsfunktion des Garanten}}$$

$$+\underbrace{\sum_{f=1}^{F}\sum_{g}^{G} KR_{fg}^{G,Imm} \cdot LGD^{Imm} \cdot FaKons_{g}^{G}}$$

aufsichtsrechtlich benötigtes Haftungskapital für durch Garantien und Immobilien doppelt besicherte Kreditbeträge; verwendet werden die Verlustquote von Immobiliensicherheiten und die Risikogewichtungsfunktion des Garanten

$$+\underbrace{\sum_{f=1}^{F}\sum_{g}^{G} KR_{fg}^{G,sonst} \cdot LGD^{sonst} \cdot FaKons_{g}^{G}}$$

aufsichtsrechtlich benötigtes Haftungskapital für durch Garantien und sonstige Sicherheiten doppelt besicherte Kreditbeträge; verwendet werden die Verlustquote von sonstigen Sicherheiten und die Risikogewichtungsfunktion des Garanten

$$+\underbrace{\sum_{f=1}^{F}\sum_{g}^{G} KR_{fg}^{DD,g} \cdot LGD_{g} \cdot FaKons_{fg}^{DD}}$$

aufsichtsrechtlich benötigtes Haftungskapital für durch Garantien besicherte Kreditbeträge; verwendet werden die Verlustquote der Garantien und die Risikogewichtungsfunktion des Doppelausfall-Effektes

$$+\underbrace{\sum_{f=1}^{F}\sum_{g}^{G} KR_{fg}^{DD,f} \cdot LGD_{f} \cdot FaKons_{fg}^{DD}}$$

aufsichtsrechtlich benötigtes Haftungskapital für durch Garantien besicherte Kreditbeträge; verwendet werden die Verlustquote des Kredites und die Risikogewichtungsfunktion des Doppelausfall-Effektes

$$+\underbrace{\sum_{f=1}^{F}\sum_{g}^{G} KR_{fg}^{DD,FAbtr} \cdot LGD^{FAbtr} \cdot FaKons_{fg}^{DD}}$$

aufsichtsrechtlich benötigtes Haftungskapital für durch Garantien und Forderungsabtretungen doppelt besicherte Kreditbeträge; verwendet werden die Verlustquote von Forderungsabtretungen und die Risikogewichtungsfunktion des Doppelausfall-Effektes

$$+\underbrace{\sum_{f=1}^{F}\sum_{g}^{G} KR_{fg}^{DD,Imm} \cdot LGD^{Imm} \cdot FaKons_{fg}^{DD}}_{\text{aufsichtsrechtlich benötigtes Haftungskapital für durch Garantien und Immobilien doppelt besicherte Kreditbeträge; verwendet werden die Verlustquote von Immobiliensicherheiten und die Risikogewichtungsfunktion des Doppelausfall-Effektes}}$$

$$+\underbrace{\sum_{f=1}^{F}\sum_{g}^{G} KR_{fg}^{DD,sonst} \cdot LGD^{sonst} \cdot FaKons_{fg}^{DD}}_{\text{aufsichtsrechtlich benötigtes Haftungskapital für durch Garantien und sonstige Sicherheiten doppelt besicherte Kreditbeträge; verwendet werden die Verlustquote von sonstigen Sicherheiten und die Risikogewichtungsfunktion des Doppelausfall-Effektes}}$$

$$+\underbrace{\sum_{f=1}^{F} KRnR_{f}^{unbes} \cdot LGD_f \cdot FaKons_f}_{\text{aufsichtsrechtlich benötigtes Haftungskapital für unbesicherte Rest-Kreditbeträge}} \quad \rightarrow \min$$

Mit Hilfe der Nebenbedingungen werden die in der Zielfunktion (5.60) benötigten Forderungsbeträge der einzelnen Kredittranchen ($KRnR_f^{unbes}$, $KR_{fg}^{DD,so}$,....) durch das Modell bestimmt. Zunächst ist der mit finanziellen Sicherheiten unterlegte Kreditbetrag zu ermitteln (Gleichung (5.61)).

$$(5.61) \quad KR_f^{fin} = \underbrace{\sum_{j=1}^{J} x_{fj}^{fin} \cdot S_j^{fin} \cdot \alpha_{fj}^{fin}}_{\text{zur Sicherung von Kredit f verwendeter, um Risikozuschläge korrigierter Wert der finanziellen Sicherheiten}} - \underbrace{KRvR_f \cdot \left(\beta_f^{fin} - 1\right)}_{\text{aufsichtsrechtlich durchzuführender Risikozuschlag auf den Kreditbetrag bei Verwendung von finanziellen Sicherheiten}} + \underbrace{KBKR_f^{fin}}_{\text{Korrekturvariable zur Rückrechnung des Risikozuschlags, falls finanzielle Sicherheiten nicht verwendet werden}} \qquad \forall f$$

Für den Fall, daß finanzielle Sicherheiten zur Sicherung eines Kredites nicht verwendet werden, muß der in Gleichung (5.61) enthaltene Risikozuschlag $KRvR_f \cdot \left(\beta_f^{fin} - 1\right)$ für mögliche Wertschwankungen des Kredites entfallen, weil dieser für den Fall der Nichtverwendung von finanziellen Sicherheiten gemäß IKE Nr. 130 nicht zu berücksichtigen ist. Diese 'Nichtberücksichtigung' erfolgt im Modell durch die Einführung der Korrekturvariable $KBKR_f^{fin}$. Die Vorgehensweise aus den vorherigen Kapiteln zur Korrektur des Risikozuschlags auf den Kreditbetrag bei Nichtverwendung von finanziellen Sicherheiten findet auch hier Anwendung. Die weiteren Nebenbedingungen (5.62) bis (5.63) sollen gewährleisten, daß die finanziellen Sicherheiten nur bei Überschreitung des zusätzlichen Kreditbetrages aus einem Risikoaufschlag für Wertschwankungen des Kredites berücksichtigt werden. Dieses wird wiederum durch die Einführung der bereits bekannten Binärvariable γ_f^{fin} bewirkt. Ausführliche Erklärungen und ein Zahlenbeispiel sind den Ausführungen in Kapitel 5.3.2.1, insbesondere zu den Nebenbedingungen (5.11) bis (5.12) zu entnehmen.

$$(5.62) \quad \sum_{j=1}^{J} x_{fj}^{fin} \cdot S_j^{fin} \cdot \alpha_{fj}^{fin} \leq \gamma_f^{fin} \cdot L \qquad \forall f$$

Für $\gamma_f^{fin} = 1$ (Berücksichtigung finanzieller Sicherheiten) können die finanziellen Sicherheiten theoretisch beliebige Werte bis zur Obergrenze L annehmen. Diese werden jedoch durch die weitere Nebenbedingung (5.63) mindestens auf die Höhe des Sicherheitszuschlags auf den Kreditbetrag begrenzt, denn eine niedrigere Anrechnung von finanziellen Sicherheiten würde zu einem in Vergleich zur Nichtbesicherung höheren Haftungskapital führen, da bei Nichtverwendung von finanziellen Sicherheiten der ursprüngliche Kreditbetrag ohne Risikozuschlag für mögliche Wertschwankungen gemäß IKE Nr. 130 zu verwenden ist.

$$(5.63) \quad \underbrace{\sum_{j=1}^{J} x_{fj}^{fin} \cdot S_j^{fin} \cdot \alpha_{fj}^{fin}}_{\substack{\text{zur Sicherung von Kredit f}\\ \text{verwendeter risiko-}\\ \text{korrigierter Wert der}\\ \text{finanziellen}\\ \text{Sicherheiten j}}} \geq \underbrace{\left(\beta_f^{fin} - 1\right) \cdot KRvR_f}_{\substack{\text{Risikozuschlag für}\\ \text{mögliche}\\ \text{Wertschwankungen}\\ \text{von Kredit f}}} - \underbrace{\left(1 - \gamma_f^{fin}\right) \cdot L}_{\substack{\text{Steuerungsterm zur}\\ \text{Berücksichtigung von}\\ \text{finanziellen Sicherheiten}\\ \text{bei der Besicherung von}\\ \text{Kredit f}}} \qquad \forall f$$

Damit ist durch die beiden Nebenbedingungen (5.62) und (5.63) gemeinsam erreicht, daß nur für den Fall, daß der risikokorrigierte Wert der finanziellen Sicherheiten den Risikozuschlag für Wertschwankungen auf den Nominalwert des Kredites überschreitet, diese auch angerechnet werden. Für die Korrektur des Kreditzuschlags in Gleichung (5.61) ist die Korrekturvariable $KBKR_f^{fin}$ mit der Binärvariable γ_f^{fin} linear zu verknüpfen, damit erstere genau den Risikozuschlag für Wertschwankungen des Kredites annimmt, wenn finanzielle Sicherheiten keine Verwendung finden. In diesem Fall ist eine Korrektur des Kreditbetrages gemäß IKE Nr. 130 nicht erforderlich.

$$(5.64)\quad KBKR_f^{fin} \leq \left(1-\gamma_f^{fin}\right)\cdot L \qquad \forall f$$

$$(5.65)\quad KBKR_f^{fin} \leq \left(\beta_f^{fin}-1\right)\cdot KRvR_f \qquad \forall f$$

Durch die erste Gleichung (5.64) nimmt die zusätzliche Variable $KBKR_f^{fin}$ im Falle der Verwendung von finanziellen Sicherheiten den Wert 'Null' an und entfällt damit in der obigen Bestimmungsgleichung des besicherten Kreditbetrages (5.61). Der aufsichtsrechtlich geforderte Risikozuschlag für Wertschwankungen des Kredites wird dann berücksichtigt. Im zweiten Fall, der Nichtverwendung von finanziellen Sicherheiten zur Ab-sicherung eines Kredites, kann die Variable $KBKR_f^{fin}$ aufgrund der ersten Gleichung (5.64) beliebige Werte annehmen. Die zweite Gleichung (5.65) beschränkt die Variable $KBKR_f^{fin}$ jedoch in ihrer Höhe auf den Wert des Risikozuschlags für Wertschwankungen des Kredites. Da für alle Variablen des Modells die Nichtnegativitätsbedingung und zudem die Minimierung der Zielfunktion gelten, ist $KBKR_f^{fin}$ aufgrund der Bestimmungsgleichung des durch finanzielle Sicherheiten besicherten Kreditbetrages (5.61) und den Nebenbedingungen (5.64) und (5.65) für den zweiten Fall, der Nichtverwendung von finanziellen Sicherheiten, immer genau gleich dem anzuwendenden Zuschlag auf den Kreditbetrag $\left(\beta_f^{fin}-1\right)\cdot KRvR_f$. Dadurch wird die Bedingung des Konsultationspapiers (IKE Nr. 130) erfüllt, wonach der Risikozuschlag auf den Kreditbetrag nur anzuwenden ist, wenn finanzielle Sicherheiten zur Besicherung von Krediten verwendet werden.

Nachdem die Kreditbeträge, die durch finanzielle Sicherheiten unterlegt sind, durch Gleichung (5.61) ermittelt wurden, wird im folgenden der durch Forderungsabtretungen unterlegte Kreditbetrag dargestellt (Gleichung (5.66)).

Zusätzliche Konstante:

$I^{o,FAbtr}$ = in IKE Nr. 295 aufsichtsrechtlich vorgegebene Quote aus Forderungsabtretungen und Kreditbetrag in % des Kreditbetrages, ab dem ein durch Forderungsabtretungen besicherter Kredit als vollständig besichert gilt

$$(5.66) \quad KR_f^{FAbtr} = \frac{\sum_{j=1}^{J} x_{fj}^{FAbtr} \cdot S_{fj}^{FAbtr,korr}}{I^{o,FAbtr}} \qquad \forall f$$

Ein durch Forderungsabtretungen besicherter Kredit gilt gemäß IKE Nr. 295 als vollständig besichert, wenn die verwendeten Forderungsabtretungen den zu besichernden Kreditbetrag um eine in IKE Nr. 295 vorgegebene Quote $I^{o,FAbtr}$ übersteigt. Dieses wird durch die Verwendung dieser Quote im Nenner auf der rechten Seite in der Gleichung (5.66) erreicht. Es wird somit der anteilige Kreditbetrag ausgewiesen, der vollständig durch die verwendeten Forderungsabtretungen besichert wird. Eine Mindestanforderung in Form einer Mindestbesicherungsquote für den Ansatz von Forderungsabtretungen besteht gemäß dem Konsultationspapier nicht.

Für die Anerkennung von Immobiliensicherheiten und sonstigen Sicherheiten ist jedoch gemäß IKE Nr. 295 der aufsichtsrechtlich vorgegebene Wert einer Mindestsicherungsquote zu überschreiten. Nur in diesem Fall dürfen diese Sicherheiten verwendet werden. Zunächst sind die Nebenbedingungen zur Feststellung der Überschreitung der Untergrenze zu definieren. Dafür ist wieder eine Binärvariable zu Steuerungszwecken im Optimierungsmodell zu verwenden. Die Funktionsweise dieser Variablen $\gamma_f^{Imm,sonst}$ ist identisch zu den Nebenbedingungen (5.54) und (5.55) im vorherigen Kapitel. Hier muß jedoch über die Erweiterung mit $\sum_{g=1}^{G} x_{fjg}^{Imm}$ und $\sum_{g=1}^{G} x_{fjg}^{sonst}$ im Zähler der Gleichung (5.67) berücksichtigt werden, daß die Immobiliensicherheiten und sonstigen Sicherheiten in einen mit Garantien doppelt besicherten Anteil und einen Anteil mit alleiniger Kreditrisikominderung unterteilt werden. Beide Anteile können bei der Prüfung der Einhaltung einer Mindest-sicherungsquote verwendet werden.

Zusätzliche Variablen:

x_{fj}^{Imm} = Anteil der Immobiliensicherheit j am Gesamtwert der Sicherheit j zur anteiligen Absicherung von Kredit f **ohne** Berücksichtigung einer zusätzlichen Besicherung dieses Anteils durch eine Garantie in GE/GE

$x_{fjg}^{G,Imm}$ = Anteil der Immobiliensicherheit j am Gesamtwert der Sicherheit j zur anteiligen Absicherung von Kredit f **mit** Berücksichtigung einer zusätzlichen Besicherung dieses Anteils durch die Garantie g in GE/GE, es wird die Eigenkapitalfunktion des Garanten verwendet

$x_{fjg}^{DD,Imm}$ = Anteil der Immobiliensicherheit j am Gesamtwert der Sicherheit j zur anteiligen Absicherung von Kredit f **mit** Berücksichtigung einer zusätzlichen Besicherung dieses Anteils durch die Garantie g in GE/GE, es wird die Eigenkapitalfunktion des Doppelausfall-Ansatzes verwendet

x_{fj}^{sonst} = Anteil der sonstigen IRB-Sicherheit j am Gesamtwert der sonstigen Sicherheit j zur anteiligen Absicherung von Kredit f **ohne** Berücksichtigung einer zusätzlichen Besicherung dieses Anteils durch eine Garantie in GE/GE

$x_{fjg}^{G,sonst}$ = Anteil der sonstigen IRB-Sicherheit j am Gesamtwert der sonstigen Sicherheit j zur anteiligen Absicherung von Kredit f **mit** Berücksichtigung einer zusätzlichen Besicherung dieses Anteils durch die Garantie g in GE/GE, es wird die Eigenkapitalfunktion des Garanten verwendet

$x_{fjg}^{DD,sonst}$ = Anteil der sonstigen IRB-Sicherheit j am Gesamtwert der sonstigen Sicherheit j zur anteiligen Absicherung von Kredit f **mit** Berücksichtigung einer zusätzlichen Besicherung dieses Anteils durch die Garantie g in GE/GE, es wird die Eigenkapitalfunktion des Doppelausfall-Ansatzes verwendet

$$(5.67)\quad \underbrace{\frac{\sum_{j=1}^{J}\left(x_{fj}^{Imm}+\sum_{g=1}^{G}x_{fjg}^{G,Imm}+\sum_{g=1}^{G}x_{fjg}^{DD,Imm}\right)\cdot S_{fj}^{Imm,korr}}{l^{u,Imm,sonst}} + \frac{\sum_{j=1}^{J}\left(x_{fj}^{sonst}+\sum_{g=1}^{G}x_{fjg}^{G,sonst}+\sum_{g=1}^{G}x_{fjg}^{DD,sonst}\right)\cdot S_{fj}^{sonst,korr}}{l^{u,Imm,sonst}}}_{\text{maximal möglicher Kreditbetrag, damit die Mindestsicherungsquote nach IKE Nr. 295 eingehalten wird, im Zähler steht der verwendete Betrag an Immobiliensicherheiten und sonstigen Sicherheiten}}$$

$$\geq \underbrace{KRvR_f - KR_f^{fin} - KR_f^{FAbtr}}_{\text{unbesicherter Restkreditbetrag nach Verwendung von finanziellen Sicherheiten und Forderungsabtretungen}} \underbrace{-\left(1-\gamma_f^{Imm,sonst}\right)\cdot L}_{\text{zusätzlicher Term zur Steuerung der Anwendung von Immobiliensicherheiten und sonstigen Sicherheiten}} \qquad \forall f$$

$$(5.68)\quad \underbrace{\sum_{j=1}^{J}\left(x_{fj}^{Imm}+\sum_{g=1}^{G}x_{fjg}^{G,Imm}+\sum_{g=1}^{G}x_{fjg}^{DD,Imm}\right)\cdot S_{fj}^{Imm,korr}}_{\text{Betrag der zur Besicherung von Kredit f verwendeten Immobiliensicherheiten; sowohl Einzelbesicherung als auch zusätzlich mit Garantien besichert}}$$

$$+\underbrace{\sum_{j=1}^{J}\left(x_{fj}^{sonst}+\sum_{g=1}^{G}x_{fjg}^{G,sonst}+\sum_{g=1}^{G}x_{fjg}^{DD,sonst}\right)\cdot S_{fj}^{sonst,korr}}_{\text{Betrag der zur Besicherung von Kredit f verwendeten sonstigen Sicherheiten; sowohl Einzelbesicherung als auch zusätzlich mit Garantien besichert}}$$

$$\leq \underbrace{\gamma_{f}^{Imm,sonst}\cdot L}_{\text{zusätzlicher Term zur Steuerung des Einsatzes von sonstigen und Immobiliensicherheiten, } \gamma_f^{Imm,sonst} \text{ nimmt als Binärvariable nur die Werte 'Null' und 'Eins' an}} \qquad \forall\, f$$

Weitere Erklärungen zur Wirkungsweise der Funktionen sind den Erklärungen zu den Nebenbedingungen (5.54) und (5.55) zu entnehmen.

Da sich die benötigten Eigenkapitalbeträge bei einfacher und doppelter Besicherung in ihrer Höhe unterscheiden, müssen die Forderungsbeträge, die ausschließlich durch Immobilien- oder sonstige Sicherheiten gedeckt sind, einzeln und getrennt ausgewiesen werden. Diese Forderungsbeträge ergeben sich analog zu den vorhergehenden Kapiteln aus den nachstehenden Bestimmungleichungen (5.69) und (5.70). Wie in der Gleichung (5.66) zur Bestimmung des durch Forderungsabtretungen besicherten Kreditbetrages ist in den Gleichungen (5.69) und (5.70) zu berücksichtigen, daß ein Kredit durch Immobiliensicherheiten oder sonstige Sicherheiten gemäß IKE Nr. 295 nur vollständig besichert ist, wenn die verwendeten Sicherheiten ein bestimmtes in IKE Nr. 295 vorgegebenes Verhältnis aus verwendeten Sicherheiten und Kreditbetrag, übersteigen. Dieses wird durch die Quote $I^{o,Imm}$ gemäß IKE Nr. 295 im Nenner der Ausdrücke (5.69) und (5.70) erreicht.

$$(5.69)\quad KR_f^{Imm} = \frac{\sum_j^J x_{fj}^{Imm} \cdot S_{fj}^{Imm,korr}}{I^{o,Imm}} \qquad \forall f$$

$$(5.70)\quad KR_f^{sonst} = \frac{\sum_j^J x_{fj}^{sonst} \cdot S_{fj}^{sonst,korr}}{I^{o,sonst}} \qquad \forall f$$

Im nächsten Schritt müssen die Kreditbeträge ermittelt werden, die ausschließlich durch Garantien besichert sind (Gleichung (5.71) und (5.72)).

Zusätzliche Variablen:

$x_{fg}^{G,g}$ = prozentualer Anteil vom Gesamtwert der Garantie g in GE/GE, der zur Absicherung des Kredites f dient, verwendet wird die Verlustquote des Garanten (hochstelltes g) und die Risikogewichtungsfunktion des Garanten (hochgestelltes G)

$x_{fg}^{G,f}$ = prozentualer Anteil vom Gesamtwert der Garantie g in GE/GE, der zur Absicherung des Kredites f dient, verwendet wird die Verlustquote des jeweiligen Kredites (hochgestelltes f) und die Risikogewichtungsfunktion des Garanten (hochgestelltes G)

$x_{fjg}^{G,FAbtr}$ = prozentualer Anteil vom Gesamtwert der Forderungsabtretung j in GE/GE, der gemeinsam mit der Garantie g zur Absicherung des Kredites f dient, verwendet wird die Verlustquote von Forderungsabtretungen (hochgestelltes FAbtr) und die Risikogewichtungsfunktion des Garanten (hochstelltes G)

$x_{fg}^{DD,g}$ = prozentualer Anteil vom Gesamtwert der Garantie g in GE/GE, der zur Absicherung des Kredites f dient, verwendet wird die Verlustquote des Garanten (hochgestelltes g) und die Risikogewichtungsfunktion des Doppelausfall-Effektes (hochgestelltes DD[321])

[321] DD steht für den im Konsultationspapier verwendeten englischen Begriff des Doppelausfalls, **D**ouble **D**efault

$x_{fg}^{DD,f}$ = prozentualer Anteil vom Gesamtwert der Garantie g in GE/GE, der zur Absicherung des Kredites f dient, verwendet wird die Verlustquote des Kreditnehmers/Kredites f (hochgestelltes f) und die Risikogewichtungsfunktion des Doppelausfall-Effektes (hochgestelltes DD)

$x_{fjg}^{DD,FAbtr}$ = prozentualer Anteil vom Gesamtwert der Forderungsabtretung j in GE/GE, der gemeinsam mit der Garantie g zur Absicherung des Kredites f dient, verwendet wird die Verlustquote einer Forderungsabtretung (hochgestelltes FAbtr) und die Risikogewichtungsfunktion des Doppelausfall-Effektes (hochgestelltes DD)

Mit Hilfe der Bestimmungsgleichung (5.71) werden Kreditbeträge ermittelt, die nur durch Garantien besichert werden. Es werden die Verlustquote der Garantie und die Risikogewichtungsfunktion des Garanten verwendet.

(5.71) $KR_{fg}^{G,g} = x_{fg}^{G,g} \cdot G_{fg}^{korr} \quad \forall\, f, g$

Wie in Gleichung (5.71) werden mit Hilfe der Gleichung (5.72) nur mit Garantien besicherte Kreditbeträge bestimmt. Jedoch werden diejenigen besicherten Kreditbeträge berechnet, für die die Verlustquote des Kredites (LGD_f) verwendet wird, da diese die Verlustquote der Garantie (LGD_g) unterschreitet.

(5.72) $KR_{fg}^{G,f} = x_{fg}^{G,f} \cdot G_{fg}^{korr} \quad \forall\, f, g$

Mit Hilfe der nachstehenden Gleichungen (5.73) bis (5.75) werden diejenigen Kreditbeträge angegeben, die zur Risikoreduzierung sowohl durch Garantien als auch durch weitere Sicherheiten unterlegt werden. Es werden jeweils die Risikogewichtungsfunktionen des Garanten verwendet. Da die Kredittranchen zusätzlich mit weiteren Sicherheiten (Forderungsabtretung, Immobiliensicherheit oder sonstige Sicherheit) unterlegt werden, können für die Berechnung des aufsichtsrechtlich geforderten haftenden Eigenkapitals gemäß IKE Nr. 303 die Verlustquoten der Kredite bzw. Garantien gegen die reduzierten Verlustquoten der zusätzlichen Sicherheiten ausgetauscht werden. Dadurch wird das aufsichtsrechtlich benötigte haftende Eigenkapital gegenüber einer einfachen Besicherung mit einer Garantie weiter gesenkt. Für $KR_{fg}^{G,FAbtr}$ wird die Verlustquote von Forderungsabtretungen, für $KR_{fg}^{G,Imm}$ die Verlustquote von Immobiliensicherheiten und für $KR_{fg}^{G,sonst}$ die Verlustquote von sonstigen Sicherheiten verwendet.

$$(5.73)\quad KR_{fg}^{G,FAbtr} = \frac{\sum_{j=1}^{J} x_{fjg}^{G,FAbtr} \cdot S_{fj}^{FAbtr,korr}}{I^{o,FAbtr}} \qquad \forall\ f, g$$

$$(5.74)\quad KR_{fg}^{G,Imm} = \frac{\sum_{j=1}^{J} x_{fjg}^{G,Imm} \cdot S_{fj}^{Imm,korr}}{I^{o,Imm}} \qquad \forall\ f, g$$

$$(5.75)\quad KR_{fg}^{G,sonst} = \frac{\sum_{j=1}^{J} x_{fjg}^{G,sonst} \cdot S_{fj}^{sonst,korr}}{I^{o,sonst}} \qquad \forall\ f, g$$

Bei der Berechnung des Haftungskapitals kann für durch Garantien besicherte Kredite alternativ zur Risikogewichtungsfunktion des Garanten auch die Risikogewichtungsfunktion des Doppelausfall-Effektes verwendet werden. Es können analog zu den obigen Ausführen bei der Verwendung der Risikogewichtungsfunktion des Garanten die durch Garantien besicherten Kredite entweder nur durch Garantien unterlegt werden (Gleichungen (5.76) und (5.77)) oder gemäß Basel II auch weitere risikoreduzierende Sicherheiten wie Forderungsabtretungen, sonstige Sicherheiten und Immobiliensicherheiten zur Kreditrisikoreduzierung verwendet werden (Gleichungen (5.78) bis (5.80)).

$$(5.76)\quad KR_{fg}^{DD,g} = x_{fg}^{DD,g} \cdot G_{fg}^{korr} \qquad \forall\ f, g$$

(Verwendung der Verlustquote der Garantie)

$$(5.77)\quad KR_{fg}^{DD,f} = x_{fg}^{DD,f} \cdot G_{fg}^{korr} \qquad \forall\ f, g$$

(Verwendung der Verlustquote des Kredites)

$$(5.78)\quad KR_{fg}^{DD,FAbtr} = \frac{\sum_{j=1}^{J} x_{fjg}^{DD,FAbtr} \cdot S_{fj}^{FAbtr,korr}}{I^{o,FAbtr}} \qquad \forall\ f, g$$

(Verwendung der Verlustquote von Forderungsabtretungen)

$$(5.79)\quad KR_{fg}^{DD,Imm} = \frac{\sum_{j=1}^{J} x_{fjg}^{DD,Imm} \cdot S_{fj}^{Imm,korr}}{I^{o,Imm}} \qquad \forall\ f, g$$

(Verwendung der Verlustquote von Immobiliensicherheiten)

$$(5.80)\quad KR_{fg}^{DD,sonst} = \frac{\sum_{j=1}^{J} x_{fjg}^{DD,sonst} \cdot S_{fj}^{sonst,korr}}{I^{o,sonst}} \qquad \forall\, f, g$$

(Verwendung der Verlustquote von sonstigen Sicherheiten)

Mit Hilfe der vorstehenden Gleichungen (5.71) bis (5.80) sind die mit Garantien einfach besicherten Kreditbeträge

- $KR_{fg}^{G,g}$ (Risikogewichtungsfunktion des Garanten, Verlustquote der Garantie)
- $KR_{fg}^{G,f}$ (Risikogewichtungsfunktion des Garanten, Verlustquote des Kredites)
- $KR_{fg}^{DD,g}$ (Risikogewichtungsfunktion des Doppelausfall-Effekts, Verlustquote der Garantie)
- $KR_{fg}^{DD,f}$ (Risikogewichtungsfunktion des Doppelausfall-Effekts, Verlustquote des Kredites)

und die mit Garantien und anderen Sicherheiten doppelt abgesicherten Kreditbeträge

- $KR_{fg}^{G,FAbtr}$ (Risikogewichtungsfunktion des Garanten, Verlustquote von Forderungsabtretungen),
- $KR_{fg}^{G,Imm}$ (Risikogewichtungsfunktion des Garanten, Verlustquote von Immobiliensicherheiten)
- $KR_{fg}^{G,sonst}$ (Risikogewichtungsfunktion des Garanten, Verlustquote von sonstigen Sicherheiten)
- $KR_{fg}^{DD,FAbtr}$ (Risikogewichtungsfunktion des Doppelausfall-Effekts, Verlustquote von Forderungsabtretungen)
- $KR_{fg}^{DD,Imm}$ (Risikogewichtungsfunktion des Doppelausfall-Effekts, Verlustquote von Immobiliensicherheiten)
- $KR_{fg}^{DD,sonst}$ (Risikogewichtungsfunktion des Doppelausfall-Effekts, Verlustquote von sonstigen Sicherheiten)

vollständig berechnet. Da in den Gleichungen zum Teil die korrigierten Beträge der IRB-Sicherheiten $S_{fj}^{FAbtr,korr}$, $S_{fj}^{Imm,korr}$ und $S_{fj}^{sonst,korr}$ zur Ermittlung der besicherten Kreditbeträge verwendet werden, müssen zusätzliche Nebenbedingungen definiert werden, damit der durch Garantien maximal mögliche Sicherungsbetrag nicht überschritten wird (Bedingung (5.81)).[322]

Zusätzliche Konstanten:

RAW_{fg} = nach IKE Nr. 147 geforderter Risikoabschlag für Währungsinkongruenzen zwischen Garantie g und Kredit f in GE/GE

α_{fg} = Korrekturfaktor für Garantien zur Berücksichtigung von Währungs- und Laufzeitinkongruenzen zwischen Garantie g und Kredit f, der durch diese Garantie besichert werden soll in GE/GE

$$\alpha_{fg} = \left(1 - RAW_{fg}\right) \cdot \frac{\left(T_g^{Rest} - 0,25\right)}{\left(T_f^{Rest} - 0,25\right)}$$

$$(5.81)\quad \underbrace{\sum_{f=1}^{F} \left(x_{fg}^{G,g} + x_{fg}^{G,f} + x_{fg}^{DD,g} + x_{fg}^{DD,f} \right) \cdot G_g}_{\text{verwendete Garantiebeträge für eine einfache Kreditbesicherung}}$$

$$\underbrace{+ \sum_{f=1}^{F} \sum_{j=1}^{J} \left(\underbrace{\frac{\dfrac{x_{fjg}^{G,FAbtr} \cdot S_{fj}^{FAbtr,korr}}{I^{o,FAbtr}}}{\alpha_{fg}}}_{\substack{\text{verwendete nominelle Garantiebeträge für}\\ \text{zusätzlich durch Forderungsabtretungen}\\ \text{besicherte Kredite}}} + \underbrace{\frac{\dfrac{x_{fjg}^{G,Imm} \cdot S_{fj}^{Imm,korr}}{I^{o,Imm}}}{\alpha_{fg}}}_{\substack{\text{verwendete nominelle Garantiebeträge für}\\ \text{zusätzlich durch Immobiliensicherheiten}\\ \text{besicherte Kredite}}} + \underbrace{\frac{\dfrac{x_{fjg}^{G,sonst} \cdot S_{fj}^{sonst,korr}}{I^{o,sonst}}}{\alpha_{fg}}}_{\substack{\text{verwendete nominelle Garantiebeträge für}\\ \text{zusätzlich durch sonstige Sicherheiten}\\ \text{besicherte Kredite}}} \right)}_{\text{verwendete Garantiebeträge für eine doppelte Besicherung mit anderen Sicherheiten, verwendet wird die Eigenkapitalfunktion des Garanten}}$$

[322] Beckmann, Christian; Papazoglou, Panajotis (2004) gehen einen anderen Weg. Dort werden die Anteile mit den Verhältnis aus gebrauchter Sicherheit und wertkorrigiertem Gesamtwert gewichtet, so daß die Summe dieser gewichteten Anteile einer Garantie jeweils den Wert 1 nicht überschreiten dürfen, damit Garantien nicht mehr als vollständig angerechnet werden können.

$$+\sum_{f=1}^{F}\sum_{j=1}^{J}\left(\underbrace{\frac{\frac{x_{fjg}^{DD,Fabtr}\cdot S_{fj}^{FAbtr,korr}}{I^{o,FAbtr}}}{\alpha_{fg}}}_{\text{verwendete Garantiebeträge für zusätzlich durch Forderungsabtretungen besicherte Kredite}}+\underbrace{\frac{\frac{x_{fjg}^{DD,Imm}\cdot S_{fj}^{Imm,korr}}{I^{o,Imm}}}{\alpha_{fg}}}_{\text{verwendete Garantiebeträge für zusätzlich durch Immobiliensicherheiten besicherte Kredite}}+\underbrace{\frac{\frac{x_{fjg}^{DD,sonst}\cdot S_{fj}^{so,korr}}{I^{o,sonst}}}{\alpha_{fg}}}_{\text{verwendete Garantiebeträge für zusätzlich durch sonstige Sicherheiten besicherte Kredite}}\right)$$

verwendete Garantiebeträge für eine doppelte Besicherung mit anderen Sicherheiten, verwendet wird die Eigenkapitalfunktion des Doppelausfalleffektes

$$\leq G_g \qquad \forall\, g$$

In der ersten Zeile der Gleichung (5.81) werden die Teil-Garantiebeträge einer Garantie g ermittelt, die für eine einfache Besicherung von Krediten verwendet werden. In der zweiten und dritten Zeile werden die Teil-Garantiebeträge bestimmt, die gemeinsam mit IRB-Sicherheiten Teilkredite besichern. Zur Bestimmung dieser Teil-Garantiebeträge werden die Beträge der korrigierten IRB-Sicherheiten ($S_{fj}^{FAbtr,korr}$, $S_{fj}^{Imm,korr}$, $S_{fj}^{sonst,korr}$) verwendet.

Zusätzliche Variable:

$KR_{fjg}^{DD,FAbtr}$ = durch Garantie g und Forderungsabtretung j besicherter Kreditbetrag f in GE, verwendet wird die Verlustquote von Forderungsabtretungen (hochgestellter Index FAbtr) und die Risikogewichtungsfunktion des Doppelausfall-Effektes

Jeder Summand in der Bedingung (5.82),

$$\text{bspw.}\quad \frac{x_{fjg}^{DD,Fabtr}\cdot S_{fj}^{FAbtr,korr}}{I^{o,FAbtr}} = KR_{fjg}^{DD,FAbtr}$$

steht für den durch Garantie g und Sicherungsmittel j gleichzeitig besicherten Kreditbetrag f. Für diesen derartig besicherten Kreditbetrag muß die Höhe des nominal verwen-deten Garantiebetrages vor Korrekturen um Abschläge für Währungsinkongruenzen und Laufzeitinkongruenzen zwischen Garantie und Kredit bestimmt werden, um den verwendeten Garantiebetrag zu ermitteln.

Zusätzliche Konstante:

$G_{fjg}^{DD,Fabtr}$ = Garantiebetrag der Garantie g in GE, der zur Besicherung des Kre-dites f zusätzlich zur Forderungsabtretung j verwendet wird, verwendet wird die Verlustquote von Forderungsabtretungen und der Doppelausfall-Ansatz

$$KR_{fjg}^{DD,FAbtr} = x_{fjg}^{DD,Fabtr} \cdot G_g^{korr} = x_{fjg}^{DD,Fabtr} \cdot \alpha_{fg} \cdot G_g = \alpha_{fg} \cdot G_{fjg}^{DD,Fabtr}$$

Um hieraus den für die Beschränkung des Einsatzes von Garantien benötigten nominellen Garantiebetrag vor Korrekturen $G_{fjg}^{DD,FAbtr}$ zu erhalten, wird der Betrag der besicherten Kredittranche durch den Korrekturfaktor α_{fg} geteilt. Auf der linken Seite der Bedingung (5.81) stehen folglich die zur Kreditbesicherung verwendeten nominellen Teil-Garantiebeträge vor Wertkorrekturen der Garantie. Die Summe dieser Teilbeträge muß kleiner gleich dem vorhandenen nominellen Garantiebetrag sein (rechte Seite der Bedingung (5.81)), um den Einsatz von Sicherheiten im Modell auf den vorhandenen Sicherheitenbetrag zu beschränken.

Im folgenden soll die Berechnungsweise des nominalen Garantiebetrages, der zusammen mit einer weiteren Sicherheit einen Kreditteilbetrag besichert, anhand eines Zahlenbeispiels verdeutlicht werden. In der Nebenbedingung (5.81) werden die doppelt besicherten Kreditbeträge über die verwendeten weiteren Sicherheiten berechnet, die zur doppelten Besicherung mit Garantien verwendet werden. Bspw. wird die durch Forderungsabtretungen und Garantien besicherte Kredittranche über den nachstehenden Term berechnet, der auch in der Bedingung (5.81) Verwendung findet:

$$\sum_{j=1}^{J} \frac{x_{fjg}^{DD,Fabtr} \cdot S_{fj}^{FAbtr,korr}}{I^{o,FAbtr}}$$

Diese derart besicherte Kredittranche soll bspw. eine Höhe von 40 GE aufweisen. Ist von der zu verwendenden Garantie bei der Besicherung eines Kredites ein Risikoabschlag für Währungsinkongruenzen von 5% anzusetzen, ist für die Besicherung der Kredittranche von 40 GE ein nomineller Garantiebetrag in Höhe von 42,11 GE $\left(\frac{40}{0{,}95}\right)$ zu gebrauchen. Diese zwei Schritte werden durch den in der Nebenbedingung (5.81) enthaltene Term berücksichtigt:

$$\frac{\dfrac{x_{fjg}^{DD,Fabtr} \cdot S_{fj}^{FAbtr,korr}}{I^{o,FAbtr}}}{\alpha_{fg}} = \frac{40}{0{,}95} = 42{,}11 \text{ GE}$$

Die Summe dieser nominellen Teil-Garantiebeträge darf den Gesamtnominalbetrag der Garantie nicht überschreiten, was durch die Nebenbedingung (5.81) im Modell gewährleistet wird.

Zusätzlich zu der Beschränkung der Anwendung von Garantien auf deren vorhandenen Wert darf der maximal mögliche Anrechnungsbetrag jeder IRB-Sicherheit nicht überschritten werden. Dafür werden die folgenden Nebenbedingungen (5.83) bis (5.85) analog zum vorherigen Kapitel in das Modell aufgenommen. Bedingung (5.83) beschränkt den Ansatz der Immobiliensicherheiten auf ihren vorhandenen Wert, (5.84) die sonstigen Sicherheiten und (5.85) die Forderungsabtretungen. Für die Beschränkung ist es ausreichend, die Summe der zur Kreditbesicherung verwendeten prozentualen Anteile der Sicherheiten auf 100% zu begrenzen, da die Teilkreditbeträge, die durch IRB-Sicherheiten einzeln oder doppelt besichert werden, als Anteile des maximal zulässigen IRB-Sicherungsmittels berechnet werden.

$$(5.83)\quad \sum_{f=1}^{F}\left(x_{fj}^{Imm} + \sum_{g=1}^{G} x_{fjg}^{G,Imm} + \sum_{g=1}^{G} x_{fjg}^{DD,Imm} \right) \leq 1 \qquad \forall j$$

$$(5.84)\quad \sum_{f=1}^{F}\left(x_{fj}^{sonst} + \sum_{g=1}^{G} x_{fjg}^{G,sonst} + \sum_{g=1}^{G} x_{fjg}^{DD,sonst} \right) \leq 1 \qquad \forall j$$

$$(5.85)\quad \sum_{f=1}^{F}\left(x_{fj}^{FAbtr} + \sum_{g=1}^{G} x_{fjg}^{G,FAbtr} + \sum_{g=1}^{G} x_{fjg}^{DD,FAbtr} \right) \leq 1 \qquad \forall j$$

In (5.83) bis (5.85) werden sowohl die Beträge der IRB-Sicherheiten verwendet, die für eine separate Absicherung der Kredite f eingesetzt werden, als auch diejenigen, die gleichzeitig mit Garantien für die Besicherung derselben Kredittranche des Kredites f dienen.

Auch für die Verwendung von finanziellen Sicherheiten zur Besicherung von Krediten ist eine Nebenbedingung einzuführen, so daß deren Einsatz im Modell auf den vorhandenen Sicherheitenbetrag begrenzt ist. Hierfür wird die aus den vorherigen Kapiteln bekannte Nebenbedingung (5.86) verwendet, in der die zur Kreditbesicherung verwendeten prozentualen Anteile von finanziellen Sicherheiten auf 100% bzw. auf 1 begrenzt werden.

$$(5.86)\quad \sum_{f=1}^{F} x_{fj}^{fin} \leq 1 \qquad \forall j$$

Der gesamte, nur durch Garantien besicherte Kreditbetrag ergibt sich durch die nachstehende Gleichung (5.87).

Zusätzliche Variable:

KR_f^G = Kreditbetrag des Kredites f, der nur durch Garantien besichert wird in GE

$$(5.87)\quad KR_f^G = \sum_{g=1}^{G}\left(KR_{fg}^{G,g} + KR_{fg}^{G,f} + KR_{fg}^{DD,g} + KR_{fg}^{DD,f}\right) \quad \forall f$$

Entsprechend läßt sich der doppelt besicherte Kreditbetrag, daß heißt der Kreditbetrag der sowohl mit Garantien als auch mit Forderungsabtretungen, Immobiliensicherheiten oder sonstigen Sicherheiten unterlegt ist, wie folgt mit Hilfe der Gleichung (5.88) darstellen.

Zusätzliche Variable:

$KR_f^{G,IRB}$ = Kreditbetrag in GE, der sowohl durch Garantien als auch durch IRB-Sicherheiten unterlegt ist

$$(5.88)\quad KR_f^{G,IRB} = \sum_{g=1}^{G}\left(KR_{fg}^{G,FAbtr} + KR_{fg}^{G,Imm} + KR_{fg}^{G,sonst} + KR_{fg}^{DD,FAbtr}\right) + \sum_{g=1}^{G}\left(KR_{fg}^{DD,Imm} + KR_{fg}^{DD,sonst}\right) \quad \forall f$$

Zum Abschluß ist der unbesicherte Kreditbetrag aus der Differenz des ursprünglichen Kreditbetrages und der Höhe der besicherten Kredit-Tranchen zu ermitteln, da dieser mit der Verlustquote und der Risikogewichtungsfunktion des Kredites zu bewerten ist, um das benötigte haftende Eigenkapital für unbesicherte Kreditbeträge zu erhalten.

$$(5.89)\quad KRnR_f^{unbes} = KRvR_f - KR_f^{fin} - KR_f^{FAbtr} - KR_f^{Imm} - KR_f^{sonst} - KR_f^G - KR_f^{G,IRB} \quad \forall f$$

Wird zusätzlich im Modell verlangt, daß alle Variablen nur positive Werte annehmen dürfen, ist eine maximale Besicherung von Krediten automatisch in Höhe des aufgenommenen Kreditbetrages, bzw. bei Verwendung von finanziellen Sicherheiten in Höhe des um Risikozuschläge erhöhten Kreditbetrages, möglich. Eine Übersicherung ist ausgeschlossen. Zusammenfassend wird nun das Gesamtmodell mit Hilfe der Tabelle 5.8 dargestellt.

Zielfunktion	
Minimierung des aufsichtsrechtlich vorzuhaltenden haftenden Eigenkapitals für vorhandene Kredite durch die optimale Sicherheitenaufteilung auf vorhandene Kredite, verwendet werden IRB-Sicherheiten, finanzielle Sicherheiten und Garantien	$hEK^{U} = \sum_{f=1}^{F} KR_f^{Imm} \cdot LGD^{Imm} \cdot FaKons_f$ $+\sum_{f=1}^{F} KR_f^{FAbtr} \cdot LGD^{FAbtr} \cdot FaKons_f$ $+\sum_{f=1}^{F} KR_f^{sonst} \cdot LGD^{sonst} \cdot FaKons_f$ $+\sum_{f=1}^{F}\sum_{g}^{G} KR_{fg}^{G,g} \cdot LGD_g \cdot FaKons_g^G$ $+\sum_{f=1}^{F}\sum_{g}^{G} KR_{fg}^{G,f} \cdot LGD_f \cdot FaKons_g^G$ $+\sum_{f=1}^{F}\sum_{g}^{G} KR_{fg}^{G,FAbtr} \cdot LGD^{FAbtr} \cdot FaKons_g^G$ $+\sum_{f=1}^{F}\sum_{g}^{G} KR_{fg}^{G,Imm} \cdot LGD^{Imm} \cdot FaKons_g^G$ $+\sum_{f=1}^{F}\sum_{g}^{G} KR_{fg}^{G,sonst} \cdot LGD^{sonst} \cdot FaKons_g^G$ $+\sum_{f=1}^{F}\sum_{g}^{G} KR_{fg}^{DD,g} \cdot LGD_g \cdot FaKons_{fg}^{DD}$ $+\sum_{f=1}^{F}\sum_{g}^{G} KR_{fg}^{DD,f} \cdot LGD_f \cdot FaKons_{fg}^{DD}$ $+\sum_{f=1}^{F}\sum_{g}^{G} KR_{fg}^{DD,FAbtr} \cdot LGD^{FAbtr} \cdot FaKons_{fg}^{DD}$ $+\sum_{f=1}^{F}\sum_{g}^{G} KR_{fg}^{DD,Imm} \cdot LGD^{Imm} \cdot FaKons_{fg}^{DD}$ $+\sum_{f=1}^{F}\sum_{g}^{G} KR_{fg}^{DD,sonst} \cdot LGD^{sonst} \cdot FaKons_{fg}^{DD}$ $+\sum_{f=1}^{F} KRnR_f^{unbes} \cdot LGD_f^{unbes} \cdot FaKons_f \rightarrow min$

Nebenbedingungen	
Bestimmung des Kreditbetrages, der nur mit finanziellen Sicherheiten unterlegt wird	$KR_f^{fin} = \sum_{j=1}^{J} x_{fj}^{fin} \cdot S_j^{fin} \cdot \alpha_{fj}^{fin} - KRvR_f \cdot \left(\beta_f^{fin} - 1\right) + KBKR_f^{fin}$
Begrenzung der Verwendung von finan-ziellen Sicherheiten auf den Fall, daß deren Wert den Wert des Risikozuschlags auf den Kredit übersteigt	$\left(\beta_f^{fin} - 1\right) \cdot KRvR_f \leq \sum_{j=1}^{J} x_{fj}^{fin} \cdot S_j^{fin} \cdot \alpha_{fj} + \left(1 - \gamma_f^{fin}\right) \cdot L$ $\sum_{j=1}^{J} x_{fj}^{fin} \cdot S_j^{fin} \cdot \alpha_{fj}^{fin} \leq \gamma_f^{fin} \cdot L$
Bestimmung des Werts der Korrekturvariablen für die Nicht-Berücksichtigung des Risikozuschlags auf den Kreditbetrag, falls finan-zielle Sicherheiten zur Sicherung des Kredites nicht verwendet werden	$KBKR_f^{fin} \leq \left(\beta_f^{fin} - 1\right) \cdot KRvR_f$ $KBKR_f^{fin} \leq \left(1 - \gamma_f^{fin}\right) \cdot L$
Bestimmung des Kreditbetrages, der mit Forderungsabtretungen gesichert wird	$KR_f^{FAbtr} = \frac{\sum_{j}^{J} x_{fj}^{FAbtr} \cdot S_{fj}^{FAbtr,korr}}{I^{o,FAbtr}}$
Prüfung der Einhaltung der Mindestsicherungsquote für die Verwendung von sonstiger Sicherheiten und Immobiliensicherheiten gemäß IKE Nr. 295	$\frac{\sum_{j=1}^{J} \left(x_{fj}^{Imm} + \sum_{g=1}^{G} x_{fjg}^{G,Imm} + \sum_{g=1}^{G} x_{fjg}^{DD,Imm} \right) \cdot S_{fj}^{Imm,korr}}{I^{u,Imm,sonst}}$ $+ \frac{\sum_{j=1}^{J} \left(x_{fj}^{sonst} + \sum_{g=1}^{G} x_{fjg}^{G,sonst} + \sum_{g=1}^{G} x_{fjg}^{DD,sonst} \right) \cdot S_{fj}^{sonst,korr}}{I^{u,Imm,sonst}}$ $\geq KRvR_f - KR_f^{fin} - KR_f^{FAbtr} - \left(1 - \gamma_f^{Imm,sonst}\right) \cdot L$ $\sum_{j=1}^{J} \left(x_{fj}^{Imm} + \sum_{g=1}^{G} x_{fjg}^{G,Imm} + \sum_{g=1}^{G} x_{fjg}^{DD,Imm} \right) \cdot S_{fj}^{Imm,korr}$ $+ \sum_{j=1}^{J} \left(x_{fj}^{sonst} + \sum_{g=1}^{G} x_{fjg}^{G,sonst} + \sum_{g=1}^{G} x_{fjg}^{DD,sonst} \right) \cdot S_{fj}^{sonst,korr}$ $\leq \gamma_f^{Imm,sonst} \cdot L$

Bestimmung des Kreditbetrages, der nur mit Immobiliensicher-heiten unterlegt wird		$KR_{f}^{Imm} = \frac{\sum_{j}^{J} x_{fj}^{Imm} \cdot S_{fj}^{Imm,korr}}{I^{o,Imm}}$
Bestimmung des Kreditbetrages, der nur mit sonstigen Sicherheiten unterlegt wird		$KR_{f}^{sonst} = \frac{\sum_{j}^{J} x_{fj}^{sonst} \cdot S_{fj}^{sonst,korr}}{I^{o,sonst}}$
durch Garantien besicherte Kreditbeträge (einfache und mit weiteren Sicherheiten doppelt besicherte Kreditbeträge) – Risikogewichtungsfunktion des Garanten	LGD der Garantie	$KR_{fg}^{G,g} = x_{fg}^{G,g} \cdot G_{fg}^{korr}$
	LGD des Kredites	$KR_{fg}^{G,f} = x_{fg}^{G,f} \cdot G_{fg}^{korr}$
	LGD für Forde-rungs-abtr.	$KR_{fg}^{G,FAbtr} = \frac{\sum_{j=1}^{J} x_{fjg}^{G,FAbtr} \cdot S_{fj}^{FAbtr,korr}}{I^{o,FAbtr}}$
	LGD für Immobili-en	$KR_{fg}^{G,Imm} = \frac{\sum_{j=1}^{J} x_{fjg}^{G,Imm} \cdot S_{fj}^{Imm,korr}}{I^{o,Imm}}$
	LGD für sonstige Sicherhei-ten	$KR_{fg}^{G,sonst} = \frac{\sum_{j=1}^{J} x_{fjg}^{G,sonst} \cdot S_{fj}^{sonst,korr}}{I^{o,sonst}}$
durch Garantien besicherte Kreditbeträge (einfache und mit weiteren Sicherheiten doppelt besicherte Kre-ditbeträge) – Risikogewichtungsfunktion für Doppelausfall	LGD der Garantie	$KR_{fg}^{DD,g} = x_{fg}^{DD,g} \cdot G_{fg}^{korr}$
	LGD des Kredites	$KR_{fg}^{DD,f} = x_{fg}^{DD,f} \cdot G_{fg}^{korr}$
	LGD für Forde-rungs-abtr.	$KR_{fg}^{DD,FAbtr} = \frac{\sum_{j=1}^{J} x_{fjg}^{DD,FAbtr} \cdot S_{fj}^{FAbtr,korr}}{I^{o,FAbtr}}$
	LGD für Immobili-en	$KR_{fg}^{DD,Imm} = \frac{\sum_{j=1}^{J} x_{fjg}^{DD,Imm} \cdot S_{fj}^{Imm,korr}}{I^{o,Imm}}$
	LGD für sonstige Sicherhei-ten	$KR_{fg}^{DD,sonst} = \frac{\sum_{j=1}^{J} x_{fjg}^{DD,sonst} \cdot S_{fj}^{sonst,korr}}{I^{o,sonst}}$

Begrenzung der Verwendung von Garantien auf den jeweiligen Wert des vorhandenen Sicherungsmittels	$\sum_{f=1}^{F}\left(x_{fg}^{G,g}+x_{fg}^{G,f}+x_{fg}^{DD,g}+x_{fg}^{DD,f}\right)\cdot G_g + \sum_{f=1}^{F}\sum_{j=1}^{J}\left(\frac{\frac{x_{fjg}^{G,Fabtr}\cdot S_{fj}^{FAbtr,korr}}{I^{o,FAbtr}}}{\alpha_{fg}}+\frac{\frac{x_{fjg}^{G,Imm}\cdot S_{fj}^{Imm,korr}}{I^{o,Imm}}}{\alpha_{fg}}+\frac{\frac{x_{fjg}^{G,sonst}\cdot S_{fj}^{sonst,korr}}{I^{o,sonst}}}{\alpha_{fg}}\right) + \sum_{f=1}^{F}\sum_{j=1}^{J}\left(\frac{\frac{x_{fjg}^{DD,FAbtr}\cdot S_{fj}^{FAbtr,korr}}{I^{o,FAbtr}}}{\alpha_{fg}}+\frac{\frac{x_{fjg}^{DD,Imm}\cdot S_{fj}^{Imm,korr}}{I^{o,Imm}}}{\alpha_{fg}}+\frac{\frac{x_{fjg}^{DD,sonst}\cdot S_{fj}^{sonst,korr}}{I^{o,sonst}}}{\alpha_{fg}}\right) \leq G_g$
Begrenzung der Verwendung von Immobiliensicherheiten auf den jeweiligen Wert des vorhandenen Sicherungsmittels	$\sum_{f=1}^{F}\left(x_{fj}^{Imm}+\sum_{g=1}^{G}x_{fjg}^{G,Imm}+\sum_{g=1}^{G}x_{fjg}^{DD,Imm}\right) \leq 1$
Begrenzung der Verwendung von sonstigen Sicherheiten auf den jeweiligen Wert des vorhandenen Sicherungsmittels	$\sum_{f=1}^{F}\left(x_{fj}^{sonst}+\sum_{g=1}^{G}x_{fjg}^{G,sonst}+\sum_{g=1}^{G}x_{fjg}^{DD,sonst}\right) \leq 1$
Begrenzung der Verwendung von Forderungsabtretungen auf den jeweiligen Wert des vorhandenen Sicherungsmittels	$\sum_{f=1}^{F}\left(x_{fj}^{FAbtr}+\sum_{g=1}^{G}x_{fjg}^{G,FAbtr}+\sum_{g=1}^{G}x_{fjg}^{DD,FAbtr}\right) \leq 1$
Begrenzung der Verwendung von finanziellen Sicherheiten auf den jeweiligen Wert des vorhandenen Sicherungsmittels	$\sum_{f=1}^{F}x_{fj}^{fin} \leq 1$

Ermittlung des durch Garantien besicherten Kreditbetrages	$KR_f^{G} = \sum_{g=1}^{G}\left(KR_{fg}^{G,g} + KR_{fg}^{G,f}\right) + \sum_{g=1}^{G}\left(KR_{fg}^{DD,g} + KR_{fg}^{DD,f}\right)$
Ermittlung des durch Garantien und andere Sicherheiten besicherten Kreditbetrages	$KR_f^{G,IRB} = \sum_{g=1}^{G}\left(KR_{fg}^{G,FAbtr} + KR_{fg}^{G,Imm}\right) + \sum_{g=1}^{G}\left(KR_{fg}^{G,sonst} + KR_{fg}^{DD,FAbtr}\right) + \sum_{g=1}^{G}\left(KR_{fg}^{DD,Imm} + KR_{fg}^{DD,sonst}\right)$
Ermittlung des unbesicherten Restkreditbetrages	$KRnR_f^{unbes} = KRvR_f - KR_f^{fin} - KR_f^{FAbtr} - KR_f^{Imm} - KR_f^{sonst} - KR_f^{G} - KR_f^{G,IRB}$

Tab. 5.8: Optimierungsansatz für die Sicherheitenaufteilung zur Minimierung der Eigenkapitalverpflichtung im IRB-Ansatz bei Berücksichtigung von finanziellen Sicherheiten, IRB-Sicherheiten und Garantien

5.5 Beispielrechnung für eine optimale Sicherheitenaufteilung auf vorhandene Kredite zur Minimierung der Finanzierungskosten eines Unternehmens

Das in Kapitel 5 dargestellte Modell zur Optimierung der Aufteilung von Sicherheiten auf vorhandene Kredite wird nun anhand einer Beispielrechnung verdeutlicht. Dadurch wird auch die Funktionsfähigkeit der vorstehenden Optimierungsansätze nachgewiesen. Als Optimierungsansatz wird der IRB-Ansatz verwendet. Es wird angenommen, daß dem Kreditnehmer **alle** Arten von Sicherungsmitteln zur Besicherung der Kredite zur Verfügung stehen, so daß der Optimierungsansatz aus Kapitel 5.4.4 verwendet wird. Die Kreditbeträge sind gegeben. Die Minimierung der Eigenkapitalunterlegungspflicht für Banken dient der Optimierung der Kreditkosten für das Unternehmen. Folgende Kredite und Sicherheiten sind im Unternehmen vorhanden bzw. stehen dem Unternehmen zur Verfügung:

- drei Kredite,
- zwei finanzielle Sicherheiten,
- zwei Forderungsabtretungen,
- zwei Immobiliarsicherheiten,
- zwei sonstige Sicherheiten und
- zwei Garantien.

Die Daten für die Kredite werden in der nachstehenden Tabelle 5.9 angegeben.[323]

Kredit $f = 1, 2, 3$	Kredithöhe/ Kreditgesamtbetrag $KRvR_f$ in GE	Laufzeit der Kredite f in PE	Verlustquote LGD_f in GE/GE	Korrekturterm β_f^{fin} in GE/GE
1	10.000	3	0,75	1,01
2	15.000	1	0,45	1,005
3	20.000	2	0,45	1

Tab. 5.9: Daten der Kredite

Für die Kredite zwei und drei werden aufgrund der vorrangigen Bedienung im Verlustfall Verlustquoten gemäß IKE Nr. 287 in Höhe von 45% verwendet. Da der erste Kredit im Falle eines Ausfalls nur nachrangig bedient wird, muß diesem gemäß IKE Nr. 288 eine Verlustquote in Höhe von 75% zugewiesen werden. Desweiteren wird angenommen, daß die Kredite eins und zwei Kreditleihen darstellen, so daß eine Korrektur der Kredithöhe für eventuelle

[323] Die Daten für die Verlustquoten in der Tabelle 5.9 entsprechen den Standardverlustquoten für erstrangige und nachrangige Kredite gemäß IKE Nr. 287 f. Die Werte für den nach IKE Nr. 130 geforderten Korrekturterm für den Kreditbetrag werden für die Beispielrechnung frei angenommen.

Wertschwankungen des Kredites gemäß IKE Nr. 130 erfolgen muß, wenn finanzielle Sicherheiten zur Absicherung verwendet werden. Der dritte Kredit ist eine Geldleihe, so daß der Korrekturterm β_f^{fin} den Wert 'Eins' annimmt. Eine Korrektur für mögliche Wertschwankungen wird deshalb nicht durchgeführt.

Die nachstehende Tabelle 5.10 enthält die Daten für die vorhandenen Garantien. Es wird angenommen, daß Sicherheiten in Form von Garantien jeweils für die Laufzeit der zu besichernden Kredite gewährt werden. Da beide vorhandenen Garantien zudem in derselben Währung wie der Kredit vergeben werden, erfolgt keine Korrektur des Garantiebetrages um Sicherheitenabschläge für Währungs- und Laufzeitinkongruenzen gemäß den Bestimmungen des Konsultationspapiers.

Garantie $g = 1, 2$	Garantiehöchstbetrag G_g in GE	Laufzeit der Garantie g in PE	Verlustquote LGD_g in GE/GE	Ausfallwahrscheinlichkeit der Garantie/des Garanten PD_g
1	8.000	wie Kredit	0,45	0,009
2	3.000	wie Kredit	0,75	0,011

Tab. 5.10: Daten für Garantien

Während die Verlustquote der ersten Garantie laut Tabelle 5.10 45% beträgt, weist die zweite Garantie aufgrund der schlechteren Vermögenslage des Garanten eine Verlustquote von 75% auf. Da sich die drei Kredite in den Laufzeiten unterscheiden, ist aufgrund der Annahme, daß die Garantien jeweils genau für die Kreditlaufzeit vergeben werden, die Höhe der Eigenkapitalanforderung für die verschiedenen durch Garantien besicherten Kredite unterschiedlich. Der Teil der Eigenkapitalfunktion des Garanten/der Garantie gemäß IKE Nr. 272, der nur von der Ausfallwahrscheinlichkeit und der Kreditlaufzeit abhängig ist ($FaKons_g^G$), ist deshalb für jede Kreditbesicherung verschieden. Die aus dem vorherigen Kapitel bekannte Konstante $FaKons_g^G$ muß um einen zusätzlichen Index f erweitert werden, der den besicherten Kredit kennzeichnet.[324]

[324] Vgl. hierzu auch die Formel auf Seite 190 und die zugehörigen Erläuterungen im vorangehenden Kapitel.

Zusätzliche Konstante:

$FaKons_{fg}^{G}$ = Faktor der Funktion für die Eigenkapitalermittlung von Kreditinstituten gemäß IKE Nr. 272, der nur von der Ausfallwahrscheinlichkeit des Garanten g und der Restlaufzeit der Garantie g abhängt, als Restlaufzeit der Garantie wird die jeweilige Restlaufzeit des Kredites f verwendet

$$= \left(N\left(\frac{G\left(PD_g\right) + \sqrt{\rho_g} \cdot G(0{,}999)}{\sqrt{\left(1-\rho_g\right)}} \right) - PD_g \right) \cdot \frac{1 + \left((T_g^{Rest} = T_f^{Rest}) - 2{,}5 \right) \cdot b\left(PD_g\right)}{1 - 1{,}5 \cdot b\left(PD_g\right)}$$

Die Werte für die Faktoren $FaKons_{fg}^{G}$ werden später in den Tabellen 5.14 und 5.15 angegeben.

Des weiteren stehen dem Unternehmen zur Besicherung der drei Kredite die in der nachstehenden Tabelle 5.11 angegebenen Sicherheiten zur Verfügung.

Sicherungsart	Sicherungsmittel j	maximaler Betrag S_j in GE	Laufzeit t_j in PE
finanzielle S.	1	5.000	2
	2	2.000	1
Forderungs-abtretungen	1	3.000	3
	2	1.000	2
sonstige S.	1	6.000	2
	2	4.000	2
Immobiliens.	1	20.000	3
	2	6.000	3

Tab. 5.11: Sicherheiten-Daten mit Ausnahme der Garantien

Die finanziellen und IRB-Sicherheiten weisen jeweils unterschiedliche Laufzeiten auf. Die zweite sonstige Sicherheit besitzt bspw. eine Laufzeit von zwei PE, die erste Immobiliensicherheit eine Laufzeit von drei PE. Da der Wert der Sicherungsmittel um Laufzeitinkongruenzen zwischen Kredit und Sicherungsmittel korrigiert werden muß, ergeben sich optimale Zuordnungen von Sicherheiten auf die Kredite. Die Korrekturfaktoren, die auf die finanziellen Sicherheiten und IRB-Sicherheiten für Laufzeitinkongruenzen, möglichen Währungsinkongruenzen und Wertschwankungen im Falle von finanziellen Sicherheiten anzuwenden sind, können der folgenden Tabelle 5.12 entnommen werden.

Spalte		1	2	3
Zeile	Sicherheit	Kredit f = 1	Kredit f = 2	Kredit f = 3
1	finanzielle S. 1	0,6364	1	1
2	finanzielle S. 2	0,2728	1	0,4286
3	Forderungs-abtretung 1	1	1	1
4	Forderungs-abtretung 2	0,6364	1	1
5	Immobiliens. 1	1	1	1
6	Immobiliens. 2	1	1	1
7	sonstige S. 1	0,6364	1	1
8	sonstige S. 2	0,6364	1	1

Tab. 5.12: Korrekturfaktoren für Laufzeitinkongruenzen und mögliche Währungsinkongruenzen zwischen Kredit und Sicherungsmittel

Wird die zweite finanzielle Sicherheit zur Besicherung des ersten Kredites verwendet, ist der Wert der Sicherheit mit dem Faktor 0,2728 zu multiplizieren. Der Sicherheitenwert für die Besicherung des ersten Kredites ist folglich wesentlich niedriger als bspw. für eine Besicherung des zweiten Kredites. In letzterem Fall erfolgt keine Korrektur des Sicherheitenwertes.

Mit Hilfe des Modells zur Bestimmung derjenigen Sicherheitenverteilung auf vorhandene Kredite, die zu einer minimalen aufsichtsrechtlichen Haftungsmasse und damit zu minimalen Kapitalkosten führt, wird nun die kostenoptimale Sicherheitenaufteilung ermittelt. Es wird das Modell in der Ausprägung des voranstehenden Kapitels 5.4.4 verwendet, weil alle im Baseler Akkord erlaubten Sicherungsarten zur Senkung des benötigten haftenden Eigenkapitals im Beispielfall vorhanden sind. Es werden alternative Ausfallwahrscheinlichkeiten des Kreditnehmers/der Kredite in mehreren Szenarien verwendet, um Unterschiede in der Sicherheitenverteilung in Abhängigkeit dieser Ausfallwahrscheinlichkeit darzustellen. Hierfür wird zunächst der Fall eines Unternehmens mit erstklassiger Bonität betrachtet. Die Ausfallwahrscheinlichkeit für die drei Kredite beträgt jeweils 0,3%. Im Anschluß werden weitere Fälle mit anderen Ausfallwahrscheinlichkeiten untersucht, die jeweils zu einer abweichenden Sicherheitenverwendung führen. Durch die Ausfallwahrscheinlichkeiten der Garantien gemäß Tabelle 5.10 lassen sich im wesentlichen drei Gruppen von Kreditnehmer-Ausfallwahrscheinlichkeiten definieren:

(1) Ausfallwahrscheinlichkeiten des Kreditnehmers, die unterhalb der beiden Ausfallwahrscheinlichkeiten der Garantien liegen,

(2) Ausfallwahrscheinlichkeiten des Kreditnehmers, die zwischen den Ausfallwahrscheinlichkeiten der Garantien liegen und

(3) Ausfallwahrscheinlichkeiten des Kreditnehmers, die größer als die beiden Ausfallwahrscheinlichkeiten der Garantien sind.

Es läßt sich vermuten, daß sich für diese drei Gruppen die Aufteilung der Sicherheiten, insbesondere der Einsatz der Garantien, unterscheidet.

Für die unterschiedlichen Ausfallwahrscheinlichkeiten ergeben sich die Faktoren der Funktion für die Eigenkapitalermittlung, die nur von der Ausfallwahrscheinlichkeit abhängig sind für nicht durch Garantien besicherte Tranchen ($FaKons_f$), gemäß der nachstehenden Tabelle 5.13.

Kredit f	Eigenkapitalfaktoren $FaKons_l$ in GE/GE			
	PD = 0,3%	PD = 1%	PD = 1,3%	PD = 15%
f = 1	0,1059	0,1754	0,1909	0,4036
f = 2	0,0690	0,1303	0,1453	0,3646
f = 3	0,0875	0,1528	0,1681	0,3841

Tab. 5.13: Eigenkapitalfaktoren, die nur von der Ausfallwahrscheinlichkeit abhängig sind in GE/GE, es wird die Funktion des Kreditnehmers verwendet ($FaKons_l$)[325]

Werden hingegen Garantien zur Besicherung von Teil-Kreditbeträgen verwendet, kann der Eigenkapitalfaktor des Kreditnehmers $FaKons_f$ durch den Eigenkapitalfaktor der Garantie ersetzt werden ($FaKons_{fg}^{G}$ oder $FaKons_{fg}^{DD}$). In Tabelle 5.14 werden die Faktoren angege-

[325] Die Werte sind berechnet aus den Daten des Beispielfalls. Als Berechnungsgrundlage dient die Gleichung für $FaKons_{fg}^{G}$ gemäß IKE Nr. 272.

ben, wenn der Substitutionsansatz verwendet wird, in Tabelle 5.15 stehen die Faktoren für den Doppelausfall-Ansatz.

Garantie g	Kredit f	$FaKons_{fg}^{G}$ in GE/GE
1	1	0,1691
	2	0,1243
	3	0,1467
2	1	0,1811
	2	0,1357
	3	0,1584

Tab. 5.14: Eigenkapitalfaktoren, die nur von der Ausfallwahrscheinlichkeit abhängig sind in GE/GE, es wird die Funktion des Garanten/der Garantie verwendet[326]

Garantie g	Eigenkapitalfaktoren $FaKons_{fg}^{DD}$ in GE/GE				
	Kredit f	$PD_f = 0{,}3\%$	$PD_f = 1\%$	$PD_f = 1{,}3\%$	$PD_f = 15\%$
1	1	0,1684	0,2817	0,3142	0,7885
	2	0,1097	0,2071	0,2310	0,5800
	3	0,1391	0,2444	0,2726	0,6841
2	1	0,2023	0,3350	0,3702	0,9292
	2	0,1318	0,2488	0,2775	0,6964
	3	0,1670	0,2919	0,3238	0,8128

Tab. 5.15: Eigenkapitalfaktoren, die nur von der Ausfallwahrscheinlichkeit abhängig sind in GE/GE, es wird die Funktion des Doppelausfall-Effektes verwendet

Aus den Daten der Tabellen 5.14 und 5.15 wird auch deutlich, daß nur für sehr niedrige Ausfallwahrscheinlichkeiten des Kreditnehmers die Verwendung des Doppelausfall-Ansatzes vorteilhaft ist, da nur dann die Eigenkapitalfaktoren des Doppelausfall-Ansatzes $FaKons_{fg}^{DD}$ niedriger als die des Substitutionsansatzes $FaKons_{fg}^{G}$ sind. Wie nachstehend noch gezeigt

326 Die Werte sind berechnet aus den Daten des Beispielfalls. Als Berechnungsgrundlage dient die Gleichung für $FaKons_{fg}^{G}$ gemäß IKE Nr. 272.

wird, werden beide Garantien für sehr niedrige Ausfallwahrscheinlichkeiten des Kreditnehmers nicht zur Besicherung der vorhandenen Kredite verwendet. Für höhere Ausfallwahrscheinlichkeiten ist jedoch der Substitutionsansatz bei Verwendung von Garantien vorteilhaft, so daß der Doppelausfall-Ansatz in den Beispielrechnungen dieses Kapitels keine Anwendung findet.

In den nachstehenden Tabellen 5.16 bis 5.19 werden die Ergebnisse der Beispielrechnung für verschiedene Ausfallwahrscheinlichkeiten des Kreditnehmers aufgeführt. Das Modell ist nochmals im Anhang A2 beschrieben.

		1	2	3	4	5
		Kredit f = 1	Kredit f = 2	Kredit f = 3	Summe verw. Sicherungs-mittel	maximaler Sicher-heitenwert
1	Kreditbetrag	10.000	15.000	20.000		
2	finanzielle S. 1			5.000	5.000	5.000
3	finanzielle S. 2		2.000		2.000	2.000
4	Forderungs-abtretung 1	3.000			3.000	3.000
5	Forderungs-abtretung 2			1.000	1.000	1.000
6	Immobiliens. 1	10.640		9.360	20.000	20.000
7	Immobiliens. 2			6000	6.000	6.000
8	sonstige S. 1		1.480	4.520	6.000	6.000
9	sonstige S. 2		4.000		4.000	4.000
10	Garantie 1					8.000
11	Garantie 2					3.000
12	unbesicherter Restbetrag		9.160,71			

Tab. 5.16: Rechenergebnisse zur Sicherheitenverwendung in GE für eine Kreditnehmerausfallwahrscheinlichkeit von 0,3%

Für die Berechnung der Werte für besicherte und unbesicherte Kredittranchen in der Tabelle 5.16 wird von einer Kreditnehmer-Ausfallwahrscheinlichkeit in Höhe von 0,3% ausgegangen. In jeder Zeile stehen der für die drei Kredite jeweils verwendete Sicherheitenbetrag, die Summe der verwendeten Sicherheitenbeträge und der maximal vorhandene Sicherheitenwert.

Die Erklärungen für die Tabellen 5.17 bis 5.19 können denen zur Tabelle 5.16 entnommen werden. Es werden folgende Kreditnehmerausfallwahrscheinlichkeiten zur Berechnung des benötigten haftenden Eigenkapitals verwendet:

- Tabelle 5.17: Kreditnehmerausfallwahrscheinlichkeit = 1 %
- Tabelle 5.18: Kreditnehmerausfallwahrscheinlichkeit = 1,3 %
- Tabelle 5.19: Kreditnehmerausfallwahrscheinlichkeit = 15 %

		1	2	3	4	5
		Kredit f = 1	Kredit f = 2	Kredit f = 3	Summe verw. Sicherungs-mittel	maximaler Sicher-heitenwert
1	Kreditbetrag	10.000	15.000	20.000		
2	finanzielle S. 1			5.000	5.000	5.000
3	finanzielle S. 2		2.000		2.000	2.000
4	Forderungs-abtretung 1	3.000			3.000	3.000
5	Forderungs-abtretung 2			1.000	1.000	1.000
6	Immobliens. 1	10.640		9.360	20.000	20.000
7	Immobliens. 2			6.000	6.000	6.000
8	sonstige S. 1		1.480	4.520	6.000	6.000
9	sonstige S. 2		4.000		4.000	4.000
10	Garantie 1		8.000		8.000	8.000
11	Garantie 2					3.000
12	unbesicherter Restbetrag		1.160,71			

Tab. 5.17: Rechenergebnisse zur Sicherheitenverwendung in GE für eine Kreditnehmerausfallwahrscheinlichkeit von 1%

		1	2	3	4	5
		Kredit f = 1	Kredit f = 2	Kredit f = 3	Summe verw. Siche-rungs-mittel	maximaler Sicherhei-tenwert
1	Kreditbetrag	10.000	15.000	20.000		
2	finanzielle S. 1			5.000	5.000	5.000
3	finanzielle 2		2.000		2.000	2.000
4	Forderungs-abtretung 1	3.000			3.000	3.000
5	Forderungs-abtretung 2			1.000	1.000	1.000
6	Immobliens. 1	10.640		9.360	20.000	20.000
7	Immobliens. 2			6.000	6.000	6.000
8	sonstige S. 1		5.480	520	6.000	6.000
9	sonstige S. 2			2.575(G2) 1.425	4.000	4.000
10	Garantie 1		8.000		8.000	8.000
11	Garantie 2		1.160,71	(1.839,29 so2)	3000	3.000
12	unbesicherter Restbetrag					

Tab. 5.18: Rechenergebnisse zur Sicherheitenverwendung in GE für eine Kreditnehmerausfallwahrscheinlichkeit von 1,3%

		1	2	3	4	5
		Kredit f = 1	Kredit f = 2	Kredit f = 3	Summe verw. Siche-rungs-mittel	maximaler Sicherhei-tenwert
1	Kreditbetrag	10.000	15.000	20.000		
2	finanzielle 1			5.000	5.000	5.000
3	finanzielle 2		2.000		2.000	2.000
4	Forderungs-abtretung 1	3.000			3.000	3.000
5	Forderungs-abtretung 2			1.000	1.000	1.000
6	Immobliens. 1	10.640		9.360	20.000	20.000
7	Immobliens. 2			6.000	6.000	6.000
8	sonstige S. 1		1.480	4.520	6.000	6.000
9	sonstige S. 2		2.575 (G2) 1.425		4.000	4.000
10	Garantie 1		8.000		8.000	8.000
11	Garantie 2		1.160,71 (1.839,29 so2)		3.000	3.000
12	unbesicherter Restbetrag					

Tab. 5.19: Rechenergebnisse zur Sicherheitenverwendung in GE für eine Kreditnehmerausfallwahrscheinlichkeit von 15%

In den Tabellen 5.16 bis 5.19 sind jeweils die durch das Modell ermittelten Beträge der verwendeten Sicherheiten eingetragen, die zur Besicherung der drei Kredite verwendet werden. Dadurch kann in jeder Zeile der insgesamt verwendete Betrag einer Sicherheit dem maximal verwertbaren Sicherheitenwert gegenübergestellt werden. Beispielsweise wird in Zeile 6 der Tabelle 5.19 die Verwendung der ersten Immobiliensicherheit angegeben. Von dem in Spalte 5 angegebenen maximalen Sicherheitenwert in Höhe von 20.000 GE werden 10.640 GE für die Besicherung von Kredit f = 1 und 9.360 GE für die Besicherung von Kredit f = 3 verwendet. In den Tabellen 5.18 und 5.19 werden sonstige Sicherheiten und Garantien für eine doppelte Besicherung verwendet. In Tabelle 5.19 sind in Zeile 9 Spalte 2 zwei Werte eingetragen. 2.575 GE der sonstigen Sicherheiten 2 dienen zusammen mit der zweiten Garantie zur doppelten Absicherung des Kredites f = 2. Für diese Doppelbesicherung müssen 1.839,29 GE der Garantie verwendet werden. Dieses ist in Zeile 11 Spalte 2 eingetragen. Die beiden anderen Werte in den jeweiligen Zellen dienen zur alleinigen Besicherung des zweiten Kredites. Somit werden zusätzlich 1.425 GE der sonstigen Sicherheit 2 und 1.160,71 GE der Garantie 2 zur alleinigen Besicherung des Kredites f = 2 verwendet.

Um die Höhe der besicherten Kredittranchen aus den Tabellen 5.16 bis 5.19 zu erhalten, müssen die zur Besicherung verwendeten Sicherheiten-Beträge jeweils um die nach IKE Nr. 130 geforderten Korrekturfaktoren für Wertschwankungen, Währungsinkongruenzen und Laufzeitinkongruenzen bereinigt werden, da in den Tabellen 5.16 bis 5.19 die Nominalwerte der verwendeten Sicherheiten eingetragen sind. Dieses sei beispielhaft an Kredit f = 2 bei unterstellter Ausfallwahrscheinlichkeit von 15% verdeutlicht. Die Werte für die zur Kreditbesicherung von Kredit 2 verwendeten Sicherheiten sind der Spalte 2 in Tabelle 5.19 zu entnehmen. Um den unbesicherten Kreditbetrag mit Hilfe der in den Tabellen 5.16 bis 5.19 angegebenen Sicherheitenwerten zu berechnen, ist der Kreditbetrag gemäß IKE Nr. 130 ebenfalls mit einem Faktor zur Berücksichtigung von möglichen Wertschwankungen zu korrigieren. Von diesem korrigierten Kreditbetrag sind die korrigierten Sicherheitenwerte zu subtrahieren. Die Berechnungsweise zeigt die Tabelle 5.20.

Aus Tabelle 5.20 wird deutlich, daß der Sicherheits-Wert einer Sicherheit immer kleiner gleich dem Nominalwert des Sicherungsmittels ist. Beispielsweise beträgt die Summe der für eine Besicherung verwendeten sonstigen Sicherheiten ohne zusätzliche Garantieberücksichtigung gemäß Tabelle 5.19 Spalte 2, Zeilen 8 und 9 2.905 GE (1.480 + 1.425). Als vollständig durch diese Sicherheiten besicherter Kreditbetrag können jedoch nur 2.075 GE gemäß Tabelle 5.20 Zeile 3 ausgewiesen werden, da der Risikoabschlag für Wertschwankungen durch die gemäß IKE Nr. 295 vorgegebene Übersicherungsquote den Sicherungswert senkt.

nomineller/aufgenommener Kreditbetrag $KRvR_2$		15.000 GE
durch finanzielle Sicherheiten besicherter Kreditbetrag KR_2^{fin} $= \sum_{j=1}^{J} x_{2j}^{fin} \cdot S_j^{fin} \cdot \alpha_{2j}^{fin} - KRvR_2 \cdot \left(\beta_2^{fin} - 1\right) + KBKR_2^{fin}$ $= x_{22}^{fin} \cdot S_2^{fin} \cdot \alpha_{22}^{fin} - KRvR_2 \cdot \left(\beta_2^{fin} - 1\right) + KBKR_2^{fin}$ $= 1 \cdot 2.000 \cdot 1 - 15.000 \cdot 0{,}005 + 0$	./.	1.925 GE
durch sonstige Sicherheiten besicherter Kreditbetrag $KR_2^{sonst} = \frac{\sum_{j}^{J} x_{2j}^{sonst} \cdot S_{2j}^{sonst,korr}}{I^{o,sonst}}$ $= \frac{x_{21}^{sonst} \cdot S_{21}^{sonst,korr} + x_{22}^{sonst} \cdot S_{22}^{sonst,korr}}{I^{o,sonst}}$ $= \frac{0{,}24667 \cdot 6.000 + 0{,}35625 \cdot 4.000}{1{,}4}$	./.	2.075 GE
durch Garantie 1 einzeln besicherter Kreditbetrag $KR_{21}^{G} = x_{21}^{G,g} \cdot G_{21}^{korr}$ $= 1 \cdot 8.000$	./.	8.000 GE
durch Garantie 2 einzeln besicherter Kreditbetrag $KR_{22}^{G} = x_{22}^{G,g} \cdot G_{22}^{korr}$ $= 0{,}3869 \cdot 3.000$	./.	1.160,71 GE
durch Garantie 2 und sonstige Sicherheit 2 besicherter Kreditbetrag $KR_{22}^{G,sonst} = \frac{\sum_{j=1}^{J} x_{2j2}^{G,sonst} \cdot S_{2j}^{sonst,korr}}{I^{o,sonst}}$ $= \frac{x_{222}^{G,sonst} \cdot S_{22}^{sonst,korr}}{I^{o,sonst}}$ $= \frac{0{,}64375 \cdot 4.000}{1{,}4}$	./.	1.839,29 GE
unbesicherter Restkreditbetrag $KRnR_2^{unbes}$	=	0 GE

Tab. 5.20: Berechnung der besicherten Kreditbeträge und des unbesicherten Restkreditbetrages für Kredit f = 2

Wie bereits vorab vermutet werden konnte, werden die Garantien nur für die Kredite verwendet, deren Ausfallwahrscheinlichkeiten höher sind als diejenige der zu betrachtenden Garantie, weil in diesem Fall das aufsichtsrechtlich benötigte Haftungskapital für durch Garantien besicherte Kredittranchen niedriger ist als für unbesicherte Kreditbeträge. Deshalb werden in der ersten Datensituation mit einer Ausfallwahrscheinlichkeit des Kreditnehmers in Höhe von 0,3% auch keine Garantien berücksichtigt, die eine Ausfallwahrscheinlichkeit von 0,9% bzw. 1,1% haben. Die Verlustquote von Garantie 1 in Höhe von 45% unterschreitet zwar diejenige des Kredites 1 in Höhe von 75%, sie kann jedoch die niedrigere Eigenkapitalanforderung aufgrund der geringen Ausfallwahrscheinlichkeit des Kredites gegenüber der Garantie 1 nicht überkompensieren. Deshalb wird Garantie 1 zur Kreditbesicherung nicht verwendet. In der zweiten Datensituation mit einer Kreditnehmerausfallwahrscheinlichkeit in Höhe von 1% wird nur die erste Garantie gemäß Spalte 2 Zeile 10 verwendet, weil durch die Garantie-Besicherung des Kredites 2 die Eigenkapitalbelastung aufgrund der niedrigeren Ausfallwahrscheinlichkeit der Garantie gesenkt werden kann. Da die zweite Garantie eine höhere Ausfallwahrscheinlichkeit als die Kredite aufweist, ist der Term der Eigenkapitalfunktion, der nur von der Ausfallwahrscheinlichkeit des Kreditnehmers/der Garantie abhängt ($FaKons_f$, $FaKons_{fg}^{DD}$, $FaKons_{fg}^{G}$), für die Garantie größer als für den Kredit vor Besicherung, so daß diese nicht zur Reduzierung des benötigten haftenden Eigenkapitals verwendet werden kann. In den beiden letzten Beispiel-Fällen (PD = 1,3%, PD = 15%) werden beide Garantien vollständig zur Besicherung gebraucht, weil $FaKons_{fg}^{DD}$ bzw. $FaKons_{fg}^{G}$ kleiner als $FaKons_f$ sind. Durch diese beiden letzten Fälle (PD = 1,3% bzw. PD = 15%) läßt sich mit Hilfe der Tabellen 5.18 und 5.19 auch erkennen, daß mit verschiedenen Ausfallwahrscheinlichkeiten des Kreditnehmers die optimale Sicherheitenaufteilung schwankt. Während es bei einer Ausfallwahrscheinlichkeit in Höhe von 1,3% optimal ist, den dritten Kredit mit der zweiten sonstigen Sicherheit und der zweiten Garantie (doppelt) zu besichern, wird diese 'Doppelbesicherung' bei einer Ausfallwahrscheinlichkeit von 15% für den zweiten Kredit verwendet.

Abschließend werden die Auswirkungen der Sicherheitenstellung auf das aufsichtsrechtlich benötigte haftende Eigenkapital mit Hilfe der Tabellen 5.21 und 5.22 dargestellt. In der nachstehenden Tabelle 5.21 wird das für jede Datensituation benötigte haftende Eigenkapital angegeben. Zum Vergleich ist in der Spalte 3 das jeweilige haftende Eigenkapital für den Fall eingetragen, daß keine Besicherung der Kredite durchgeführt wird.

Spalte	1	2	3
Zeile	Ausfallwahrscheinlichkeit des Kreditnehmers PD in %	aufsichtsrechtlich benötigtes haftendes Eigenkapital in GE, für den Fall der Verwendung von Sicherheiten	aufsichtsrechtlich benötigtes haftendes Eigenkapital in GE, wenn keine Sicherheiten verwendet werden
1	0,3	1.236,46	2.047,18
2	1,0	2.160,54	3.570,38
3	1,3	2.316,22	3.924,54
4	15	4.411,92	8.944,54

Tab. 5.21: Aufsichtsrechtlich benötigtes haftendes Eigenkapital für den Fall der Anrechnung von Sicherheiten und für den Fall der Nichtbesicherung der vorhandenen Kredite in GE

In der Tabelle 5.22 werden die Veränderungen in der Eigenkapitalhöhe durch die Sicherheitenverwendung angegeben.

	1	2
	Senkung der Eigenkapitalunterlegung in GE Δ EK_h	Senkung der Eigenkapitalunterlegung in %
1	810,72	39,60
2	1.409,84	39,49
3	1.608,32	40,98
4	4.532,62	50,67

Tab. 5.22: Senkung der Eigenkapitalunterlegung durch Sicherheitenstellung

Wie zu erwarten ist, steigt mit Zunahme der Ausfallwahrscheinlichkeit des Kreditnehmers das aufsichtsrechtlich benötigte haftende Eigenkapital zur Unterlegung des Ausfallrisikos auch für den Fall, daß Kredite vollständig mit Sicherheiten unterlegt werden, wie durch die Zeilen 3 und 4 der Tabelle 5.21 deutlich wird. Dieses liegt am von der Bankenaufsicht vorgegebenen Term $FaKons_f$, der mit zunehmender Ausfallwahrscheinlichkeit steigt, und auch zur Bestimmung des aufsichtsrechtlich erforderlichen haftenden Eigenkapitals für besicherte Kredittranchen verwendet wird.

Die Eigenkapitalunterlegungspflicht für den Fall, daß die Kredite nicht besichert werden, ist für jede Ausfallwahrscheinlichkeit, auch für sehr kleine (0,3%), höher als für den Fall, in dem keine Sicherheiten zur Kreditbesicherung vorhanden sind, weil die Reduzierung des benötigten Haftungskapitals durch den Austausch der Verlustquote des Kredites LGD_f gegen die Verlustquote des jeweils verwendeten Sicherungsmittels LGD_j erfolgt.

Durch diese Beispielrechnung wurde nochmals verdeutlicht, daß die Kreditkosten von kleinen und mittleren Unternehmen durch die Stellung von Sicherheiten reduziert werden können. Die Anwendung von Modellen zur Optimierung der Sicherheitenverwendung hat demnach nicht nur einen positiven Einfluß auf das Ergebnis einer Bonitätsbeurteilung durch Banken,[327] sondern senkt auch das erforderliche haftende Eigenkapital der Bank für die Unterlegung von Kredit-Ausfallrisiken. Beide Effekte wirken kreditzinssenkend.

Die aus der Eigenkapitalsenkung entstehende Kostenersparnis der Banken durch die Sicherheitenstellung senken die Kreditkosten. Die Auswirkungen auf den Kreditzinssatz können mit Hilfe des voranstehenden Beispiels nicht direkt angegeben werden, da zusätzliche Annahmen für die Kredite getroffen werden müßten (bspw. Tilgungsverlauf u.s.w.). Auch die absolute Höhe der Kostenersparnis aus der Reduzierung der benötigten Haftungsbasis ist ohne weitere Daten nicht möglich.

Durch die Reduzierung des benötigten haftenden Eigenkapitals durch Sicherheitenstellung entsteht eine Verschiebung der Kredit-Refinanzierung der Bank vom Eigenkapital zum Fremdkapital. Werden Eigenkapitalkosten der Banken in Höhe von bspw. 10% angesetzt und der durchschnittliche Refinanzierungszinssatz der Banken über Fremdkapital mit 5%, entsteht eine Zinssenkung auf der Refinanzierungsseite von 5%. Dadurch sinken die Refinanzierungskosten der Banken für die vorangehende Beispielrechnung gemäß der folgenden Tabelle 5.23.

	1	2
	Senkung der Eigenkapitalunterlegung in GE Δ EK_h	Senkung der Refinanzierungskosten RfK in GE Δ RfK = (1) · 5%
1	810,72	40,54 GE/PE
2	1.409,84	70,49 GE/PE
3	1.608,32	80,42 GE/PE
4	4.532,62	226,63 GE/PE

Tab. 5.23: Senkung der Refinanzierungskosten durch Sicherheitenstellung

[327] Vgl. zur Begründung dieses Zusammenhangs die Ausführungen im Kapitel 4.

Bei einer Ausfallwahrscheinlichkeit des Kreditnehmers von 15% kann durch die Optimierung des Einsatzes vorhandener Sicherheiten die Eigenkapitalunterlegungspflicht gemäß Tabelle 5.23 Spalte 1 Zeile 4 um 4.532,62 GE gesenkt werden. Das führt gemäß Spalte 2 Zeile 4 zu einer Reduzierung der Refinanzierungskosten $(4.532,62 \cdot 5\%)$ um 226,63 GE/PE. Bezogen auf das Kreditvolumen des Beispielfalls in Höhe von 45.000 GE wäre folglich eine Reduzierung des Kreditzinssatzes

$$\text{um ca. } 0,5\ \% \left(\frac{226,63}{45.000} \cdot 100\right)$$

alleine durch die aufsichtsrechlich geregelte Eigenkapitalreduzierung möglich. Da durch Sicherheiten auch erwartete Verluste verringert werden, müßte der Kreditzinssatz noch stärker sinken. Eine genaue Aussage ist für dieses Zahlenbeispiel ohne weitere Annahmen jedoch nicht möglich. Da die Wirkungsweise einer optimalen Sicherheitenaufteilung hier jedoch bereits deutlich geworden ist, soll die Beispielrechnung hier beendet werden.

Im folgenden wird ein lineares Investitions- und Finanzierungsmodell entwickelt, welches kostenoptimale Investitions- und Finanzierungsprogramme unter Berücksichtigung der nach Einführung von Basel II erwarteten bonitätsabhängigen Finanzierungskosten ermitteln kann.

6 Entwicklung eines Modells zur Optimierung der Finanzstruktur nach Einführung von Basel II

Im Kapitel 6.1 werden nun Modelle vorgestellt, mit deren Hilfe Investitions- und Finanzierungsalternativen unter besonderer Berücksichtigung von risikoabhängigen Zinssätzen erfaßt werden können. Diese Zinssätze werden insbesondere durch die Auswirkungen von Basel II auf die Eigenkapitalunterlegung von Kreditinstituten so beeinflußt, daß sich nunmehr veränderte Optima für Investitionen und Finanzanlagen ergeben.

6.1 Modelle zur simultanen Berücksichtigung von Investitions- und Finanzierungsalternativen

In diesem Kapitel werden Simultanansätze zur Errechnung von optimalen Finanzierungs- und Investitionsprogrammen unter Einbeziehung nunmehr risikoabhängiger Zinssätze vorgestellt. Für alle Modelle gilt aus Gründen der Realitätsnähe die Unvollkommenheit des Kapitalmarktes in dem Sinne, daß sich Soll- und Haben-Zinssätze u.a. je nach Ausgestaltung von Kreditverträgen und in Abhängigkeit von den Fristigkeiten unterscheiden. Unterschiede in den Zinssätzen entstehen auch durch Transaktionskosten bei der Zusammenführung von Angebot und Nachfrage durch Finanzintermediäre. Darüber hinaus entstehen im Bankensektor unterschiedliche Zinssätze für die Entlohnung der Übernahme der Risiko- und Losgrößentransformation durch Banken. Je größer die Unsicherheit der Kreditrückzahlung im Rahmen der Risikotransformation ist, desto höher wird grundsätzlich die Risikoprämie bei der Vergabe eines Kredites angesetzt. Wie bereits in den vorherigen Kapiteln dargestellt wurde, wird der Verschuldungsgrad eines Unternehmens als Indikator für dessen Ausfallrisiko angesehen. Eine Ausweitung des Investitionsvolumens bei fixem Eigenkapital bedingt eine Zunahme des Fremdkapitals mit der Folge, daß der Verschuldungsgrad des kapitalaufnehmenden Unternehmens steigt und das Ausfallrisiko von Krediten als erhöht angesehen wird. Kalkulatorisch ergibt sich daraus eine Erhöhung der Kreditzinsen. Bei unverändertem Geld- und Kapitalmarktzins wird die Zinsspanne zwischen Kapitalaufnahme und -anlage für Unternehmen mit höherem Verschuldungsgrad üblicherweise größer.

Da der in der Realität unvollkommene Kapitalmarkt unterschiedliche Zinssätze für Kreditaufnahmen und Finanzanlagen aufweist, existiert kein ex ante fester Kalkulationszinsfuß, mit dessen Hilfe die Vorteilhaftigkeit eines weiteren Investitions- bzw. Finanzierungsobjektes über das Kapitalwertverfahren ermittelt werden kann. Ferner beeinflussen Interdependenzen zwischen einzelnen Investitions- und Finanzierungsinstrumenten deren Vorteilhaftigkeit. Ein genauerer Kalkulationszinsfuß zur Diskontierung von Zahlungszeitreihen ist folglich erst nach unternehmensindividueller Lösung des Investitions- und Finanzierungsproblems bekannt und wird nicht, wie bspw. bei den Discounted Cash Flow-Verfahren vorab aus der Modellwelt der Neoklassik abgeleitet.[328]

Auch heuristische Verfahrensweisen unter Anwendung von Ertragswertverfahren sind nicht zweckdienlich, da es einen „richtigen" Kalkulationszinsfuß nicht geben kann.[329] Stattdessen sind die tatsächlichen Geld- und Kapitalmarktkonditionen auch als Ausgangspunkt für die Bestimmung risikoabhängiger Zinssätze zu wählen. Bereits bei Veröffentlichung der Integrationsmodelle wurde abschließend darauf hingewiesen, daß ein einheitlicher vorgegebener Diskontierungszinssatz zur Bewertung von Zahlungen nicht verwendet werden darf.[330] Das Problem, daß zunächst das optimale Investitions- und Finanzierungsprogramm bestimmt werden muß, um einen Kalkulationszinssatz im Sinne eines Lenkpreises zu erhalten, der wiederum als Bewertungsmaßstab für einzelne Investitionen und Finanzierungsinstrumente im Modell dienen soll, wird als Dilemma der Lenkpreistheorie bezeichnet.[331] Der Lenkpreis ergibt sich im Rahmen der Modelle als Grenzpreis für die letzte einzusetzende Kapitaleinheit. Diese Kapitaleinheit ist dadurch gekennzeichnet, daß sich Grenzkosten und Grenzertrag entsprechen. Das sogenannte Grenzobjekt wird dann als Opportunität aufgefaßt, mit der die Vorteilhaftigkeit aller weiteren Investitions- und Finanzierungsobjekte beurteilt werden kann.[332] Da ein solcher Grenzpreis existiert, ist eine Aufspaltung des Diskontierungs-Zinssatzes in den DCF-Verfahren offensichtlich theoretisch falsch.[333] Nur bei Verwendung des Grenzzinssatzes kann die Vorteilhaftigkeit einer weiteren Geldeinheit für das Unternehmen bestimmt werden. Eine Ausnahme bildet die Aufspaltung des Diskontierungs-Zinssatzes in den DCF-Verfahren, wenn die nicht realitätskonformen Prämissen der verwendeten Modelle, wie bspw. in den Ansätzen von Modigliani/Miller[334], aufrecht erhalten werden sollen bzw. können. Dann bildet der gewogene durchschnittliche Zinssatz von Eigen- und Fremdkapitaltiteln den Grenzpreis.[335]

---

[328] Vgl. Hering, Thomas (2000), Seite 445.

[329] Zur Bestimmung der relevanten Kapitalisierungszinsfüße vgl. Zitzelsberger, Stephan (2000), Seiten 74 ff. und die dort angegebene Literatur. Auf die Discounted Cash Flow-Verfahren und das Ertragswertverfahren in Kapitel 6.2 kurz eingegangen.

[330] Vgl. Hax, H. (1964) oder Jacob, Herbert (1964).

[331] Vgl. Hering, Thomas (2003), Seiten 136 f.

[332] Vgl. Hering, Thomas (1999), Seiten 161-162.

[333] In den DCF-Verfahren werden häufig Durchschnittszinssätze verwendet. Auch die Verwendung unterschiedlicher Zinssätze für Steuerersparnisse und übriger Cash Flows ist nach diesem Kriterium nicht richtig.

[334] Vgl. Modigliani, F.; Miller, M.H. (1958), Seiten 261 – 297.

[335] Vgl. Hering, Thomas (1999), Seiten 161-162.

Ein ebenso einfacher wie anschaulicher Ansatz zur Bestimmung des optimalen Investitions- und Finanzierungsprogramms ist der Kapitalbudget-Ansatz für den Ein-Perioden-Fall. Investitionsobjekte werden nach der Höhe ihrer Renditen absteigend und die Kredite mit aufsteigenden Zinssätzen geordnet gegenübergestellt. Das Investitionsprogramm wird sukzessive mit sinkender Rentabilität und die Finanzierung durch Kredite mit steigendem Zinssatz erweitert. In dem Punkt, an dem sich die daraus ergebende Kapitalangebotskurve (Kredite) mit der Kapitalnachfragekurve (Investitionsobjekte) schneidet, ist der optimale Kapitaleinsatz erreicht.[336] Durch diesen Schnittpunkt wird der Grenzzinsfuß des Investitions- und Finanzierungsprogramms vorgegeben. Wäre dieser Grenzzinsfuß aber **vor** Ermittlung des optimalen Kapitaleinsatzes bekannt, hätten die Vorteilhaftigkeiten aller Kredite und Investitionsobjekte mit Hilfe der Kapitalwertformel beurteilt werden können. Alle vorteilhaften Investitions- und Finanzierungsprojekte weisen demnach einen positiven Kapitalwert auf, falls die Diskontierung mit dem Grenzzinsfuß erfolgt. Die nicht vorteilhaften Objekte wären dann durch einen negativen Kapitalwert gekennzeichnet.[337]

Mit Hilfe dieses einperiodigen Kapitalbudgetansatzes können jedoch keine zeitlich vertikalen Interdependenzen und Liquiditätsauswirkungen der Projekte berücksichtigt werden. Diese schwerwiegenden Nachteile können erst durch Investitionsmodelle und vollständige Finanzpläne (VoFi) vermieden werden.[338] Auch hierbei ist der Grenzzinsfuß derjenige Zinssatz, zu dem die letzte Kapitaleinheit in das Unternehmen eingebracht wird. Zur Problemlösung sollen im folgenden Investitions- und Finanzierungsmodelle vorgestellt werden, die zur Ableitung des optimalen Investitions- und Finanzierungsprogramms für ein Unternehmen geeignet erscheinen, wenn sich durch die in Basel II geforderte Kreditwürdigkeitsprüfung von Unternehmen unterschiedliche Kreditzinssätze in Abhängigkeit der Unternehmens-Bonität ergeben. Sowohl die Bonitätsermittlung als auch die risiko-abhängigen Zinssätze sind dann im Modell zu erfassen.

Unter dem Begriff 'Investitionsmodelle' werden hier „alle Methoden der Investitionsrechnung und alle Systeme, die der Planung von Investitionsprogrammen dienen“,[339] zusammengefaßt. Zu ihnen zählen deshalb im weiteren Sinne auch die statischen und die klassischen dynamischen Investitionsrechenverfahren, die für diese Arbeit aufgrund der fehlenden Simultanplanung von Investitions- und Finanzierungsentscheidungen jedoch keine Rolle spielen. Im fol-

---

336 Vgl. Dean, J. (1969).
337 Vgl. unter anderem Hax, Herbert (1993), Seite 97 und die dort angegebene Literatur.
338 Vgl. für die Darstellung von DCF-Verfahren und simulative VOFI-Ansatz Langenkämper, Christof (2000).
339 Fleig, Walther (1965), Seite 10.

genden soll deshalb der Begriff 'Investitions- und Finanzierungsmodelle' in einer engeren Fassung verwendet werden, indem nur Modelle betrachtet werden, die Investitions- und Finanzierungsprobleme simultan lösen. Sie dienen vor allem zur Begründung von betriebswirtschaftlich optimalen Entscheidungen über die Investitions- und Finanzierungspolitik bzw. Absatzpolitik und zur Anlagenoptimierung.[340] Diese Modelle haben den Vorteil, daß sie Investitions- und Finanzierungsprobleme unter Einbeziehung realitätsnaher Daten und aller Interdependenzarten simultan lösen können.

Die in der Literatur vorgestellten Modelle lassen sich in Kapitalwertmodelle und Integrationsmodelle, zu denen auch die sogenannten Anlagenmodelle zählen, unterscheiden.[341] Alle Modellarten verwenden Zahlungen als wesentliche Datengrundlage. Aufwendungen und Erträge, die nicht zu Zahlungen in derselben Periode führen, werden nicht berücksichtigt.[342]

Zunächst soll ein Kapitalwertmodell als Entscheidungsgrundlage für die Wahl eines Investitions- und Finanzierungsprogramms unter Berücksichtigung der Auswirkungen von Basel II auf die Kapitalkosten von Unternehmen vorgestellt werden.

6.1.1 Kapitalwertmodelle

Während sich einperiodige Modelle durch eine **einmalige** Investitions- und Finanzierungsentscheidung zu Beginn des Planungszeitraumes auszeichnen, können in mehrperiodigen Modellen mehrmalig auch zu späteren Zeitpunkten Investitionen und Finanzierungen durchgeführt werden.[343] Aus diesem Grunde können in mehrperiodigen Modellen auch zeitlich-vertikale indirekte Interdepenzen erfaßt werden.[344] Realitätsnäher ist die Verwendung von mehrperiodigen Modellen auch deshalb, weil in einer Unternehmung normalerweise in jeder Periode Investitionen durchgeführt und Finanzierungsmaßnahmen ergriffen werden. Einperiodige Modelle sind somit für diese Arbeit zur Optimierung der Finanzierungskosten mit Hilfe eines Investitions- und Finanzierungsmodells nicht relevant.

Das wesentliche Merkmal der Kapitalwertmodelle ist die Verwendung der Kapitalwerte von einzelnen Investitions- oder Finanzierungsalternativen zur Bestimmung des optimalen Investitions- und Finanzierungsprogramms. Vorab errechnete Kapitalwerte werden durch das mehrperiodige Modell so berücksichtigt, daß die Summe der Kapitalwerte einzelner Investitionen

340 Vgl. Betge, Peter (2000), Seite 258 ff. oder Jacob, Herbert; Voigt, Kai-Ingo (1997), Seite 15.
341 Vgl. Betge, Peter (2000), Seiten 35 und 203.
342 Vgl. für die Begründung zur Verwendung von Zahlungen Hering, Thomas (1995), Seite 9.
343 Vgl. Betge, Peter (2000), Seite 214.
344 Vgl. Jacob, Herbert; Voigt, Kai-Ingo (1996), Seite 63, und Betge, Peter (2000), München, Seite 219.

und Finanzierungen (im Zeitpunkt t = 0) den gesuchten Zielfunktionswert ergibt. Damit gelten die Prämissen der Kapitalwertmethode, insbesondere die Prämisse des vollständigen Kapitalmarktes, die in der Praxis i.d.R. nicht erfüllt sind. Wäre alternativ der Lenkpreis (Grenzpreis) bekannt, könnten unvorteilhafte Investitionsobjekte ausgeschossen werden, da diese negative Kapitalwerte aufweisen würden.[345]

Die Nebenbedingungen der Kapitalwertmodelle dienen zur Absicherung der Einhaltung der Absatz-, Finanz- und Anlagenrestriktionen, bspw. zur Vorgabe von Absatzmindest- und -höchstmengen o.ä., Einsatzfaktorhöchstmengen, usw.[346]

Der wesentliche Kritikpunkt an den Kapitalwertmodellen ergibt sich aus der Ermittlung der Kapitalwerte **vor** dessen Verwendung im Investitions- und Finanzierungsmodell. Für die Berechnung der Kapitalwerte, die vorab schon die Vorteilhaftigkeit der Investitions- und Finanzierungsobjekte anzeigen, müßte eigentlich der Zinssatz (Lenkpreis) bekannt sein, zu dem die letzte Kapitaleinheit im Investitions- und Finanzierungsprogramm angelegt bzw. aufgenommen wird. Dieser ist jedoch vor Berechnung des Investitions- und Finanzierungsprogramms in der Realität nicht gegeben. Bereits die Aufnahme von Geld am Kapitalmarkt zu einem einheitlichen Zinssatz durch die Unternehmen ist nicht möglich, da sich mit Zunahme des Kreditvolumens die Bonität des Unternehmens verschlechtert und deshalb grundsätzlich der Kreditzinssatz steigt. Die vereinfachende Verwendung von Kapitalwerten führt somit nicht zwingend zum optimalen Investitions- und Finanzierungsprogramm, für diese Arbeit folglich nicht zu den gesuchten optimalen Finanzierungszinssätzen und dem vom Unternehmen zu erreichenden optimalen Bonitätsurteil. Darüber hinaus können direkte Interdependenzen nicht zufriedenstellend berücksichtigt werden,[347] da die Zahlungen aus den Investitionsobjekten bereits vorab für die Kapitalwertbildung verwendet werden. Die Beseitigung dieser Kritikpunkte führte zu den Integrationsmodellen[348], die unter anderem einen vorgegebenen Kalkulationszinsfuß nicht mehr benötigen.

---

345 Vgl. Hax, Herbert (1993), Seite 97.

346 Vgl. für ein- und mehrperiodige Kapitalwertmodelle bspw. Jacob, Herbert; Voigt, Kai-Ingo (1997), Seiten 59 ff, oder Albach, H. (1962), S. 84 - 219 und 305 - 315.
Vgl. zur Kritik unter anderem Moxter, A. (1963), Seite 296 - 302; oder Hax (1954), Seite 434; oder Süchting, Joachim (1995), Seite 594 und die dort angegebene Literatur.

347 Vgl. Jacob, Herbert; Voigt, Kai-Ingo (1997), Seite 76.

348 Vgl. Hax, H. (1964) und Jacob, Herbert (1964).

6.1.2 Integrations- und Anlagenmodelle

Integrations- und Anlagenmodelle können als vollständige Investitions- und Finanzierungsmodelle bezeichnet werden, da sie sowohl für die Investitionsseite als auch für die Finanzierungsseite die reale Datensituation eines Unternehmens differenziert erfassen und das betriebswirtschaftliche Optimum simultan berechnen. Dadurch wird der vollkommene Kapitalmarkt als Anwendungsvoraussetzung nicht mehr benötigt. Mit realitätsnahen Eingangsdaten können auf dieser Grundlage aus den Rechenergebnissen Kapitalstrukturen und darüber auch Bonitätsergebnisse errechnet werden.

Integrationsmodelle sind nahezu zeitgleich von Hax[349] und Jacob[350] veröffentlich worden. Das wesentliche Merkmal dieser Modelle ist die Berechnung des optimalen Investitions- und Finanzierungsprogramms, die erstmals **ohne** Rückgriff auf vorab bewertete Anlagen und Kredite erfolgte. Die separaten Kapitalwertberechnungen erübrigen sich somit. Alle Investitions- und Finanzierungsalternativen werden praxiskonform mit realitätsnahen Daten simultan berücksichtigt. Zahlungen aus Geldanlagealternativen und Kreditalternativen, die sich dem Unternehmen bieten, werden so berücksichtigt, daß zeitlich horizontale direkte und indirekte Interdependenzen zutreffend erfaßt werden können. [351]

Im Falle der Anwendung des Jacob-Modells wird das Betriebsvermögen am Ende des Planungszeitraumes maximiert,[352] Zielgröße ist also der Vermögensendwert. Da mit Hilfe der Nebenbedingungen sichergestellt ist, daß sich in jeder Periode Ein- und Auszahlungen durch das Einstellen von Überschüssen in Finanzanlagen und Aufnahme von Krediten bei fehlenden Mitteln entsprechen, reicht schon die Betrachtung der letzten Periode in der Zielfunktion aus, um den Erfolg unternehmerischen Handelns entweder mit hinreichender Genauigkeit abzubilden, oder ein relatives Optimum als Entscheidungsgrundlage zu ermitteln.

In einer Erweiterung des von Hax vorgeschlagenen Integrationsmodells hat Jääskeläinen[353] zusätzlich steuerliche Effekte und weitere Restriktionen der Finanzierungsseite aufgenom-

349 Vgl. Hax, H. (1964), Seiten 430 - 446.
350 Vgl. Jacob, Herbert (1964), Seiten 487ff.
351 Vgl. Betge, Peter (2000), Seite 243.
352 Neben der Endwertmaximierung unter Vorgabe von periodischen konstanten Entnahmen ist auch die Maximierung gleicher jährlicher Entnahmen bei gegebenem Endvermögen denkbar. Der erste Fall kann als Vermögensmaximierung, der zweite Fall als Einkommensmaximierung bezeichnet werden. Vgl. zur Begriffsabgrenzung Schneider, D. (1992), Seiten 66 f.
353 Vgl. Jääskeläinen, V. (1966), Seiten 50 - 83.

men, die sich insbesondere auf die Rationierung der Finanzierungsmöglichkeiten beziehen.[354]
Es werden erfaßt:

- der Deckungsbeitrag der Absatzmenge unter der Berücksichtigung von Lagerveränderungen,
- die Differenz aus dem Restwert der Maschinen am Planungshorizont und dem ehemaligen Kaufpreis der Maschinen,
- Zinsen aus aufgenommenen Krediten und
- Steuerzahlungen

Da Maschinen mit zunehmender Einsatzzeit an Wert verlieren, werden Abschreibungen wertmindernd in der Zielfunktion berücksichtigt. Der Restwert der Maschinen entspricht dem zu erzielenden Verkaufpreis. Im Modell von Jääskeläinen wird allerdings davon ausgegangen, daß Maschinen vor Ende des Planungszeitraums nicht verkauft werden können. Ebenfalls wird von der Existenz verschiedener Kredite, Maschinen oder Produkte abstrahiert. Lediglich der Zeitpunkt der Beschaffung von Maschinen oder des Verkaufs von Produkten kann Einfluß auf deren Preise nehmen. Im einfachen Modell wird jeweils nur eine Art von Maschinen, Produkten und Krediten berücksichtigt. Eine Erweiterung auf mehrere Produktarten, Kreditarten oder Maschinenarten ist jedoch leicht möglich. Neben den Restriktionen im Absatz- und Fertigungsbereich werden im Modell auf der Finanzierungsseite zutreffende Beschränkungen in der Aufnahme von Fremdmitteln und zusätzlichem Aktienkapital berücksichtigt. Darüber wird durch eine Finanzierungsbedingung die jederzeitige Zahlungsfähigkeit des Unternehmens gewährleistet, indem die Einzahlungen in jeder Periode mindestens den Auszahlungen entsprechen müssen.

Die Kreditaufnahme ist auf einen vorzugebenden maximal möglichen Kreditaufnahmebetrag beschränkt. Dieser Maximalbetrag ist im Modell von Jääskeläinen an die Höhe des Eigenkapitals gebunden, so daß ein maximaler Verschuldungsgrad bestimmt ist. Diese Beschränkung der Kreditaufnahme ist als Aufnahme einer vertikalen Finanzierungsregel anzusehen. Die Neukreditaufnahme in einer Periode wird auf den Kreditbestand zu Beginn der Periode erhöht durch einen prozentualen Anteil am thesaurierten Gewinn der Vorperiode beschränkt. Dieser Prozentsatz bewirkt eine Begrenzung des Verschuldungsgrades. Auch die Aufnahme von zusätzlichem Eigenkapital wird erfaßt. Diese Eigenkapitalzuführung wird an die Dividende der betrachteten Periode über einen vorgegebenen festen Finanzierungsfaktor gekoppelt. Daneben ist die Eigenkapitalaufnahme auf einen extern vorgegebenen Höchstbetrag begrenzt. Die Ab-

[354] Für eine kompakte Darstellung vgl. Süchting, Joachim (1995), Seiten 595 ff.

hängigkeit der Eigenkapitalaufnahme von der ausgeschütteten Dividende ist allerdings in der Literatur kritisiert worden.[355]

Für erste Erweiterungen der Finanzierungsseite gegenüber dem o.a. Modell hat Haegert bereits 1971 sowohl horizontale Finanzierungsregeln in ein Entscheidungskalkül aufgenommen, als auch steuerliche Aspekte differenzierter betrachtet.[356] Die Aufnahmemöglichkeiten von neuem Eigen- und Fremdkapital ist durch extern vorgegebene Schranken für Eigen- und Fremdkapital begrenzt, beispielsweise durch die von Banken maximal vergebenen Kredite. Es werden lediglich zwei Arten von Krediten unterschieden. Saisonkredite werden jeweils in der nächsten Periode fällig, während Bankkredite periodisch in festen Beträgen getilgt werden. Für letztere werden von Haegert weitere Nebenbedingungen eingeführt, um die Tilgungszahlungen zu erfassen. Durch die Multiplikation des Kreditbetrages der Vorperiode mit einem vorgegebenen Koeffizienten wird der maximale Kreditbetrag in der Folgeperiode begrenzt, bei einer Erhöhung des maximalen Kreditbetrages werden Koeffizienten mit Werten größer 'Eins' definiert. Dadurch wird auch die maximale Tilgungszahlung festgelegt. Die Finanzierungsregeln von Haegert berücksichtigen sowohl das Verhältnis aus Fremd- und Eigenkapital, als auch die Deckung des Anlagevermögens durch langfristiges Kapital. Die Höhe der Fremdkapitalaufnahme wird an den Verschuldungsgrad des Unternehmens gekoppelt. Ein maximaler, fest vorgegebener Verschuldungsgrad darf aber in keiner Periode überschritten werden. Der Restwert des Anlagevermögens, im Modell von Haegert ausschließlich der Restwert der zur Produktion verwendeten Maschinen, darf den Wert der langfristigen Finanzierungsinstrumente, bestehend aus der Summe von Kreditbeträgen und Eigenkapitalbestand, nicht übersteigen.[357] Auch Liquiditätsbedingungen werden für jede Periode formuliert, in der auch Zahlungen aus möglichen Finanzanlagen zu berücksichtigen sind.[358]

Obschon im Modell von Haegert die Finanzierungsseite schon relativ ausführlich betrachtet wird, ist kritisch anzumerken, daß die Finanzierungsseite noch zu undifferenziert formuliert ist, um die gesamte Problematik der Ermittlung einer optimalen Finanzstruktur -vor allem unter Berücksichtigung von bonitätsabhängigen Kreditzinssätzen- hinreichend zu berücksichtigen. Auch die Vorgabe von „optimalen" Verschuldungsgraden ist zu kritisieren. Durch die relativ grobe Erfassung von Finanzierungsvorgängen können der Einfluß der Kapitalstruktur

355 Vgl. Süchting, Joachim (1995), Seite 597 und die dort angegebene Literatur.
356 Vgl. Haegert, Lutz (1971).
357 Vgl. Haegert, Lutz (1971), Seiten 66 - 67.
358 Für die Darstellung der Liquiditätsnebenbedingung vgl. Haegert, Lutz (1971), Seiten 69 ff. Die horizontale Finanzierungsregel ist auf Seite 67 beschrieben, die vertikale auf Seite 66.

auf die Kapitalkosten und die Abhängigkeit des Zinssatzes von der Bonität des Unternehmens nicht erfaßt werden. Die verwendeten Finanzierungsbedingungen spiegeln lediglich allgemeine Finanzierungsregeln sehr pauschal wieder. So soll im Modell von Haegert bspw. das langfristige Anlagevermögen durch langfristiges Kapital gedeckt werden,[359] der Verschuldungsgrad muß aber unterhalb einer exogenen Schwelle liegen. Insbesondere die letzte Bedingung resultiert aus der Erkenntnis, daß der Verschuldungsgrad einen Einfluß auf die Bonität und die Sicherheit des Fortbestandes des Unternehmens hat. Jedoch werden die Finanzstruktur und damit die Bonität des Unternehmens keiner genaueren Analyse unterzogen. Ein risikoabhängiger Kreditzinssatz und ein optimales Bonitätsurteil können nicht ermittelt werden. Um diese zu berechnen, müßte die Finanzierungsseite für die Risikoerfassung und die Beeinflussung des Kreditzinssatzes durch das Risiko differenzierter ausformuliert werden.[360]

Ein wesentlicher Nachteil von Integrationsmodellen unter Finanzierungsgesichtspunkten ist die Betrachtung von Maschinen in ihrer Gesamtheit, obwohl eine Zerlegung von Maschinen in unterschiedliche Komponenten möglich ist, so daß bei Produktionsänderungen lediglich Folgeinvestitionen in Form von Komponentenwechseln erfolgen müssen, die ihrerseits einen bestimmten Finanzmittelbedarf begründen.[361] Diese Art der Erfassung komplexer Produktionsanlagen/Betriebsmittel führt zu den sogenannten Anlagemodellen.

Anlagenmodelle können aufgrund der Betrachtung von Finanzierung, Investition und Produktion den Integrationsmodellen zugeordnet werden, erweitern diese jedoch um eine differenzierte Erfassung technisch-ökonomischer Sachverhalte.[362] Da hier aber als Schwerpunkt die Optimierung der Finanzierungsstruktur eines Unternehmens angestrebt wird, sollen Investitions- und Produktionsaspekte etwas in den Hintergrund treten, so daß die Anlagenmodelle wegen anderer Optimierungsschwerpunkte nicht weiter behandelt werden können.

Integrationsmodelle werden neben der Bestimmung von optimalen Investitions- und Finanzierungsprogrammen auch zur Bestimmung des Kaufpreises von Unternehmen verwendet. Hierzu ist insbesondere das lineare allgemeine Zustandsgrenzpreismodell von Hering in der Literatur bekannt geworden.[363] Es dient zur entscheidungsorientierten Bewertung unsicherer Zahlungen und führt darüber zu einem aus Käufersicht maximalen Kaufpreis, aus Verkäufersicht

---

359 Vgl. Haegert, Lutz (1971), Seiten 66 - 67.

360 Die Ausformulierung der Abhängigkeit von Zinssatz, Kredithöhe, Laufzeit und Unternehmensbonitätsbeurteilung erfolgt in dem im Kapitel 6 dargestellten eigenen Modellansatz und soll hier nicht weiter vertieft werden.

361 Vgl. Betge, Peter (2000), Seite 260.

362 Vgl. Betge, Peter (2000), Seite 260.

363 Vgl. Hering, Thomas (2000), Seiten 362 - 378, bzw. Hering, Thomas (1999), Seite 45.

zu einem minimalen Verkaufspreis für ein Unternehmen. Zur rechnerischen Bestimmung des Verkaufspreises wird zunächst eine Optimierung des Investitions- und Finanzierungsprogramms des Unternehmens durchgeführt und erst in einem zweiten Schritt der Preis des Unternehmens ermittelt.[364] Da die Besonderheit des Zustandsgrenzpreismodells in der Ermittlung eines Unternehmenswertes/-preise liegt, dieser jedoch für diese Arbeit nicht relevant ist, weil vorrangig eine Optimierung der Finanzierungskosten erfolgen soll, werden die Ausführungen zum Zustandsgrenzpreismodell an dieser Stelle nicht fortgeführt. Es werden im folgenden jedoch noch kurz Ansätze vorgestellt, durch die Unternehmenswerte bestimmt werden können. Diese sind daraufhin zu überprüfen, ob mit ihrer Hilfe ein optimales Investitions- und Finanzierungsmodell unter Berücksichtigung von Basel II ermittelt werden kann.

6.2 Weitere Ansätze zur Bestimmung des Unternehmenswertes und deren Eignung zur Bestimmung eines optimalen Investitions- und Finanzierungsprogramms

Verfahren zur Bestimmung des Unternehmenswertes können auch geeignet sein, ein Investitions- und Finanzierungsprogramm zu optimieren. Neben den in den vorherigen Kapiteln dargestellten Verfahren sind in der Theorie weitere Ansätze entwickelt und diskutiert worden, die den Wert eines Unternehmens bestimmen sollen. Zu diesen zählen:[365]

- fundamentalanalytische Verfahren wie
  - Substanzwertverfahren,
  - Liquidationswertverfahren,
  - Ertragswertverfahren,
  - Discounted Cash Flow-Verfahren und
  - Realoptionsansätze
- Verfahren zur Bestimmung von Unternehmenswerten anhand direkt beobachtbarer Daten, wie
  - Börsenbewertung von Unternehmen
  - Börsenbewertung vergleichbarer Unternehmen
  - Preise vergleichbarer Transaktionen

[364] Das lineare Zustandsgrenzpreismodell bedient sich dabei der Modelle von Hax, Weingartner und Matschke, Jaensch. Vgl. Hax, H. (1964), Seiten 430 - 446. bzw. Weingartner, H.M. (1963). Vgl. Laux, H.; Franke, G. (1969), Seiten 205 - 223. Vgl. Matschke, M.J. (1975). Jaensch, G.(1966), Seiten 660 - 679. Zur Kritik an den Ergebnissen und dem Aussagegehalt des Modells vgl. vor allem Vgl. Pfaff, Dieter: Pfeiffer, Thomas; Gathge, Dieter (2002), Seiten 198 - 210. Für die allgemeingültige Regeln zur Ableitung des Dualitäts-Programms, welches für die Ableitung des linearen Zustandsgrenzpreismodells benötigt wird, vgl. Vgl. Berens, Wolfgang; Delfmann, Werner (2002), Seiten 181 - 182, und Dantzig, George B. (1966), Seite 145.

[365] Vgl. : Betsch, Oskar; Groh, Alexander; Lohmann, Lutz (2000), Seite 186. Vgl. für die Darstellung der verschiedenen Verfahren Küting, Karlheinz; Eidel, Ulrike (1999), Seiten 225-231; Sieben, Günter (1992); Ernst, Dietmar; Schneider, Sonja; Thielen, Bjoern (2003); bzw. für den Stellenwert der Verfahren in der Praxis Institut der Wirtschaftsprüfer (IDW) (2004).

Die zur Zeit gebräuchlichsten Verfahren zur Bestimmung des Unternehmenswertes basieren auf der Diskontierung zukünftiger Einzahlungsüberschüsse/Cash Fows. Zu ihnen zählen die Ertragswertverfahren und die Discounted Cash Flow-Verfahren. Eine Gegenüberstellung der Verfahrensgrundlagen gibt die Abbildung 6.1.

	Ertragswertverfahren auf Basis von Netto-Cashflows, die dem Eigner zufließen	Entity-Approach auf Basis von Free Cashflows, die dem Eigner zufließen
Konzeption	Individueller Alternativen-vergleich	Kapitalmarktorientierung
Mathematische Grundlage	Kapitalwertmethode	Kapitalwertmethode
Diskontierte Größe	Netto-Cashflows beim Eig-ner	Operating Free Cashfows
Diskontierungszinssatz	Individuelle Alternativren-dite	Gewogener Kapitalkosten-satz der Renditeforderungen aller Kapitalgeber
Risikoberücksichtigung	Individuell (durch Risiko-zuschlag oder Sicherheits-äquivalent)	aus kapitalmarkttheoreti-schen Modellen (z.B. CAPM)
Berücksichtigung der Besteuerung	Unternehmenssteuern und persönliche Steuern	Nur Unternehmenssteuern (im amerikanischen Grundmodell)

Tab. 6.1: Gegenüberstellung von Ertragswert- und Discounted Cash Flow-Verfahren
Quelle: Seppelfricke, Peter (2005), Seite 38.

Die Anwendung der Discounted Cash Flow-Verfahren gehört mittlerweile bei der Bewertung von kleinen und mittleren Unternehmen zum Standard.[366] Diese Verfahren besitzen in einfachen Grundmodellierungen jedoch nur Gültigkeit, wenn wesentliche Annahmen erfüllt sind, hierzu zählen unter anderem: [367]

- die Vollkommenheit und Arbitragefreiheit der Kapitalmärkte,
- die Gültigkeit des Wertadditivität-Theorems,
- die Existenz eines risikolosen, konstanten und einheitlichen Zinssatzes für Privatpersonen und Unternehmen,
- die Risikolosigkeit des Fremdkapitals,
- die Existenz eines Steuersystems, in dem konstante Gewinnsteuern auf Unternehmensebene und keine weiteren Steuern anfallen und
- Ausschüttung der freien Cash-Flows an die Kapitalgeber

[366] Vgl. Richter, Frank; Timmreck, Christian (2004), Seite 3.
[367] Vgl. Langenkämper, Christof (2000), Seite 153, oder Wallmeier, Martin (1999), Seite 1475.

Als Diskontierungszinssatz werden je nach Discounted Cash Flow-Verfahren unterschiedliche Zinssätze verwendet.[368] Um diese Zinssätze rechnerisch bestimmen zu können, müssen Annahmen über die Finanzstruktur der Unternehmen vorgegeben werden.[369] Dazu wird entweder ein konstanter Verschuldungsgrad oder ein konstanter Fremdkapitalbestand[370] angenommen, woraus sich jeweils verschiedene einheitliche Zinssätze für die Diskontierung der Zahlungen ergeben.[371] Eine Optimierung der Kapitalstruktur in Übereinstimmung mit dem rationalen Handeln von Entscheidungsträgern ist damit ausgeschlossen.

Da jedoch durch das vorzustellende Modell zur Bestimmung eines optimalen Investitions- und Finanzierungsprogramms unter Berücksichtigung der Kapitalkostenauswirkung von Basel II eine optimale Finanzierungsstruktur unter Berücksichtigung risikoabhängiger Finanzierungskosten ermittelt werden soll, sind die Ertragswertverfahren und Discounted Cash Flow-Verfahren aufgrund der Vorgabe der Kapitalstruktur bzw. des Fremdkapitalbestands zur Entscheidungsfindung nicht geeignet. Darüber hinaus sind sowohl konstante Verschuldungsgrade als auch konstante Fremdkapitalbestände i.d.R. realitätsfern.

Weil demgegenüber Integrationsmodelle von der Annahme vollkommener Kapitalmärkte und vorgegebener Kapital-/Finanzstrukturen absehen, sind sie als Verfahren zur Bestimmung einer optimalen Finanzstruktur unter Berücksichtigung der durch Basel II beeinflußten risikoabhängigen Kapitalkosten besser geeignet.

Im nachfolgenden Kapitel soll ein Investitions- und Finanzierungsmodell entwickelt werden, durch das ein Unternehmen das optimale Investitions- und Finanzierungsprogramm unter endogener Berücksichtigung der Kalkulation der Kreditzinssätze von Kreditinstituten ermitteln kann. Dabei soll unter anderem der Einfluß von Basel II auf die Finanzstruktur und die Kapitalkosten von Unternehmen herausgearbeitet werden. Ziel ist die Ermittlung eines kapitalkostenoptimalen Investitions- und Finanzierungsprogramms.

---

368 Institut der Wirtschaftsprüfer: IDW S 1, Entwurf vom 09.12.2004
Vgl. für eine Darstellung der Discounted-Cash-Flow-Verfahren und des Ertragswertverfahrens Seppelfricke, Peter (2005).

369 Für die Ermittlung der Diskontierungsfaktoren werden die Modelle von Modigliani/Miller bzw. Miles/Ezzell verwendet. Vgl. beispielsweise Schwetzler, Bernhard; Rapp, Marc Steffen (2002), Seiten 502 - 505, die in diesem Aufsatz Kritik an einem Aufsatz von Kruschwitz/Löffler üben.

370 Vgl. Modigliani, F.; Miller, M.H. (1958), Seiten 261 - 297.

371 Vgl. Wallmeier, Martin (1999), Seiten 1477-1478.

6.3 Ermittlung einer optimalen Finanzstruktur mit Hilfe eines vollständigen Investitions- und Finanzierungsmodells ohne Berücksichtigung risikoabhängiger Kreditzinssätze

Bereits in früheren Jahren wurden die Auswirkungen von Kreditzinssatzänderungen auf optimale Investitions- und Finanzierungsprogramme untersucht. In einer Veröffentlichung von 1992 verwendete Betge[372] ein Integrationsmodell zur Festlegung der Kreditkonditionen von Kreditinstituten. Matschke und Brösel[373] untersuchten unter anderem die Auswirkungen einer veränderten Finanzierungspolitik aufgrund von Basel II auf den Unternehmenswert. Jedoch werden die Zinssätze in ihren Modellen als Konstanten vorgegeben, ohne verschiedene Bonitätsklassen direkt zu berücksichtigen. Es werden allerdings verschiedene Szenarios mit jeweils einem vorgegebenen Zinssatz berechnet. Dadurch wird aber die Bonitätsauswirkung einer Veränderung des Investitions- und Finanzierungsprogramms und der damit einhergehenden Veränderung der Zinssätze nicht berücksichtigt. Die von Matschke und Brösel untersuchten Szenarien umfassen Kreditkostensenkungen, Kreditkostenerhöhungen und Kreditrationierungen. Auf den im Modell von Matschke und Brösel zu bestimmenden Preis des zu kaufenden Unternehmens wirken sich die Kreditzinssatzsenkungen aufgrund eines guten Unternehmens-Rating positiv aus, so daß der Grenzpreis des Unternehmens steigt. Sie weisen jedoch in ihrer Arbeit darauf hin, daß dieses Ergebnis rein exemplarisch und nicht allgemeingültig ist. Eine mögliche Veränderung des Investitions- und Finanzierungsprogramms durch die Vorgabe einer zu erreichenden Ratingklasse kann auch zu einer Senkung des Unternehmenswertes führen, weil bspw. Investitionen unterbleiben, die zu einer Verschlechterung des Bonitätsergebnisses führen, jedoch die Einzahlungen des Unternehmens erhöhen. „Genauso wenig wie es jedoch „den Wert" der Unternehmung gibt, existiert auch die Auswirkung von Basel II auf den Wert einer (kleinen oder mittleren) Unternehmung."[374]

Sowohl im Aufsatz von Betge als auch im Artikel von Matschke und Brösel werden die Kreditkosten von Unternehmen unabhängig vom durchgeführten Investitions- und Finanzierungsprogramm als Konstanten vorgeben. In dem im Kapitel 6 vorgestellten Modell dieser

[372] Vgl. Betge, Peter: Anwendung von Integrationsmodellen für die Festlegung von Kreditkonditionen, in: Hansmann, Karl-Werner; Scheer, August-Wilhelm: Praxis und Theorie der Unternehmung: Produktion – Information – Planung, Wiesbaden, 1992 Seiten 57 – 74.

[373] Vgl. hier und im folgenden Matschke, Manfred Jürgen; Brösel, Gerrit: Die Bewertung kleiner und mittlerer Unternehmungen mit dem Zustands- Grenzpreismodell unter besonderer Berücksichtigung möglicher Folgen von „Basel II", in: Meyer, Jörn-Axel (Hrsg.): Unternehmensbewertung und Basel II in kleinen und mittleren Unternehmen, Köln, 2003, Seiten 157 – 181.

[374] Matschke, Manfred Jürgen; Brösel, Gerrit: Die Bewertung kleiner und mittlerer Unternehmungen mit dem Zustands- Grenzpreismodell unter besonderer Berücksichtigung möglicher Folgen von „Basel II", in: Meyer, Jörn-Axel (Hrsg.): Unternehmensbewertung und Basel II in kleinen und mittleren Unternehmen, Köln, 2003, Seiten 157 – 181, hier Seite 178.

Arbeit wird die Höhe des Kreditzinssatzes jedoch an die Finanzierung und an die Investitionen des Unternehmens geknüpft.

Zunächst soll ein Grundmodell beschrieben werden, in dem die Zinssätze der Kredite als Daten konstant vorgegeben werden. Die simultane Ermittlung von Bonitätsurteil für das Unternehmen und der Zinssatzhöhe für das aufgenommene externe Kapital wird erst in einem zweiten Schritt im Kapitel 6.4 in das Modell aufgenommen. Diese Vorgehensweise wird gewählt, weil dadurch Veränderungen bei der Wahl der Kapitalstruktur durch Basel II verdeutlicht werden können. Insbesondere durch die noch durchzuführende Beispielrechnung werden veränderte Optimalentscheidungen herausgearbeitet. Zunächst müssen die für die Modellentwicklung geltenden Annahmen offengelegt werden.

6.3.1 Grundlegende Annahmen

Für das nachfolgend zu entwickelnde vollständige Investitions- und Finanzierungsmodell zur Ermittlung der Auswirkungen von Basel II auf die Kapitalstruktur von mittelständischen Unternehmen soll von den folgenden Annahmen ausgegangen werden. Das zu betrachtende Unternehmen firmiert in der Form einer Kapitalgesellschaft. Das mit der Unternehmensrealität übereinstimmende Ziel der Gesellschafter ist die Maximierung des Unternehmenswertes, hier des Vermögensendwertes. Jedoch sollen auch Ausschüttungen an die Anteilseigner im Modell berücksichtigt werden. Der Jahresüberschuß an finanziellen Mitteln kann entweder an die Gesellschafter ausgeschüttet oder reinvestiert werden. Diese Ausschüttungen sind an Bedingungen geknüpft und folglich durch weitere Nebenbedingungen in das Modell aufzunehmen. Die Ausschüttungshöhe ist entsprechend gegebener Anteilseigenerforderungen entweder über exogen vorgegebene Werte festzulegen, oder an eine weitere Variable des Modells, beispielsweise den finanziellen Überschuß vor der Investition in Finanzanlagen zu knüpfen. In der letzten Periode des Beobachtungszeitraums wird das Unternehmen fiktiv liquidiert. Da Finanzinvestitionen und Kredite nur durchgeführt bzw. aufgenommen werden, wenn deren Restlaufzeit kleiner gleich der Restlaufzeit des Planungszeitraums ist, sind spätestens in der letzten Periode alle Finanzanlagen oder Kredite fällig. Eine Vorfälligkeitsentschädigung entsteht nicht. Lediglich für Maschinen soll eine Einschränkung des Kaufs in Abhängigkeit der Laufzeit der Nutzung nicht erfolgen. Sie können in der letzten Periode des Planungszeitraums zum Restwert verkauft werden.

Für die Optimierung der Finanzstruktur wird ein Investitionsmodell verwendet, das auf einem allgemeinen Integrationsmodell aufbaut. Da vorrangig die Veränderung der optimalen Finanzstruktur eines Unternehmens aufgrund der Einführung von Basel II untersucht werden soll, kann auf eine differenzierte Darstellung der Investitions- und Anlagenseite verzichtet werden. Auf der Investitionsseite sollen im Modell nur Gesamtmaschinen betrachtet werden. Die Zerlegung von Maschinen in einzelne Komponenten würde bei der hier vorliegenden Fragestellung zu einer unnötigen Komplexitätserhöhung führen, sie sei deshalb nicht relevant. Deshalb wird das (Standard-)Integrationsmodell von Jacob[375] als Grundlage gewählt und auf der Finanzierungsseite erweitert.[376] Kapitalwertmodelle können nicht verwendet werden, weil sich die Soll- und Haben-Zinssätze für Geldanlagen und Kreditaufnahmen insbesondere für kleine und mittlere Unternehmen in der Praxis zu stark unterscheiden. Deshalb kann kein einheitlicher Zinssatz zur zeitlichen Bewertung periodisch anfallender Zahlungen vor Ermittlung des optimalen Investitions- und Finanzierungsprogramms ermittelt werden.

Die Ableitung der optimalen Finanzierungsstruktur erfolgt auf der Zahlungsebene, weil Aufwendungen und Erträge nicht immer in derselben Periode zu Zahlungen führen und willkürlich vom Unternehmen beeinflußt werden können. Diese Betrachtungsweise stimmt auch mit den einschlägigen Verfahren zur Bonitätsbeurteilung von Unternehmen überein. Ausgewiesene Aufwendungen und Erträge, die zu keinen Zahlungen führen, werden im Bewertungsprozeß korrigiert, um Verzerrungen der Jahresabschlußinformationen zu vermeiden.[377] Deshalb ist nur eine Betrachtung von Ein- und Auszahlungen in diesem Modell sinnvoll. Zudem stimmt die ausschließliche Berücksichtigung von Zahlungen mit den in der Literatur diskutierten Ansätzen zur Unternehmensbewertung überein.[378] In einem geschlossenen Entscheidungsfeld werden sämtliche Zahlungen des Unternehmens betrachtet, also auch Aufwendungen und Erträge, die in späteren Perioden zu Zahlungen führen.[379] Auch das Institut der Wirtschaftsprüfer geht von einer Bewertung von Unternehmen auf der Basis von Zahlungen an die Eigentümer aus.[380] Dabei soll in diesem Modell aus Vereinfachungsgründen davon ausgegangen werden, daß sämtliche Zahlungen jeweils am Ende einer Periode anfallen. Im folgenden wird zunächst die Zielfunktion dargestellt.

---

375 Vgl. für das nachfolgend vorgestellte Modell Jacob, Herbert (1964), Seiten 487ff. Hier werden jedoch Erweiterungen in den Nebenbedingungen aufgenommen.

376 Vgl. für Erweiterungen des Jacob-Modells auf der Produktionsseite Jacob, Herbert (1976), Seiten 62 ff.

377 Vgl. zur Aufbereitung von Bilanzen für die Bonitätsbeurteilung bspw. Coenenberg, Adolf G. (2005), Seiten 947 ff.

378 Vgl. die Literatur zu den Discounted Cash Flow-Verfahren, bspw. auch Coenenberg, Adolf G. (2005), Seiten 1040 ff.

379 Vgl. Hering, Thomas (1995), Seite 9.

380 Vgl. Institut der Wirtschaftsprüfer: Entwurf einer Neufassung des IDW Standards, Stand 09.12.2004, R.Nr. 24.

6.3.2 Die Zielfunktion

In der Zielfunktion wird der Vermögensendwert des betrachteten Unternehmens maximiert. Die letzte Zahlung am Ende des Beobachtungszeitraums ergibt sich im hier vorgestellten Integrationsmodell aus dem Auflösungswert des Unternehmens. Dieser wird durch die Erlöse aus den Veräußerungen der Vermögensgegenstände abzüglich der Schulden des Unternehmens bestimmt. Für diesen Fall sind Zahlungsgrößenziele und Erfolgsziele identisch, da sämtliche Aufwendungen und Erträge einer Periode, die in einer anderen Periode zu Zahlungen an den Unternehmer führen, erfaßt werden.[381] Es liegt ein geschlossenes Entscheidungsfeld vor, dessen Notwendigkeit bereits im vorangehenden Kapitel 6.3.1 erläutert wurde.

Zusätzliche Variablen:

Z_T = Zahlung an die Gesellschafter in Periode T (Ende des Planungszeitraums) in GE/PE

T = letzte Periode des Planungszeitraums

Z = Zielfunktionswert, Vermögensendwert des Unternehmers in GE

$$Z = Z_T \rightarrow \max \qquad (6.3)$$

Der Vermögensendwert in Periode T ist im folgenden in seine einzelnen Bestandteile zu zerlegen. Dies kann mit Hilfe der Finanzierungsbedingung in der letzen Periode des Planungszeitraums T erreicht werden.

6.3.3 Finanzierungsbedingungen

Mit Hilfe der Finanzierungsbedingungen wird u.a. erreicht, daß in jeder Periode die Einzahlungen den Auszahlungen entsprechen. Eine Ausschüttung an die Anteilseigner innerhalb des Planungszeitraums ergibt sich als Differenz aus den übrigen Ein- und Auszahlungen der Periode. Auch die Möglichkeit von Ausschüttungen vor der letzten Periode soll im Modell berücksichtigt werden, weil in der Praxis in jeder Periode Ausschüttungen aus Unternehmensgewinnen an die Gesellschafter anfallen. Um nur durch Liquidität gedeckte Ausschüttungen zu gewährleisten, ist auf die Zahlungsebene abzustellen. Damit soll vermieden werden, daß die Ausschüttungshöhe von einer Gewinngröße abhängig wird, ohne daß eine Liquiditätsdeckung besteht. Deshalb werden die Ausschüttungen an die Gesellschafter an eine Zahlungsgröße, bspw. an die Einzahlungen aus dem Verkauf von Produkten, geknüpft. Eine weitere Ne-

[381] Vgl. Hering, Thomas (1995), Seite 9.

benbedingung zur Erfassung von Mindestzahlungen an die Gesellschafter ist notwendig, da ansonsten die Zahlungen an Gesellschafter aufgrund der Maximierung des Vermögensendwertes, in jeder Periode kleiner T den Wert 0 annehmen würden. Dieses wird in Kapitel 6.3.9 weiter ausgeführt. Die folgenden Ein- und Auszahlungen werden im Modell berücksichtigt und sind in die Finanzierungsbedingung aufzunehmen:

- zahlungsgleiche Umsatzerlöse aus dem Verkauf von Produkten abzüglich der variablen Kosten für die Produktion,
- Aus- und Einzahlungen aus dem Kauf bzw. Verkauf von Maschinen zuzüglich der fixen Kosten für die Aufrechterhaltung der Betriebsbereitschaft der Maschinen,
- Einzahlungen aus der Aufnahme von Krediten und Auszahlungen aufgrund der Zins- und Tilgungsverpflichtungen von in den Vorperioden aufgenommenen Krediten,
- Auszahlungen für die Anlage von nicht ausgeschütteten Beträgen und Einzahlungen in Höhe von Zinszahlungen und Rückzahlungen von in den Vorperioden angelegten Beträgen,
- Auszahlungen für Löhne und Gehälter der Mitarbeiter und der Geschäftsführung, die nicht gleichzeitig Gesellschafter sind und
- Auszahlungen an die Gesellschafter.

Da Unternehmen betrachtet werden sollen, die bereits vor Beginn des Planungszeitraums bestehen, müssen die Bestände an bereits vorhandenen Maschinen, Krediten und Finanzanlagen berücksichtigt werden, die in mindestens einer Periode des Entscheidungszeitraums zu Zahlungen führen. Für vorhandene Kredite und Finanzanlagen können fixe Zahlungen vorgegeben werden, da keine weitere Entscheidung innerhalb des Planungszeitraums die Zahlungen aus den bestehenden Vertragsverhältnissen ändert. Wird davon ausgegangen, daß Maschinen jederzeit veräußert werden können, sind die Zahlungen aus bereits vorhandenen Maschinen von deren Zeitwert und vom Verkaufszeitpunkt abhängig, so daß die optimalen Verkaufszeitpunkte für vorhandene Maschinen vom Modell berechnet werden müssen.

Für Maschinen gelten die folgenden Prämissen:

- Nichtteilbarkeit der Aggregate,
- Vorgabe einer einheitlichen maximalen Nutzungsdauer je Maschine eines Typs i, unabhängig vom Zeitpunkt des Kaufs und der Nutzungsintensität,
- Verkaufsmöglichkeit in jeder Periode vor Erreichen der maximalen Nutzungsdauer der Maschinen (Restwert am Ende der Nutzungsdauer 0 GE),
- gleicher Abschreibungsverlauf für alle Maschinen desselben Typs, unabhängig vom Zeitpunkt des Kaufs,
- identische Kosten für die Aufrechtherhaltung der Betriebsbereitschaft für alle Maschinen desselben Typs, die jedoch mit der Dauer der Nutzung steigen,
- Möglichkeit des Verkaufs bereits vor Beginn des Planungszeitraums angeschaffter Maschinen innerhalb des Planungszeitraums.

Die Zahlung an die Gesellschafter am Ende einer Periode t ist unter anderem von den in den Vorperioden durchgeführten Investitionen, Kreditaufnahmen und Finanzanlagen abhängig. Aus der späteren Gleichung (6.4) ist dieses nicht direkt ersichtlich, da für Zahlungen aus Krediten und Finanzanlagen Hilfsvariablen eingeführt werden, um die Übersichtlichkeit zu erhöhen.[382] In den Hilfsvariablen werden alle Zahlungen aus Krediten bzw. aus Finanzanlagen zusammengefaßt. Die Berücksichtigung von Kreditaufnahmen und Finanzinvestitionen der Vorperioden in einer aktuellen Periode t werden in den Kapiteln 6.3.7 und 6.3.8 näher beschrieben.

Bevor die Variablen und Konstanten des Modells angeführt werden, soll hier auf die Verwendung der Laufzeitindizes t und t' eingegangen werden. Die Betrachtung der Zahlungen erfolgt immer aus der aktuellen Periode t heraus. Durch den einzuführenden Laufindex t' werden die Bestände an Krediten, Finanzanlagen, Maschinen u.s.w. der Vorperioden gekennzeichnet. Dieser Index dient zudem als Zählindex bei der Summation über die in der aktuellen Periode t benötigten Bestände der Vorperioden t'. Die nachstehende Abbildung 6.1 soll diesen Sachverhalt nochmals verdeutlichen.

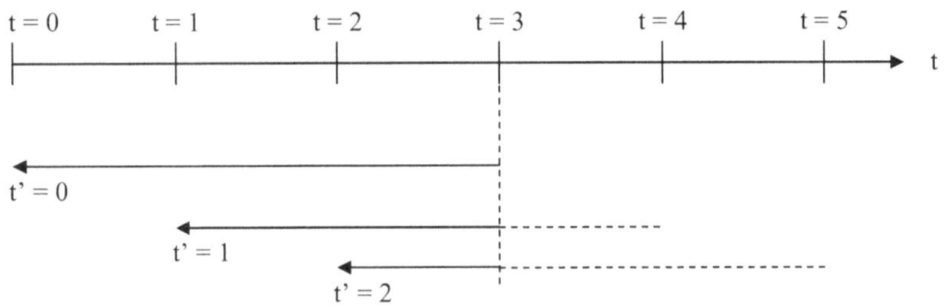

Abb. 6.1: Verwendung des Laufzeitindexes t' im Modell

In der Periode 3 müssen laut Abbildung 6.1 alle relevanten Daten der Vorperioden berücksichtigt werden. Für endfällige Kredite mit periodischen Zinszahlungen sind beispielsweise die Aufnahmebeträge in den Perioden 0, 1 und 2 relevant, um die Zinszahlungen in der Periode 3 aus fälligen und nichtfälligen Krediten und die Tilgungszahlungen in der Periode 3 im Falle der Fälligkeit bestimmen zu können. Die relevanten Kredite sind durch den Index t' = 0, 1 bzw. 2 gekennzeichnet.

382 Vgl. für eine Finanzierungsbedingung in ähnlicher Form jedoch ohne Verkauf von Maschinen Jacob, Herbert; Voigt, Kai-Ingo (1997) Seite 78f.

Im folgenden werden zunächst die Variablen und Konstanten des Modells definiert.

Zusätzliche Variablen:

Z_t^{KR} = Zahlung in der Periode t aus Kreditaufnahmen in GE/PE, die annahmegemäß am Ende der Periode t zu einer Ein- bzw. Auszahlung beim Unternehmen führt

Z_t^{FI} = Zahlung in der Periode t aus Finanzinvestitionen in GE/PE, die annahmegemäß am Ende der Periode t zu einer Ein- bzw. Auszahlung beim Unternehmen führt

$x_{t,z}$ = Absatzmenge des Produktes z in Periode t in ME/PE, ganzzahlig

$y_{t,i}^{MA}$ = Anzahl der in der aktuellen Periode t gekauften Maschinen vom Typ i in ME/PE, ganzzahlig

$g_{t't,i}^{MA}$ = Anzahl Maschinen vom Typ i, die in Periode t' gekauft wurden und in Periode t verkauft werden in ME/PE, ganzzahlig

$g_{t,rl,i}^{MA,vorh}$ = Anzahl der in Periode t verkauften Maschinen vom Typ i, die **vor** Beginn des Planungszeitraums gekauft wurden und zu Beginn des Planungszeitraums eine Restlaufzeit von rl Perioden haben in ME/PE, ganzzahlig

Zusätzliche Konstanten:

$p_{t,z}$ = erzielbarer Verkaufspreis für Produkt z in Periode t in GE/ME

$k_{t,z}$ = variable Kosten für Produkt z in Periode t in GE/ME

$VK_{t't,i}^{MA}$ = Verkaufspreis für eine Maschine vom Typ i in Periode t, die in einer Vorperiode t' gekauft wurde in GE/Maschine

$VK_{t,rl,i}^{MA,vorh}$ = Verkaufspreis für eine Maschine vom Typ i in Periode t, die zu Beginn des Planungszeitraums eine Restlaufzeit in Höhe von rl aufweist in GE/Maschine

$AP_{t,i}^{MA}$ = Anschaffungspreis in Periode t für eine Maschine vom Typ i in GE/Maschine

$k_{t't,i}^{MA}$ = Kosten in Periode t für die Aufrechterhaltung der Betriebsbereitschaft einer Maschine des Typs i, die in Periode t' gekauft wurde in GE/Maschine

n_i = maximale Nutzungsdauer einer Maschine vom Typ i in PE

$\overline{y}_{rl,i}^{MA,vorh}$ = Anzahl der vor Beginn des Planungszeitraums gekauften Maschinen vom Typ i, die zu Beginn des Planungszeitraums eine Restlaufzeit von rl Perioden aufweisen in ME/PE, ganzzahlig

$k_{t,rl,i}^{MA,vorh}$ = Kosten in Periode t für die Aufrechterhaltung der Betriebsbereitschaft einer Maschine des Typs i, die zu Beginn des Planungszeitraums eine Restlaufzeit von rl Perioden aufweist in GE/ME

LZ_t = Lohn- und Gehaltszahlungen an Mitarbeiter, die nicht gleichzeitig Gesellschafter sind in Periode t in GE/PE

$$(6.4)\quad Z_t = \sum_{z=1}^{Z}(p_{t,z}-k_{t,z})\cdot x_{t,z} - \sum_{i=1}^{I} AP_{t,i}^{MA}\cdot y_{t,i}^{MA}$$
$$-\sum_{i=1}^{I}\sum_{rl=t}^{n_i}\left(\overline{y}_{rl,i}^{MA,vorh} - \sum_{t'=0}^{t-1} g_{t',rl,i}^{Ma,vorh}\right)\cdot k_{t,rl,i}^{MA,vorh}$$
$$+\sum_{i=1}^{I}\sum_{rl=t}^{n_i} VK_{t,rl,i}^{MA,vorh}\cdot g_{t,rl,i}^{MA,vorh}$$
$$-\sum_{i=1}^{I}\sum_{\substack{t'=t-n_i\\ t'\geq 0}}^{t-1}\left(y_{t',i}^{MA} - \sum_{t''=t'+1}^{t-1} g_{t't'',i}^{MA}\right)\cdot k_{t't,i}^{MA}$$
$$+\sum_{i=1}^{I}\sum_{\substack{t'=t-n_i\\ t'\geq 0}}^{t-1} VK_{t't,i}^{MA}\cdot g_{t't,i}^{MA}$$
$$+Z_t^{FI} + Z_t^{KR} - LZ_t \qquad \forall\, t = 0...T$$

Mit Hilfe des ersten Terms in der vorstehenden Gleichung (6.4) werden Einzahlungen aus dem Verkauf des Produktes z erfaßt. Es wird unterstellt, daß jede Einheit der produzierten Güter in derselben Periode veräußert wird. Lagerhaltung wird somit ausgeschlossen. Die Verkauferlöse sind sofort fällig, Verkäufe auf Ziel oder Kreditierung von Verkäufen sind ausgeschlossen.

Zur Herstellung der Produkte z werden Maschinen eingesetzt. Diese erfordern in der Periode der Beschaffung Auszahlungen in Höhe der Anschaffungskosten, in den Folgeperioden weitere Auszahlungen für die Aufrechterhaltung der Betriebsbereitschaft (4. Zeile). Die Kosten für die Aufrechterhaltung der Betriebsbereitschaft sind davon abhängig, wie lange sich die Maschine bereits im Betrieb befindet. Sie steigen mit der Dauer der Betriebszugehörigkeit. Für jede Maschine des Typs i ist der Kostenverlauf über die Zeit identisch. Er ist ebenfalls unabhängig vom Kaufzeitpunkt der Maschine. Wird in Periode 2 eine Maschine des Typs i gekauft, sind die Kosten für die Aufrechterhaltung der Betriebsbereitschaft in Periode 4 identisch zu den Kosten für eine Maschine desselben Typs in Periode 7, die in Periode 5 gekauft wird. Maschinen sind in jeder Periode zum Zeitwert veräußerbar. Der Verkauf einer Maschine führt dann zur Restwerteinzahlung. Diese ist unabhängig vom Zeitpunkt des Kaufs und der intensitätsmäßigen Auslastung der Maschine. Sie fällt jedoch mit der Dauer des Einsatzes im Unternehmen bspw. durch Verschleiß. Die Restwerte von Maschinen werden als Konstanten im Modell berücksichtigt. Die absolute Höhe der Einzahlungen aus Veräußerungen wird durch die Anzahl verkaufter Maschinen bestimmt.

Bereits vor dem Planungszeitraum gekaufte Maschinen werden separat in die obige Gleichung (6.4) durch die zweite und dritte Zeile aufgenommen. Ausgangspunkt der Zahlungen aus vorhandenen Maschinen ist der Bestand an Maschinen zu Beginn des Planungszeitraums. In den Folgeperioden führt dieser Bestand zu Auszahlungen in Höhe der Kosten für die Aufrechterhaltung der Betriebsbereitschaft der Maschinen und zu Einzahlungen für den Verkauf von Maschinen vor Ablauf deren Nutzungsdauer. Im dritten Summanden (zweite Zeile) der Nebenbedingung (6.4) werden vom Anfangsbestand der Maschinen die Verkäufe in den Folgeperioden abgezogen und anschließend mit dem zeitabhängigen Kostensatz für die Aufrechterhaltung der Betriebsbereitschaft multipliziert. Durch die Summation über die Restlaufzeiten der bereits in Periode 0 vorhandenen Maschinen, Anfang des Planungszeitraums, wird erreicht, daß in jeder Periode t nur diejenigen Maschinen berücksichtigt werden, deren Anfangs-Restlaufzeit zu Beginn des Planungszeitraums größer als die Index-Ziffer der betrachteten Periode ist. In der dritten Zeile werden die Verkäufe von bereits in Periode 0 vorhandenen Maschinen berücksichtigt, die zu Einzahlungen im Unternehmen führen. Für die bereits vor dem Planungszeitraum gekauften Maschinen einer Art i gelten die gleichen Bedingungen bezüglich des Verlaufs der Kosten für die Aufrechterhaltung der Betriebsbereitschaft und der Restwerte der Maschinen wie für Maschinen der selben Art, die innerhalb des Planungszeitraums gekauft werden.

In jeder Periode können Kredite aufgenommen werden, die in den Folgeperioden zu Zins- und Tilgungszahlungen führen. Zahlungen aus Kreditverhältnissen Z_t^{KR} können sowohl positive als auch negative Werte annehmen, je nachdem ob die Kreditaufnahme größer oder kleiner als die Summe aus Tilgungs- und Zinszahlungen ist. Diese werden in Kapitel 6.3.8 näher beschrieben. In den Zahlungen sind auch Ein- und Auszahlungen für Kredite enthalten, die bereits vor Beginn des Planungszeitraums vom Unternehmen aufgenommen worden sind und als Konstanten für das Modell vorzugeben sind.

Freie Mittel, die nicht für Maschinenkäufe verwendet werden, können in verschiedene Finanzanlagen investiert werden. Die Zahlungen aus Finanzanlagen Z_t^{FI} werden ebenfalls in einem späteren Kapitel (6.3.7) erläutert. Auch hier sind Zahlungen aus Finanzanlagen enthalten, die vor der Periode 0 getätigt wurden.

Der Differenzbetrag aus den beschriebenen Ein- und Auszahlungen bildet die Zahlung an die Eigentümer Z_t. Soll eine Nachschußmöglichkeit von finanziellen Mitteln durch die Gesellschafter ausgeschlossen werden, muß die Nichtnegativität der Zahlungen Z_t für alle Periode t gelten. Ist eine Auszahlung an die Gesellschafter vor Ende des Planungszeitraums ausgeschlossen, liegt eine Finanzierungsbedingung vor, die die einfache Gleichheit von Ein- und Auszahlungen in jeder Periode t herstellt. Im folgenden sollen die einzelnen Bestandteile der Finanzierungsbedingung näher beschrieben werden.

6.3.4 Absatzhöchstmenge

Zunächst sind Absatzhöchstmengen für jedes Produkt z für die verschiedenen Perioden t vorzugeben, da das Unternehmen am Markt als Mengenanpasser auftritt. Preise und Maximalmengen werden vom Absatzmarkt vorgegeben.[383]

Zusätzliche Konstante:

$\overline{X}_{tz}$ = Absatzhöchstgrenze des Produkts z in Periode t in ME/PE

$$(6.5) \quad x_{tz} \leq \overline{X}_{tz} \qquad \forall\, t, z$$

Des weiteren sind auf der Produktionsseite die Kapazitäten der eingesetzten Maschinen zu berücksichtigen.

6.3.5 Kapazitätsrestriktionen

Neben der Gleichheit des Restwertverlaufs und des Verlaufs der Kosten für die Aufrechterhaltung der Betriebsbereitschaft sollen auch die Kapazitäten für jede Maschine desselben Typs i identisch sein. Diese sind abhängig vom Alter der Maschinen. Je länger eine Maschine im Betrieb eingesetzt wurde, desto niedriger ist die Maximalkapazität der Maschine. Die Maximalkapazität steht für die maximale Zeit (bspw. Stundenanzahl) in einer Periode, die eine Maschine für die Produktion verwendet werden kann. Sie wird in Zeiteinheiten je Periode angegeben. Die intensitätsmäßige Auslastung der Maschinen soll annahmegemäß keinen Einfluß auf die Maximalkapazität haben. Die Summe der Maximalkapazitäten darf durch die durch das Modell ermittelte Herstellungszeit für die Produkte nicht überschritten werden. Ne-

[383] Vgl. auch Jacob, Herbert; Voigt, Kai-Ingo (1997) Seite 79.

ben den Maschinen, die innerhalb des Planungszeitraums gekauft werden, müssen auch die bereits vorhandenen Maschinen für die Bestimmung der in einer Periode zur Produktion zur Verfügung stehenden Kapazität berücksichtigt werden. Es ergibt sich der folgende Zusammenhang:[384]

Zusätzliche Konstanten:

$C_{t't,i}$ = Maximalkapazität einer Maschine des Typs i in Periode t, die in Periode t' gekauft wurde in ZE/PE

β_{tzi} = Produktionskoeffizient in Periode t, Zeitbedarf bei Herstellung von Produkt z auf einer Anlage vom Typ i in der Periode t in ZE/ME

$C_{t,rl,i}^{vorh}$ = Maximalkapazität einer Maschine des Typs i in Periode t, die zu Beginn des Planungszeitraums mit einer Restlaufzeit in Höhe rl vorhanden ist in ZE/PE

(6.6)
$$\sum_{z=1}^{Z} x_{t,z} \cdot \beta_{tzi} \leq \sum_{t'=t-n_i}^{t} \left(y_{t',i}^{Ma} - \sum_{t''=t'+1}^{t-1} g_{t't'',i}^{Ma} \right) \cdot C_{t't,i} + \sum_{rl=t}^{n_i} \left(\bar{y}_{rl,i}^{MA,vorh} - \sum_{t'=0}^{t-1} g_{t',rl,i}^{Ma,vorh} \right) \cdot C_{t,rl,i}^{vorh} \qquad \forall\ t, i$$

In jeder Periode t muß der Zeitaufwand für die Produktion der Güter kleiner gleich der durch die Maschinenkapazitäten vorgegebenen Maximaleinsatzzeit sein. Dafür werden auf der linken Seite der Bedingung (6.6) die Mengen der produzierten Güter z mit einem Produktionskoeffizienten multiplikativ verknüpft. Da im Modell auch Maschinenverkäufe berücksichtigt werden sollen, sind diese für die Kapazitätsermittlung von den Maschinenkäufen abzuziehen. Es wird angenommen, daß für die Fertigung jedes Produktes z jeder Maschinentyp i verwendet werden muß. Wird ein Typ nicht benötigt, wird β_{tzi} für diese zi-Kombination 'Null' gesetzt.

6.3.6 Verknüpfung Kauf und Verkauf von Maschinen

Mit Hilfe einer weiteren Bedingung muß berücksichtigt werden, daß die Anzahl der verkauften Maschinen die Anzahl der gekauften bzw. jeweils im Betrieb vorhandenen Maschinen nicht übersteigen darf.

(6.7)
$$\sum_{t'=t+1}^{t+n_i} g_{tt',i}^{Ma} \leq y_{t,i}^{Ma} \qquad \forall\ t, i$$

[384] Vgl. mit anderen Symbolen und ohne Maschinenverkauf Jacob, Herbert; Voigt, Kai-Ingo (1997) Seite 78f.

Um die Anzahl verkaufter Maschinen zu erfassen, wird über alle Perioden summiert, die einer Periode des Maschinenkaufs folgen. In der Nebenbedingung (6.7) dient t' als Summationsindex. Mit Hilfe der linken Seite der Gleichung werden alle Maschinenverkäufe für Perioden nach dem Zeitpunkt des Maschinenkaufs erfaßt. Als Summationsobergrenze dient die letzte Periode einer autonom vorgegebenen Nutzungsdauer n_i, in der die Maschine des Typs i letztmalig eingesetzt werden kann. Diese wird durch die maximale Nutzungsdauer der Maschine vorgegeben. Auf der rechten Seite der Gleichung steht die Anzahl von Maschinen des Typs i, die in der Periode t gekauft werden. In Abweichung zur in Kapitel 6.3.3 beschriebenen Verwendung des Laufindexes t' wird hier nun nicht über alle vergangenen, sondern über alle dem Kauf in t folgenden Perioden summiert. In der Abbildung 6.2 werden Maschinenkäufe in der Periode t = 1 mit Maschinenverkäufen in den Perioden t = 2, t = 3, und t = 4 beispielhaft verknüpft. Es wird von einer Nutzungsdauer in Höhe von 3 PE ausgegangen.

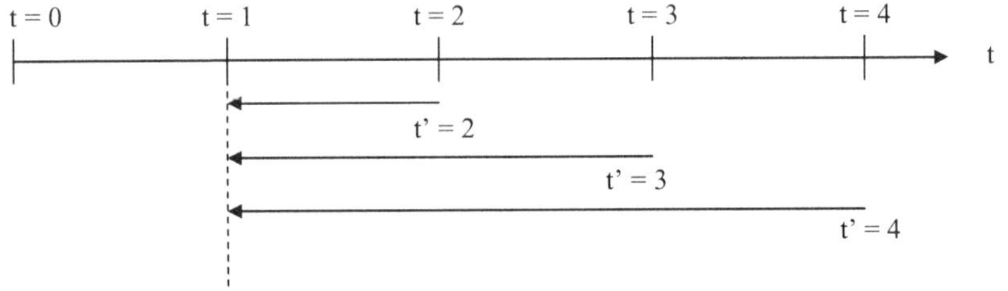

Abb. 6.2: Verwendung des Laufzindexes t' für die Verknüpfung von Kauf und Verkauf von Maschinen

Die Gleichung (6.7) läßt sich für diesen Fall wie folgt schreiben.

$$\sum_{t'=t+1}^{t+n_i} g_{t\,t',i}^{Ma} \leq y_{t,i}^{Ma}$$

$$\sum_{t'=1+1}^{1+3} g_{1\,t',i}^{Ma} \leq y_{1,i}^{Ma}$$

$$g_{12,i}^{Ma} + g_{13,i}^{Ma} + g_{14,i}^{Ma} \leq y_{1,i}^{Ma}$$

Der gleiche Zusammenhang gilt für die Maschinen, die sich bereits zu Beginn des Planungszeitraums im Unternehmen befinden. Der Anfangsbestand dieser Maschinen muß kleiner gleich der Anzahl verkaufter Maschinen in den Folgeperioden sein. Es sind nur diejenigen Perioden t zu berücksichtigen, die kleiner als die Restlaufzeit der Maschinen zu Beginn des Planungszeitraums sind.

$$(6.8) \quad \sum_{t=0}^{rl} g_{t,rl,i}^{Ma,vorh} \leq \overline{y}_{rl,i}^{MA,vorh} \qquad \forall \text{ i, rl}$$

Auf der rechten Seite der Gleichung wird die Anzahl von Maschinen angegeben, die sich zu Beginn des Planungszeitraums im Unternehmen befinden. Diese sind durch verschiedene vorgegebene Restlaufzeiten rl charakterisiert, da sie in unterschiedlichen Perioden vor dem Planungszeitraum gekauft wurden. In den zu betrachtenden Perioden werden die Verkäufe dieser Maschinen mit Hilfe der Variablen $g_{t,rl,i}^{Ma,vorh}$ erfaßt. Die Summation der verkauften Maschinen beginnt mit 'Null', da sich die Maschinen bereits im Unternehmen befinden. Ein zusätzlicher Index t' ist nicht erforderlich. Die letzte zu berücksichtigende Periode ist durch die Restlaufzeit einer Maschine des Typs i fest vorgegeben.

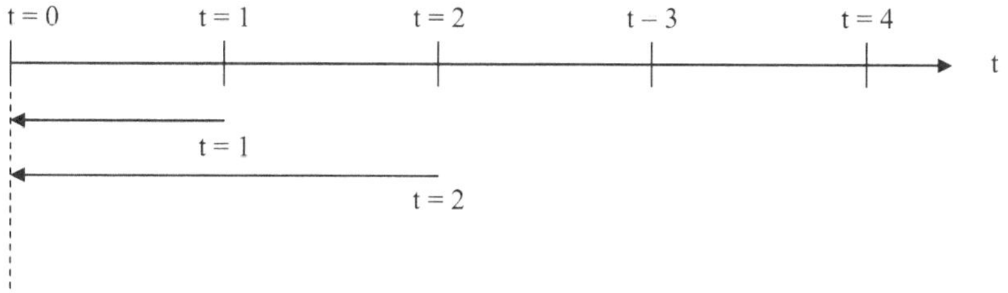

Abb. 6.3: Verknüpfung des Bestandes von Maschinen, die zu Beginn des Planungszeitraums im Unternehmen vorhanden sind mit deren Verkauf innerhalb des Planungszeitraums

Beispielhaft soll wiederum eine Maschine des Typs i betrachtet werden, die eine maximale Nutzungsdauer von drei Perioden aufweist. Diese Maschine hat in der Periode 0 eine Restlaufzeit von zwei Perioden, wenn sie in der Periode vor Beginn des Planungszeitraums, also am Ende der Periode -1 gekauft wurde.[385] Eine Maschine mit dreiperiodiger Nutzungsdauer, die vor dem Planungszeitraum gekauft wurde, kann somit maximal bis zum Ende der Periode 2 (rl = 2) im Unternehmen eingesetzt werden, die auszuweisende Restlaufzeit beträgt dann zwei Perioden. Es stehen wieder drei Verkaufzeitpunkte zur Verfügung: t = 0, 1, 2. Nach Einsetzen ergibt sich aus der Gleichung (6.8) somit der folgende Zusammenhang für dieses Beispiel.

385 Dieser Zusammenhang resultiert daraus, daß erstmalig am Ende von Periode 0 Entscheidungen getroffen werden können, die mit Hilfe des Modells erfaßt werden. Der Planungszeitraum beginnt somit am Ende der Periode 0.

$$\sum_{t=0}^{rl} g_{t,rl,i}^{Ma,vorh} \leq \overline{y}_{rl,i}^{MA,vorh}$$

$$\sum_{t=0}^{2} g_{t,2,i}^{Ma,vorh} \leq \overline{y}_{2,i}^{MA,vorh}$$

$$g_{0,2,i}^{Ma,vorh} + g_{1,2,i}^{Ma,vorh} + g_{2,2,i}^{Ma,vorh} \leq \overline{y}_{2,i}^{MA,vorh}$$

6.3.7 Erfassung von Finanzinvestitionen

Neben Investitionen in Maschinen können freie Mittel einer Periode auch in Finanzanlagen investiert werden. Für Finanzanlagen soll gelten, daß sie in jeder Periode durchgeführt werden können, solange die Laufzeit der Finanzanlage kleiner gleich der Restlaufzeit des Planungszeitraums ist. Eine Veräußerung vor Fälligkeit wird ausgeschlossen, weil auch in der Praxis zwischen Vertragsparteien vereinbarte Laufzeiten einzuhalten sind. Eine Finanzanlage, die erst nach dem Planungszeitraum fällig wird, ist dann nicht vorteilhaft, da die gebundenen finanziellen Mittel zu einer Reduzierung der Zahlung in der letzten Periode und damit zu einem geringeren Zielfunktionswert (Vermögensendwert) des Unternehmens führen. Zudem wird angenommen, daß der Vermögensendwert z.B. durch den Verkauf des Unternehmens realisiert wird, oder das Unternehmen in der letzten Periode aufgelöst wird. Die Berücksichtigung einer Finanzanlagen-Veräußerung vor Fälligkeit wäre nicht vorteilhaft, da möglicherweise anfallende Vorfälligkeitsentschädigungen zu einer Reduktion des Ertrages oder zu Kursverlusten führen würden. Der Zinsvorteil einer längerfristigen Anlage gegenüber einer kurzfristigeren wird durch Er-fassung dieser Entschädigung rechnerisch reduziert. Häufig ist der zu erzielende Ertrag für kurzfristigere Anlagen dann höher.

In der Periode der Anlage des Geldbetrages führt die Finanzanlage zu einer Auszahlung in Höhe des Anlagebetrages. In den Folgeperioden werden die Zinserträge einer Finanzanlage entweder an das Unternehmen ausgezahlt, oder dem ursprünglichen Anlagebetrag als Thesaurierung zugeschlagen. Finanzinvestitionen, deren Zinserträge reinvestiert werden, führen somit nur im Fälligkeitszeitpunkt zu einer Einzahlung beim Unternehmen in Höhe von Zinsen, Zinseszinsen und dem Nominalwert der Finanzanlage. Finanzanlagen, deren Zinserträge ausgeschüttet werden, führen zu Zinseinzahlungen beim Unternehmen in jeder Periode während deren Laufzeit und in der letzten Periode zusätzlich zu einer Einzahlung in Höhe des anfänglich angelegten Nominalbetrages. Einzahlungen aus Finanzinvestitionen können jeweils in neue Anlagealternativen investiert werden. Auch der Kauf von Maschinen oder die Rückzahlung von Krediten ist durch die erhaltenen Zahlungsmittel möglich.

Für jede Finanzanlage der Art q soll eine identische Fest-Laufzeit gelten, die unabhängig vom Anlagezeitpunkt ist. Der Zinssatz und der Anlagehöchstbetrag variieren mit der Periode, in der der Geldbetrag angelegt wird, um dynamische Zinsentwicklungen erfassen zu können. Für alle Finanzanlagen wird angenommen, daß am Ende der Laufzeit der Nominalwert der Anlage zurückgezahlt wird. Zwischenzeitliche Rückzahlungen des Anlagebetrages werden ausgeschlossen.

Da sich die Formeln zur Bestimmung der Zahlungen von zinsausschüttenden und wiederanlegenden Finanzanlagen unterscheiden, sind zwei unterschiedliche Nebenbedingungen zu formulieren. Die nachstehende Nebenbedingung (6.9) wird für Finanzanlagen verwendet, bei denen während des Anlagezeitraums keine Zinsen auszahlt werden, die Zinserträge werden dem Anlagebetrag zuschlagen. Dadurch ergeben sich immer genau zwei Zahlungen für das Unternehmen, eine Auszahlung in Höhe des Nominalbetrages/Anlagebetrages zu Beginn der Laufzeit der Finanzanlage und eine Einzahlung am Ende der Laufzeit der Finanzanlage in Höhe des Nominalbetrages zuzüglich Zinsen und Zinseszinsen.

Augrund der Nichtberücksichtigung von Veräußerungen vor Laufzeitende ist die Nebenbedingung nur für die Perioden des Planungszeitraums aufzustellen, für die die Laufzeit der Finanzanlage kleiner gleich der Restlaufzeit des Planungszeitraums ist. Die nachstehende Nebenbedingung (6.9) faßt die obigen Überlegungen für Finanzanlagen zusammen, deren Zinserträge erst am Ende der Laufzeit zu einem Zahlungsmitteleingang beim Unternehmen führen, während die Zinsen in jeder Periode dem Anlagebetrag zugeschlagen werden.

Zusätzliche Variablen:

$FI_{t,q}^{thes}$ = Finanzinvestition in Periode t, investierter Anlagebetrag in wiederanlegenden Finanzinvestitionen der Art q in GE/PE

$Z_t^{FI,thes}$ = Zahlung am Ende von Periode t aus wiederanlegenden Finanzinvestitionen in GE/PE, bestehend aus Rückzahlungen der Anlagebeträge zuzüglich kumulierter Zinserträge aus Finanzanlagen der Vorperioden abzüglich Auszahlungen für neue Finanzanlagen

Zusätzliche Konstanten:

$r^{FI,thes}_{t',t-n_q,q}$ = Rendite, Habenzins für die Periode t' für eine in Periode $t-n_q$ getätigte Finanzanlage der Art q in GE/(GE · PE), die Zinssätze der verschiedenen Perioden des Anlagezeitraums können sich unterscheiden, sind jedoch im Planungszeitpunkt fest determiniert.

$\overline{FI}^{thes}_{t,q}$ = maximaler Anlagebetrag in eine Finanzinvestition der Art q in Periode t in GE/PE

n_q = Anlagedauer einer Finanzinvestition der Art q in PE

$$(6.9)\quad Z^{FI,thes}_t = \sum_{q=1}^{Q}\left[\underbrace{\left(\prod_{t'=t-n_q+1}^{t}\left(1+r^{FI,thes}_{t',t-n_q,q}\right)\right)\cdot FI^{thes}_{t-n_q,q}}_{\text{Zins- und Rückzahlung einer in Periode } t-n_q \text{ getätigten Finanzanlage, die in Periode t fällig ist}} \underbrace{-\,FI^{thes}_{t,q}}_{\text{Neuanlage in Finanzanlage q in Periode t, führt zu Auszahlungen beim Unternehmen}}\right] \quad \forall\ t$$

Mit Hilfe des Ausdrucks

$$\left(\prod_{t'=t-n_q+1}^{t}\left(1+r^{FI,thes}_{t',t-n_q,q}\right)\right)\cdot FI^{thes}_{t-n_q,q}$$

in der Gleichung (6.9) werden die Zahlungen am Ende des Anlagezeitraums der Finanzinvestition erfaßt. Durch das Produkt werden Zinseszinseffekte berücksichtigt. Ebenfalls können dadurch unterschiedliche Zinssätze für eine Finanzanlage in den einzelnen Perioden der Laufzeit erfaßt werden. In jeder Periode t des Planungszeitraums dürfen nur die Finanzinvestitionen erfaßt werden, die in derselben Periode mit Ende der Laufzeit fällig werden. Dieses wird durch den Index t' = $t - n_q$ berücksichtigt. Es werden damit die Finanzinvestitionen vom Modell erfaßt, die in den Perioden $t - n_q$ durchgeführt wurden und in der Periode t fällig sind.

Die Verwendung der Indizes soll an einem Beispiel verdeutlicht werden. Als Datengrundlage dienen zwei Finanzanlagearten. Die Laufzeit von Finanzanlagen der Art q = 1 beträgt drei Perioden, die Laufzeit von Finanzanlagen der Art q = 2 zwei Perioden. Der Planungszeitraum wird mit 5 Perioden vorgegeben. In jeder Periode des Planungszeitraums kann eine Finanzanlage der vorstehenden Arten getätigt werden. In der fünften Periode setzt sich die Zahlung aus diesen thesaurierenden Finanzanlagen bspw. wie folgt zusammen.

$$Z_t^{FI,thes} = \sum_{q=1}^{Q}\left[\left(\prod_{t'=t-n_q+1}^{t}\left(1+r_{t',t-n_q,q}^{FI,thes}\right)\right)\cdot FI_{t-n_q,q}^{thes}\right]$$

$$Z_5^{FI,thes} = \left(\prod_{t'=5-3+1}^{5}\left(1+r_{t',5-3,1}^{FI,thes}\right)\right)\cdot FI_{5-3,1}^{thes}$$

$$+\left(\prod_{t'=5-2+1}^{5}\left(1+r_{t',5-2,2}^{FI,thes}\right)\right)\cdot FI_{5-2,2}^{thes}$$

$$Z_5^{FI,thes} = \left(1+r_{3,2,1}^{FI,thes}\right)\cdot\left(1+r_{4,2,1}^{FI,thes}\right)\cdot\left(1+r_{5,2,1}^{FI,thes}\right)\cdot FI_{2,1}^{thes}$$

$$\left(1+r_{4,3,q}^{FI,thes}\right)\cdot\left(1+r_{5,3,q}^{FI,thes}\right)\cdot FI_{3,2}^{thes}$$

In der ersten Zeile wird die Zahlung aus der dreiperiodigen Finanzanlage der Art $q = 1$ erfaßt. Eine Finanzanlage in Periode 2 führt in der Periode 5 zu Einzahlungen in Höhe des Nominalbetrages zuzüglich der angefallenen Zinsen und Zinseszinsen. Mit Hilfe der zweiten Zeile wird die zweiperiodige Finanzanlage $q = 2$ berücksichtigt, die in der Periode 3 durchgeführt wird.

In der Tabelle 6.2 werden die Zahlungen für jede Periode des Planungszeitraums angegeben. In der Periode 0 und der Periode 1 sind aufgrund der Laufzeit jeweils nur Auszahlungen für die Anlage in die Finanzinvestitionen zu erfassen. In der Periode 2 ergibt sich eine erste Einzahlung aus der zweiperiodigen Finanzinvestition, die in der Periode 0 angelegt wurde. Für die Berechnung der Zinsen und Zinseszinsen sind die Zinssätze für die Periode 1 und 2 bei einer Anlage in eine Finanzinvestition der Art $q = 2$ in Periode 0 notwendig ($r_{1,0,q}^{FI,thes}$, $r_{2,0,q}^{FI,thes}$). Für Finanzanlagen der Art 1 kann aufgrund der Laufzeit von drei Perioden erstmals in Periode 3 eine Einzahlung erfolgen. Ein Finanzmittelabfluß durch Neuanlagen in Finanzinvestitionen ist in den Perioden 4 und 5 nicht mehr möglich, da die Restlaufzeit der oben beschriebenen Finanzanlagen größer als die Restlaufzeit des Planungszeitraums ist.

Periode	Zahlungen aus Finanzinvestitionen in Periode t in GE/PE
0	$-FI_{0,2}^{thes} - FI_{0,1}^{thes}$
1	$-FI_{1,2}^{thes} - FI_{1,1}^{thes}$
2	$\left(1+r_{1,0,2}^{FI,thes}\right)\cdot\left(1+r_{2,0,2}^{FI,thes}\right)\cdot FI_{0,2}^{thes} - FI_{2,2}^{thes} - FI_{2,1}^{thes}$
3	$\left(1+r_{1,0,1}^{FI,thes}\right)\cdot\left(1+r_{2,0,1}^{FI,thes}\right)\cdot\left(1+r_{3,0,1}^{FI,thes}\right)\cdot FI_{0,1}^{thes}$ $\left(1+r_{2,1,2}^{FI,thes}\right)\cdot\left(1+r_{3,1,2}^{FI,thes}\right)\cdot FI_{1,2}^{thes} - FI_{3,2}^{thes}$
4	$\left(1+r_{2,1,1}^{FI,thes}\right)\cdot\left(1+r_{3,1,1}^{FI,thes}\right)\cdot\left(1+r_{4,1,1}^{FI,thes}\right)\cdot FI_{1,1}^{thes}$ $\left(1+r_{3,2,2}^{FI,thes}\right)\cdot\left(1+r_{4,2,2}^{FI,thes}\right)\cdot FI_{2,2}^{thes}$
5	$\left(1+r_{3,2,1}^{FI,thes}\right)\cdot\left(1+r_{4,2,1}^{FI,thes}\right)\cdot\left(1+r_{5,2,1}^{FI,thes}\right)\cdot FI_{2,1}^{thes}$ $\left(1+r_{4,3,2}^{FI,thes}\right)\cdot\left(1+r_{5,3,2}^{FI,thes}\right)\cdot FI_{3,2}^{thes}$

Tab. 6.2: Zahlungen aus zinsthesaurierenden Finanzinvestitionen mit zwei- bzw. dreiperiodiger Laufzeit

Mit Hilfe der nachstehenden Abbildung 6.4 soll die zeitliche Zuordnung der Finanzanlagen nochmals verdeutlicht werden. An den jeweiligen linken Enden der Horizontalen werden finanzielle Mittel angelegt, an den jeweiligen rechten Enden erfolgt die Rückzahlung in Höhe der Nominalbeträge und der Zinsen und Zinseszinsen.

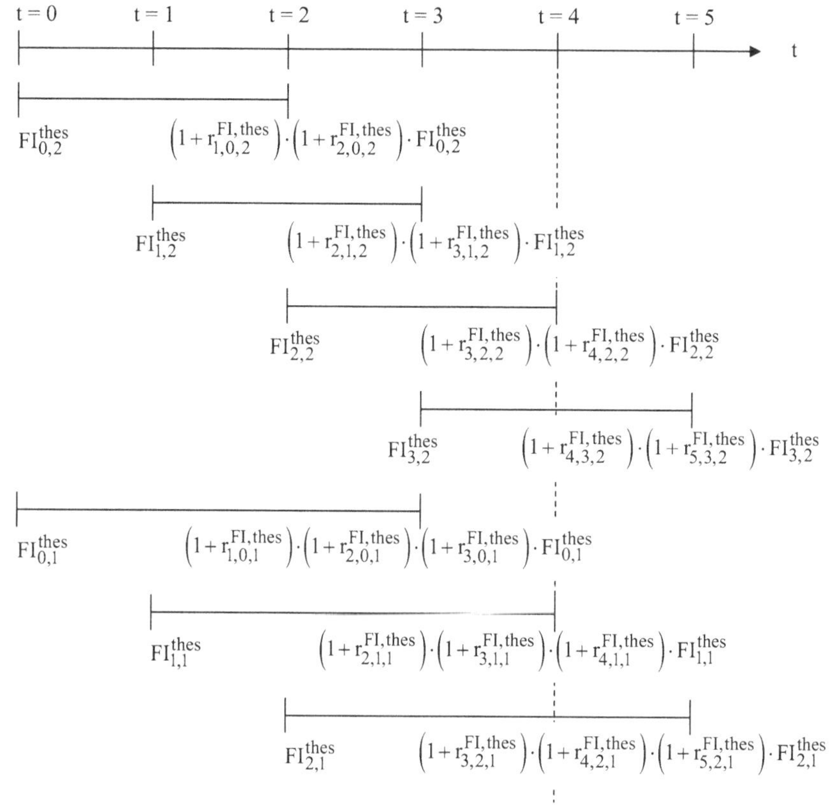

Abb. 6.4: Beispiel für die Behandlung zins-thesaurierender Finanzanlagen

Auch der Einsatz liquider Mittel als zinslose Kassenhaltung, z.B. für eine Zahlungsmittelreserve, kann mit der vorstehenden Gleichung dargestellt werden, indem der Zinssatz $r_{t',t-n_q,q}^{FI,thes}$ mit dem Wert 'Null' vorgegeben wird. Die Laufzeit beträgt dann genau eine Periodeneinheit, so daß eine Anlage in t – 1 in Periode t zu einer Einzahlung in gleicher Höhe führt.

Durch weitere Nebenbedingungen müssen in jeder Periode maximale Anlagebeträge für die Finanzanlagen vorgegeben werden, um in der Praxis übliche Anlagebeschränkungen zu berücksichtigen. Beispielsweise werden Finanzanlagen, die mit unüblich hohen Zinssätzen ausgestattet sind, regelmäßig in ihrer Höhe beschränkt. Über diese Beschränkung kann auch erreicht werden, daß verschiedene Anlagenarten im Modell verwendet werden, weil regelmäßig von Unternehmen in der Praxis verschiedene Anlagealternativen wahrgenommen werden, um bei verschiedenen Banken Geschäftsbeziehungen aufzubauen, die auch zu einfacheren Kreditverhandlungen führen können. Zum anderen ist durch die Portfoliobildung von Finanzanlagen eine Optimierung von Sicherheit und Rendite zu erzielen.[386] Dieser Bereich der Finanzierungstheorie soll hier jedoch nicht weiter vertieft werden. Es soll weiter davon ausgegangen werden, daß die maximalen Anlagebeträge extern, beispielsweise von der Unternehmensleitung vorgegeben werden, oder durch Banken über das Angebot an Anlagealternativen maximale Anlagebeträge gegeben sind.

$$(6.10) \qquad FI_{t,q}^{thes} \leq \overline{FI}_{t,q}^{thes} \qquad \forall t$$

Für getätigte Finanzinvestitionen, die in jeder Periode zu Zinseinzahlungen beim Unternehmen führen, muß eine gegenüber Nebenbedingung (6.9) veränderte Darstellungsweise der Zahlungen gewählt werden, da laufende Zinszahlungen für alle Finanzinvestitionen der Vorperioden berücksichtigt werden müssen, falls sie in der betrachteten Periode noch nicht fällig sind. Auch für diese Anlagen soll gelten, daß sich die Finanzinvestitionen einer Art lediglich durch den Zinssatz unterscheiden, wenn sie in verschiedenen Perioden aufgenommen werden. Anlagedauer und Rückzahlungsmodalitäten sind für jede Anlage derselben Art identisch, Anlagehöchstbeträge können periodenabhängig vorgegeben werden. Auch für diese Anlageformen soll eine vorzeitige Verkaufsmöglichkeit ausgeschlossen sein. Des weiteren können sich die Zinssätze in den Perioden der Laufzeit voneinander unterscheiden. Sie sind jedoch im Planungszeitraum bekannt. Denkbar wären Schatzbriefe mit festen Zinssätzen, wobei der Zinssatz für die erste Periode geringer ist als für die zweite Periode usw.

Zusätzliche Variablen:

$FI_{t,q}^{aus}$ = in Periode t investierter Betrag in die zinsausschüttende Finanzanlage der Art q in GE/PGE

$Z_t^{FI,aus}$ = Zahlung aus ausschüttenden Finanzinvestitionen in Periode t in GE/PE, bestehend aus Zinszahlungen und Rückzahlungen der Anlagebeträge aus Finanzanlagen, die in den Vorperioden durchgeführt wurden, abzüglich neu anzulegender Beträge

[386] Vgl. hierzu die Portfoliotheorie nach Markowitz, H.M. (1952), Seiten 77 ff. oder Markowitz, H.M. (1959).

Zusätzliche Konstante:

$r_{t't,q}^{FI,aus}$ = Rendite, Zinssatz in Periode t für eine in Periode t' durchgeführte Finanzinvestition der Art q in GE/(GE · PE)

$$(6.11)\quad Z_t^{FI,aus} = \sum_{q=1}^{Q} \left(\underbrace{FI_{t-n_q,q}^{aus}}_{\substack{\text{Rückzahlung des in}\\ \text{einer Vorperiode}\\ \text{angelegten und in}\\ \text{Periode t fälligen}\\ \text{Betrages}}} + \underbrace{\sum_{t'=t-n_q}^{t-1} r_{t't,q}^{FI,aus} \cdot FI_{t',q}^{aus}}_{\substack{\text{Zinszahlungen aus}\\ \text{in Vorperioden an-}\\ \text{gelegten Beträgen}}} - \underbrace{FI_{t,q}^{aus}}_{\substack{\text{Neuanlage in Peri-}\\ \text{ode t, führt}\\ \text{zu Auszahlungen}\\ \text{beim Unternehmen}}} \right) \quad \forall\, t$$

Die Zahlungen aus den Finanzanlagen, die in jeder Periode die Zinserträge auszahlen, setzen sich aus dem Rückzahlungsbetrag von in den Vorperioden investierten fälligen Beträgen und den Zinszahlungen zusammen. Durch den ersten Summanden in der Klammer werden die Rückzahlungen in Höhe der Anlagebeträge aus Finanzinvestitionen der Vorperioden erfaßt. Zu berücksichtigen sind nur die Finanzanlagen, deren Laufzeiten in der Periode t enden. Da alle Finanzanlagen der Art q mit derselben Laufzeit ausgestattet sind, genügt die Summation über q. Es werden alle Finanzanlagen, die in den Perioden $t - n_q$ durchgeführt wurden, erfaßt. Zur Erfassung von Zinszahlungen muß die Summation im Gegensatz zu den wiederanlegenden Finanzanlagen geändert werden. Es müssen auch Zinszahlungen von Finanzanlagen berücksichtigt werden, die noch nicht fällig sind. Dieses wird durch den zweiten Summanden in der Klammer der Nebenbedingung (6.11) erreicht. Zuletzt ist die Auszahlung für eine Neuanlage zu berücksichtigen.

Wie für den Fall von zinsthesaurierenden Finanzanlagen soll auch hier ein Beispiel die Summation verdeutlichen. Betrachtet werden wieder zwei Finanzanlagearten. Finanzanlagen der Art q = 1 weisen eine Laufzeit von 3 Perioden, Finanzanlagen der Art q = 2 eine Laufzeit von 2 Perioden auf. Der Planungszeitraum wird mit fünf Perioden vorgegeben. Die Finanzinvestitionen können in jeder Periode durchgeführt werden. Aus diesen Überlegungen ergeben sich die folgenden in Tabelle 6.3 dargestellten Zahlungen.

In der Periode 0 sind nur Finanzmittelabflüsse durch die Anlage von liquiden Mitteln möglich. In den Folgeperioden führen die Zinszahlungen aus in den Vorperioden angelegten finanziellen Mitteln zu Zahlungsmittelzuflüssen. In der Periode 3 sind Zahlungen aus dreiperiodigen Anlagemöglichkeiten der Perioden 0, 1 und 2 und Zahlungen aus zweiperiodigen

Anlagemöglichkeiten der Perioden 1 und 2 zu berücksichtigen. Aus diesen Anlagen resultieren Zinseinzahlungen in der Periode 3. Desweiteren führen in der Periode 3 nur noch Finanzanlagen mit zwei Perioden Laufzeit zu Zahlungsmittelabflüssen. Eine dreiperiodige Finanzanlage ist nicht mehr möglich, weil der Fälligkeitszeitpunkt nach dem Ende des Planungszeitraums liegt und eine vorzeitige Veräußerung ausgeschlossen wird.

Periode	Zahlungen aus Finanzinvestitionen in Periode t in GE/PE
0	$-FI_{0,2}^{aus} - FI_{0,1}^{aus}$
1	$r_{0,1,1}^{FI,aus} \cdot FI_{0,1}^{aus} + r_{0,1,2}^{FI,aus} \cdot FI_{0,2}^{aus} - FI_{1,2}^{aus} - FI_{1,1}^{aus}$
2	$r_{0,2,1}^{FI,aus} \cdot FI_{0,1}^{aus} + r_{1,2,1}^{FI,aus} \cdot FI_{1,1}^{aus} - FI_{2,1}^{aus}$ $+\left(1 + r_{0,2,2}^{FI,aus}\right) \cdot FI_{0,2}^{aus} + r_{1,2,2}^{FI,aus} \cdot FI_{1,2}^{aus} - FI_{2,2}^{aus}$
3	$\left(1 + r_{0,3,1}^{FI,aus}\right) \cdot FI_{0,1}^{aus} + r_{1,3,1}^{FI,aus} \cdot FI_{1,1}^{aus} + r_{2,3,1}^{FI,aus} \cdot FI_{2,1}^{aus}$ $+\left(1 + r_{1,3,2}^{FI,aus}\right) \cdot FI_{1,2}^{aus} + r_{2,3,2}^{FI,aus} \cdot FI_{2,2}^{aus} - FI_{3,2}^{aus}$
4	$\left(1 + r_{1,4,1}^{FI,aus}\right) \cdot FI_{1,1}^{aus} + r_{2,4,1}^{FI,aus} \cdot FI_{2,1}^{aus}$ $+\left(1 + r_{2,4,2}^{FI,aus}\right) \cdot FI_{2,2}^{aus} + r_{3,4,2}^{FI,aus} \cdot FI_{3,2}^{aus}$
5	$\left(1 + r_{2,5,1}^{FI,aus}\right) \cdot FI_{2,1}^{aus} + \left(1 + r_{3,5,2}^{FI,aus}\right) \cdot FI_{3,2}^{aus}$

Tab. 6.3: Zahlungen aus zinsausschüttenden Finanzinvestitionen mit zwei- bzw. dreiperiodiger Laufzeit

Auch für den Fall zinsausschüttender Finanzanlagen soll wiederum ein Zeitstrahl die vorstehenden Ausführungen verdeutlichen.

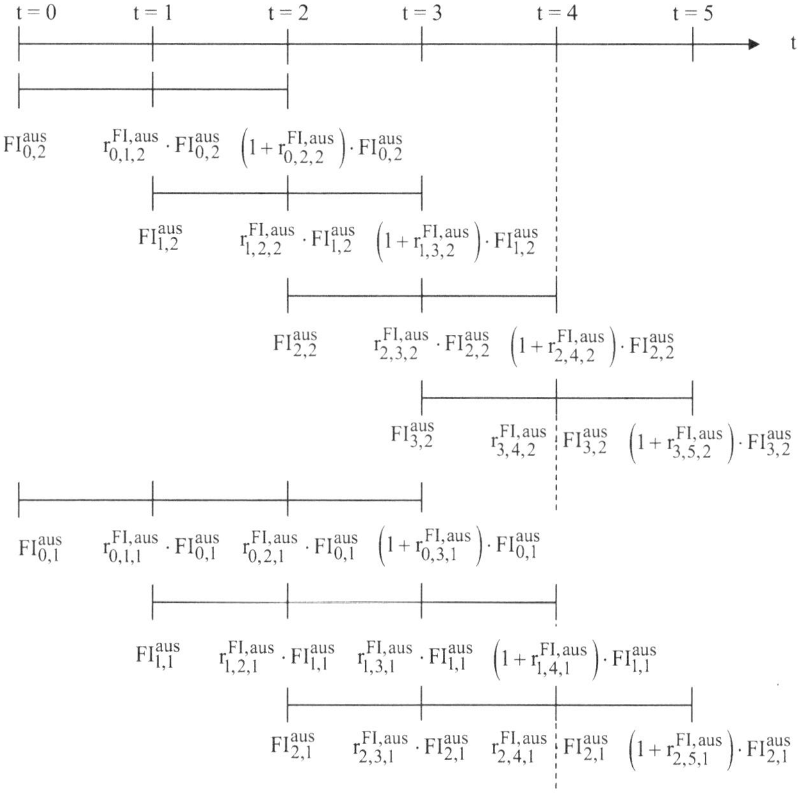

Abb. 6.5: Beispiel für die Behandlung zinsausschüttender Finanzanlagen

Wie für den Fall von Finanzanlagen, die Zinserträge den Anlagebeträgen zuschlagen, werden auch für zinsausschüttende Finanzanlagen maximal mögliche Anlagebeträge vorgegeben, um zu vermeiden, daß nur in die ertragsstärkste Finanzanlagenart investiert wird. Über derartige Beschränkungen können auch nichtquantifizierbare Vorteile aus Diversifikationen, bspw. Umgehung von Abhängigkeiten, im Modell berücksichtigt werden.

(6.12) $FI_{t,q}^{aus} \leq \overline{FI}_{t,q}^{aus} \qquad \forall\, t$

Neben Finanzinvestitionen, die im Entscheidungszeitraum durchgeführt werden, müssen im Modell auch die Zahlungen aus Finanzinvestitionen berücksichtigt werden, die **vor** der Periode t = 0 getätigt wurden. Da Finanzinvestitionen als nicht vorzeitig kündbar angesehen werden, haben Entscheidungen innerhalb des Planungszeitraums keinen Einfluß auf Zahlungen aus diesen Finanzinvestitionen. Deshalb führen sie zu konstanten Einzahlungen im Beobachtungszeitraum. Die Zahlungen sind folglich als Konstanten in das Modell aufzunehmen.

Die Gesamtzahlung aus Finanzanlagen Z_t^{FI} wird durch die Summe der Zahlungen aus ausschüttenden und thesaurierenden Finanzinvestitionen ermittelt. Hinzu kommen Einzahlungen aus Finanzanlagen $Z_t^{FI,vorh}$, in die vor dem Planungszeitraum investiert wurde.

Zusätzliche Konstante:

$Z_t^{FI,vorh}$ = Zahlungsstrom in Periode t aus bereits vor Beginn des Planungszeitraums vorhandenen Finanzinvestitionen in GE/PGE

$$(6.13)\quad Z_t^{FI} = Z_t^{FI,aus} + Z_t^{FI,thes} + Z_t^{FI,vorh} \qquad \forall\, t$$

Als nächstes sollen die Zahlungen aus der Kreditaufnahme erläutert werden.

6.3.8 Zahlungen aus Kreditaufnahmen

Die Zahlungsberücksichtigung aus Krediten soll für das Grundmodell zur Erhaltung der Verständlichkeit noch relativ einfach strukturiert bleiben. Erst in Kapitel 6.4 wird die Erweiterung zur Berücksichtigung von risikoabhängigen Kreditkosten vorgestellt. Mit der nachstehenden Gleichung (6.14) können alle beliebigen Kredite im Modell erfaßt werden. Kredite werden nach ihrer Art unterschieden. Sie können in jeder Periode aufgenommen werden. Für Kredite einer Art f sind in jeder Periode der Tilgungsverlauf und die Laufzeit identisch. Sie können sich aufgrund des Aufnahmezeitpunktes jedoch hinsichtlich des Zinssatzes und des maximalen Kreditbetrages unterscheiden.

Für Kredite einer Art f, sog. Festkredite, gelten unabhängig vom Zeitpunkt der Kreditaufnahme folglich die folgenden Annahmen:

- gleiche fixe Laufzeit, unabhängig vom Aufnahmezeitpunkt,
- gleicher Verlauf fester Tilgungszahlungen (fest vorgegebene Tilgungsquoten je Periode der Kreditlaufzeit),
- maximale Kreditaufnahmebeträge, die mit der Periode der Aufnahme innerhalb einer Kreditart f variieren können und
- von der Periode der Kreditaufnahme abhängiger konstanter Zinssatz.

Die Tilgungsart für einen Kredit der Art f wird entsprechend den üblichen Vertragsbedingungen vorgegeben und muß dementsprechend im Modell behandelt werden. Somit sind konstante Tilgungsbeträge für die Gesamtlaufzeit des Kredites, steigende oder fallende Tilgungsraten, beliebige aber fest vorgegebene oder aber nur eine Tilgungszahlung am Ende der Kreditlaufzeit bei endfälligen Krediten möglich. Zunächst wird hier die Art der Tilgung nicht näher spezifiziert. In die nachstehende Nebenbedingung (6.14) wird der Tilgungsbetrag ohne weitere Ausformulierung aufgenommen. Erst durch die Verknüpfung von Kreditbetrag und einer vorgegebenen Tilgungsquote gemäß Kreditvertrag in Gleichung (6.15) werden die Tilgungszahlungen eindeutig bestimmt.

Zusätzlich sind noch die Zahlungen aus bereits **vor** dem Planungszeitraum aufgenommenen Krediten zu berücksichtigen. Diese können als Konstanten im Modell erfaßt werden. Da die Kredite eine feste Laufzeit aufweisen und vorzeitige Rückzahlungen nicht möglich sein sollen, haben Entscheidungen innerhalb des Planungszeitraums keinen Einfluß auf die Höhe der Zahlungen aus bereits vor Beginn des Planungszeitraums vorhandenen Krediten. Mit Hilfe der vorstehenden Annahmen können Zahlungen aus Kreditaufnahmen wie folgt in das Modell aufgenommen werden.[387]

Zusätzliche Variablen:

$KR_{t,f}$ = Höhe der Kreditaufnahme in Periode t für den aufgenommenen Kredit der Art f in GE/PE

$RW^{KR}_{t't,f}$ = Restwert des Kredites der Art f am Ende von Periode t, der in Periode t' aufgenommen wurde in GE/PE

$TB^{KR}_{t't,f}$ = Tilgungsbetrag für einen Kredit der Art f in Periode t, der in Periode t' aufgenommen wurde in GE/PE

Zusätzliche Konstanten:

$\overline{KR}_{t,f}$ = maximaler Kreditaufnahmebetrag für einen Kredit der Art f, der in Periode t aufgenommen wird in GE/PE

$r^{KR}_{t',f}$ = Kreditzinssatz des in Periode t' aufgenommen Kredites der Art f in GE/(GE · PE), bezogen auf die Höhe der Restverbindlichkeit

$Z^{KR,vorh}_{t}$ = Zahlungen in Periode t aus bereits vor Beginn des Planungszeitraums aufgenommen Krediten (KR) in GE/PE

$$(6.14)\quad Z^{KR}_{t} = \sum_{f=1}^{F}\left(KR_{t,f} - \sum_{t'=t-n_f}^{t-1} r^{KR}_{t',f} \cdot RW^{KR}_{t't-1,f} - \sum_{t'=t-n_f}^{t-1} TB^{KR}_{t't,f}\right) - Z^{KR,vorh}_{t} \qquad \forall\, t$$

[387] Die Zuordnung der Zahlungen zu den Perioden und damit die Verwendung der Indizes wird in den Abbildungen 6.6, 6.7 und 6.8 dargestellt.

Ein Einzelkredit ist im Modell durch die Art f und den Aufnahmezeitpunkt t eindeutig bestimmbar. Zahlungen aus Kreditverhältnissen des Unternehmens in Periode t bestehen aus den Kreditaufnahmen in Periode t ($KR_{t,f}$), den Zinsauszahlungen aus Krediten, die in den Vorperioden t' aufgenommen wurden

$$\left(\sum_{t'=t-n_f}^{t-1} r_{t',f}^{KR} \cdot RW_{t't-1,f}^{KR} \right)$$

und den Auszahlungen für Tilgungen von in den Vorperioden t' aufgenommen Krediten

$$\left(\sum_{t'=t-n_f}^{t-1} TB_{t't,f}^{KR} \right).$$

Der Tilgungsbetrag muß noch näher beschrieben werden. Hier soll zunächst eine allgemeine Berechnung des Tilgungsbetrages mit Hilfe einer Tilgungsquote verwendet werden.

Zusätzliche Konstante:

$TQ_{t't,f}$ = Tilgungsquote für den Kredit f in der Periode t, der in Periode t' aufgenommen wurde in GE/(GE · PE)

(6.15) $TB_{t't,f}^{KR} = TQ_{t't,f} \cdot KR_{t',f}$ $\forall$ t, f, t'

Der Tilgungsbetrag in Periode t eines in Periode t' aufgenommenen Kredites der Art f $TB_{t't,f}^{KR}$ kann durch die Multiplikation des Kreditbetrages $KR_{t',f}$ mit der konstanten Tilgungsquote $TQ_{t't,f}$ bestimmt werden. Die Tilgungsquoten werden für jede Periode des Modells als Datum entsprechend den vertraglichen Vereinbarungen vorgegeben. Beispielhaft werden in der Tabelle 6.4 verschiedene Tilgungsmöglichkeiten für einen Kredit mit einer dreiperiodigen Laufzeit beschrieben, der in Periode 2 des Planungszeitraums aufgenommen wird. Bereits die Tilgungsquoten haben Einfluß auf die zukünftige Bonität des Unternehmens, weil durch den Tilgungsverlauf die Verschuldung des Unternehmens beeinflußt wird. Hohe Tilgungsquoten zu Beginn der Kreditlaufzeit führen zu niedrigeren Fremdkapitalbeständen in Folgeperioden und damit zu geringeren Verschuldungsgraden und besseren Bonitätsurteilen. In der ersten Spalte sind die Perioden des Planungszeitraums aufgelistet. Wird der Kredit in Periode 2 aufgenommen, ist er in Periode 5 vollständig getilgt. In den Spalten 2-5 werden beispielhaft Tilgungsquoten angegeben, die jeweils zu unterschiedlichen Tilgungsverläufen führen. Die Tilgungsverläufe unterscheiden sich durch die Höhe der Tilgungsbeträge in den einzelnen Perioden der Kreditlaufzeit. Es können folgende Tilgungsverläufe im Modell berücksichtigt werden:

- steigende Tilgungsquoten,
- fallende Tilgungsquoten,
- konstante Tilgungsquoten und
- eine Tilgungsquote in Höhe von 'Eins' zum Ende der Kreditlaufzeit.

Periode	Tilgungsquoten des Kredites der Art l, der in Periode 2 aufgenommen wird, $TQ_{t't,f}$ in GE/PE			
	konstante Tilgungs-zahlungen	steigende Tilgungs-zahlungen	fallende Tilgungs-zahlungen	endfälliger Kredit
2				
3	$TQ_{23,l} = \frac{1}{3}$	$TQ_{23,l} = \frac{1}{6}$	$TQ_{23,l} = \frac{3}{6}$	$TQ_{23,l} = 0$
4	$TQ_{24,l} = \frac{1}{3}$	$TQ_{24,l} = \frac{2}{6}$	$TQ_{24,l} = \frac{2}{6}$	$TQ_{24,l} = 0$
5	$TQ_{25,l} = \frac{1}{3}$	$TQ_{25,l} = \frac{3}{6}$	$TQ_{25,l} = \frac{1}{6}$	$TQ_{25,l} = 1$

Tab. 6.4: Arten von Tilgungsquoten von Krediten, die in Periode 2 aufgenommen werden

Da die Zinszahlungen der laufenden Periode durch die Restverbindlichkeit am Ende der Vorperiode bestimmt wird, muß deren Höhe für jede Periode der Kreditlaufzeit innerhalb des Modells ermittelt werden.

Der Restwert in Periode t eines in Periode t' aufgenommen Kredites läßt sich gemäß Gleichung (6.16) durch die Differenz aus ursprünglichem Kreditaufnahmebetrag in der Periode t' und der Summe der in den Perioden von t' bis t gezahlten Tilgungsbeträgen berechnen.

Zusätzliche Variable:

$KR_{t',f}$ = Betrag des Kredites f, der in Periode t' aufgenommen wurde in GE/PE

(6.16) $$RW_{t't,f}^{KR} = KR_{t',f} - \sum_{t''=t'+1}^{t} TB_{t',t'',f}^{KR} \qquad \forall\, t, f$$

Nachstehend werden in Tabelle 6.5 die Restwerte für das o.a. Beispiel für die vier verschiedenen Tilgungsverläufe angegeben.

Periode	Restwerte des Kredites der Art f, der in Periode t' = 2 aufgenommen wird $RW^{KR}_{t't,f}$ in GE/PE			
	konstante Tilgungszahlungen	steigende Tilgungszahlungen	fallende Tilgungszahlungen	endfälliger Kredit
2	$KR_{2,1}$	$KR_{2,1}$	$KR_{2,1}$	$KR_{2,1}$
3	$\left(1-\frac{1}{3}\right)\cdot KR_{2,1}$	$\left(1-\frac{1}{6}\right)\cdot KR_{2,1}$	$\left(1-\frac{3}{6}\right)\cdot KR_{2,1}$	$KR_{2,1}$
4	$\left(1-\frac{2}{3}\right)\cdot KR_{2,1}$	$\left(1-\frac{3}{6}\right)\cdot KR_{2,1}$	$\left(1-\frac{5}{6}\right)\cdot KR_{2,1}$	$KR_{2,1}$
5	0	0	0	0

Tab. 6.5: Restwerte im Zeitablauf von Krediten, die in Periode 2 aufgenommen werden und in Periode 5 getilgt sind unter Bezugnahme auf Tabelle 6.4

Die Verwendung der Indizes t', t, und f bei der Ermittlung der Zahlungen aus Kreditverhältnissen soll mit Hilfe der nachstehenden Abbildung 6.6 verdeutlicht werden. Als Datengrundlage dienen zwei Kreditarten.

- Kredite der Art f = 1: Festlaufzeit von drei Perioden
- Kredite der Art f = 2: Festlaufzeit von zwei Perioden

Die Kreditaufnahme für f = 1, 2 ist in der Höhe variabel. Es wird von einer konstanten Tilgungsquote für beide Kreditarten ausgegangen. Von Krediten der Art f = 2 werden in der ersten Periode 3/5 und in der zweiten Periode 2/5 des aufgenommenen Kreditbetrages getilgt, von Krediten der Art f = 1 in jeder Periode der Kreditlaufzeit ein Drittel.

Beide Kreditarten können zu jedem Zeitpunkt innerhalb des gesamten Planungszeitraums von 5 Perioden aufgenommen werden, solange die Laufzeit des aufgenommenen Kredites kleiner gleich der Restlaufzeit des Planungszeitraumes ist. Dadurch können maximal vier Kredite der Art zwei und drei Kredite der Art eins berücksichtigt werden. Da jeweils nur ein Kredit einer Kreditart je Periode aufgenommen werden kann, sind die Kredite durch die Art und den Zeitpunkt der Aufnahme eindeutig bestimmt. Die horizontalen Linien in der nachstehenden Abbildung 6.6 stellen die einzelnen Kredite dar. Am jeweiligen linken Rand findet die Kreditaufnahme statt, in den übrigen Perioden die Tilgungszahlungen.

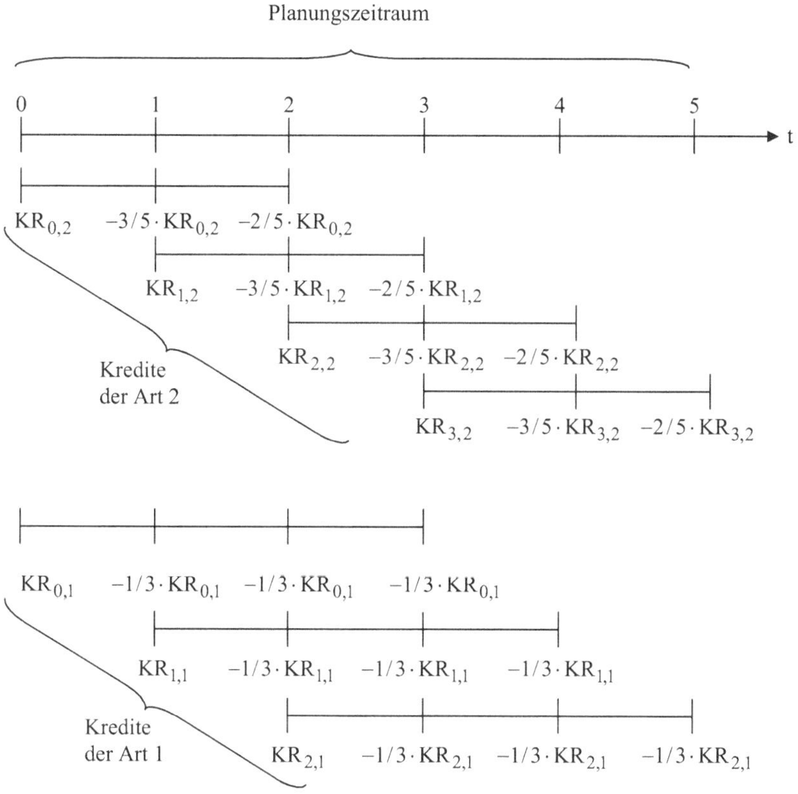

Abb. 6.6: Darstellung der Zuordnung von Kreditaufnahme und Tilgungszahlungen von Krediten auf die Perioden der Kreditlaufzeit

In der Periode drei setzt sich die Tilgungszahlung aus Krediten wie folgt zusammen:

$$2/5 \cdot KR_{1,2} + 3/5 \cdot KR_{2,2} + 1/3 \cdot KR_{0,1} + 1/3 \cdot KR_{1,1} + 1/3 \cdot KR_{2,1}$$

Ist der Tilgungsverlauf bekannt, können auch die Restwerte der Kredite in den einzelnen Perioden angegeben werden. Diese werden zur Berechnung der Zinszahlungen benötigt. Den Verlauf der Kreditrestwerte verdeutlicht die nachstehende Abbildung 6.7.

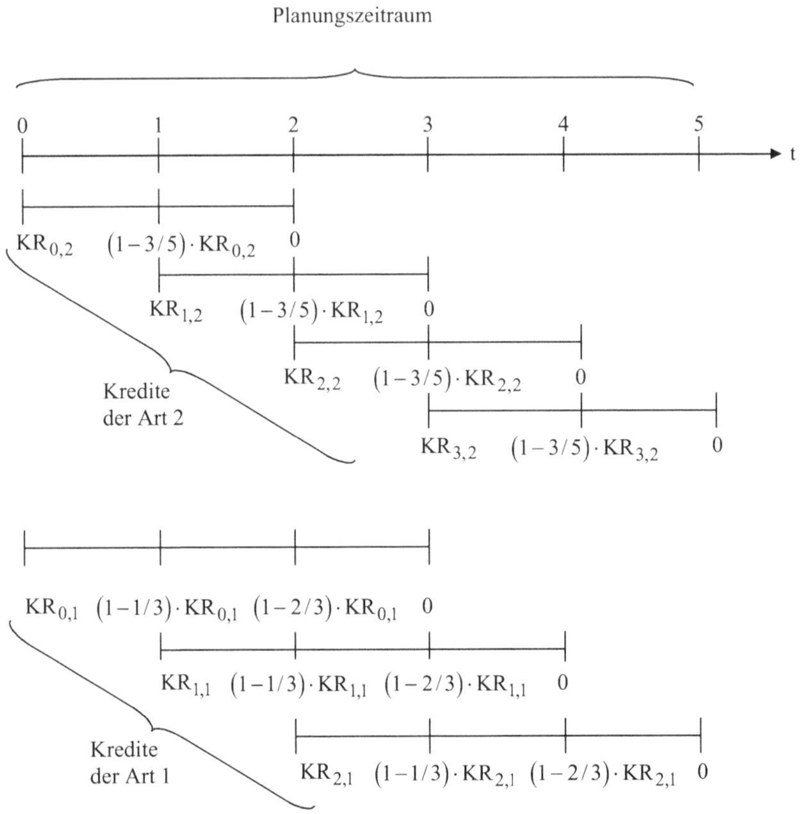

Abb. 6.7: Darstellung der Restwerte von Krediten für die Perioden der Kreditlaufzeit

Die formelle Darstellung der Restwerte $RW_{t',t,2}^{KR}$ soll nochmals im folgenden für die Periode 4 beispielhaft erfolgen.

Kredit der Art 2:

Aufnahme in Periode 2:
$$\begin{aligned} RW_{24,2}^{KR} &= KR_{2,2} - TB_{23,2} - TB_{24,2} \\ &= KR_{2,2} - \left(TQ_{23,2} + TQ_{24,2}\right) \cdot KR_{2,2} \\ &= KR_{2,2} - \left(\frac{3}{5} + \frac{2}{5}\right) \cdot KR_{2,2} \\ &= 0 \end{aligned}$$

$$
\begin{aligned}
\text{Aufnahme in Periode 3:}\quad RW_{34,2}^{KR} &= KR_{3,2} - TB_{34,2} \\
&= KR_{3,2} - TQ_{34,2} \cdot KR_{3,2} \\
&= KR_{3,2} - \frac{3}{5} \cdot KR_{3,2} \\
&= \left(1 - \frac{3}{5}\right) \cdot KR_{3,2} \\
\text{Aufnahme in Periode 4:}\quad RW_{44,2}^{KR} &= KR_{4,2}
\end{aligned}
$$

Kredit der Art 1:

$$
\begin{aligned}
\text{Aufnahme in Periode 1:}\quad RW_{14,1}^{KR} &= KR_{1,1} - TB_{12,1} - TB_{13,1} - TB_{14,1} \\
&= KR_{1,1} - TQ_{12,1} \cdot KR_{1,1} - TQ_{13,1} \cdot KR_{1,1} \\
&\quad - TQ_{14,1} \cdot KR_{1,1} \\
&= KR_{1,1} - \frac{1}{3} \cdot KR_{1,1} - \frac{1}{3} \cdot KR_{1,1} - \frac{1}{3} \cdot KR_{1,1} \\
&= 0 \\
\text{Aufnahme in Periode 2:}\quad RW_{24,1}^{KR} &= KR_{2,1} - TB_{23,1} - TB_{24,1} \\
&= KR_{2,1} - TQ_{23,1} \cdot KR_{2,1} - TQ_{24,1} \cdot KR_{2,1} \\
&= KR_{2,1} - \frac{1}{3} \cdot KR_{2,1} - \frac{1}{3} \cdot KR_{2,1} \\
&= \left(1 - \frac{2}{3}\right) \cdot KR_{2,1} \\
\text{Aufnahme in Periode 3:}\quad RW_{34,1}^{KR} &= KR_{3,1} - TB_{34,1} \\
&= KR_{3,1} - TQ_{34,1} \cdot KR_{3,1} \\
&= KR_{3,1} - \frac{1}{3} \cdot KR_{3,1} \\
&= \left(1 - \frac{1}{3}\right) \cdot KR_{3,1} \\
\text{Aufnahme in Periode 4:}\quad RW_{44,1}^{KR} &= KR_{4,1}
\end{aligned}
$$

Durch die vorstehende Abbildung 6.7 ist auch zu erkennen, welche Kredite für die Berechnung der Zinsen in den einzelnen Perioden betrachtet werden müssen. In der vierten Periode sind beispielsweise die Kreditaufnahmen in den Perioden zwei und drei für Kredite der Art f = 2 und die Kreditaufnahmen in den Perioden eins und zwei für Kredite der Art f = 1 zu berücksichtigen. Für die Berechnung der Zinsen sind jeweils die Kreditrestwerte/Restverbindlichkeiten der Unternehmung in den Vorperioden maßgeblich. Für die Berechnung der Zinsen in der Periode 4 werden deshalb die Restwerte der Kredite in Periode 3 benötigt. Daraus ergeben sich die in Abbildung 6.8 dargestellten Zinszahlungen.

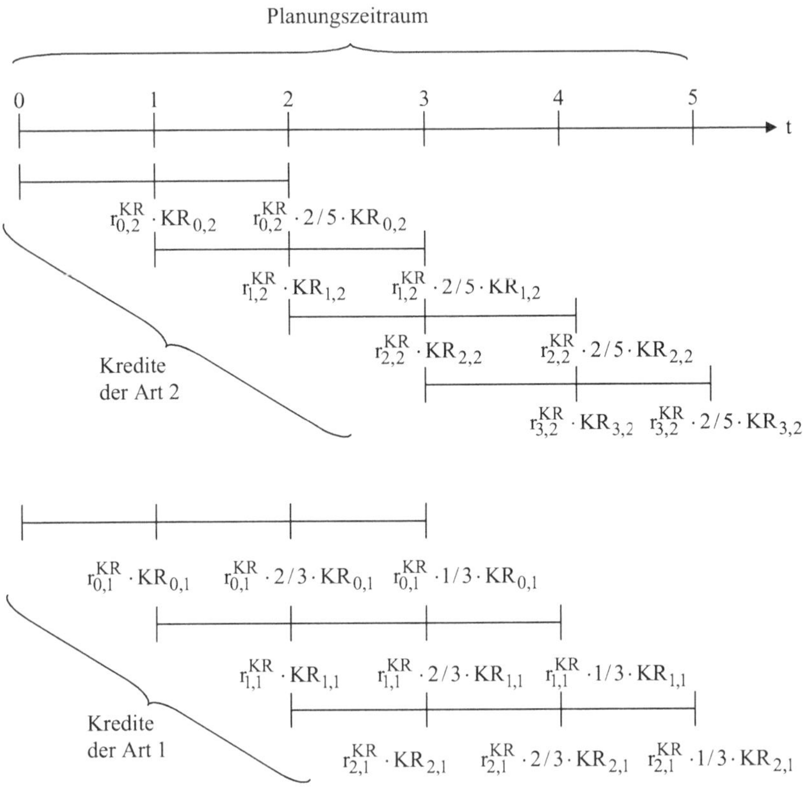

Abb. 6.8: Darstellung der Zinszahlungen von Krediten

Nachdem die Erfassung der Zins- und Tilgungszahlungen aus aufgenommenen Krediten dargestellt wurde, ist eine weitere Nebenbedingung zu formulieren, durch die der aufzunehmende Kreditbetrag begrenzt wird. Eine durch die Bank vorgegebene Kreditobergrenze ist häufig von der zukünftigen Ertragskraft des Unternehmens, dem Wert der gestellten Sicherheiten oder einem Bonitätsurteil abhängig. Dieser Zusammenhang wird in einem späteren Kapitel erläutert, wenn die Besonderheiten von Basel II in das Modell aufgenommen werden. In diesem Grundmodell wird zunächst eine Konstante als Kreditobergrenze verwendet, um das Modell zu beschränken. Die Vorgabe eines konstanten Wertes für die maximale Kreditaufnahme ist aus finanzierungsstrategischen Gründen auch dann gerechtfertigt, falls eine Bank diese nicht festlegt. Die maximale Kreditaufnahme ist für jede Periode vorzugeben.

$$(6.17) \quad KR_{t,f} \leq \overline{KR}_{t,f} \qquad \forall\, t, f$$

Neben der Begrenzung von Einzelkreditbeträgen kann auch die Gesamtkreditaufnahme beschränkt werden. Dadurch sollen bspw. Abhängigkeiten von Fremdkapitalgebern verhindert bzw. begrenzt werden. Ebenso ist der Fall denkbar, daß Banken keine weiteren Kredite vergeben, wenn der Verschuldungsgrad des Unternehmens einen bestimmten Wert übersteigt. Auch in diesem Fall ist die Aufnahme der nachstehenden Gleichung (6.18) sinnvoll. Es sind die Restwerte der innerhalb des Planungszeitraums und der bereits vor dem Planungszeitraum aufgenommenen Kredite, sowie die Kreditaufnahme in der aktuellen Periode t maßgeblich.

Zusätzliche Konstanten:

$\overline{KR}_t$ = absolute Kreditobergrenze für Periode t in GE

$RW_t^{KR,vorh}$ = Kreditbestand in Periode t aus bereits vor Beginn des Planungszeitraums aufgenommen Krediten in GE

$$(6.18) \quad RW_t^{KR,vorh} + \sum_{f=1}^{F} \sum_{t'=t-n_f}^{t-1} RW_{t',t,f}^{KR} + KR_{t,f} \leq \overline{KR}_t \qquad \forall\, t$$

Die Festlegungen für $\overline{KR}_t \ \forall\, t$ dienen der Begrenzung des Bonitätsverlustes durch steigende Fremdkapitalfinanzierung mit der Folge steigender Fremdkapitalkosten und sinkender Kreditlinien, wodurch der Fortbestand des Unternehmens gefährdet sein kann.

6.3.9 Ausschüttungen an die Gesellschafter

Die Zahlungen an die Gesellschafter werden in der Praxis an den Gewinn eines Unternehmens gekoppelt. Im Modell kann eine Ausschüttung beispielsweise durch eine Anbindung an die Umsatzerlöse aus dem Verkauf von Produkten erreicht werden. Optimal im Sinne einer Maximierung des Vermögensendwertes wäre eine einzige Ausschüttung am Ende des Planungszeitraums in Höhe des Vermögensendwertes. Um jedoch auch vor Ende des Planungszeitraums positive Ausschüttungen berücksichtigen zu können, wird die nachstehende Nebenbedingung eingeführt. In jeder Periode wird eine Auszahlung an die Gesellschafter durch die Höhe des Gewinns der Periode ermittelt.

Übersteigen in einer Periode die Auszahlungen die Einzahlungen, müssen die Gesellschafter zusätzliches Geld bereitstellen, falls ein Ausgleich über die Fremdfinanzierung nicht mehr möglich ist. Die Variable Z_t nimmt für diese Fälle negative Werte an. Sollen zusätzliche Einzahlungen durch die Gesellschafter ausgeschlossen werden, muß die Nichtnegativitätsbedingung für die Variable Z_t eingeführt werden.

Zusätzliche Konstante:

GAQ_t = Gewinnabführungsquote in Periode t in GE/PE

$ZE_t^{FI,vorh}$ = Zinserträge aus zu Beginn des Planungszeitraums vorhandenen Finanzinvestitionen in GE/PE

$ZA_t^{KR,vorh}$ = Zinsaufwand aus zu Beginn des Planungszeitraums vorhandenen Krediten in GE/PE

(6.19)
$$\begin{aligned}
Z_t = {} & GAQ_t \cdot \sum_{z=1}^{Z} \left(p_{t,z} - k_{t,z}\right) \cdot x_{t,z} \\
& - GAQ_t \cdot \sum_{i=1}^{I} \sum_{rl=t}^{n_i} \left(\overline{y}_{rl,i}^{MA,vorh} - \sum_{t'=0}^{t-1} g_{t',rl,i}^{Ma,vorh} \right) \cdot k_{t,rl,i}^{MA,vorh} \\
& - GAQ_t \cdot \sum_{i=1}^{I} \sum_{\substack{t'=t-n_i \\ t'\geq 0}}^{t-1} \left(y_{t',i}^{MA} - \sum_{t''=t'+1}^{t-1} g_{t't'',i}^{MA} \right) \cdot k_{t't,i}^{MA} \\
& + GAQ_t \cdot \sum_{q=1}^{Q} \left[\sum_{t'=t-n_q}^{t-1} \left(\prod_{t''=t'+1}^{t} \left(1 + r_{t'',t',q}^{FI,thes}\right) - 1 \right) \cdot FI_{t',q}^{thes} \right] \\
& + GAQ_t \cdot \sum_{q=1}^{Q} \left(\sum_{t'=t-n_q}^{t-1} r_{t't,q}^{FI,aus} \cdot FI_{t',q}^{aus} \right) \\
& + GAQ \cdot ZE_t^{vorh} \\
& - GAQ_t \cdot \left[\sum_{f=1}^{F} \left(\sum_{t'=t-n_f}^{t-1} r_{t',f}^{KR} \cdot RW_{t't-1,f}^{KR} \right) + ZA_t^{KR,vorh} \right] \\
& - GAQ_t \cdot LZ_t \qquad \forall\, t
\end{aligned}$$

In der ersten Zeile stehen die zahlungsgleichen Erträge aus dem Verkauf von Produkten. Von diesem Ertrag sind die Aufwendungen für die Aufrechterhaltung der Betriebsbereitschaft von eingesetzten Maschinen abzuziehen (2. Zeile und 3. Zeile). In der vierten und fünften Zeile werden die Zinserträge aus Finanzanlagen ermittelt. Lediglich aus zins-thesaurierenden Finanzanlagen können die Einzahlungen von den Erträgen abweichen (4. Zeile). Des weiteren sind Zinserträge aus bereits vor Beginn des Planungszeitraums angelegten finanziellen Mitteln zu berücksichtigen. In der vorletzten Zeile werden die Kreditzinsen aus bereits vorhandenen und während des Planungszeitraums aufgenommenen Krediten erfaßt, bevor in der letzten Zeile Auszahlungen für Löhne und Gehälter berücksichtigt werden.

Um den Lösungsraum auf positive Variablenwerte zu beschränken, müssen Nichtnegativitätsbedingungen eingeführt werden, falls das Rechenprogramm diese nicht automatisch erstellt. Die Nichtnegativität muß für

- die Anzahl zu kaufender Maschinen,
- die Anzahl zu verkaufender Maschinen,
- die Kreditaufnahme,
- die Finanzanlage,
- die Anzahl produzierter Güter und die
- Lohnzahlungen

in das Modell aufgenommen werden. Negative Werte sind für diese Variablen ökonomisch nicht plausibel, bzw. führen zur sogenannten Nicht-Beschränktheit des Modells.

6.4 Erweiterungen aus der Problematik von Basel II

Wie in den vorstehenden Kapiteln bereits angeführt wurde, sind Kreditinstitute nach der Einführung von Basel II verpflichtet, vor einer Kreditvergabe eine Bonitätsbeurteilung des kreditsuchenden Unternehmens durchzuführen, falls sie einen der beiden IRB-Ansätze zur Ermittlung der risikoabhängigen Bereitstellung von Eigenmitteln verwenden.[388] Das nach besonderen Regeln zu erarbeitende Bonitätsurteil ist vom Investitions- und Finanzierungsverhalten abhängig. Da wiederum die Höhe des Zinssatzes für Kredite an das Unternehmen vom Bonitätsurteil beeinflußt wird,[389] muß die Berechnung des Fremdkapital-Zinssatzes und des Bonitätsurteils simultan in das Optimierungskalkül einfließen. Eine gleichzeitige Berechnung von Fremdkapitalkosten und Kreditaufnahmebetrag führt in linearen Optimierungsmodellen zu dem Problem, daß zwei Variablen in für lineare Lösungsansätze unzulässiger Weise miteinander multiplikativ verknüpft werden. Um diese Problematik zu umgehen, werden die Kreditzinssätze für die nach Basel II mindestens vorgesehenen 8 Ratingklassen[390] praxiskonform unabhängig vom Modell diskret kalkuliert, um sie als Konstanten im Modell berücksichtigen zu können.

Durch die Aufnahme einer noch zu beschreibenden weiteren Nebenbedingung in das Modell kann ein Bonitätsurteil für das Unternehmen ermittelt werden. In Abhängigkeit vom Bonitätsurteil wird einer Binärvariablen der Wert 'Eins' oder 'Null' zugewiesen. Mit Hilfe dieser Binärvariablen wird das Kreditnehmer-Unternehmen einer bestimmten Ratingklasse zugeordnet. Für die Berechnung der Zahlungen aus aufgenommenen Krediten werden dann nur die den ermittelten Ratingklassen zugehörenden Daten für den Kreditzinssatz und die dafür einzuhaltenden Kredithöchstbeträge verwendet. Der Zusammenhang von Binärvariable und Bonität des Unternehmens wird im Kapitel 6.4.1 formal beschrieben. Hier soll zunächst dargestellt werden, wie die Gleichungen zur Ermittlung von Zahlungen aus Krediten (Gleichung (6.14)) erweitert werden müssen, um bonitätsabhängige Zinssätze gemäß Basel II zu berücksichtigen. Für die Berechnung der Zahlungen aus Krediten dient als einzige Variable der aufgenommene Kreditbetrag. Sowohl Zinssatz, Tilgungsquoten als auch Kredithöchstbeträge liegen dann für jede Ratingklasse als Konstanten vor. Die hier gewählte Vorgehensweise einer linearen Problemlösung soll mit Hilfe der nachstehenden Tabelle 6.6 verdeutlicht werden. Zunächst ist die Binärvariable zu definieren, durch die jeweils ein bestimmter Datensatz bestehend aus Kreditzinssatz, Kredithöchstbetrag und Tilgungsquoten in das Modell aufgenommen wird.

---

388 Vgl. Hundt, I.; Neitz, B.; Grabau, F. (2003), Seite 10 f.
389 Vgl. bspw. Winkeljohann, N; Diekel, C. (2004), Seite 91.
390 Vgl. IKEn Nr. 404.

Zusätzliche Variable:

$y_{t,rk}$ = Binärvariable für die Zuordnung des Unternehmens in eine Ratingklasse rk in Periode t

$$= \begin{cases} 1, & \text{falls Zuordnung zur Ratingklasse rk} \\ 0, & \text{falls keine Zuordnung} \end{cases}$$

Zusätzliche Konstanten:

$r^{KR}_{t,rk,f}$ = Kreditzinssatz für den in Periode t aufgenommenen Kredit der Art f, falls das Unternehmen der Ratingklasse rk zugeordnet wird in GE/(GE · PE)

$\overline{KR}_{t,rk,f}$ = maximaler Kreditaufnahmebetrag in Periode t für Kredite der Art f, falls das Unternehmen der Ratingklasse rk zugeordnet wird in GE/PE

Rating-klasse	Binär-variable $y_{t,rk}$	ratingabhängiger Zinssatz **nach** Berücksichtigung von Basel II $r^{KR}_{t,rk,f}$	Kredithöchst-betrag **nach** Basel II $\overline{KR}_{t,rk,f}$	Zinssatz **vor** Berücksichtigung von Basel II	Kredit-höchst-betrag **vor** Basel II
1	$y_{t,1}$	$r^{Kr}_{t,1,f}$	$\overline{KR}_{t,1,f}$		
2	$y_{t,2}$	$r^{KR}_{t,2,f}$	$\overline{KR}_{t,2,f}$		
3	$y_{t,3}$	$r^{KR}_{t,3,f}$	$\overline{KR}_{t,3,f}$		
4	$y_{t,4}$	$r^{KR}_{t,4,f}$	$\overline{KR}_{t,4,f}$	$r^{KR}_{t,f}$	$\overline{KR}_{t,f}$
5	$y_{t,5}$	$r^{KR}_{t,5,f}$	$\overline{KR}_{t,5,f}$		
6	$y_{t,6}$	$r^{KR}_{t,6,f}$	$\overline{KR}_{t,6,f}$		
7	$y_{t,7}$	$r^{KR}_{t,7,f}$	$\overline{KR}_{t,7,f}$		
8	$y_{t,8}$	$r^{KR}_{t,8,f}$	$\overline{KR}_{t,8,f}$		

Tab. 6.6: Vergleich von Krediten vor und nach Basel II

In der ersten Spalte der Tabelle sind die Ratingklassen eingetragen. Gemäß dem Konsultationspapier (IKEn Nr. 404) müssen Banken mindestens 8 Ratingklassen definieren, denen sie die Unternehmen zuordnen, wenn eines der beiden internen Ratingverfahren für die Berechnung der Eigenmittel zur Unterlegung des Kreditrisikos verwendet wird. In der zweiten Spalte ist die Binärvariable für jede Ratingklasse eingetragen. Zu ihr gehören der ratingabhängige Zinssatz für Kredite der Art f und die maximalen Kreditbeträge je Ratingklasse. Da mit höherer Ratingklassennummer das Bonitätsurteil schlechter und damit das Verlustrisiko für die kreditgebende Bank größer wird, nehmen die Kreditzinssätze mit steigender Ratingklassennummer zu, die Kredithöchstbeträge (dritte Spalte) nehmen ab, weil Banken nur geringere Beträge in risikoreichere Geschäfte investieren. Der Kreditzinssatz für die Ratingklasse 'Sieben' ist demzufolge höher und der maximale Kreditaufnahmebetrag niedriger als für die Ratingklasse 'Sechs'. Der achten Ratingklasse werden Kreditnehmer zugeordnet, die entweder bereits ausgefallen sind, oder an die keine Kredite mehr vergeben werden, da eine hohe Insolvenzwahrscheinlichkeit gegeben ist. Deshalb ist die Berechnung eines Zinssatzes für diese Klasse nicht notwendig. Der maximale Kreditbetrag beträgt 'Null' GE, so daß die Zahlungen für Kredite aus dieser Ratingklasse in jeder Periode ebenfalls 'Null' betragen.

Wird für das Unternehmen durch das Modell ein Bonitätsurteil ermittelt, das der Ratingklasse 'Sieben' entspricht, erhält die Binärvariable dieser Ratingklasse den Wert 'Eins', alle übrigen den Wert 'Null'. Nimmt das Unternehmen nun einen Kredit auf, ist der über die Binärvariable gesteuerte feste Zinssatz vorgegeben. Zudem kann das Unternehmen nur noch den maximal von der Bank für die Ratinklasse vorgegebenen Betrag aufnehmen. Vor Einführung von Basel II wurde zwar bereits ein risikoangepaßter Kreditzinssatz von Banken gefordert, jedoch erfolgte die Risikoberücksichtigung nicht so stark differenziert wie nach Basel II. Deshalb wird in der o.a. Tabelle 6.6 ein einheitlicher Zinssatz ohne Binärvariablen verwendet (fünfte und sechste Spalte der Tabelle 6.6).

Der Ausschluß von Krediten für Ratingklassen, deren Binärvariable den Wert 'Null' erhalten, wird durch eine einfache zusätzliche Nebenbedingung im Modell erreicht. Dafür wird der Kreditaufnahmebetrag mit der Binärvariablen $y_{t,rk}$ gemäß Nebenbedingung (6.20) verknüpft.

Zusätzliche Konstante:

L = große Zahl, die größer ist als alle anderen Zahlen des Optimierungsproblems

(6.20) $KR_{t,rk,f} \leq y_{t,rk} \cdot L \qquad \forall\ t, f, rk$

Da immer nur ein Kredit derselben Art aufgenommen werden darf, muß genau eine Binärvariable den Wert 'Eins' annehmen. Die übrigen erhalten den Wert 'Null'. Dieses kann durch die nachstehende Ausschließlichkeitsbedingung (6.21) erreicht werden.

$$(6.21)\quad \sum_{rk=1}^{RK} y_{rk,t} = 1 \qquad \forall\, rk, t$$

Die Zahlungen aus den Kreditverpflichtungen des Unternehmens werden unter der Annahme bestimmt, daß die Einstufung in eine Ratingklasse einmalig bei der Kreditvergabe erfolgt. Für Festzinskredite ist eine Änderung des Kreditzinssatzes bei einem Wechsel der Ratingklasse damit während der Festzinsphase nicht möglich. Eine Kontinuitätsbedingung muß nicht eingeführt werden, weil der risikoabhängige Kreditzinssatz für jeden Kredit für die Gesamtlaufzeit fest vorgegeben wird. Ein Bonitäts- und damit Zinssatzwechsel in zukünftigen Perioden ist somit für einen Kredit auch im Modell ausgeschlossen.

Zusätzliche Variablen:

$RW^{KR}_{t't,rk,f}$ = Restwert in Periode t eines in Periode t' aufgenommenen Kredites der Art f, der in Periode t' der Ratingklasse rk zugeordnet wurde, in GE/PE

$TB^{KR}_{t't,rk,f}$ = Tilgungsbetrag in Periode t für einen Kredit der Art f, der in Periode t' aufgenommen wurde und der Ratingklasse rk zugeordnet wurde in GE/PE

$$(6.22)\quad Z^{KR}_t = \sum_{rk=1}^{RK}\sum_{f=1}^{F}\left(KR_{t,rk,f} - \sum_{t'=t-n_f}^{t-1} r^{KR}_{t',rk,f} \cdot RW^{KR}_{t't-1,rk,f} - \sum_{t'=t-n_f}^{t-1} TB^{KR}_{t't,rk,f} \right) - Z^{KR,vorh}_t \qquad \forall\, t$$

Die Berechnung der Zahlungen aus Krediten (Nebenbedingung (6.22)) hat sich im Gegensatz zu Gleichung (6.14) im Grundmodell ohne Berücksichtigung der Besonderheiten von Basel II geringfügig verändert. Es erfolgt lediglich eine zusätzliche Summation über die möglichen Ratingklassen rk aus formalen Gründen. Den Variablen und Konstanten des Modells ist deshalb ein Index rk hinzugefügt, der die Ratingklassen berücksichtigt. Das lineare Investitions- und Finanzierungsmodell wird so erweitert, als ob weitere Kredite aufgenommen werden könnten. Aus einem Kredit **vor** Berücksichtigung von Basel II werden nun acht Kreditmöglichkeiten. Aufgrund der Verknüpfung mit der Binärvariablen und weiteren Steuerungsbedingungen kann aus diesen acht Krediten jedoch immer nur **genau ein** Kredit aufgenommen werden, so daß sich der Finanzierungsspielraum des Unternehmens nicht erweitert.

Die verwendete Binärvariable $y_{t,rk}$ ist im Zuge der Optimierung vom Modell festzulegen. Dafür muß auf die Berechnung einer unternehmensspezifischen Ausfallwahrscheinlichkeit des Kredites zurückgegriffen werden, da diese nach Basel II die entscheidende Variable zur

Bestimmung der Eigenkapitalunterlegungspflicht von Banken für eine Kreditvergabe ist und von der Investitions- und Finanzierungspolitik des kreditsuchenden Unternehmens abhängt. Darüber hinaus kann die Gleichung (6.22) noch erweitert werden, um kreditspezifische Tilgungsverläufe besser zu erfassen. Hierauf soll jedoch in dieser Arbeit verzichtet werden, da es nicht primär um die optimale Gestaltung des Finanzierungsprogramms geht und die Berechnungsalternativen keinen Einfluß auf das Analyseergebnis der Optimierung der Kapitalkosten und der Finanzstruktur eines Unternehmens haben. Die Tilgungsbeträge werden wie im vorstehenden Kapitel 6.3.8 über vorgegebene Tilgungsquoten ermittelt.

In dieser Arbeit wird davon ausgegangen, daß die risikoadäquaten Kreditzinssätze je Ratingklasse von der Bank vorgegeben werden. Sie werden folglich als Konstanten im Modell betrachtet. Für die Ableitung von risikogerechten Zinssätzen sei an dieser Stelle auf die umfangreiche Literatur verwiesen.[391] Damit die Kreditzinssätze als unabhängig von der Höhe des aufgenommenen Kreditbetrags gelten können, sei für diese Arbeit insbesondere auf die Ermittlung des Kreditzinssatzes auf der Basis eines Investitionskalküls hingewiesen. Durch die Aufnahme wenig restriktiver Prämissen[392] kann mit diesem Verfahren der Kreditzinssatz unabhängig von der Höhe des aufgenommenen Kreditbetrages bestimmt werden. Dieser ist dann nur noch von den Refinanzierungszinssätzen der Banken, der Ausfallwahrscheinlichkeit des Unternehmens/Kredites und vom Tilgungsverlauf des Kredites abhängig, so daß er als Konstante mit Hilfe der vorstehenden Ratingklassenbildung verwendet werden kann, ohne gegen die Linearitätsbedingung des Modells zu verstoßen.[393]

Nachfolgend soll abschließend gezeigt werden, wie die Ausfallwahrscheinlichkeit des Unternehmens im linearen Modell ermittelt wird und wie daraus die Binärvariable abzuleiten ist.

---

391 Vgl. bspw. Rudolph, Bernd (2001), Grunert, Jens; Kleff, Volker; Norden, Lars; Weber, Martin (2001), Blattmann, Patrick A. (2000), Kirmße, Stefan (2002), Gaida, Sefan (1997), Hartmann-WEndels, Thomas; Pfingsten, Andreas; Weber, Martin (2000), Perridon, Louis; Steiner, Manfred (1999), Volkart, Rudolf (1999), Pfeiffer, Thomas (1999), Döhring, Jens (1999), Geske, R. (1977), Reitz, Stefan (2003), Madan, D. (1998), Kirmße, Stefan (2001), Ingersoll, J.E. (1987), Cooper, I.A.; Mello A.S. (1991), Davidson, Ron (2002), Hull, Joh C. (2001), Krob, Bernhard (2001), Brühl, Volker (1999), Wohlert, Dirk (1999), Heidorn, Thomas (1999), Fischer, Thomas; Hahnenstein, Lutz; Heitzer, Bernd (1999), Pawlowski, Norbert; Burmester, Christan (2001),Deutsch, Hans-Peter (2001), Schwaiger, Walter, Thym, Clemens (1999). Für Modelle, die in der Praxis verwendet werden vgl. bspw. Henn, J.; Wegmann, P. (1998), Wilson, T.C. (1998) oder Barth, J. (2000). Zu den Modellen zählen unter anderem Credit Metrics™ von J.P. Morgan, Credit Portfolio View™ von McKinsey und Credit Risk+ von Credit Suisse Financial Products.

392 Zu den Prämissen zählen beispielweise Prolongationsannahmen u.s.w.

393 Für die Bestimmung des Kreditzinssatzes über ein Investitionskalkül vgl. bspw. Rosenberger, Werner (2000), Heidorn, Thomas (2002),

6.4.1 Berücksichtigung unternehmensspezifischer Ausfallwahrscheinlichkeiten im linearen Optimierungskalkül

Für die Berechnung der von Banken benötigten Eigenkapitalhöhe zur Unterlegung von Verlusten aus ausfallrisikobehafteten Krediten wird die Ausfallwahrscheinlichkeit des Unternehmens bzw. einzelner Kredite eines Unternehmens benötigt. Ein bestimmtes Verfahren zur Ermittlung dieser Ausfallwahrscheinlichkeit ist nach Basel II nicht vorgeschrieben.[394] Jedoch muß eine Bank mindestens die bereits genannten acht Ratingklassen definieren, für deren zugeordnete Unternehmen einheitliche bzw. ähnliche Ausfallwahrscheinlichkeit angenommen werden. Jedem Kreditnehmer einer bestimmten Ratingklasse wird damit die durchschnittliche Ausfallwahrscheinlichkeit der Ratingklasse zugewiesen. Zur Klassifikation des Unternehmens können die bereits im Kapitel 4 vorgestellten Ratingverfahren verwendet werden. Für den Einsatz in linearen Modellen bietet sich als Bonitätsbeurteilungsverfahren die multivariate lineare Diskriminanzfunktion zur Einordnung von Unternehmen in Ratingklassen an. Der wesentliche Vorteil besteht in der linearen Verknüpfung der einzelnen Kennzahlen zur Ermittlung des Trennkriteriums. Verschiedene Autoren haben die Fähigkeit von multivariaten linearen Diskriminanzfunktionen zur Trennung von insolventen und solventen Unternehmen untersucht und anhand verschiedener Datensätze mathematische Trennfunktionen ermittelt.[395] Auch die Erweiterung um qualitative Merkmale, die im zu entwickelnden Modell nicht verwendet werden, ist untersucht worden.[396] Für die nachstehenden Ausführungen sei auf eine Untersuchung von Altman und Saunders verwiesen, die durch eine Anwendung der multivariaten linearen Diskriminanzfunktion mit Hilfe von trennscharfen Kennzahlen die folgende Bestimmungsgleichung (6.23) für das Trennkriterium entwickelten.[397] Diese Funktion wird für die Einordnung des Unternehmens in eine Ratingklasse verwendet, weil ein einheitlicher Nenner für alle Kennzahlen verwendet wird. Dadurch besteht die Möglichkeit, ein vereinfachtes Verfahren für die Ratingklassenzuordnung im linearen Modell zu nutzen.[398]

Zusätzliche Variablen:

wc_t = working capital in Periode t in GE/PE

GR_t = einbehaltene Gewinne in Periode t in GE/PE, Gewinnrücklage

---

394 Vgl. Küting, Karlheinz; Ranker, Daniel; Wohlgemuth, Frank (2004), Seite 95.

395 Vgl. unter anderem Baetge, Jörg; Beuter, Hubert; Feidicker, Markus (1992), Seiten 749 - 761, oder Baetge, Jörg, Hüls, Dagmar; Uthoff, Carsten (1994), Seiten 320 - 327, oder Erxleben, K.; Baetge, J.; Feidicker, M.; Koch, H.; Krause, C.; Mertens, P. (1992), Seiten 1237 - 1262.

396 Vgl. Eigermann, Judith (2002).

397 Vgl. Altman, E.; Saunders, A.: Credit Measurement (1998), Seiten 1721 - 1742.

398 Wäre diese Vereinfachung nicht möglich, müßte zunächst eine abschnittsweise Linearisierung für einzelne Kennzahlen erfolgen. Diese Verfahrensweise ist mit einer starken Zunahme an Variablen verbunden, so daß die Überschaubarkeit des Modells stark eingeschränkt werden würde.

$EBIT_t$ = Gewinn vor Steuern und Zinsaufwand in Periode t in GE/PE[399]

EK_t^{bil} = bilanzielles Eigenkapital in Periode t in GE

B_t = Bilanzsumme in Periode t in GE

z_t = ermittelter z-Score für das Unternehmen in Periode t

$$(6.23) \quad z_t = 6,56 \cdot \frac{wc_t}{B_t} + 3,26 \cdot \frac{GR_t}{B_t} + 6,72 \cdot \frac{EBIT_t}{B_t} + 1,05 \cdot \frac{EK_t^{bil}}{B_t}$$

bzw.

$$(6.24) \quad z_t = \frac{6,56 \cdot wc_t + 3,26 \cdot G_t^{thes} + 6,72 \cdot EBIT_t + 1,05 \cdot EK_t^{bil}}{B_t}$$

Für die Ermittlung der Faktoren vor den Kennzahlen wurden Unternehmen in zwei Klassen eingeteilt. Während gesunde Unternehmen durch einen Gesamtscore größer als 2,6 gekennzeichnet sind, weisen ausfallgefährdete Unternehmen Werte kleiner 1,1 auf. Für Kennzahlenrealisationen zwischen diesen Werten können keine eindeutigen Angaben zur Unternehmenssituation gemacht werden, dieser Bereich gilt als ‚Grauzone'. Alle Unternehmen sind den oben beschriebenen Ratingklassen zuzuordnen, wobei mit Abnahme des z-Scores die durchschnittliche Ausfallwahrscheinlichkeit der Ratingklassen steigt.

Bevor die Ratingklassen-Zuordnung von Unternehmen im linearen Modell aufgenommen wird, sei darauf hingewiesen, daß unter Verwendung des Bayesschen Theorems[400] die Wahrscheinlichkeit eines Schuldner-Ausfalls mit Hilfe der multivariaten Diskriminanzanalyse ermittelt werden kann. Dadurch kann verhindert werden, daß jedem Unternehmen nur eine durchschnittliche Ausfallwahrscheinlichkeit einer Ratingklasse zugewiesen wird.[401] Diese genauere Vorgehensweise zur Ermittlung der Ausfallwahrscheinlichkeiten kann für lineare Modelle nicht direkt angewendet werden, da sie nichtlineare Zusammenhänge beinhaltet. In der Theorie sind jedoch verschiedene Verfahren entwickelt worden, die nichtlineare Optimierungsprobleme lösen können.[402] Die Probleme nichtlinearer Lösungsansätze, die insbesondere aufgrund vorherrschender Heuristiken nur auf spezielle Problemstellungen anwendbar sind,

399 EBIT steht für Earnings Before Interest and Tax

400 Bayes, Thomas (1763), Seiten 370 - 418. Deutsche Übersetzung von H.E. Timerding (1908), speziell 12-20. Neu abgedruckt in: Schneider, Ivo (Hrsg.) (1988), S. 135 - 144.

401 Vgl. Albrecht, Jörg; Baetge, Jörg; Jerschensky, Andreas; Roeder, Klaus-Hendrik (1999), Seite 498, oder Backhaus, Klaus; Erichson, Bernd; Plinke, Wulff; Weiber, Rolf (1996), Seite 163, oder Oehler, Andreas; Unser Matthias (2002), Seite 232.

402 Vgl. unter anderem Zimmermann, Hans-Jürgen (1987), Seite 138.

oder aber nicht zwingend zum globalen Optimum führen, können durch abschnittsweise Linearisierung umgangen werden.

Von Banken werden üblicherweise keine unternehmensindividuellen Ausfallwahrscheinlichkeiten geschätzt. Unternehmen werden in vorab definierte Ratingklassen eingeordnet, wodurch ihnen durchschnittliche Ausfallwahrscheinlichkeiten der jeweiligen Ratingklassen zugewiesen werden können. Diese Verfahrensweise wird auch im linearen Modell dieser Arbeit genutzt, so daß durchschnittliche Klassenausfallwahrscheinlichkeiten zur Berechnung risikokorrigierter Kreditzinssätze verwendet werden. Im vollständigen Investitions- und Finanzierungsmodell muß deshalb nur die dem Unternehmen zuzuordnende Ratingklasse ermittelt werden. Kreditzinssätze und maximale Kreditaufnahmebeträge ergeben sich aus dieser Zuordnung.

Für das lineare Modell wird der bereits oben vorgestellte z-Score von Altmann und Saunders[403] verwendet. Die Werte für den Übergang von einer Ratingklasse in die nächstbessere bzw. -schlechtere sind gegeben. Beispielsweise können sie dem Bankenratingsystem entnommen werden.

Ausgangspunkt der Zuordnung des Unternehmens ist die Gleichung (6.24). Wird der Zähler in einer neuen Variablen zusammengefaßt und für den z-Score eine Ratingklassengrenze verwendet, ergeben sich nach einer einfachen Umstellung die folgenden Nebenbedingungen (6.25) und (6.26) für das lineare Modell.

Zusätzliche Variablen:

Zähler_t = Zähler in Periode t für die Gleichung zur Ermittlung des Z-Scores

(6.25) $\text{Zähler}_t = 6{,}56 \cdot wc_t + 3{,}26 \cdot GR_t + 6{,}72 \cdot EBIT_t + 1{,}05 \cdot EK_t^{bil}$

Zusätzliche Konstanten:

$\overline{z}_{rk}$ = Untergrenze des z-Scores für einen Übergang in die nächstbessere Ratingklasse rk

$$\overline{z}_{rk} \leq \frac{\text{Zähler}_t}{B_t} \qquad \forall\ rk, t$$

(6.26) $B_t \cdot \overline{z}_{rk} \leq \text{Zähler}_t \qquad \forall\ rk, t$

Mit Hilfe der Nebenbedingung (6.26), die aus der Literatur entnommen wurde,[404] wird das Verhältnis aus Zähler und Nenner des z-Scores beschrieben, für das ein Unternehmen in die

[403] Vgl. Altman, E.; Saunders, A. (1998), Seiten 1721 - 1742.
[404] Vgl. in anderer Darstellungsweise Altman, E.; Saunders, A. (1998), Seiten 1721 - 1742.

Ratingklasse rk eingruppiert werden kann. Diese Nebenbedingung ist für jede Ratingklasse in das Modell aufzunehmen. Sie ähnelt der Gleichung zur Berücksichtigung eines bestimmten Verschuldungsgrades im Modell von Haegert.[405] Anstelle der Vorgabe eines bestimmten Verschuldungsgrades werden hier jedoch die Ratingklassengrenzen vorgegeben. Ohne Erweiterung der Nebenbedingung (6.26) würden die Variablen immer so berechnet werden, daß das Unternehmen in die beste Ratingklasse einzustufen ist. Werden die Klassengrenzwerte eingesetzt, ist aufgrund der Ungleichung immer nur eine Nebenbedingung bindend. Dieses ist immer die Nebenbedingung mit dem höchsten Wert für $\overline{z}_{rk}$, in diesem Fall folglich die Nebenbedingung für die höchste Bonitätseinstufung, weil dadurch die linke Seite der Nebenbedingung (6.26) den höchsten Wert annimmt. Damit das Unternehmen auch in eine schlechtere Ratingklasse eingeordnet werden kann, muß die Bedingung (6.26) um die bereits vorgestellte Binärvariable erweitert werden. Es ergibt sich der folgende Zusammenhang (6.27).

$$(6.27)\quad B_t \cdot \overline{z}_{rk} \leq \text{Zähler}_t + \left(1 - y_{t,rk}\right) \cdot L \qquad \forall\, rk, t$$

Werden durch das Modell Werte für die Variablen B_t und Zähler_t ermittelt, so daß die Nebenbedingung (6.27) ohne den zweiten Summanden nicht erfüllt ist, wird der Binär-variablen vom Modell der Wert 0 zugewiesen. Das Unternehmen kann folglich keine Kredite mit dem Zinssatz der zugehörigen Ratingklasse rk aufnehmen. Ist die Ungleichung (6.27) jedoch ohne Berücksichtigung des zweiten Summanden auf der rechten Seite erfüllt, kann $y_{t,rk}$ sowohl den Wert 0 als auch den Wert 1 annehmen. Die nachfolgende Abbildung soll diesen Zusammenhang verdeutlichen. Beispielhaft werden 5 Ratingklassen abgebildet. Je weiter rechts das Unternehmen eingeordnet werden kann, desto besser ist die Bonitätsbeurteilung und desto geringer ist die Ausfallwahrscheinlichkeit. Der beispielhaft ermittelte Wert des z-Scores für das Unternehmen ist mit x gekennzeichnet.

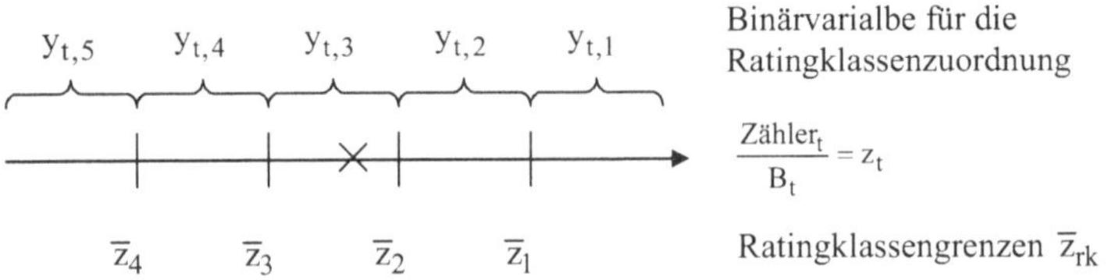

Abb. 6.9: Verbindung von z-Score und Binärvariable für die Zuordnung zu Ratingklassen

405 Vgl. Haegert, Lutz (1971).

Damit jede Nebenbedingung erfüllt ist, müssen bei Realisation eines z-Scores durch das Unternehmen in Höhe von x $y_{t,2}$ und $y_{t,1}$ den Wert Null annehmen, während $y_{t,3}$, $y_{t,4}$ und $y_{t,5}$ sowohl den Wert Null als auch Eins annehmen können. Das Unternehmen kann keine Kredite mit Zinssätzen aufnehmen, die den Ratingklassen 'Zwei' oder 'Eins' entsprechen. Durch das nachstehende Zahlenbeispiel soll dieser Zusammenhang nochmals deutlicher werden.

Zahlenbeispiel:

$$\frac{\text{Zähler}_t}{B_t} = z_t = 5 \text{ GE/GE}$$

$$B_t = 10 \text{ GE}$$

$$\text{Zähler}_t = 50 \text{ GE}$$

Damit für alle Ratingklassen die Nebenbedingung (6.27) erfüllt ist, müssen die Binärvariablen die in der nachfolgenden Tabelle 6.7 angegebenen Werte annehmen. Der z-Score z_t = 5 muß den jeweiligen in der Tabelle 6.7 angegebenen Grenzwert für den Übergang von einer schlechteren in eine bessere Ratingklasse übersteigen, damit das Unternehmen dieser besseren Ratingklasse zugeordnet werden kann. Beispielsweise ist der Grenzwert für den Übergang von Ratinklasse Vier in Ratingklasse Drei gleich Vier, von Ratingklasse Drei in Ratingklasse Zwei gleich Sechs. Deshalb muß das Unternehmen der Ratingklasse Drei zugeordnet werden. Da das Unternehmen einen z-Score in Höhe von Fünf aufweist, ist die Bedingung (6.27) für die Ratingklassen Eins und Zwei nur erfüllt, wenn die Binärvariablen dieser Ratingklassen den Wert Null annehmen.[406] Kredite mit den zu den Ratingklassen Zwei bzw. Eins zugehörigen Zinssätzen können nicht aufgenommen werden, weil dieses nicht dem Bonitätsurteil entspricht.

Ratingklasse	Grenzwert der Ratingklasse $\overline{z}_{rk}$	Binärvariable $y_{rk,t}$
1	$\overline{z}_1 = 7$	$y_{1,t} = 0$
2	$\overline{z}_2 = 6$	$y_{2,t} = 0$
3	$\overline{z}_3 = 4$	$y_{3,t} = 1$ oder 0
4	$\overline{z}_4 = 3$	$y_{4,t} = 1$ oder 0
5	$\overline{z}_5 = -\infty$	$y_{5,t} = 1$ oder 0

Tab. 6.7: Beispielhafte Ermittlung von Ratingklassen

[406] $10 \cdot 7 \leq 50 + L \cdot (1-0)$ und $10 \cdot 6 \leq 50 + L \cdot (1-0)$

Die Binärvariablen müssen also für bessere Ratingklassen im Sinne von geringeren Ausfallwahrscheinlichkeiten Werte von Null annehmen. Damit kann im Modell kein Kredit mit den Eigenschaften dieser besseren Ratingklassen aufgenommen werden. Jedoch können für alle schlechteren Ratingklassen die Binärvariablen Werte von Null oder Eins annehmen. Weil immer nur genau eine Ratingklasse im Modell berücksichtigt werden darf, muß eine weitere Beschränkung eingeführt werden. Ansonsten könnten in einer Periode mehrere Kredite derselben Art aufgenommen werden. Dieses wird jedoch ausgeschlossen, indem die Summe der Binärvariablen auf den Wert eins beschränkt wird (Ausschließlichkeitsbedingung).[407] Des weiteren muß steuerungstechnisch sichergestellt sein, daß jeweils der Kredit der bestmöglichen Ratingklasse aufgenommen wird, die mit den Ausprägungen der Variablen B_t und $Zähler_t$ erreichbar ist. Da aber die Zinssätze der Kredite mit besserer Bonitätsbeurteilung sinken, erhöht sich der Zielfunktionswert bei sonst identischen Werten mit der Einstufung in eine bessere Ratingklasse durch geringere Kapitalkosten. Durch die Optimierung wird folglich immer die beste vom Unternehmen erreichbare Ratingklasse verwendet und deren zugehöriger Binärvariablen der Wert „Eins" zugewiesen. Im Beispiel wäre dieses folglich die Binärvariable in Ratingklasse drei.

Der allgemeine Fall der Verknüpfung von Kreditaufnahme und Ratingurteil ist bereits durch die Nebenbedingungen (6.20) bis (6.22) formal in das Modell aufgenommen worden. Im folgenden sind die einzelnen Variablen der Bestimmungsgleichung des z-Scores zu definieren, um das Ratingurteil im Modell erfassen zu können.

6.4.2 Ratingkomponenten und Variablen zur Ermittlung der Bonität

Für die Berechnung des z-Scores müssen die Werte der Variablen working capital, Bilanzsumme, thesaurierter Gewinn, EBIT und das bilanzielle Eigenkapital durch das Modell bestimmt werden.

6.4.2.1 Bilanzsumme

Die entscheidungsrelevante Bilanzsumme in Periode t ergibt sich als Summe aus den Restwerten der in Periode t eingesetzten Maschinen und den Finanzanlagen. Wird davon ausgegangen, daß Maschinen jeweils zum Buchwert verkauft werden, sind Restwert und Verkaufspreis für Maschinen in jeder Periode identisch. Anderenfalls müßten durch Verwendung der

[407] Siehe Gleichung (6.21).

Verkehrswerte stille Reserven in die Datengrundlagen eingehen. Es ergibt sich die folgende Bestimmungsgleichung für die ggf. bereinigte Bilanzsumme.

Zusätzliche Konstante:

FI_t^{vorh} = Höhe der Finanzinvestitionen in Periode t, die bereits vor Beginn des Planungszeitraums getätigt wurden und die noch mindestens eine weitere Periode im Unternehmen verbleiben, in GE

$$(6.28)\quad B_t = \sum_{i=1}^{I}\sum_{rl=t+1}^{n_i}\left[\left(y_{rl,i}^{MA,vorh} - \sum_{t'=0}^{t} g_{t',rl,i}^{Ma,vorh}\right)\cdot VK_{t,rl,i}^{MA,vorh}\right]$$

$$+\sum_{i=1}^{I}\sum_{\substack{t'=t-n_i+1\\ t'\geq 0}}^{t-1}\left[\left(y_{t',i}^{MA} - \sum_{t''=t'+1}^{t} g_{t't'',i}^{MA}\right)\cdot VK_{t't,i}^{MA}\right] + \sum_{i=1}^{I} AP_{t,i}^{MA}\cdot y_{t,i}^{MA}$$

$$+\sum_{q=1}^{Q}\left(\sum_{t'=t-n_q+1}^{t-1} FI_{t',q}^{aus} + FI_{t,q}^{aus}\right)$$

$$+\sum_{q=1}^{Q}\left(\sum_{t'=t-n_q+1}^{t-1}\prod_{t''=t'+1}^{t}\left(1+r_{t'',t',q}^{FI,thes}\right)\cdot FI_{t',q}^{thes} + FI_{t,q}^{thes}\right)$$

$$+ FI_t^{vorh} \qquad \forall t$$

Mit Hilfe des ersten Summanden in der obigen Gleichung (6.28) in der ersten Zeile werden die bereits zu Beginn des Planungszeitraums vorhandenen Maschinen erfaßt, die am Ende von Periode t noch eine Restlaufzeit von mindestens einer Periode aufweisen und am Ende von Periode t nicht verkauft werden. Durch die verlangte Restlaufzeit von einer Periode (rl = t + 1) wird erreicht, daß alle berücksichtigten Maschinen einen positiven Restwert aufweisen. Läuft die Nutzungszeit einer Maschine in der Periode t ab, wäre ein Restwert in Höhe von Null anzusetzen. Die Bewertung der Maschinen erfolgt zum jeweiligen Restwert. Durch den zweiten Summanden (zweite Zeile) werden die innerhalb des Planungszeitraums gekauften und bis zum Ende der aktuellen Periode nicht verkauften Maschinen berücksichtigt. Auch für diese Maschinen gilt, daß sie noch mindestens eine weitere Periode im Unternehmen verbleiben ($t' = t - n_i + 1$). Sie werden mit ihren Buchwerten erfaßt. Der dritte Summand (zweite Zeile) bringt die in der aktuellen Periode gekauften Maschinen in die Bilanzsumme ein. Mit Hilfe des vierten und fünften Summanden werden noch nicht fällige Finanzanlagen erfaßt. Während zinsausschüttende Finanzanlagen zum Nennwert in die Formel eingehen (dritte Zeile), müssen die wiederangelegten Zinsen bei zinsthesaurierenden Finanzanlagen berücksichtigt werden (vierte Zeile). Auch für Finanzanlagen gilt, daß sie mindestens eine weitere Periode im Unternehmen verbleiben müssen. Ansonsten würden die Gefahr bestehen, daß finanzielle Mittel doppelt erfaßt werden, da die freien Mittel aus der fälligen Finanzanlage zu neuen Anlagen führen können, die ebenfalls in der Gleichung (6.28) berücksichtigt werden. Sie sind in den Zeilen drei und vier enthalten. Als letztes müssen die Bestände an Finanzanlagen erfaßt werden, die sich bereits vor Beginn des Planungszeitraums im Unternehmen befinden (fünfte Zeile) und nach Periode t mindestens noch eine Periode im Unternehmen verbleiben.

Als weitere Variable ist das bilanzielle Eigenkapital zu definieren.

6.4.2.2 Bilanzielles Eigenkapital

Das bilanzielle Eigenkapital ist als Differenz aus Bilanzsumme und Summe der am Ende der Periode noch bestehenden Verbindlichkeiten und neu aufgenommenen Verbindlichkeiten zu ermitteln. Die Bilanzsumme ist bereits durch den Ausdruck (6.28) definiert worden. Sie wird deshalb in der nachstehenden Nebenbedingung (6.29) verwendet.

$$(6.29)\quad EK_t^{bil} = B_t - \left[\sum_{rk=1}^{RK}\sum_{f=1}^{F}\left(\sum_{t'=t-n_f+1}^{t-1} RW_{t't,rk,f}^{KR} + KR_{t,rk,f}\right)\right] - RW_t^{KR,vorh} \qquad \forall\, t$$

Durch den Ausdruck in der runden Klammer werden sowohl die Restverbindlichkeiten aus Kreditaufnahmen in den Vorperioden als auch die aktuelle Kreditaufnahme berücksichtigt. Es sind wie im Falle der Erfassung von Maschinen und Finanzanlagen wieder nur diejenigen Kredite zu berücksichtigen, die noch mindestens eine weitere Periode im Unternehmen verbleiben, da ansonsten deren Restwert Null GE beträgt. Neben den Krediten, die erst im Planungszeitraum aufgenommen werden, sind auch Restwerte von Krediten zu berücksichtigen, die in den Perioden $t < 0$ aufgenommen wurden und noch nicht fällig sind.

Als nächstes sind die einbehaltenen Gewinne in Periode t zu ermitteln.

6.4.2.3 Einbehaltene Gewinne

Die kumulierten einbehaltenen Gewinne (= Gewinnrücklage) des Unternehmens dienen u. a. im Rahmen der Bonitätsbeurteilung zur Bestimmung der Ertragskraft. Sie setzen sich in der Periode t aus dem Bestand an einbehaltenen Gewinnen der Vorperiode und der Gewinnthesaurierung der aktuellen Periode t zusammen. Eine einfache Ermittlungsweise der thesaurierten Periodengewinne ist die Verwendung des Eigenkapitalbestandes zu Beginn und zum Ende einer Periode. Da Einzahlungen von Gesellschaftern, die zu einer Erhöhung des Grund- bzw. Stammkapitals führen, ausgeschlossen werden ($ZS_t \geq 0 \quad \forall\, t$)[408], drückt die Differenz aus Eigenkapitalbestand am Ende und Eigenkapitalbestand am Anfang der Periode den Betrag an einbehaltenen Gewinnen aus. Wird diese Differenz der Gewinnrücklage der Vorperiode hinzugeschlagen, ergibt sich die Gewinnrücklage der aktuellen Periode. Dieser Zusammenhang wird durch die folgende Nebenbedingung (6.30) in das Modell aufgenommen.

Zusätzliche Variablen:

GR_t = gesamte Gewinnrücklage in Periode t in GE/PE

$$(6.30)\quad GR_t = GR_{t-1} + \left(EK_t^{bil} - EK_{t-1}^{bil}\right) \qquad \forall\, t = 1,..,T$$

In der ersten Periode des Planungszeitraums (Periode 0) muß der ermittelte Eigenkapitalbestand mit dem Anfangsbestand $EK^{bil,vorh}$ verglichen werden. Dadurch ergibt sich die folgende Nebenbedingung für die Periode 0:

Zusätzliche Konstanten:

$EK^{bil,vorh}$ = Eigenkapitalbestand zu Beginn des Planungszeitraums in GE

GR^{vorh} = vorhandene Gewinnrücklage zu Beginn des Planungszeitraums in GE

$$(6.31)\quad GR_0 = GR^{vorh} + \left(EK_0^{bil} - EK^{bil,vorh}\right)$$

In der Gleichung (6.31) ist der Eigenkapitalbestand in der Periode 0 die einzige Variable, da am Ende von Periode Null (Beginn des Planungszeitraums) über Ausschüttungen entschieden werden kann. Die übrigen Größen werden als Konstanten im Modell berücksichtigt, da diese zeitlich außerhalb des Planungszeitraums liegen und damit fest vorgegeben sind.

6.4.2.4 Gewinne vor Steuern und Zinsaufwendungen

Die Gewinne vor Steuern und Zinsaufwendungen können allgemein mit Hilfe des nachstehenden Berechnungsschemas ermittelt werden.[409]

---

[408] Vgl. hierzu die Ausführungen in Kapitel 6.3.9.

[409] Vgl. bspw. Coenenberg, Adolf G. (2005), Seiten 967 f.

	Jahresüberschuß
+/-	Außerordentliches Ergebnis
+/-	Ertragsteuern
+	Zinsaufwand
=	EBIT[410]

Sie sind damit nicht direkt von Kreditaufnahmen der Vorperioden abhängig. Da Steuern in diesem Modell nicht betrachtet werden, ergeben sich die Gewinne vor Steuern und Zinsaufwendungen in Periode t aus der bereits im vorherigen Kapitel beschriebenen Differenz aus Eigenkapitalbestand der Periode t und Eigenkapitalbestand der Periode t – 1. Hinzuzurechnen sind jedoch die Zahlungen an die Gesellschafter und die Zinszahlungen für aufgenommene Kredite, die beide zu einer Senkung des einbehaltenen Gewinns führen. Da Zinsaufwendungen im Modell in jeder Periode zu Zinszahlungen in derselben Höhe führen, kann hier auf die Zahlungsebene zurückgegriffen werden. Es wird wiederum in Perioden t = 0 und t > 0 unterschieden, da in der ersten Periode des Planungszeitraums keine Zinszahlungen aus im Planungszeitraum aufgenommenen Krediten anfallen können. In dieser Periode werden Zinsauszahlungen als konstant berücksichtigt.

Zusätzliche Konstante:

$ZZ_t^{KR,vorh}$ = Zinszahlungen aus zu Beginn des Planungszeitraums vorhandenen Krediten in Periode t in GE/PE

$$(6.32)\quad EBIT_t = \left(EK_t^{bil} - EK_{t-1}^{bil}\right) + Z_t + \sum_{rk=1}^{RK} \sum_{f=1}^{F} \sum_{t'=t-n_f}^{t-1} r_{t',rk,f}^{KR} \cdot RW_{t't-1,rk,f}^{KR} + ZZ_t^{KR,vorh} \qquad \forall\, t = 0,..,T$$

Die Summation beginnt hier in der Periode der Kreditaufnahme ($t - n_f$). Dadurch werden Kredite erfaßt, die in der betrachteten Periode t vollständig getilgt werden. Da in dieser letzten Periode der Kreditlaufzeit Zinszahlungen anfallen, müssen diese Kredite dennoch in Abweichung zu den Gleichungen (6.28) und (6.29) berücksichtigt werden.

$$(6.33)\quad EBIT_0 = \left(EK_0^{bil} - EK^{bil,vorh}\right) + Z_0 + ZZ_0^{KR,vorh} \qquad \forall\, t = 0$$

[410] EBIT steht für Earnings Before Interests and Tax, also Gewinn vor Zinsaufwendungen und Steuern

6.4.2.5 working capital

Das working capital geht ebenfalls in die o. a. Gleichung (6.25) zur Bestimmung der Bonität des Unternehmens ein. Es ist definiert als die Differenz aus dem Umlaufvermögen und den kurzfristigen Verbindlichkeiten.[411] Es soll Auskunft über die zukünftigen internen Finanzierungspotentiale und über die Liquiditätsveränderungen des Unternehmens geben. Die Unterteilung der Aktiva in Anlagevermögen und Umlaufvermögen wird in § 266 HGB geregelt. Zum Umlaufvermögen gehören demnach Vorräte, Forderungen und sonstige Vermögensgegenstände, Wertpapiere und Zahlungsmittel.

Für das Modell werden Maschinen dem Anlagevermögen zugeordnet. Finanzanlagen können sowohl dem Anlage- als auch dem Umlaufvermögen zugeordnet werden. Hier soll die Annahme gelten, daß Finanzanlagen mit einer einperiodigen Restlaufzeit dem Umlaufvermögen zuzurechnen sind. Zu berücksichtigen sind deshalb auch Neuanlagen der aktuellen Periode in einperiodige Finanzanlagen. Kurzfristige Verbindlichkeiten zeichnen sich ebenfalls durch eine einperiodige Restlaufzeit aus. Deshalb sind hier einperiodige Kreditneuaufnahmen zu erfassen. Das working capital in Periode t läßt sich dann durch den Ausdruck (6.34) bestimmen.

Zusätzliche Konstante:

$FI_t^{vorh,1}$ = Beträge aus bereits vor Beginn des Planungszeitraums angelegten Finanzinvestition in Periode t in GE/PE, die noch genau eine Periode im Unternehmen verbleiben (hochgestellter Index 1)

$KR_t^{vorh,1}$ = Beträge aus bereits vor Beginn des Planungszeitraums aufgenommenen Krediten in Periode t in GE/PE, die noch genau eine Periode im Unternehmen verbleiben (hochgestellter Index 1)

Zusätzliche Variable:

wc_t = Working Capital in Periode t nach modellkonformer vereinfachter Berechnungsweise in GE/PE

[411] Vgl. bspw. Coenenberg, Adolf G. (2005), Seite 1007.

$$(6.34)\quad wc_t = \sum_{q=1}^{Q}\left[\prod_{t'=t-n_q+1}^{t}\left(1+r_{t',t-n_q+1,q}^{FI,thes}\right)\cdot FI_{t-n_q+1,q}^{thes}\right]+\sum_{\substack{q=1\\ n_q=1}}^{Q} FI_{t,q}^{thes}$$

$$+\sum_{q=1}^{Q} FI_{t-n_q+1,q}^{aus}+\sum_{\substack{q=1\\ n_q=1}}^{Q} FI_{t,q}^{aus}+FI_t^{vorh,1}$$

$$-\sum_{rk=1}^{RK}\sum_{f=1}^{F} RW_{t-n_f+1,t,rk,f}^{KR}-\sum_{rk=1}^{RK}\sum_{\substack{f=1\\ n_f=1}}^{F} KR_{t,rk,f}-KR_t^{vorh,1}\quad \forall\, t$$

Im ersten Summanden der ersten Zeile werden zinsthesaurierende Finanzanlagen berücksichtigt, die eine Restlaufzeit von einer Periode aufweisen. Dieses wird durch den Index $t - n_q + 1$ erreicht. Durch den zweiten Summanden werden neue einperiodige Finanzanlagen erfaßt ($n_q = 1$). Mit ausschüttenden Finanzanlagen wird ähnlich verfahren (dritter und vierter Summand), jedoch müssen hier die Zinsen nicht berücksichtigt werden, da sie ausgeschüttet werden. Mit Hilfe des sechsten und siebten Summanden werden die Restwerte von Krediten mit einer Restlaufzeit von einer Periode und einperiodige Kreditneuaufnahmen erfaßt.

Für alle Variablen, die für die Erweiterung des Grundmodells verwendet werden, gilt die Nichtnegativitätsbedingung.

Damit sind alle notwendigen Rechengrößen ermittelt. Für die Zuordnung des Unternehmens zu einer Ratingklasse sind somit folgende Ratingkomponenten zu bestimmen:

- die Bilanzsumme,
- das bilanzielle Eigenkapital,
- die Gewinnrücklage (thesaurierte Gewinne),
- der Gewinn vor Steuern und Zinsaufwendungen und
- das working capital

Durch diese Größen ist der z-Score des Unternehmens und damit die Ratingklasse, in die das Unternehmen einzuordnen ist, eindeutig bestimmt. Durch die Verknüpfung der Ratingklasse mit ratingspezifischen Kreditzinssätzen sind die Kosten aus Kreditaufnahmen eindeutig gegeben.

6.5 Zusammenführung der Modelle aus Kapital 5 und 6 zur Ermittlung eines kapitalkostenoptimalen Investitions- und Finanzierungsmodells unter Berücksichtigung der risikoreduzierenden Wirkung von Sicherheiten

Die Zusammenführung der beiden Modelle aus Kapitel 5 und 6 zur Optimierung der Finanzierungskosten unter Berücksichtigung von Basel II kann auf zwei verschiedenen Wegen erfolgen. Eine Möglichkeit der Zusammenführung ist die Aufnahme von Sicherheiten in das Modell des sechsten Kapitels. In diesem Fall ist für jede besicherte Kredittranche ein Kreditzinssatz außerhalb des Modells auf der Grundlage eines Ratingergebnisses für die Gesamtunternehmung zu bestimmen und als Datum vorzugeben. Diese weichen von speziell ermittelten Zinssätzen z.B. für unbesicherte Kredite ab, weil durch Sicherheiten erwartete Verluste und unerwartete Verluste reduziert werden, der Risikozuschlag auf den Kreditzinssatz somit sinkt. Im Modell des sechsten Kapitels werden die vorab berechneten Zinssätze mit den im Modell variabel ermittelten Beträgen der jeweiligen besicherten Kredittranchen multiplikativ verknüpft, um die Zinszahlungen aus besicherten Krediten zu erhalten. Die Ratingklasse des Unternehmens wird einheitlich für jeden Kredit verwendet. Unterschiede in den Zinssätzen für besicherte Kredittranchen entstehen durch die Korrektur der Verlustquote; die Verlustquote des besicherten Kredites ist basel-II-konform durch die Verlustquote des Sicherungsmittels zu ersetzen.

Die Aufnahme der Sicherheiten als eigenständige Kredite/Kreditklassen im Modell des sechsten Kapitels ist jedoch mit einer großen Komplexitätszunahme verbunden, da für jede besicherte Tranche eines jeden Kredits zusätzliche Variablen aufzunehmen sind, um das spezielle Risiko aus diesen Tranchen zu berücksichtigen. Zudem ist die einperiodige Formulierung im Modell in Kapitel 5.4.4 nicht mehr adäquat, so daß die Sicherheitenbetrachtung ebenfalls in ein mehrperiodiges Modell zu überführen ist. Die Verwendung einer Sicherheit zur Besicherung eines Kredites in der Periode t = 1 führt beispielsweise dazu, daß auch in den Folgeperioden aufgrund von Sicherheitsabreden zwischen Kreditnehmer und -geber diese Sicherheit für die Kreditbesicherung zu verwenden ist. Erst nach vollständiger Kredittilgung kann das Sicherungsmittel für andere Kredite risikosenkend durch die Reduzierung der Ausfallquote des Kredites LGD_f verwendet werden.

Eine einfachere Zusammenführung der Modelle aus Kapital 5 und 6 kann über eine iterative Vorgehensweise erfolgen. Zunächst wäre das kostenoptimale Investitions- und Finanzierungsprogramm für die Gesamtunternehmung mit Hilfe des Modellansatzes aus Kapitel 6 zu ermitteln, ohne spezielle Sicherheiten zu berücksichtigen. Im Anschluß daran werden die mit

Hilfe dieses Modells aus Kapitel 6 ermittelten Kredite als Eingangsgrößen für das Modell in Kapitel 5 verwendet, um vorhandene Sicherheiten optimal auf die Kredite zu verteilen. Dabei kann die Risikoklassifizierung pauschal für das Gesamtunternehmen erfolgen. Unterschiede zwischen den Einzelkrediten werden nicht durch eine abweichende Ausfallwahrscheinlichkeit, sondern basel-II-konform durch abweichende Verlustquoten berücksichtigt. Mit Hilfe der so bestimmten besicherten und unbesicherten Kredittranchen werden nun die für das Modell aus Kapitel 6 benötigten Kreditzinssätze neu kalkuliert. Sie werden üblicherweise nach der Besicherung niedriger sein als vor der Einbeziehung von Sicherheiten in den Optimierungsansatz, weil durch Sicherheiten erwartete und unerwartete Verluste durch die Verminderung der Ausfallquote LGD reduziert werden. Mit Hilfe der neu berechneten Zinssätze wird wiederum ein optimales Investitions- und Finanzierungsprogramm mit Hilfe des Modells aus Kapitel 6 bestimmt. Der Vorgang wird solange wiederholt, bis die Lösungen der Modelle aus den Kapiteln 5 und 6 hinreichend übereinstimmen, oder ein vorher festgelegtes Abbruchkriterium, bspw. eine vorher festgelegte Anzahl von Berechnungsschritten, erreicht wird.

Der soeben beschriebene Ablauf der iterativen Optimierung wird nochmals abschließend anhand eines einfachen Flußdiagramms verdeutlicht, bevor eine Beispielrechnung für das in Kapitel 6 dargestellte Modell durchgeführt wird.

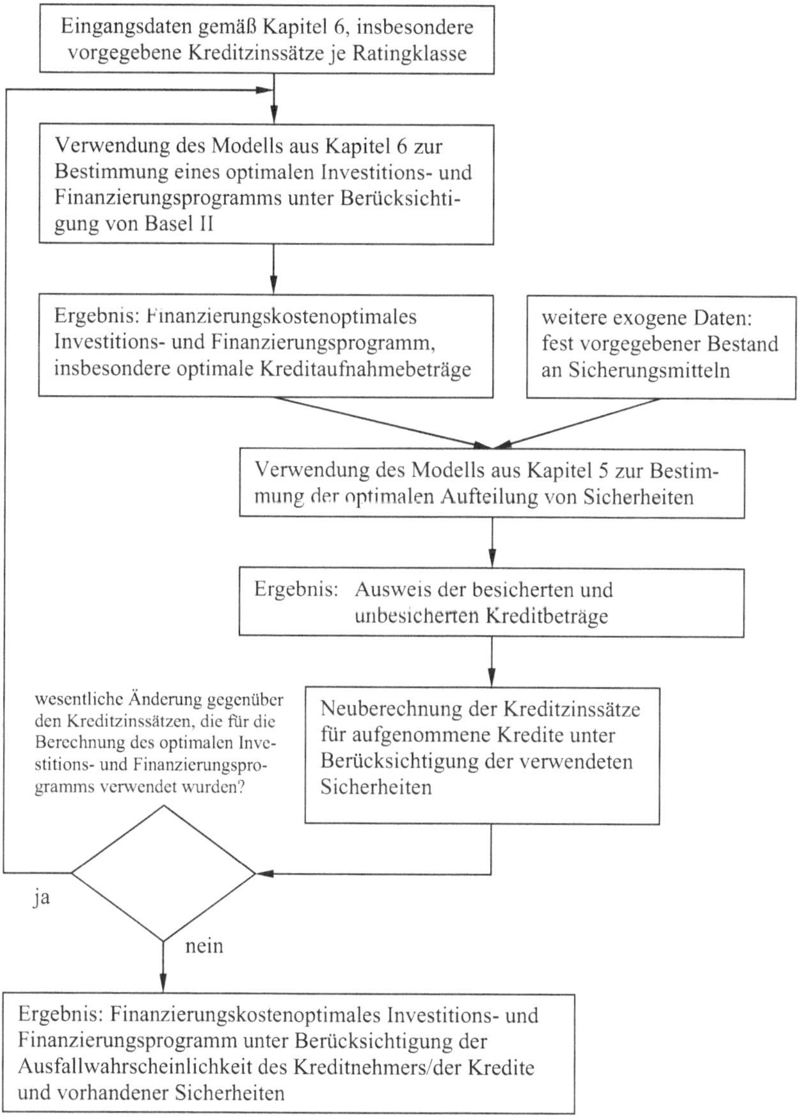

Abb. 6.10: Ablauf der Modellverwendungen zur Ermittlung eines Kapitalkostenoptimalen Investitions- und Finanzierungsprogramms unter Berücksichtigung von Sicherheiten

7 Beispielrechnung

Im folgenden soll zur Kontrolle des Rechenansatzes und zum Nachweis der Anwendbarkeit mit Hilfe eines vereinfachten mehrperiodigen Modells eine Beispielrechnung durchgeführt werden. Dafür ist zunächst die Datensituation zu beschreiben.

7.1 Datengrundlage

Betrachtet wird ein Unternehmen, das sich durch die folgenden Bestandteile auszeichnet:

- zwei Maschinenarten,
- zwei Kreditarten,
- zwei Produktarten und
- zwei Finanzanlagearten

In jeder Periode können Maschinen beider Arten gekauft werden. Die Merkmale der Maschinen, wie die maximale Betriebslaufzeit, die Kosten für die Aufrechterhaltung der Betriebsbereitschaft usw., sind vom Zeitpunkt des Kaufs unabhängig. In jeder Periode wird der Wert der Maschinen um Abschreibungen für die Abnutzung reduziert. Die beschäftigungsfixen Kosten zur Aufrechterhaltung der Betriebsbereitschaft für die Maschinen steigen mit zunehmendem zeitlichen Einsatz im Unternehmen, sind jedoch unabhängig von der Auslastung der Maschinen. Die maximale Kapazität einer Maschine in Zeiteinheiten je Periode sinkt mit der Dauer der Nutzung. Es liegen die folgenden Daten für Maschinen der Art eins zugrunde:

- Kaufpreis: 9.000 GE
- maximale Nutzungsdauer: 3 Perioden
- Abschreibung in jeder Periode linear: 1/3 GE(GE · PE)
- Restwert am Ende der Nutzungsdauer: 0 GE
- Kosten für die Aufrechterhaltung der Betriebsbereitschaft:
  - -- erste Periode der Nutzungsdauer: 100 GE/PE
  - -- zweite Periode der Nutzungsdauer: 200 GE/PE
  - -- dritte Periode der Nutzungsdauer: 300 GE/PE
- Maximalkapazität in ZE/PE
  - -- erste Periode der Nutzungsdauer: 3.000 ZE/PE
  - -- zweite Periode der Nutzungsdauer: 2.000 ZE/PE
  - -- dritte Periode der Nutzungsdauer: 1.000 ZE/PE

Zu Beginn des Planungszeitraums sind bereits Maschinen vorhanden. Der Zeitpunkt des Kaufs und die Anzahl an vorhandenen Maschinen sind in der nachstehenden Tabelle 7.1 angegeben.

Periode des Kaufs t	Anzahl gekaufter Maschinen $\overline{y}_{rl,1}^{MA,vorh}$ in ME/PE
-1	1
-2	1
-3	1

Tab. 7.1: Bereits vorhandene Maschinen der Art 1, Anfangsbestände

Die Maschinen der Art 2 zeichnen sich durch die folgenden Daten aus:

- Kaufpreis: 6.000 GE
- maximale Nutzungsdauer: 2 Perioden
- Abschreibungen je Periode, degressiv:
  - -- erste Periode der Nutzungsdauer: 3/5 GE/(GE · PE)
  - -- zweite Periode der Nutzungsdauer: 2/5 GE/(GE · PE)
- Restwert am Ende der Nutzungsdauer: 0 GE
- Kosten für die Aufrechterhaltung der Betriebsbereitschaft:
  - -- erste Periode der Nutzungsdauer: 80 GE/PE
  - -- zweite Periode der Nutzungsdauer: 160 GE/PE
- Maximalkapazität in ZE/PE:
  - -- erste Periode der Nutzungsdauer: 2.000 ZE/PE
  - -- zweite Periode der Nutzungsdauer: 800 ZE/PE

Auch Maschinen der zweiten Art sind bereits zu Beginn des Planungszeitraums vorhanden. In der nachstehenden Tabelle 7.2 werden diese angeführt.

Periode des Kaufs t	Anzahl Maschinen $\overline{y}_{rl,2}^{MA,vorh}$ in ME/PE
-1	1
-2	1

Tab. 7.2: Bereits vorhandene Maschinen der Art 2, Anfangsbestände

Gekaufte Maschinen und die Anfangsbestände an Maschinen werden innerhalb des Planungszeitraums in Abweichung zum Modell in Kapitel 6 nicht verkauft. Erst am Ende des Planungszeitraums werden die noch im Betrieb befindlichen und noch nicht vollständig abgeschriebenen Maschinen aus Zukäufen und aus Anfangsbeständen veräußert. Der Veräußerungserlös entspricht genau dem Restwert/Zeitwert der Maschinen. Diese Vorgehensweise dient zur Reduzierung der Variablen, da nun Variablen für die zu verkaufenden Maschinen nicht mehr benötigt werden.

Die Maschinen beider Arten werden zur Herstellung von zwei Produktarten verwendet. Sowohl Produkte der ersten als auch der zweiten Art müssen jeweils auf beiden Maschinen bearbeitet werden.

Durch die Konkurrenzsituation auf dem Absatzmarkt kann das Unternehmen nur als Mengenanpasser auftreten. Die maximalen Produkt-Absatzmengen sind somit in jeder Periode vorgegeben. Die Herstellungsmenge entspricht annahmegemäß der verkauften Menge. Lagerhaltung wird ausgeschlossen. Auch die Deckungsbeiträge und Produktionskoeffizienten sind für beide Produkte bekannt und konstant. Sie können nicht verändert werden (bspw. durch Werbung oder durch intensitätsmäßige Anpassung der Maschinen). Die Daten für die Produkte sind den folgenden Tabellen 7.3 und 7.4 zu entnehmen.

Periode t	maximale Absatzmenge $\overline{X}_{tz}$ in ME/PE $\overline{X}_{t1}$	Deckungsbeitrag $db_{t,z}$ in GE/ME $db_{t,1}$	Produktionskoeffizient β_{tzi} für Produktion auf Maschine 1 in ZE/ME β_{t11}	Produktionskoeffizient β_{tzi} für Produktion auf Maschine 2 in ZE/ME β_{t12}
0	300	250	15	13
1	500	20	15	13
2	1.000	20	14	12
3	500	60	13	12
4	2.000	120	12	12
5	100	80	11	12

Tab. 7.3: Maximale Absatzmenge, Deckungsbeiträge und Produktionskoeffizienten für Produkt 1

Periode	maximale Absatzmenge $\overline{X}_{tz}$ in ME/PE $\overline{X}_{t2}$	Deckungsbeitrag $db_{t,z}$ in GE/ME $db_{t,2}$	Produktionskoeffizient β_{tzi} für Produktion auf Maschine 1 in ZE/ME β_{t21}	Produktionskoeffizient β_{tzi} für Produktion auf Maschine 2 in ZE/ME β_{t22}
0	400	80	14	12
1	100	20	14	12
2	2.000	80	14	12
3	300	140	13	12
4	2.000	120	13	12
5	400	100	12	12

Tab. 7.4: Maximale Absatzmenge, Deckungsbeiträge und Produktionskoeffizienten für Produkt 2

Beispielsweise ist in der zweiten Periode für das erste Produkt ein Deckungsbeitrag in Höhe von 20 GE/ME zu erzielen. Für die Produktion werden auf der ersten Maschine 14 ZE/ME und auf der zweiten Maschine 12 ZE/ME der Maschinenkapazität benötigt. In der zweiten Periode können maximal 1.000 Stück des ersten Produktes verkauft werden.

Die erzielten Verkaufserlöse können als Überschußliquidität in zwei nicht vorzeitig kündbare Finanzanlagearten investiert werden, solange die Restlaufzeit des Planungszeitraums größer als die Laufzeit der entsprechenden Finanzanlagen ist. Finanzanlagen, deren Fälligkeitstermine jenseits des Planungshorizontes liegen, werden im Modell nicht berücksichtigt.[412] Die maximale Anlagemöglichkeit und der Zinssatz können der nachstehenden Tabelle 7.5 entnommen werden. Finanzanlagen der ersten Art weisen eine Laufzeit von einer Periode, Finanzanlagen der zweiten Art von drei Perioden auf. Für Finanzanlagen der zweiten Art soll gelten, daß der in der Anlageperiode festgelegte Zinssatz für die gesamte Laufzeit von drei Perioden gültig ist. Die Zinserträge aus Finanzanlagen der zweiten Art werden in jeder Periode dem Anlagebetrag zugeschrieben, so daß aus dieser Finanzanlagenart nur zwei Zahlungen, eine Auszahlung zu Beginn der Anlage in Höhe des Anlagebetrags und eine Einzahlung am Ende der Anlagedauer in Höhe des Anlagebetrages zuzüglich Zinsen und Zinseszinsen, entstehen.

Die Daten für Finanzanlagen, in die innerhalb des Planungszeitraums investiert werden kann, sind der nachstehenden Tabelle 7.5 zu entnehmen.

	Finanzanlage 1		Finanzanlage 2	
Periode t	Anlagezins $r_{t,1}^{FI}$ in GE/(GE · PE)	Anlagehöchstbetrag $\overline{FI}_{t,1}$ in GE/PE	Anlagezins $r_{t,2}^{FI,thes}$ in GE/(GE · PE)	Anlagehöchstbetrag $\overline{FI}_{t,2}^{thes}$ in GE/PE
0	0,00		0,05	20.000
1	0,00		0,055	10.000
2	0,00		0,06	20.000
3	0,00			
4	0,00			

Tab. 7.5: Anlagezinssätze und Anlagehöchstbeträge für die beiden Finanzanlagen

Da der Anlagezins für die erste Finanzanlageart in jeder Periode 'Null' GE/(GE · PE) beträgt, entspricht diese Anlageform der zinslosen Kassenhaltung, in die kurzfristige überschüssige Mittel fließen.

Finanzanlagen sind bereits zu Beginn des Beobachtungszeitraums als Anfangsbestände vorhanden, sie führen innerhalb des Planungszeitraums zu fixen Einzahlungen, deren Daten sind der nachstehenden Tabelle 7.6 zu entnehmen. Die bereits vorhandenen Finanzanlagen weisen

[412] Für die Begründung siehe Kapitel 6.3.7.

die gleichen Eigenschaften wie Finanzanlagen der zweiten Art auf, in die innerhalb des Planungshorizontes investiert werden kann.

Periode der Kapitalanlage t	Anlagebetrag FI_t^{vorh} in GE/PE	Zinssatz für die vorhandene Finanzanlage in GE/(GE · PE)
-1	2.000	0,05
-2	1.500	0,05
-3	1.000	0,05

Tab. 7.6: Daten für vorhandene Finanzinvestitionen

In der Periode vor Beginn des Planungszeitraums (t = -1) wurden 2.000 GE in eine Finanzanlage investiert. Diese wird mit 5% p.a. verzinst. Da die vorhandenen Finanzanlagen zinsthesaurierend sind, entsteht aus jeder der betrachteten Finanzanlagen genau eine Zahlung innerhalb des Beobachtungszeitraums, die in der nachstehenden Tabelle 7.7 angegeben sind.

Periode t	Berechnungsweise $FI_{t'}^{vorh} \cdot \left(1 + r_{t'}^{FI,vorh}\right)^{t-t'}$	Zahlung aus vorhandenen Finanzanlagen $Z_t^{FI,vorh}$ in GE/PE
0	$2.000 \cdot (1+0,05)^{0-(-3)}$	2.315,25
1	$1.500 \cdot (1+0,05)^{1-(-2)}$	1736,44
2	$1.000 \cdot (1+0,05)^{2-(-1)}$	1.157,63

Tab. 7.7: Zahlungen aus vorhandenen Finanzinvestitionen

Um Maschinen zu kaufen, stehen dem Unternehmen zum einen Einzahlungen aus Produktverkäufen, zum anderen Einzahlungen aus Finanzanlagen und Krediten zur Verfügung. In jeder Periode kann das Unternehmen zwei Arten von Krediten aufnehmen, solange die Kreditlaufzeit kleiner als die Restlaufzeit des Planungshorizontes ist.[413] Kredite der ersten Art weisen eine Laufzeit von drei Perioden auf. Sie werden in jeder Periode zu einem drittel getilgt. Diese Eigenschaften sind von der Periode der Kreditaufnahme unabhängig. Der maximal

[413] Siehe für die Begründung die Ausführungen im Kapitel 6 und in diesem Kapitel die Ausführungen zu den Finanzanlagen.

aufzunehmende Neu-Kreditbetrag ist aus Vereinfachungsgründen für alle Perioden konstant gesetzt, der verlangte Kreditzinssatz variiert mit der Periode der Kreditaufnahme. Für die gesamte Kreditlaufzeit von drei Perioden wird ein einheitlicher Zinssatz erhoben. Des weiteren sind fünf verschiedene Ratingklassen zu berücksichtigen, in die das Unternehmen mit Hilfe der im voranstehenden sechsten Kapitel beschriebenen multivariaten Diskriminanzanalyse eingeordnet wird. Die Ratingklasse 1 steht für Unternehmen mit sehr guter Bonität. Der Kreditzinssatz für Unternehmen dieser Ratingklasse ist deshalb der niedrigste. In die Ratingklasse 5 werden Unternehmen mit der schlechtesten Bonität eingeordnet. Ihnen werden von Banken keine Kredite gewährt. In der Tabelle 7.8 werden die Kreditzinssätze für die verschiedenen Ratingklassen in Abhängigkeit der Periode der Kreditaufnahme und der Höchstbetrag für Kreditneuaufnahmen angegeben.

Periode der Kreditaufnahme t	Kredithöchstbetrag $\overline{KR}_{t,rk,1}$ in GE/PE	Kreditzinssatz $r^{KR}_{t,rk,1}$ in GE/(GE · PE)				
		rk = 5	rk = 4	rk = 3	rk = 2	rk = 1
0	90.000		0,06	0,055	0,05	0,045
1	90.000		0,065	0,06	0,055	0,05
2	90.000		0,07	0,065	0,06	0,055

Tab. 7.8: Daten für Kredite der ersten Art

Kredite der zweiten Art zeichnen sich durch eine Laufzeit von zwei Perioden unabhängig von der Periode der Kreditaufnahme aus. Die Neu-Kreditaufnahme ist in jeder Periode auf 50.000 GE begrenzt, die Tilgungsquote nimmt in jeder Periode ab. In der ersten Periode der Kreditlaufzeit beträgt sie 3/5, in der zweiten Periode 2/5. Auch für Kredite dieser Art ist der Kreditzinssatz von der durch das Unternehmen erreichten Ratingklasse abhängig. Die Kreditzinssätze werden in der Tabelle 7.9 aufgeführt.

Periode der Kreditaufnahme t	Kredithöchstbetrag $\overline{KR}_{t,rk,2}$ in GE/PE	Kreditzinssatz $r^{KR}_{t,rk,2}$ in GE/(GE · PE)				
		rk = 5	rk = 4	rk = 3	rk = 2	rk = 1
0	50.000		0,065	0,06	0,055	0,05
1	50.000		0,07	0,065	0,06	0,055
2	50.000		0,075	0,07	0,065	0,06
3	50.000		0,08	0,075	0,07	0,065

Tab. 7.9: Daten für Kredite der zweiten Art

Für bereits vorhandene Kredite müssen feste Auszahlungen in den einzelnen Perioden des Planungszeitraums berücksichtigt werden. In der nachstehenden Tabelle 7.10 sind die bereits vorhandenen Kredite angegeben.

Periode der Kreditaufnahme t	aufgenommener Kredithöchstbetrag in GE/PE		Kreditzinssatz in GE/(GE · PE)	
	Kreditart 1	Kreditart 2	Kreditart 1	Kreditart 2
-1	1.000	500	0,04	0,04
-2	600	500	0,04	0,04
-3	800		0,04	

Tab. 7.10: Daten für bereits vorhandene Kredite

In den Spalten zwei und drei sind die jeweils aufgenommenen Kreditbeträge der Perioden -1 bis -3 enthalten. Die Kredite einer Kreditart weisen dieselben Eigenschaften wie die Kreditarten auf, die innerhalb des Planungszeitraums aufgenommen werden können. Laufzeit und Tilgungsverlauf sind folglich identisch. Daraus resultiert bspw. für den Kredit der Art f = 1, der in Periode -2 aufgenommen wurde in der Periode 1 des Planungszeitraums eine Zahlung in Höhe von 208 GE.

Zusätzliche Konstante:

$z^{KR,vorh}_{tf}$ = Zahlung aus zu Beginn des Planungszeitraums vorhandenen Kredit der Art f, der in Periode t aufgenommen wurde in GE/PE

$$Z_{tf}^{KR,vorh} = KR_{t,f}^{vorh} \cdot TQ_{t'tf} + r_{t',f}^{KR,vorh} \cdot RW_{t't-1,f}^{KR,vorh}$$

$$= 600 \cdot \frac{1}{3} + 0,04 \cdot 200$$

$$= 208 \text{ GE/PE}$$

Die kreditgebende Bank des Unternehmens verwendet für die Bonitätsprüfung das Verfahren der multivariaten Diskriminanzanalyse. Mit Hilfe der anhand historischer Daten ermittelten Trennfunktion kann das betrachtete Unternehmen in verschiedene Ratingklassen eingeordnet werden. In der nachstehenden Tabelle 7.11 sind die Ratingklassengrenzen angegeben.

Ratingklasse rk	Ratingklassengrenzen
1	$z \geq 15$
2	$10 \leq z < 15$
3	$5 \leq z < 10$
4	$0 \leq z < 5$
5	$z < 0$

Tab. 7.11: Ratingklassengrenzen

Das Unternehmen wird beispielsweise mit Hilfe der Trennfunktion gemäß Gleichung (6.24) bzw. (6.26) der dritten Ratingklasse zugeordnet, wenn die Funktion mindestens den Wert fünf ($z = 5$) annimmt und kleiner als der Wert 10 ($z = 10$) ist.

Durch die o.a. Daten ist die Datengrundlage vollständig beschrieben. Im folgenden werden die Ergebnisse des Optimierungskalküls angeführt.

7.2 Ergebnisse der Beispielrechnung

Für die Herstellungsmenge der beiden Produkte ergeben sich im optimalen Investitions- und Finanzierungsprogramm die folgenden, in Tabelle 7.12 angegebenen Daten. Die Modellausformulierung ist dem Anhang A1 zu entnehmen.

Periode t	Herstellungsmenge für Produkt z x_{tz} in ME/PE	
	1	2
0	215	0
1	8	58
2	0	2.000
3	500	300
4	2.000	2.000
5	100	400

Tab. 7.12: Herstellungsmengen von Produkten

In der Periode 3 des Planungszeitraums werden bspw. 500 ME des ersten Produktes und 300 ME des zweiten Produktes verkauft.

Die zur Produktion benötigte Maschinenanzahl, Anzahl zu kaufender Maschinen, ist der nachstehenden Tabelle 7.13 zu entnehmen.

Periode t	Anzahl gekaufter Maschinen in Periode t $y_{t,i}$ in ME/PE	
	i = 1	i = 2
0	0	0
1	9	12
2	0	0
3	14	24
4	0	0
5		

Tab. 7.13: Während des Planungszeitraums gekaufte Maschinen

Der Tabelle ist zu entnehmen, daß in der ersten Periode des Planungszeitraums neun Maschinen der ersten Art und zwölf Maschinen der zweiten Art angeschafft werden.

Weitere Einzahlungen aus den Produktverkäufen werden vom Unternehmen zur Bedienung von Krediten und für Finanzanlagen verwendet. Die jeweiligen Anlagebeträge sind in der Tabelle 7.14 enthalten.

Periode t	angelegte frei Mittel in Periode t in GE/PE	
	Finanzanlage 1	Finanzanlage 2
0	32.672,96	20.000,00
1	0,00	0,00
2	242.842,64	0,00
3	0,00	0,00
4	353.535,72	0,00

Tab. 7.14: Finanzanlagebeträge

Obschon Finanzanlagen der ersten Art nicht verzinst werden, werden in der zweiten Periode nicht benötigte finanzielle Mittel in dieser Anlageform gehalten, um diese Mittel in der nächsten Periode zum Kauf von weiteren Maschinen verwenden zu können. Anderenfalls wären diese Mittel für drei Perioden in unkündbaren Finanzanlagen gebunden gewesen.

Bevor die vom Unternehmen nachgefragten Kredite betrachtet werden, werden in der Tabelle 7.15 die erreichten z-Scores und die Ratingklassen angegeben, in die das Unternehmen in den einzelnen Perioden zugeordnet wird. Durch die Zuordnung steht bereits fest, welcher Zinssatz für die Kredite verwendet wird.

Periode t	erreichter z-Score	Ratingklasse rk_t
0	11,16	2
1	1,22	4
2	8,12	3
3	1,19	4
4	12,20	2
5	16,54	1

Tab. 7.15: Für das Unternehmen ermittelte Werte der Trennfunktion und Ratingklassenzuordnung

In der zweiten Planperiode wird bspw. ein z-Score von 8,12 erreicht, so daß das Unternehmen der dritten Ratingklasse aufgrund Tabelle 7.11 zugewiesen werden kann. Diese Eingruppierung in die verschiedenen Ratingklassen hat Auswirkungen auf die Kreditvergabe der Banken, die im folgenden noch zu zeigen sein wird.

Die Kreditaufnahmebeträge werden in den Tabellen 7.16 und 7.17 angegeben. Es wird deutlich, daß nur Kredite der jeweils erreichten Ratingklasse, positive Werte annehmen. Aufgrund der Verknüpfung der Ratingklassenzuweisung und der aufgenommenen Kreditbeträge je Ratingklasse, können im Modell keine Kredite mit den Merkmalen der besseren Ratingklassen aufgenommen werden.

	Ratingklasse				
Periode	1	2	3	4	5
0	0,00	0,00	0,00	0,00	0
1	0,00	0,00	0,00	90.000,00	0
2	0,00	0,00	90.000,00	0,00	0

Tab. 7.16: Aufnahme von Krediten der Art 1 in GE

	Ratingklasse				
Periode	1	2	3	4	5
0	0,00	0,00	0,00	0,00	0
1	0,00	0,00	0,00	28.706,60	0
2	0,00	0,00	48.117,48	0,00	0
3	0,00	0,00	0,00	50.000,00	0

Tab. 7.17: Aufnahme von Krediten der Art 2 in GE

In der Periode 2 wird sowohl ein Kredit der ersten, als auch der zweiten Art aufgenommen. Die jeweiligen Zinssätze sind durch die Unternehmens-Zuordnung zur dritten Ratingklasse fest vorgegeben.

Mit Hilfe der Optimierung des Investitions- und Finanzierungsprogramms läßt sich ein Zielfunktionswert in Höhe von 383.345,72 GE erreichen, was einem Unternehmensendwert in identischer Höhe entspricht.

Zur Bestimmung der Vorteilhaftigkeit der endogenen Berücksichtigung von Bonitätsurteil und risikoabhängigen Kreditzinssätzen im Gegensatz zur Vorgabe von Bonitätszielen vor Berechnung des Investitions- und Finanzierungsprogramms durch die Unternehmensführung wird unter Fortführung der o.a. Beispielrechnung dem Modell vorgegeben, daß in jeder Periode mindestens die dritte Ratingklasse durch die Ausgestaltung des Investitions- und Finanzierungsprogramms erreicht werden muß. Als Zinssätze für die Kredite dienen die Kreditzinssätze der dritten Ratingklasse. In diesem Fall wird durch das Modell nur ein Zielfunktionswert in Höhe von 264592,4632 GE ausgewiesen. Obwohl das Unternehmen eine bessere Bonität gegenüber der freien Einstellung der Ratingklassen besitzt und damit die Zinssätze gegenüber der Ausgangssituation sinken, führt diese Zielratingvorgabe eindeutig nicht zu einem gesamtoptimalen Investitions- und Finanzierungsprogramm, weil der Zielfunktionswert trotz verringerter Kapitalkosten sinkt.

Die Verschlechterung entsteht durch eine veränderte Investitionstätigkeit des Unternehmens gegenüber dem Fall ohne Ratingvorgabe, die aufgrund des Zwangs zur Erreichung einer bestimmten Ratingklasse zu geringeren Kreditaufnahmen und deshalb zu Maschinenkäufen in geringer Anzahl führt. Deshalb sinkt die Anzahl produzierter Güter, der Umsatz des Unternehmens sinkt gegenüber dem Ausgangsfall ohne Vorgabe einer bestimmten Ratingklasse. In der nachstehenden Tabelle werden diese Veränderungen in den Investitionen und Kreditaufnahmen angegeben.

Periode t	Kreditaufnahme insgesamt in GE/PE		Anzahl gekaufter Maschinen in ME/PE		Anzahl produzierter Güter in ME/PE	
	mit Vorgabe	ohne Vorgabe	mit Vorgabe	ohne Vorgabe	mit Vorgabe	ohne Vorgabe
0	0,00	0,00	0	0	215	215
1	0,00	118.706,60	5	21	66	66
2	0,00	138.117,48	5	0	500	2.000
3	36.543,37	50.000,00	17	38	700	800
4	-	-	0	0	2.000	4.000
5	-	-	-	-	500	500

Tab. 7.18: Vergleich der Investitionstätigkeit bei Vorgabe von Bonitätsergebnissen und freier Ratingermittlung durch das Modell

Der Tabelle 7.18 ist zu entnehmen, daß bspw. in der ersten Periode ohne Vorgabe einer bestimmten Ratingklasse 21 Maschinen gekauft werden, bei Vorgabe der Ratingklasse drei jedoch nur 5. Finanziert wird der zusätzliche Kauf von Maschinen in der Situation ohne Ratingvorgabe unter anderem durch eine Kreditaufnahme in Höhe von 118.706,60 GE, was aufgrund des höheren Verschuldungsgrades zu einer Verschlechterung der Unternehmensbonität führt. In dieser Periode wird das Unternehmen der Ratingklasse 4 zugeordnet. Bei Vorgabe der zu erreichenden Ratingklasse 3 ist dieser „Kreditkauf" nicht möglich, da dann das Ratingurteil aufgrund der höheren Verschuldung schlechter ausfällt, als vorgegeben wird. Die verringerte Maschinenanzahl führt zu einer geringeren Produktion in der zweiten Periode (500 ME anstatt 2.000 ME), wodurch der Gewinn und die finanziellen Überschüsse sinken.

Somit wäre es für ein Unternehmen nachteilig, das Ratingurteil mit dem Ziel der Kapitalkostensenkung zu verbessern. Es müssen immer die mit einer Ratingverbesserung einhergehenden Begrenzungen in den Investitions- und Finanzierungsaktivitäten mit betrachtet werden. Das vorliegende, in Kapitel 6 vorgestellte Modell kann hierzu klare Hinweise für die gesamtoptimale Gestaltung der Investitions- und Finanzierungspolitik geben.

8 Schlußbetrachtung

Ob die Einführung von Basel II Auswirkungen auf die Investitions- und Finanzierungsprogramme von Unternehmen hat, ist nicht eindeutig zu beantworten. Geben Banken die durch Basel II entstehenden Kosten für eine zusätzliche Eigenkapitalunterlegung an die Unternehmen in Form von höheren Zinssätzen nicht weiter, ergeben sich für diese keine Änderungen. Diese Entscheidung ist vor allem von der Möglichkeit der Durchsetzung von risikoadäquaten Kreditzinssätzen am Markt abhängig. Insbesondere für das homogene Produkt „Kredit" können Unternehmen die Konditionen verschiedener Banken vergleichen, so daß der für sie günstigste Kredit aufgenommen wird. Wollen Banken weiterhin Geschäfte tätigen, werden sie durch den stark ausgeprägten Wettbewerb vermutlich gezwungen sein, marktadäquate anstelle von risikoadäquaten Kreditzinssätzen zu verlangen, und den Risikoaspekt eher an zweiter Stelle zu betrachten. Eben dieser Wettbewerb war in den vergangenen Jahrzehnten auch dafür verantwortlich, daß die Konditionsmargen der Banken stetig gesunken sind. Basel II ist aber auch entwickelt worden, um diesem Sachverhalt entgegenzuwirken.

Falls die Banken die kalkulatorisch ermittelten risikogerechten Kreditzinssätze jedoch am Markt durchsetzen wollen oder aufsichtsrechtlich dazu angehalten werden, so müssen die Auswirkungen der gegenüber Basel I veränderten Zinssätze auf die Unternehmensfinanzierung unternehmensindividuell betrachtet werden. Die Zinssätze sind dann abhängig vom Ergebnis einer Bonitätsbeurteilung und vom angewendeten Verfahren zur Berechnung des aufsichtsrechtlich geforderten Eigenkapitalbetrags. In die Bonitätsbeurteilung gehen sowohl die realisierten Investitions- und Finanzierungsprogramme, als auch der Bestand an vorhandenen Sicherheiten ein. Als wesentliche Datengrundlage für die Bonitätsbeurteilung dienen regelmäßig Unternehmensbilanzen. Eine wechselseitige Beziehung zwischen den Kreditzinssätzen und den Investitions- und Finanzierungsprogrammen von Unternehmen darf unterstellt werden. Zum einen hat der von Banken verlangte Kreditzinssatz wesentlichen Einfluß auf das von Unternehmen durchgeführte Investitions- und Finanzierungsprogramm - Investitionsprojekte, deren Rendite unterhalb der Kreditkosten liegen, werden nicht durchgeführt, da sie zu Verlusten und Unternehmenswertreduzierungen führen - zum anderen haben die Investitions- und Finanzierungsentscheidungen über die Bonitätsbeurteilung wiederum Einfluß auf die Höhe des risikoadäquaten Kreditzinssatzes. Eine Optimierung der Unternehmensaktivitäten hat deshalb sowohl die Kreditzinssätze als auch die Investitions- und Finanzierungsentscheidungen simultan zu berücksichtigen.

Die in der Literatur oder von Praktikern verlangte Verbesserung des Ratingurteils „um jeden Preis“ zur Reduzierung der Kapitalkosten kann sich als nicht optimal erweisen und ist somit abzulehnen, wie auch die Beispielrechnung im siebten Kapitel zeigt. Es zeigt sich, daß mit schlechteren Bonitätsergebnissen ein höherer Unternehmensendwert erzielt werden kann. Die Kosten für eine Ratingverbesserung in Form von entgangenen Gewinnen durch nichtdurchgeführte Geschäfte übersteigen in diesem Fall den Nutzen der durch eine Bonitätsverbesserung gesenkten Kreditzinssätze. Deshalb wäre es für das Unternehmen vorteilhafter, in einer schlechteren Ratingklasse zu verbleiben. Diese Alternative würde jedoch durch die feste Vorgabe einer Ratingklasse ausgeschlossen werden, das betriebswirtschaftliche Optimum wurde verfehlt.

Sowohl das Modell zur Optimierung der Aufteilung von Sicherheiten auf Kredite in Kapitel 5 als auch das Modell zur Ermittlung eines optimalen Investitions- und Finanzierungsprogramms in Kapitel 6 sind nicht direkt an die Ausführungen von Basel II gebunden. Das in Kapitel 5 dargestellte Modell kann als Optimierungsansatz zur Reduzierung des Unternehmensrisikos angesehen werden, wenn ein Investitions- und Finanzierungsprogramm fest vorgegeben ist. Auch das vollständige Investitions- und Finanzierungsmodell kann unabhängig von Basel II Anwendung finden, da dessen Richtlinien lediglich über den Kreditzinssatz exogen vorgegeben werden. Das Modell findet folglich ein risikooptimales Investitions- und Finanzierungsprogramm, wenn überhaupt Ratingklassen Verwendung finden und diese Ausgangspunkt risikoabhängiger Zinskalkulationen sind.

Das Modell kann auf der Investitionsseite noch wesentlich erweitert werden. Es kann bspw. mehrstufige Fertigung, intensitätsmäßige Anpassungen der Produktion, Lagerhaltung und dergleichen Berücksichtigung finden.

Eine wesentliche Erweiterung des in Kapitel 6 vorgestellten vollständige Investitions- und Finanzierungsmodells wäre durch die Aufnahme von Sicherheiten zu erreichen, die die risikoreduzierende Wirkung auf die Finanzierungskosten erfassen. Die Sicherheitenberücksichtigung würde über die Aufteilung der aufgenommenen Kredite in Teilbeträge, wie dieses bereits in Kapitel 5 zur Sicherheitenoptimierung durchgeführt wird, führen. Für jede Tranche ist dann ein eigenständiger Kreditzinssatz als Konstante im Modell zu berücksichtigen. Die Aufspaltung des Kreditbetrags führt jedoch zu einem starken Anstieg der Variablen, so daß die Komplexität des Modells stark zunimmt. Zudem ist ein einfaches einperiodiges Modell zur Optimierung der Sicherheitenaufteilung für die Minimierung der Kapitalkosten, wie es im fünften Kapitel dargestellt wurde, aufgrund der Mehrperiodigkeit bereits nicht mehr möglich. Einen Ausweg bildet jedoch die iterative Verwendung der Modelle aus Kapitel 5 und 6, wie zum Ende des sechsten Kapitels beschrieben wurde.

A1: Beschreibung des für die Beispielrechnung in Kapitel 7 verwendeten Modells unter Angabe von Wertetabellen

In den nachstehenden Ausführungen wird das Modell zur simultanen Optimierung von Investitions- und Finanzierungsprogrammen an den in Kapitel 7 dargestellten Beispielfall angepaßt. Zunächst werden die in Kapitel 6 verwendete Zielfunktion und Nebenbedingungen sukzessive allgemein angegeben und gegebenenfalls für die Datensituation des siebten Kapitels vereinfacht. Diese Vereinfachung des Modells ist aufgrund der eher geringen vorgegebenen Datenmenge möglich. Im Anschluß an jede Nebenbedingung werden Tabellen angeführt, die die gegebenen Daten für die Belegung der Kostanten des Beispielfalls enthalten.

Zielfunktion: siehe Kapitel 6.3.2 Gleichung (6.3)

$$Z \quad = \quad Z_T \rightarrow \max$$

Finanzierungsbedingung: siehe Kapitel 6.3.3 Gleichung (6.4)

Da der Verkauf von Maschinen nur in der letzten Periode in Höhe des Restwertes möglich sein soll, kann die Finanzierungsbedingung in zwei Einzelbedingungen unterteilt werden. Mit Hilfe der nachstehenden ersten Gleichung werden alle Perioden mit Ausnahme der letzten Periode erfaßt, mit Hilfe der zweiten nachstehenden Gleichung die letzte Periode des Planungszeitraums, in der keine neuen Maschinenkäufe, dafür aber Maschinenverkäufe enthalten sind.

$$\begin{aligned}
Z_t \quad = & \sum_{z=1}^{Z}\left(p_{t,z}-k_{t,z}\right)\cdot x_{t,z} - \sum_{i=1}^{I} AP_{t,i}^{MA}\cdot y_{t,i}^{MA} \\
& - \sum_{i=1}^{I}\sum_{rl=t}^{n_i}\left(\bar{y}_{rl,i}^{MA,vorh} - \sum_{t'=0}^{t-1} g_{t',rl,i}^{Ma,vorh}\right)\cdot k_{t,rl,i}^{MA,vorh} \\
& + \sum_{i=1}^{I}\sum_{rl=t}^{n_i} VK_{t,rl,i}^{MA,vorh}\cdot g_{t,rl,i}^{MA,vorh} \\
& - \sum_{i=1}^{I}\sum_{\substack{t'=t-n_i \\ t'\geq 0}}^{t-1}\left(y_{t',i}^{MA} - \sum_{t''=t'+1}^{t-1} g_{t't'',i}^{MA}\right)\cdot k_{t't,i}^{MA} \\
& + \sum_{i=1}^{I}\sum_{\substack{t'=t-n_i \\ t'\geq 0}}^{t-1} VK_{t't,i}^{MA}\cdot g_{t't,i}^{MA} \\
& + Z_t^{FI} + Z_t^{KR} - LZ_t \qquad\qquad \forall\, t = 0...T
\end{aligned}$$

Durch die möglichen Vereinfachungen ergeben sich die nachstehenden Gleichungen für die Finanzierungsbedingungen.

$$\begin{aligned} Z_t = {} & \sum_{z=1}^{2}\left(p_{t,z}-k_{t,z}\right)\cdot x_{t,z} - \sum_{i=1}^{2} AP_{t,i}^{MA}\cdot y_{t,i}^{MA} \\ & - \sum_{i=1}^{2}\sum_{rl=t}^{n_i} \overline{y}_{rl,i}^{MA,vorh}\cdot k_{t,rl,i}^{MA,vorh} \\ & - \sum_{i=1}^{2}\sum_{\substack{t'=t-n_i \\ t'\geq 0}}^{t-1} y_{t',i}^{MA}\cdot k_{t't,i}^{MA} \\ & + Z_t^{FI} + Z_t^{KR} \qquad \forall\, t = 0....4 \end{aligned}$$

$$\begin{aligned} Z_T = {} & \sum_{z=1}^{2}\left(p_{5,z}-k_{5,z}\right)\cdot x_{5,z} - \sum_{i=1}^{2}\sum_{\substack{t'=5-n_i \\ t'\geq 0}}^{4} y_{t',i}^{MA}\cdot k_{t'5,i}^{MA} \\ & + \sum_{i=1}^{2}\sum_{t'=5-n_i+1}^{4} VK_{t',5,i}^{MA}\cdot y_{t',i}^{MA} \\ & + Z_5^{FI} + Z_5^{KR} \qquad \forall\, t = 5 \end{aligned}$$

Die nachstehenden Tabellen A.1 bis A.6 enthalten die in den vorstehenden beiden Gleichungen benötigten Werte für die Konstanten.

Periode	Deckungsbeitrag für Produkt z in Periode t $\left(\mathbf{p_{t,z}-k_{t,z}}\right)$ in GE/ME		Anschaffungspreis für Maschinen der Art i = 1,2 in Periode t $\mathbf{AP_{t,i}^{MA}}$ in GE/ME	
	z = 1	z = 2	i =1	i =2
t = 0	250	80	9.000	6.000
t = 1	20	20	9.000	6.000
t = 2	20	80	9.000	6.000
t = 3	60	140	9.000	6.000
t = 4	120	120	9.000	6.000
t = 5	80	100		

Tab. A.1: Deckungsbeiträge für die Produkte der Art z = 1 und z = 2 und Anschaffungspreise für Maschinen der Art i = 1 und i = 2

Periode	Kosten für die Aufrechterhaltung der Betriebsbereitschaft für Maschinen der Art i = 1 in Periode t, die in t' gekauft wurden $k^{MA}_{t't,1}$ in GE/ME				
	t' = 0	t' = 1	t' = 2	t' = 3	t' = 4
t = 0					
t = 1	100				
t = 2	200	100			
t = 3	300	200	100		
t = 4		300	200	100	
t = 5			300	200	100

Tab. A.2: Kosten für die Aufrechterhaltung der Betriebsbereitschaft für Maschinen des Typs i = 1

Periode	Kosten für die Aufrechterhaltung der Betriebsbereitschaft für Maschinen der Art i = 2 in Periode t, die in t' gekauft wurden $k^{MA}_{t't,2}$ in GE/ME				
	t' = 0	t' = 1	t' = 2	t' = 3	t' = 4
t = 0					
t = 1	80				
t = 2	160	80			
t = 3		160	80		
t = 4			160	80	
t = 5				160	80

Tab. A.3: Kosten für die Aufrechterhaltung der Betriebsbereitschaft für Maschinen des Typs i = 2

Periode	Verkaufpreise für Maschinen der Art i = 1, 2 in Periode 5, die in Periode t' gekauft wurden $VK_{t',5,i}^{MA}$ in GE/ME	
	Maschine i = 1	Maschine i = 2
t' = 3	3.000	
t' = 4	6.000	2.400

Tab. A.4: Verkaufpreise/Restwerte von Maschinen der Art i = 1, 2, am Ende der letzten Periode des Planungszeitraums

Periode t	Kosten für die Aufrechterhaltung der Betriebsbereitschaft von vorhandenen Maschinen in Periode t $\sum_{i=1}^{2}\sum_{rl=t}^{n_i} \overline{y}_{rl,i}^{MA,vorh} \cdot k_{t,rl,i}^{MA,vorh}$ in GE/PE
t = 0	840
t = 1	660
t = 2	300

Tab. A.5: Kosten für die Aufrechterhaltung der Betriebsbereitschaft von vorhandenen Maschinen

Absatzhöchstmenge: siehe Kapitel 6.3.4 Gleichung (6.5)

$$x_{tz} \leq \overline{X}_{tz} \qquad \forall\, t = 0,...5\,;\, z = 1, 2$$

Periode	Absatzhöchstmenge von Produkten der Art z = 1, 2 in Periode t $\overline{X}_{tz}$ in GE/ME	
	z = 1	z = 2
t = 0	300	400
t = 1	500	100
t = 2	1.000	2.000
t = 3	500	300
t = 4	2.000	2.000
t = 5	100	400

Tab. A.6: Absatzhöchstmengen von Produkten der Art z = 1, 2

Kapazitätsrestriktion: siehe Kapitel 6.3.5 Gleichung (6.6)

$$\sum_{z=1}^{Z} x_{t,z} \cdot \beta_{tzi} \leq \sum_{t'=t-n_i}^{t} y_{t',i}^{Ma} \cdot C_{t't,i} + \sum_{rl=t}^{n_i} \overline{y}_{rl,i}^{MA,vorh} \cdot C_{t,rl,i}^{vorh} \qquad \forall\, t = 0,..5,\ i = 1, 2$$

Periode	Produktionskoeffizient von Produkten der Art z = 1, 2 in Periode t, die auf Maschinen der Art i = 1, 2 produziert werden, β_{tzi} in ZE/ME			
	Produkt z = 1		Produkt z = 2	
	Maschine i = 1	Maschine i = 2	Maschine i = 1	Maschine i = 2
t = 0	15	13	14	12
t = 1	15	13	14	12
t = 2	14	12	14	12
t = 3	13	12	13	12
t = 4	12	12	13	12
t = 5	11	12	12	12

Tab. A.7: Produktionskoeffizienten für herzustellende Produkte der Art z = 1, 2 auf Maschinen der Art i = 1, 2

Periode	maximale Produktionskapazitäten von Maschinen der Art i = 1 in Periode t, die in Periode t' gekauft wurden $C_{t't,i}$ in ZE/PE				
	t' = 0	t' = 1	t' = 2	t' = 3	t' = 4
t = 0					
t = 1	3.000				
t = 2	2.000	3.000			
t = 3	1.000	2.000	3.000		
t = 4		1.000	2.000	3.000	
t = 5			1.000	2.000	3.000

Tab. A.8: Maximale Produktionskapazitäten von Maschinen der Art i = 1

Periode	maximale Produktionskapazitäten von Maschinen der Art i = 2 in Periode t, die in Periode t' gekauft wurden $C_{t't,2}$ in ZE/PE				
	t' = 0	t' = 1	t' = 2	t' = 3	t' = 4
t = 0					
t = 1	2.000				
t = 2	800	2.000			
t = 3		800	2.000		
t = 4			800	2.000	
t = 5				800	2.000

Tab. A.9: Maximale Produktionskapazitäten von Maschinen der Art i = 2

Periode t	vorhandene Produktionskapazitäten durch bereits zu Beginn des Planungszeitraums im Betrieb befindliche Maschinen der Art i = 1 und 2 in Periode t $\sum_{rl=t}^{n_i} \overline{y}_{rl,i}^{MA,vorh} \cdot C_{t,rl,i}^{vorh}$ in ZE/PE	
	i = 1	i = 2
t = 0	6.000	2.800
t = 1	3.000	8.00
t = 2	1.000	

Tab. A.10: Vorhandene Produktionskapazitäten von Maschinen der Art i = 1, 2, die sich bereits zu Beginn des Planungszeitraums im Betrieb befinden

Zahlungen aus Finanzinvestitionen: siehe Kapitel 6.3.7 Gleichung (6.13)

Aus Gleichung (6.13) folgt die für den hier zu betrachtenden Fall von zwei Finanzanlagen die nachstehende Gleichung für Zahlungen aus Finanzanlagen.

Zusätzliche Symbole:

$Z_{t,1}^{FI}$ = Zahlungen aus Finanzanlagen der Art q = 1 in Periode t in GE/PE

$Z_{t,2}^{FI}$ = Zahlungen aus Finanzanlagen der Art q = 2 in Periode t in GE/PE

$$Z_t^{FI} = Z_{t,1}^{FI} + Z_{t,2}^{FI} + Z_t^{FI,vorh}$$

Zahlungen aus Finanzanlagen der Art q = 1 (Gleichung (6.11))

$$Z_t^{FI,aus} = \sum_{q=1}^{Q} \left(FI_{t-n_q,q}^{aus} + \sum_{t'=t-n_q}^{t-1} r_{t't,q}^{FI,aus} \cdot FI_{t',q}^{aus} - FI_{t,q}^{aus} \right) \qquad \forall\, t = 0,...,5$$

Da Finanzanlagen der Art q = 1 einperiodig sind und nicht verzinst werden, ergibt sich die nachstehende Gleichung. In jeder Periode führen Finanzanlagen, die in der Vorperiode angelegt wurden, zu Einzahlungen $FI_{t-1,1}$ und neue Finanzanlagen zu Auszahlungen $FI_{t,1}$.

$$Z_{t,1}^{FI} = FI_{t-1,1} - FI_{t,1}$$

Zahlungen aus Finanzanlagen der Art q = 2 und maximaler Anlagebetrag (Gleichung (6.9))

$$Z_t^{FI,thes} = \sum_{q=1}^{Q} \left[\left(\prod_{t'=t-n_q+1}^{t} \left(1 + r_{t',t-n_q,q}^{FI,thes}\right) \right) \cdot FI_{t-n_q,q}^{thes} - FI_{t,q}^{thes} \right] \qquad \forall\, t = 0,...,5$$

Da Finanzanlagen der Art q = 2 eine Laufzeit von genau drei Perioden aufweisen und die Zinserträge dem Anlagebetrag jeweils zugeschlagen werden, ergeben sich genau zwei Zahlungen aus dieser Finanzanlageart. Eine Auszahlung in Höhe des Anlagebetrages $FI_{t,2}$ und eine Einzahlung in Höhe des Anlagebetrags zuzüglich erhaltener Zinserträge $\left(1 + r_{t'=t-3,2}^{FI}\right)^3 \cdot FI_{t-3,2}$ am Ende der dritten Periode der Laufzeit der Finanzanlage.

$$Z_{t,2}^{FI} = \left(1 + r_{t'=t-3,2}^{FI}\right)^3 \cdot FI_{t-3,2} - FI_{t,2} \qquad \forall\, t = 0,...,5$$

$$FI_{t,2} \leq \overline{FI}_{t,2} \qquad \forall\, t = 0,...,5$$

Periode	Rückzahlung in Periode t des in Periode t' angelegten Finanzbetrags $\left(1+r_{t'=t-n_2,2}^{FI,thes}\right)^3$ in GE/GE			maximaler Anlagebetrag in Periode t $\overline{FI}_{t,2}^{thes}$ in GE/PE
	t' = 0	t' = 2	t' = 1	
t = 0				20.000
t = 1				10.000
t = 2				20.000
t = 3	1,157625			
t = 4		1,17424		
t = 5			1,191016	

Tab. A.11: Rückzahlung aus Finanzanlagen der Art q = 2

Periode t	Zahlungen aus zu Beginn des Planungszeitraums vorhandenen Finanzanlagen in Periode t, $Z_t^{FI,vorh}$ in GE/PE
0	1.157,6250
1	1.736,4375
2	2.315,2500

Tab. A.12: Zahlungen aus zu Beginn des Planungszeitraums vorhandenen Finanzanlagen

Gewinnrücklage: siehe Kapitel 6.4.2.3 Gleichung (6.30)

$$GR_t = GR_{t-1} + \left(EK_t^{bil} - EK_{t-1}^{bil}\right) \qquad \forall\ t = 0,...,5$$

Das bereits zu Beginn des Planungszeitraums im Unternehmen befindliche Eigenkapital EK_{-1}^{bil} beträgt 28.710,833 GE.

Zahlungen aus Krediten: siehe Kapitel 6.3.8 in Verbindung mit Kapiteln 6.4 und 6.4.1 Gleichung (6.22)

$$Z_t^{KR} = \sum_{rk=1}^{RK}\sum_{f=1}^{F}\left(KR_{t,rk,f} - \sum_{t'=t-n_f}^{t-1} r_{t',rk,f}^{KR} \cdot RW_{t't-1,rk,f}^{KR} - \sum_{t'=t-n_f}^{t-1} TB_{t't,rk,f}^{KR}\right)$$

$$-Z_t^{KR,vorh} \qquad \forall\ f = 1,2 \quad t = 0,....,5$$

mit:

$$TB^{KR}_{t't,rk,f} = TQ_{t't,f} \cdot KR_{t',rk,f} \qquad \text{(Gleichung (6.15))}$$

$$RW^{KR}_{t't,rk,f} = KR_{t',rk,f} - \sum_{t''=t'+1}^{t} TB^{KR}_{t''t',rk,f} \qquad \text{(Gleichung (6.16))}$$

Nach Einsetzen der Bestimmungsgleichung für Tilgungsbeträge und Kreditrestwerte ergibt sich die nachstehende für den Beispielfall angepaßte Gleichung zur Bestimmung der Zahlungen aus Krediten.

$$\begin{aligned} Z^{Kr}_{t} = & \sum_{f=1}^{2}\sum_{rk=1}^{4} KR_{t,rk,f} \\ & -\sum_{f=1}^{2}\sum_{rk=1}^{4}\sum_{t'=t-n_f}^{t-1} r^{KR}_{t',rk,f} \cdot \left(KR_{t',rk,f} - \left(\sum_{t''=t'+1}^{t-1} TQ_{t',t'',f} \right) \cdot KR_{t',rk,f} \right) \\ & -\sum_{f=1}^{2}\sum_{rk=1}^{4}\sum_{t'=t-n_f}^{t-1} TQ_{t't,f} \cdot KR_{t',rk,f} - Z^{KR,vorh}_{t} \end{aligned}$$

<=>

$$\begin{aligned} Z^{Kr}_{t} = & \sum_{rk-1}^{4} KR_{t,rk,f} \\ & -\sum_{f=1}^{2}\sum_{rk=1}^{4}\sum_{t'=t-n_f}^{t-1} \left(r^{KR}_{t',rk,f} \cdot \left(1 - \left(\sum_{t''=t'+1}^{t-1} TQ_{t',t'',f} \right) \right) + TQ_{t't,f} \right) \cdot KR_{t',rk,f} \\ & -Z^{KR,vorh}_{t} \end{aligned}$$

Die für die vorstehende Gleichung benötigten Daten für die Konstanten können den nachstehenden Tabellen Tab. A.13 bis A.15 entnommen werden.

Periode t	Zahlungen aus zu Beginn des Planungszeitraums vorhandenen Krediten in Periode t, $\mathbf{Z^{KR,vorh}_{t}}$ in GE/PE
0	1.394,666
1	776,000
2	346,666

Tab. A.13: Zahlungen aus zu Beginn des Planungszeitraums vorhandenen Krediten

Periode	Koeffizient zur Bestimmung der Zahlungen aus Krediten der Art f = 1 in Periode t, die in Periode t' aufgenommen wurden, das Unternehmen wird der Ratingklasse rk zugeordnet $\left(\mathbf{r}^{\mathbf{KR}}_{\mathbf{t',rk,1}} \cdot \left(\mathbf{1}-\left(\sum_{t''=t'+1}^{t-1} \mathbf{TQ}_{\mathbf{t',t'',1}}\right)\right)+\mathbf{TQ}_{\mathbf{t't,1}}\right)$ in GE/(GE · PE)											
	rk = 1			rk = 2			rk = 3			rk = 4		
	t' = 0	t' = 1	t' = 2	t' = 0	t' = 1	t' = 2	t' = 0	t' = 1	t' = 2	t' = 0	t' = 1	t' = 2
t = 0												
t = 1	0,378			0,383			0,388			0,393		
t = 2	0,363	0,383		0,367	0,388		0,370	0,393		0,373	0,398	
t = 3	0,348	0,367	0,388	0,350	0,370	0,393	0,352	0,373	0,398	0,353	0,377	0,403
t = 4		0,350	0,370		0,352	0,373		0,353	0,377		0,355	0,380
t = 5			0,352			0,353			0,355			0,357

Tab. A.14: Koeffizienten zur Berechnung der Tilgungs- und Zinszahlungen von Krediten der Art f = 1

Periode	Koeffizient zur Bestimmung der Zahlungen aus Krediten der Art f = 2 in Periode t, die in Periode t' aufgenommen wurden, das Unternehmen wird der Ratingklasse rk zugeordnet $\left(r^{KR}_{t',rk,2} \cdot \left(1 - \left(\sum_{t''=t'+1}^{t-1} TQ_{t',t'',2}\right)\right) + TQ_{t't,2}\right)$ in GE/(GE · PE)															
	rk = 1				rk = 2				rk = 3				rk = 4			
	t' = 0	t' = 1	t' = 2	t' = 3	t' = 0	t' = 1	t' = 2	t' = 3	t' = 0	t' = 1	t' = 2	t' = 3	t' = 0	t' = 1	t' = 2	t' = 3
t = 0																
t = 1	0,650				0,655				0,660				0,665			
t = 2	0,420	0,655			0,422	0,660			0,424	0,665			0,426	0,670		
t = 3		0,422	0,660			0,424	0,665			0,426	0,670			0,428	0,675	
t = 4			0,424	0,665			0,426	0,670			0,428	0,675			0,430	0,680
t = 5				0,426				0,428				0,430				0,432

Tab. A.15: Koeffizienten zur Berechnung der Tilgungs- und Zinszahlungen von Krediten der Art f = 2

Bilanzsumme: siehe Kapitel 6.4.2.1 Gleichung (6.28)

$$
\begin{aligned}
B_t = & \sum_{i=1}^{I} \sum_{rl=t+1}^{n_i} \left[\left(\overline{y}_{rl,i}^{MA,vorh} - \sum_{t'=0}^{t} g_{t',rl,i}^{Ma,vorh} \right) \cdot VK_{t,rl,i}^{MA,vorh} \right] \\
& + \sum_{i=1}^{I} \sum_{\substack{t'=t-n_i+1 \\ t'\geq 0}}^{t-1} \left[\left(y_{t',i}^{MA} - \sum_{t''=t'+1}^{t} g_{t''t',i}^{MA} \right) \cdot VK_{t't,i}^{MA} \right] + \sum_{i=1}^{I} AP_{t,i}^{MA} \cdot y_{t,i}^{MA} \\
& + \sum_{q=1}^{Q} \left(\sum_{t'=t-n_q+1}^{t-1} FI_{t',q}^{aus} + FI_{t,q}^{aus} \right) \\
& + \sum_{q=1}^{Q} \left(\sum_{t'=t-n_q+1}^{t-1} \prod_{t''=t'+1}^{t} \left(1 + r_{t'',t',q}^{FI}\right) \cdot FI_{t',q}^{thes} + FI_{t,q}^{thes} \right) + FI_t^{vorh} \quad \forall\, t
\end{aligned}
$$

Da im Beispielfall keine Maschinenverkäufe vor der letzten Periode des Planungszeitraums möglich sein sollen, können diese aus der allgemeinen Gleichung (6.28) entfernt werden. Die Variable $VK_{t't,i}^{MA}$ und $VK_{t,rl,i}^{MA,vorh}$ steht für den jeweiligen Restbuchwert der Maschinen in Periode t. Desweiteren ist aus Finanzanlagen der Art q = 1 aufgrund deren einperiodiger Laufzeit nur die Neuanlage in Periode t zu berücksichtigen. Zudem ist für Finanzanlagen der zweiten Art der Zinssatz über die Anlagedauer konstant, so daß das Produkt in Zeile 4 der o.a. allgemeinen Gleichung entfällt.

$$
\begin{aligned}
B_t = & \sum_{i=1}^{I} \sum_{rl=t+1}^{n_i} \left[\overline{y}_{rl,i}^{MA,vorh} \cdot VK_{t,rl,i}^{MA,vorh} \right] \\
& + \sum_{i=1}^{I} \sum_{\substack{t'=t-n_i+1 \\ t'\geq 0}}^{t-1} \left[y_{t',i}^{MA} \cdot VK_{t't,i}^{MA} \right] + \sum_{i=1}^{I} AP_{t,i}^{MA} \cdot y_{t,i}^{MA} \\
& + FI_{t,1} \\
& + \sum_{t'=t-3+1}^{t-1} \left(1 + r_{t',2}^{FI}\right)^{t-t'} \cdot FI_{t',2} + FI_{t,2} \\
& + FI_t^{vorh} \qquad \forall\, t
\end{aligned}
$$

mit:

$$VK_{t't,i}^{MA} = RW_{t't,i}^{MA}$$

$$VK_{t't,i}^{MA} = AP_{t',i}^{MA} \cdot \left(1 - \sum_{t''=t'+1}^{t} AfA_{t't'',i}^{MA}\right)$$

Die in der vorstehenden Gleichung benötigten konstanten Daten können den nachstehenden Tabellen A.16 bis A.20 entnommen werden.

Periode	Koeffizienten zur Bestimmung des Restwertes von gekauften Maschinen der Art i = 1 in Periode t, die in Periode t' gekauft wurden $AP^{MA}_{t',1} \cdot \left(1 - \sum_{t''=t'+1}^{t} AfA^{MA}_{t't'',1}\right)$ in GE/Maschine		
	Periode des Maschinenkaufs		
	t' = 0	t' = 1	t' = 2
t = 0			
t = 1	6.000		
t = 2	3.000	6.000	
t = 3	0,0000	3.000	6.000
t = 4		0,0000	3.000
t = 5			0,0000

Tab. A.16: Koeffizienten zur Bestimmung des Restwertes von gekauften Maschinen der Art i = 1

Periode	Koeffizienten zur Bestimmung des Restwertes von gekauften Maschinen der Art i = 2 in Periode t, die in Periode t' gekauft wurden $AP^{MA}_{t',2} \cdot \left(1 - \sum_{t''=t'+1}^{t} AfA^{MA}_{t't'',2}\right)$ in GE/Maschine			
	Periode des Maschinenkaufs			
	t' = 0	t' = 1	t' = 2	t' = 3
t = 0				
t = 1	2.400			
t = 2	0,0	2.400		
t = 3		0,0	2.400	
t = 4			0,0	2.400
t = 5				0,0

Tab. A.17: Koeffizienten zur Bestimmung des Restwertes von gekauften Maschinen der Art i = 2

Periode	Koeffizienten zur Bestimmung des Anlagebetrages inkl. Zinsen aus Finanzanlagen der Art q = 2 in Periode t, die in Periode t' angelegt wurden $\left(1+r_{t',2}^{FI}\right)^{t-t'}$ in GE/GE		
	t' = 0	t' = 1	t' = 2
t = 0			
t = 1	1,0500		
t = 2	1,1025	1,0550	
t = 3	1,1576	1,1130	1,0600
t = 4		1,1742	1,1236
t = 5			1,1910

Tab. A.18: Koeffizienten zur Bestimmung des Anlagebetrages inkl. Zinsen aus Finanzanlagen der Art q = 2

Periode	Restwerte der bereits zu Beginn des Planungszeitraums vorhandenen Maschinen in Periode t $\sum_{i=1}^{I}\sum_{rl=t+1}^{n_i}\left[\bar{y}_{rl,i}^{MA,vorh}\cdot VK_{t,rl,i}^{MA,vorh}\right]$ in GE
0	11.400
1	3.000

Tab. A.19: Restwerte der bereits zu Beginn des Planungszeitraums vorhandenen Maschinen

Periode	Restwerte der bereits zu Beginn des Planungszeitraums vorhandenen Finanzanlagen in Periode t FI_t^{vorh} in GE
0	3.753,75
1	2.205,00

Tab. A.20: Restwerte der bereits zu Beginn des Planungszeitraums vorhandenen Finanzanlagen

Eigenkapital: siehe Kapitel 6.4.2.2 Gleichung (6.29)

$$EK_t^{bil} = B_t - \left[\sum_{rk=1}^{RK} \sum_{f=1}^{F} \left(\sum_{t'=t-n_f+1}^{t-1} RW_{t't,rk,f}^{KR} + KR_{t,rk,f} \right) \right] - RW_t^{KR,vorh}$$

$$\forall\, t = 0,....,5$$

mit

$$RW_{t't,rk,f}^{KR} = KR_{t',rk,f} \cdot \left(1 - \sum_{t''=t'+1}^{t} TQ_{t',t'',f} \right) \qquad \text{(Gleichung (6.16))}$$

$$EK_t^{bil} = B_t - RW_t^{KR,vorh} - \left[\sum_{rk=1}^{RK} \sum_{f=1}^{F} \left(\sum_{t'=t-n_f+1}^{t-1} KR_{t',rk,f} \cdot \left(1 - \sum_{t''=t'+1}^{t} TQ_{t',t'',f} \right) + KR_{t,rk,f} \right) \right]$$

$$\forall\, t = 0,....,5$$

Periode	Koeffizienten zur Bestimmung der Kreditrestwerte für Kredite der Art f = 1 in Periode t, die in Periode t' aufgenommen wurden, einheitlich für alle Ratingklassen $\left(\mathbf{1 - \sum_{t''=t'+1}^{t} TQ_{t',t'',1}} \right)$ in GE/GE		
	t' = 0	t' = 1	t' = 2
t = 0			
t = 1			
t = 2	0,333		
t = 3		0,333	
t = 4			0,333
t = 5			

Tab. A.21: Koeffizienten zur Bestimmung der Kreditrestwerte für Kredite der Art f = 1, einheitlich für alle Ratingklassen

Periode	Koeffizienten zur Bestimmung der Kreditrestwerte für Kredite der Art f = 2 in Periode t, die in Periode t' aufgenommen wurden, einheitlich für alle Ratingklassen $\left(1-\sum_{t''=t'+1}^{t} TQ_{t',t'',2}\right)$ in GE/GE			
	t' = 0	t' = 1	t' = 2	t' = 3
t = 0				
t = 1	0,4			
t = 2		0,4		
t = 3			0,4	
t = 4				0,4
t = 5				

Tab. A.22: Koeffizienten zur Bestimmung der Kreditrestwerte für Kredite der Art f = 2, einheitlich für alle Ratingklassen

Periode	Restwerte der bereits zu Beginn des Planungszeitraums vorhandenen Kredite in Periode t $RW_t^{KR,vorh}$ in GE
0	1.066,66
1	333,33

Tab. A.23: Restwerte der bereits zu Beginn des Planungszeitraums vorhandenen Kredite

Gewinne vor Steuern und Zinsaufwendungen: siehe Kapitel 6.4.2.4 Gleichung (6.32)

$$EBIT_t = \left(EK_t^{Buch} - EK_{t-1}^{Buch}\right) + Z_t + \sum_{rk=1}^{RK}\sum_{f=1}^{F}\sum_{t'=t-n_f}^{t-1} r_{t',rk,f}^{KR} \cdot RW_{t't-1,rk,f}^{KR} + ZZ_t^{Kr,vorh} \qquad \forall\, t = 0,...,5$$

mit $$RW_{t't-1,rk,f}^{KR} = \left(1-\sum_{t''=t'+1}^{t-1} TQ_{t',t'',f}\right) \cdot KR_{t',rk,f} \qquad \text{(Gleichung (6.16))}$$

Nach Einsetzten des Ausdrucks für den Kreditrestwert in die Bestimmungsgleichung für $EBIT_t$ ergibt sich der folgende Ausdruck.

$$\text{EBIT}_t = \left(\text{EK}_t^{\text{Buch}} - \text{EK}_{t-1}^{\text{Buch}}\right) + Z_t$$

$$+\sum_{rk=1}^{RK}\sum_{f=1}^{F}\sum_{t'=t-n_f}^{t-1} r_{t',rk,f}^{KR} \cdot \left(1 - \sum_{t''=t'+1}^{t-1} TQ_{t',t'',f}\right) \cdot KR_{t',rk,f}$$

$$+ZZ_t^{\text{Kr,vorh}} \qquad \forall\, t = 0,\ldots,5$$

Das zu Beginn des Planungszeitraums vorhandene Eigenkapital $\text{EK}_{-1}^{\text{Buch}}$ beträgt 28.710,83 GE. Die Werte der in der vorstehenden Gleichung enthaltenen weiteren Konstanten sind den folgenden Tabellen A.24 bis A.26 zu entnehmen.

Periode	Zinszahlungen aus bereits zu Beginn des Planungszeitraums vorhandenen Krediten in Periode t $ZZ_t^{\text{Kr,vorh}}$ in GE/PE
0	94,666
1	42,666
2	13,333

Tab. A.24: Zinszahlungen aus bereits zu Beginn des Planungszeitraums vorhandenen Krediten

Periode	Koeffizienten zur Bestimmung der Zinszahlungen aus Krediten der Art f = 1 in Periode t, die in Periode t' aufgenommen wurden $\mathbf{r^{KR}_{t',rk,1}} \cdot \left(1 - \sum_{t''=t'+1}^{t-1} \mathbf{TQ_{t',t'',1}}\right)$ in GE/(GE · PE)											
	rk = 1			rk = 2			rk = 3			rk = 4		
	t' = 0	t' = 1	t' = 2	t' = 0	t' = 1	t' = 2	t' = 0	t' = 1	t' = 2	t' = 0	t' = 1	t' = 2
t = 0												
t = 1	0,045			0,045			0,045			0,045		
t = 2	0,030	0,050		0,030	0,050		0,030	0,050		0,030	0,050	
t = 3	0,015	0,033	0,055	0,015	0,033	0,055	0,015	0,033	0,055	0,015	0,033	0,055
t = 4		0,017	0,037		0,017	0,037		0,017	0,037		0,017	0,037
t = 5			0,018			0,018			0,018			0,018

Tab. A.25: Koeffizienten zur Bestimmung der Zinszahlungen aus Krediten der Art f = 1

Periode	Koeffizienten zur Bestimmung der Zinszahlungen aus Krediten der Art f = 2 in Periode t, die in Periode t' aufgenommen wurden $\mathbf{r}^{\mathbf{KR}}_{\mathbf{t',rk,2}} \cdot \left(\mathbf{1} - \sum_{\mathbf{t''=t'+1}}^{\mathbf{t-1}} \mathbf{TQ}_{\mathbf{t',t'',2}} \right)$ in GE/(GE · PE)															
	rk = 1				rk = 2				rk = 3				rk = 4			
	t' = 0	t' = 1	t' = 2	t' = 3	t' = 0	t' = 1	t' = 2	t' = 3	t' = 0	t' = 1	t' = 2	t' = 3	t' = 0	t' = 1	t' = 2	t' = 3
t = 0																
t = 1	0,050				0,055				0,060				0,065			
t = 2	0,020	0,055			0,022	0,060			0,024	0,065			0,026	0,070		
t = 3		0,022	0,060			0,024	0,065			0,026	0,070			0,028	0,075	
t = 4			0,024	0,065			0,026	0,070			0,028	0,075			0,030	0,080
t = 5				0,026				0,028				0,030				0,032

Tab. A.26: Koeffizienten zur Bestimmung der Zinszahlungen aus Krediten der Art f = 2

working capital: siehe Kapitel 6.4.2.5 Gleichung (6.34)

$$
\begin{aligned}
wc_t = & \sum_{q=1}^{Q}\left[\prod_{t'=t-n_q+1}^{t}\left(1+r^{FI,thes}_{t',t-n_q+1,q}\right)\cdot FI^{thes}_{t-n_q+1,q}\right]+\sum_{\substack{q=1\\ n_1=1}}^{Q} FI^{thes}_{t,q} \\
& +\sum_{q=1}^{Q} FI^{aus}_{t-n_q+1,q}+\sum_{\substack{q=1\\ n_q=1}}^{Q} FI^{aus}_{t,q} + FI^{vorh,1}_{t} \\
& -\sum_{rk=1}^{RK}\sum_{f=1}^{F} RW^{KR}_{t-n_f+1,t,rk,f}-\sum_{rk=1}^{RK}\sum_{\substack{f=1\\ n_f=1}}^{F} KR_{t,rk,f} - KR^{vorh,1}_{t} \qquad \forall\, t=0,\ldots 5
\end{aligned}
$$

Wesentliche Vereinfachungen gegenüber der vorstehenden Bestimmungsgleichung für das working capital sind möglich, weil nur eine thesaurierende und eine einperiodige Finanzanlage vorhanden sind und Kredite jeweils eine Restlaufzeit von einer Periode aufweisen dürfen. Deshalb ist jeweils nur ein Kredit der Art $f=1$ und ein Kredit der Art $f=2$ in jeder Periode t zu berücksichtigen. Darüber hinaus sind in jeder Periode nur Neuan-lagen in Finanzanlage $q=1$ zu berücksichtigen, da diese innerhalb einer Periode wieder fällig werden.

$$
\begin{aligned}
wc_t = & \left(1+r^{FI}_{t'=t-2,1}\right)^2\cdot FI_{t'=t-2,1}+FI_{t,2}+FI^{vorh,1}_{t} \\
& -\sum_{rk=1}^{RK}\left(1-TQ_{t'=t-2,t''=t-1,1}-TQ_{t'=t-2,t''=t,1}\right)\cdot KR_{t'=t-2,rk,1} \\
& -\sum_{rk=1}^{RK}\left(1-TQ_{t'=t-1,t''=t,2}\right)\cdot KR_{t-1,rk,2} - KR^{vorh,1}_{t} \qquad \forall\, t=0,\ldots,5
\end{aligned}
$$

Periode	Koeffizienten zur Bestimmung des Anlagebetrages inkl. Zinsen aus Finanzanlagen der Art q = 2 in Periode t, die in Periode t eine Restlaufzeit von einer Periode aufweisen und in Periode t' angelegt wurden $\left(1+r_{t-2,1}^{FI,thes}\right)^2$ in GE/GE		
	t' = 0	t' = 1	t' = 2
t = 0			
t = 1			
t = 2	1,1025		
t = 3		1,1130	
t = 4			1,1236
t = 5			

Tab. A.27: Koeffizienten zur Bestimmung des Anlagebetrages inkl. Zinsen aus Finanzanlagen der Art q = 2

Periode	Finanzanlagebetrag aus bereits zu Beginn des Planungszeitraums vorhandenen Finanzanlagen in Periode t, die sich noch genau eine weitere Periode im Betrieb befinden $FI_t^{vorh,1}$ in GE
0	1.653,75
1	2.205,00

Tab. A.28: Finanzanlagebetrag aus bereits zu Beginn des Planungszeitraums vorhandenen Finanzanlagen, die sich in Periode t noch genau eine weitere Periode im Betrieb befinden

Periode	Kreditbetrag aus bereits zu Beginn des Planungszeitraums vorhandenen Krediten in Periode t, die sich noch genau eine weitere Periode im Betrieb befinden $KR_t^{vorh,1}$ in GE
0	600,00
1	333,33

Tab. A.29: Kreditbetrag aus bereits zu Beginn des Planungszeitraums vorhandenen Krediten, die sich in Periode t noch genau eine weitere Periode im Betrieb befinden

Periode	Koeffizienten zur Bestimmung der Kreditrestwerte für Kredite der Art f = 1 in Periode t, die in Periode t' aufgenommen wurden, einheitlich für alle Ratingklassen $\left(1 - TQ_{t'=t-2,t''=t-1,1} - TQ_{t'=t-2,t''=t,1}\right)$ in GE/GE		
	t' = 0	t' = 1	t' = 2
t = 0			
t = 1	0,667		
t = 2	0,333	0,667	
t = 3	0,000	0,333	0,667
t = 4		0,000	0,333
t = 5			0,000

Tab. A.30: Koeffizienten zur Bestimmung der Kreditrestwerte für Kredite der Art f = 1, einheitlich für alle Ratingklassen

Periode	Koeffizienten zur Bestimmung der Kreditrestwerte für Kredite der Art f = 2 in Periode t, die in Periode t' aufgenommen wurden, einheitlich für alle Ratingklassen $\left(1 - TQ_{t'=t-1,t''=t,2}\right)$ in GE/GE			
	t' = 0	t' = 1	t' = 2	t' = 3
t = 0				
t = 1	0,4			
t = 2	0,0	0,4		
t = 3		0,0	0,4	
t = 4			0,0	0,4
t = 5				0,0

Tab. A.31: Koeffizienten zur Bestimmung der Kreditrestwerte für Kredite der Art f = 2, einheitlich für alle Ratingklassen

Ratingbedingung: siehe Kapitel 6.4.1 Gleichung (6.27)

$$B_t \cdot \overline{z}_{rk} \leq \text{Zähler}_t + \left(1 - y_{t,rk}\right) \cdot L \qquad \forall\, rk, t$$

Ratingklasse rk	$\overline{z}_{rk}$
1	15
2	10
3	5
4	0
5	-200.000

Tab. A. 32: Werte der Diskriminanzfunktion für einen Ratingklassenwechsel

Einhaltung Kredithöchstbetrag und Verknüpfung mit Ratingurteil

$$KR_{t,rk,f} \leq y_{t,rk} \cdot L \qquad \forall\, t = 0,...5,\ f = 1, 2,\ rk = 1,...,5 \qquad \text{Gleichung (6.20)}$$

und

$$KR_{t,rk,f} \leq \overline{KR}_{t,f} \qquad \forall\, t = 0,...5,\ f = 1, 2,\ rk = 1,...,5 \qquad \text{Gleichung (6.17)}$$

führt zu

$$KR_{t,rk,f} \leq y_{t,rk} \cdot \overline{KR}_{t,f} \qquad \forall\, t = 0,...5,\ f = 1, 2,\ rk = 1,...,5$$

Periode	Kredithöchstbetrag in Periode t $\overline{\mathbf{KR}}_{\mathbf{t,rk,f}}$ in GE/PE	
	f = 1	f = 2
t = 0	90.000	50.000
t = 1	90.000	50.000
t = 2	90.000	50.000
t = 3	90.000	50.000

Tab. A. 33: Maximale Kreditaufnahmebeträge

Berechnung Zähler für Ratingurteil: siehe Kapitel 6.4.1 Gleichung (6.25)

$$\text{Zähler}_t = 6{,}56 \cdot wc_t + 3{,}26 \cdot GR_t + 6{,}72 \cdot EBIT_t + 1{,}05 \cdot EK_t^{bil}$$

Anhang A2: Beschreibung des für die Beispielrechnung in Kapitel 5.5 verwendeten Modells unter Angabe von Wertetabellen für die Konstanten

Zielfunktion

$$
\begin{aligned}
hEK^{IRB} = & \sum_{f=1}^{F} KR_f^{Imm} \cdot LGD^{Imm} \cdot FaKons_f + \sum_{f=1}^{F} KR_f^{FAbtr} \cdot LGD^{FAbtr} \cdot FaKons_f \\
& + \sum_{f=1}^{F} KR_f^{sonst} \cdot LGD^{sonst} \cdot FaKons_f + \sum_{f=1}^{F} \sum_{g}^{G} KR_{fg}^{G,g} \cdot LGD_g \cdot FaKons_{fg}^{G} \\
& + \sum_{f=1}^{F} \sum_{g}^{G} KR_{fg}^{G,f} \cdot LGD_f \cdot FaKons_{fg}^{G} \\
& + \sum_{f=1}^{F} \sum_{g}^{G} KR_{fg}^{G,FAbtr} \cdot LGD^{FAbtr} \cdot FaKons_{fg}^{G} \\
& + \sum_{f=1}^{F} \sum_{g}^{G} KR_{fg}^{G,Imm} \cdot LGD^{Imm} \cdot FaKons_{fg}^{G} \\
& + \sum_{f=1}^{F} \sum_{g}^{G} KR_{fg}^{G,sonst} \cdot LGD^{sonst} \cdot FaKons_{fg}^{G} \\
& + \sum_{f=1}^{F} \sum_{g}^{G} KR_{fg}^{DD,g} \cdot LGD_g \cdot FaKons_{fg}^{DD} \\
& + \sum_{f=1}^{F} \sum_{g}^{G} KR_{fg}^{DD,f} \cdot LGD_f \cdot FaKons_{fg}^{DD} \\
& + \sum_{f=1}^{F} \sum_{g}^{G} KR_{fg}^{DD,FAbtr} \cdot LGD^{FAbtr} \cdot FaKons_{fg}^{DD} \\
& + \sum_{f=1}^{F} \sum_{g}^{G} KR_{fg}^{DD,Imm} \cdot LGD^{Imm} \cdot FaKons_{fg}^{DD} \\
& + \sum_{f=1}^{F} \sum_{g}^{G} KR_{fg}^{DD,sonst} \cdot LGD^{sonst} \cdot FaKons_{fg}^{DD} \\
& + \sum_{f=1}^{F} KRnR_f^{unbes} \cdot LGD_f^{unbes} \cdot FaKons_f \qquad \rightarrow \min
\end{aligned}
$$

Die benötigten Werte der Konstanten können den nachstehenden Tabellen A.34 bis A.37 entnommen werden.

Verlustquote in % der besicherten und unbesicherten Kreditbeträge	
LGD^{fin}	0%
LGD^{FAbtr}	35%
LGD^{Imm}	35%
LGD^{sonst}	40%
$LGD_{g=1}$	45%
$LGD_{g=2}$	75%
$LGD_{f=1}$	75%
$LGD_{f=2}$	45%
$LGD_{f=3}$	45%

Tab. A.34: LGD für den durch Sicherheiten unterlegten Teil von vorrangigen Forderungen und für unbesicherte Kreditbeträge

	$\mathbf{FaKons_f}$ in GE/GE			
Kredit f	PD = 0,3%	PD = 1%	PD = 1,3%	PD = 15%
f = 1	0,1059	0,1754	0,1909	0,4036
f = 2	0,0690	0,1303	0,1453	0,3646
f = 3	0,0875	0,1528	0,1681	0,3841

Tab. A.35: Eigenkapitalfaktoren, die nur von der Ausfallwahrscheinlichkeit abhängig sind, wenn die Funktion des Kreditnehmers verwendet wird

Garantie g	Kredit f	$\mathbf{FaKons_{fg}^{G}}$ **in GE/GE**
1	1	0,1691
	2	0,1243
	3	0,1467
2	1	0,1811
	2	0,1357
	3	0,1584

Tab. A.36: Eigenkapitalfaktoren, die nur von der Ausfallwahrscheinlichkeit abhängig sind, es wird die Funktion des Garanten verwendet

Garantie g	Kredit f	$\mathbf{FaKons_{fg}^{DD}}$ in GE/GE			
		$PD_f = 0{,}3\%$	$PD_f = 1\%$	$PD_f = 1{,}3\%$	$PD_f = 15\%$
1	1	0,1684	0,2817	0,3142	0,7885
	2	0,1097	0,2071	0,2310	0,5800
	3	0,1391	0,2444	0,2726	0,6841
2	1	0,2023	0,3350	0,3702	0,9292
	2	0,1318	0,2488	0,2775	0,6964
	3	0,1670	0,2919	0,3238	0,8128

Tab. A.37: Eigenkapitalfaktoren, die nur von der Ausfallwahrscheinlichkeit abhängig sind, es wird die Funktion des Doppelausfall-Effektes verwendet

Nebenbedingungen:

finanzielle Sicherheiten

- Berechnung des Kreditbetrages, der nur mit finanziellen Sicherheiten unterlegt wird.
- Begrenzung der Verwendung von finanziellen Sicherheiten auf den Fall, daß deren Wert den Wert des Risikozuschlags auf den Kredit übersteigt.
- Bestimmung des Wertes der Korrekturvariablen für die Nicht-Berücksichtigung des Risikozuschlags auf den Kreditbetrag, falls finanzielle Sicherheiten zur Sicherung des Kredites nicht verwendet werden.

$$KR_f^{fin} = \sum_{j=1}^{J} x_{fj}^{fin} \cdot S_j^{fin} \cdot \alpha_{fj}^{fin} - KRvR_f \cdot \left(\beta_f^{fin} - 1\right) + KBKR_f^{fin} \qquad \forall f$$

$$\left(\beta_f^{fin} - 1\right) \cdot KRvR_f \leq \sum_{j=1}^{J} x_{fj}^{fin} \cdot S_j^{fin} \cdot \alpha_{fj} + \left(1 - \gamma_f^{fin}\right) \cdot L \qquad \forall f$$

$$\sum_{j=1}^{J} x_{fj}^{fin} \cdot S_j^{fin} \cdot \alpha_{fj}^{fin} \leq \gamma_f^{fin} \cdot L \qquad \forall f$$

$$KBKR_f^{fin} \leq \left(\beta_f^{fin} - 1\right) \cdot KRvR_f \qquad \forall f$$

$$KBKR_f^{fin} \leq \left(1 - \gamma_f^{fin}\right) \cdot L \qquad \forall f$$

Die benötigten Konstanten können den nachstehenden Tabellen A.38 und A.39 entnommen werden.

Kredit $f = 1, 2, 3$	Korrekturterm β_f^{fin} in GE/GE
1	1,01
2	1,005
3	1

Tab. A.38: Korrekturterm für Wertschwankungen des Kredites

	$S_j^{fin} \cdot \alpha_{fj}^{fin}$ in GE		
	Kredit $f = 1$	Kredit $f = 2$	Kredit $f = 3$
finanzielle Sicherheit $j = 1$	3.182,00	5.000,00	5.000,00
finanzielle Sicherheit $j = 2$	545,60	2.000,00	857,20

Tab. A.39: Korrigierte Werte finanzieller Sicherheiten bei Verwendung für die Besicherung von Kredit f

Forderungsabtretungen

Bestimmung des Kreditbetrages, der mit Forderungsabtretungen gesichert wird.

$$KR_f^{FAbtr} = \frac{\sum_j^J x_{fj}^{FAbtr} \cdot S_{fj}^{FAbtr,korr}}{I^{o,FAbtr}} \qquad \forall f$$

Die Werte für die benötigten Konstanten sind der nachstehenden Tabelle A.40 zu entnehmen.

	$S_{fj}^{FAbtr,korr}$ in GE		
	Kredit $f = 1$	Kredit $f = 2$	Kredit $f = 3$
Forderungsabtretung $j = 1$	3.000,00	3.000,00	3.000,00
Forderungsabtretung $j = 2$	636,40	1.000,00	1.000,00

Tab. A.40: Korrigierte Werte für Forderungsabtretungen bei Verwendung zur Besicherung von Kredit f

Obere Intervallgrenze für Forderungsabtretungen ab der ein Kredit als vollständig besichert gilt.

$$I^{o,FAbtr} = 1{,}25 \text{ GE/GE}$$

Immobilien und sonstige Sicherheiten

- Prüfung der Einhaltung der Mindestsicherungsquote für die Verwendung von sonstigen Sicherheiten und Immobiliensicherheiten gemäß IKE N. 295
- Berechnung des Kreditbetrages, der nur mit Immobiliensicherheiten unterlegt wird
- Berechnung des Kreditbetrages, der nur mit sonstigen Sicherheiten unterlegt wird

$$\frac{\sum_{j=1}^{J}\left(x_{fj}^{Imm} + \sum_{g=1}^{G} x_{fjg}^{G,Imm} + \sum_{g=1}^{G} x_{fjg}^{DD,Imm}\right)\cdot S_{fj}^{Imm,korr}}{I^{u,Imm,sonst}}$$

$$+\frac{\sum_{j=1}^{J}\left(x_{fj}^{sonst} + \sum_{g=1}^{G} x_{fjg}^{G,sonst} + \sum_{g=1}^{G} x_{fjg}^{DD,sonst}\right)\cdot S_{fj}^{sonst,korr}}{I^{u,Imm,sonst}}$$

$$\geq KRvR_f - KR_f^{fin} - KR_f^{FAbtr} - \left(1-\gamma_f^{Imm,sonst}\right)\cdot L \qquad \forall f$$

$$\sum_{j=1}^{J}\left(x_{fj}^{Imm} + \sum_{g=1}^{G} x_{fjg}^{G,Imm} + \sum_{g=1}^{G} x_{fjg}^{DD,Imm}\right)\cdot S_{fj}^{Imm,korr}$$

$$+\sum_{j=1}^{J}\left(x_{fj}^{sonst} + \sum_{g=1}^{G} x_{fjg}^{G,sonst} + \sum_{g=1}^{G} x_{fjg}^{DD,sonst}\right)\cdot S_{fj}^{sonst,korr}$$

$$\leq \gamma_f^{Imm,sonst}\cdot L \qquad \forall f$$

$$KR_f^{Imm} = \frac{\sum_{j}^{J} x_{fj}^{Imm}\cdot S_{fj}^{Imm,korr}}{I^{o,Imm}} \qquad \forall f$$

$$KR_f^{sonst} = \frac{\sum_j^J x_{fj}^{sonst} \cdot S_{fj}^{sonst,korr}}{l^{o,sonst}} \qquad \forall f$$

Für die Konstanten gelten die in den nachstehenden Tabellen A.41 und A.42 angegebenen Werte.

	$S_{fj}^{Imm,korr}$ in GE		
	Kredit f = 1	Kredit f = 2	Kredit f = 3
Immobiliensicherheit j = 1	20.000,00	20.000,00	20.000,00
Immobiliensicherheit j = 2	6.000,00	6.000,00	6.000,00

Tab. A.41: Korrigierte Werte für Immobiliensicherheiten

	$S_{fj}^{sonst,korr}$ in GE		
	Kredit f = 1	Kredit f = 2	Kredit f = 3
sonstige Sicherheit j = 1	3.818,40	6.000,00	6.000,00
sonstige Sicherheit j = 2	2.545,60	4.000,00	4.000,00

Tab. A.42: Korrigierte Werte für sonstige Sicherheiten

Mindestsicherungsquote, ab der Immobiliensicherheiten und sonstige Sicherheiten für die Besicherung eines Kredites verwendet werden dürfen.

$$l^{u,Imm,sonst} = 0{,}30 \text{ GE/GE}$$

Übersicherungsquote bei Verwendung von sonstigen und Immobiliensicherheiten ab der ein Kredit als vollständig besichert gilt.

$$l^{o,sonst} = 1{,}40 \text{ GE/GE}$$

$$l^{o,Imm} = 1{,}40 \text{ GE/GE}$$

Garantien und IRB-Sicherheiten

- Berechnung der Kreditbeträge, die durch Garantien einfach besichert werden.
- Berechnung der Kreditbeträge, die durch Garantien und eine weitere Sicherheit doppelt besichert werden.
- Verwendung der Risikogewichtungsfunktion des Garanten.

$$KR_{fg}^{G,g} = x_{fg}^{G,g} \cdot G_{fg}^{korr} \qquad \forall\, g, f$$

$$KR_{fg}^{G,f} = x_{fg}^{G,f} \cdot G_{fg}^{korr} \qquad \forall\, g, f$$

$$KR_{fg}^{G,FAbtr} = \frac{\sum_{j=1}^{J} x_{fjg}^{G,FAbtr} \cdot S_{fj}^{FAbtr,korr}}{I^{o,FAbtr}} \qquad \forall\, g, f$$

$$KR_{fg}^{G,Imm} = \frac{\sum_{j=1}^{J} x_{fjg}^{G,Imm} \cdot S_{fj}^{Imm,korr}}{I^{o,Imm}} \qquad \forall\, g, f$$

$$KR_{fg}^{G,sonst} = \frac{\sum_{j=1}^{J} x_{fjg}^{G,sonst} \cdot S_{fj}^{sonst,korr}}{I^{o,sonst}} \qquad \forall\, g, f$$

Da angenommen wird, daß zwischen Krediten und Garantien keine Währungs- und Laufzeitinkongruenzen auftreten, sind für die korrigierten Garantiewerte G_{fg}^{korr} die unkorrigierten Garantiebeträge G_g zu verwenden. Diese können der nachstehenden Tabelle A.43 entnommen werden. Die korrigierten Werte der anderen zu verwendenden Sicherheiten können den Tabellen A.41 und A.42 entnommen werden.

Garantie $g = 1, 2$	Garantiehöchstbetrag $G_g = G_{fg}^{korr}$ $\forall$ f = 1,..,3 in GE
1	8.000
2	3.000

Tab. A.43: Werte der zur Besicherung verwendeten Garantien

- Berechnung der Kreditbeträge, die durch Garantien einfach besichert werden.
- Berechnung der Kreditbeträge, die durch Garantien und eine weitere Sicherheit doppelt besichert werden.
- Verwendung der Risikogewichtungsfunktion des Doppelausfall-Effektes.

$$KR_{fg}^{DD,g} = x_{fg}^{DD,g} \cdot G_{fg}^{korr} \qquad \forall\, g, f$$

$$KR_{fg}^{DD,f} = x_{fg}^{DD,f} \cdot G_{fg}^{korr} \qquad \forall\, g, f$$

$$KR_{fg}^{DD,FAbtr} = \frac{\sum_{j=1}^{J} x_{fjg}^{DD,FAbtr} \cdot S_{fj}^{FAbtr,korr}}{I^{o,FAbtr}} \qquad \forall\, g, f$$

$$KR_{fg}^{DD,Imm} = \frac{\sum_{j=1}^{J} x_{fjg}^{DD,Imm} \cdot S_{fj}^{Imm,korr}}{I^{o,Imm}} \qquad \forall\, g, f$$

$$KR_{fg}^{DD,sonst} = \frac{\sum_{j=1}^{J} x_{fjg}^{DD,sonst} \cdot S_{fj}^{sonst,korr}}{I^{o,sonst}} \qquad \forall\, g, f$$

Für die benötigten Werte der einzelnen Konstanten siehe die vorstehenden Tabellen.

- Begrenzung der Garantien auf den jeweiligen Wert des vorhandenen Sicherungsmittels

$$\sum_{f=1}^{F}\left(x_{fg}^{G,g} + x_{fg}^{G,f} + x_{fg}^{DD,g} + x_{fg}^{DD,f}\right)\cdot G_g$$

$$+\sum_{f=1}^{F}\sum_{j=1}^{J}\left(\frac{\frac{x_{fjg}^{G,Fabtr}\cdot S_{fj}^{FAbtr,korr}}{I^{o,FAbtr}}}{\alpha_{fg}} + \frac{\frac{x_{fjg}^{G,Imm}\cdot S_{fj}^{Imm,korr}}{I^{o,Imm}}}{\alpha_{fg}} + \frac{\frac{x_{fjg}^{G,sonst}\cdot S_{fj}^{sonst,korr}}{I^{o,sonst}}}{\alpha_{fg}}\right)$$

$$+\sum_{f=1}^{F}\sum_{j=1}^{J}\left(\frac{\frac{x_{fjg}^{DD,FAbtr}\cdot S_{fj}^{FAbtr,korr}}{I^{o,FAbtr}}}{\alpha_{fg}} + \frac{\frac{x_{fjg}^{DD,Imm}\cdot S_{fj}^{Imm,korr}}{I^{o,Imm}}}{\alpha_{fg}} + \frac{\frac{x_{fjg}^{DD,sonst}\cdot S_{fj}^{sonst,korr}}{I^{o,sonst}}}{\alpha_{fg}}\right)$$

$$\leq \quad G_g \qquad \forall\, g$$

Für die benötigten Werte der Konstanten vgl. die vorstehenden Tabellen.

Der Korrekturfaktor α_{fg} für Währungs- und Laufzeitinkongruenzen zwischen Garantie g und Kredit f beträgt für alle Kredit-Garantiekombinationen Eins.

$$\alpha_{fg} = 1 \qquad \forall\, g, f$$

Begrenzung der Verwendung der einzelnen Sicherheiten auf den jeweiligen Wert des vorhandenen Sicherungsmittels.

- Immobiliensicherheiten

$$\sum_{f=1}^{F}\left(x_{fj}^{Imm} + \sum_{g=1}^{G} x_{fjg}^{G,Imm} + \sum_{g=1}^{G} x_{fjg}^{DD,Imm} \right) \leq 1 \qquad \forall\, j$$

- sonstige Sicherheiten

$$\sum_{f=1}^{F}\left(x_{fj}^{sonst} + \sum_{g=1}^{G} x_{fjg}^{G,sonst} + \sum_{g=1}^{G} x_{fjg}^{DD,sonst} \right) \leq 1 \qquad \forall\, j$$

- Forderungsabtretungen

$$\sum_{f=1}^{F}\left(x_{fj}^{FAbtr} + \sum_{g=1}^{G} x_{fjg}^{G,FAbtr} + \sum_{g=1}^{G} x_{fjg}^{DD,FAbtr} \right) \leq 1 \qquad \forall\, j$$

- finanzielle Sicherheiten

$$\sum_{f=1}^{F} x_{fj}^{fin} \leq 1 \qquad \forall\, j$$

Berechnung des durch Garantien besicherten Kreditbetrages

$$KR_f^{G} = \sum_{g=1}^{G}\left(KR_{fg}^{G,g} + KR_{fg}^{G,f} \right) + \sum_{g=1}^{G}\left(KR_{fg}^{DD,g} + KR_{fg}^{DD,f} \right) \qquad \forall\, f$$

Berechnung des durch Garantien und andere Sicherheiten doppelt besicherten Kreditbetrages

$$\begin{aligned} KR_f^{G,IRB} = & \sum_{g=1}^{G}\left(KR_{fg}^{G,FAbtr} + KR_{fg}^{G,Imm} \right) \\ & + \sum_{g=1}^{G}\left(KR_{fg}^{G,sonst} + KR_{fg}^{DD,FAbtr} \right) \\ & + \sum_{g=1}^{G}\left(KR_{fg}^{DD,Imm} + KR_{fg}^{DD,sonst} \right) \qquad \forall\, f \end{aligned}$$

Ermittlung des unbesicherten Restkreditbetrages

$$\begin{aligned} KRnR_f^{unbes} = & \; KRvR_f - KR_f^{fin} - KR_f^{FAbtr} - KR_f^{Imm} \\ & - KR_f^{sonst} - KR_f^{G} - KR_f^{G,IRB} \qquad \forall \qquad f \end{aligned}$$

Literaturverzeichnis

Albach, H. (1962): Investition und Liquidität. Die Planung des optimalen Investitionsbudgets, Wiesbaden 1962.

Albrecht, Jörg; Baetge, Jörg; Jerschensky, Andreas; Roeder, Klaus-Hendrik (1999): Risikomanagement auf der Basis von Insolvenzwahrscheinlichkeiten, in: Die Bank, Nr. 7, 1999, Seiten 494 - 499.

Altman, E. I. (1968): Financial Ratios, Discriminant Analysis and the Prediction of Corporate Bankruptcy, in: The Journal of Finance 1968, Seiten 589 - 609.

Altman, E.; Saunders, A. (1998): Credit Measurement: Developments over the last 20 years, in: Journal of Banking and Finance, Vol. 21, 1998, Seiten 1721 - 1742.

Altman, Edward; Resti, Adrea; Sironi Andrea: The link between default and recovery rates: effects on the procyclicality of regulatory capital ratios, in: bank for international settlement working paper No 113.

Ammann, H.; Müller, S. (2004): IFRS, Berlin 2004.

Anders, U.; Szczesny, A. (1996): Prognose von Insolvenzwahrscheinlichkeiten mit Hilfe logistischer neuronaler Netzwerke. Eine Untersuchung von kleinen und mittleren Unternehmen, Discussion Paper No. 96-27, International Finance Series, ZEW, Mannheim 1996.

Anders, U.; Szczesny, A. (1998): Prognose von Insolvenzwahrscheinlichkeiten mit Hilfe logistischer neuronaler Netzwerke, in: Zeitschrift für betriebswirtschaftliche Forschung, Nr. 10, 1998, Seiten 892 - 915.

Backhaus, Klaus; Erichson, Bernd; Plinke, Wulff; Weiber, Rolf (1996): Multivariate Analysemethoden - Eine anwendungsorientierte Einführung, 8. Auflage, 1996.

Baetge, J. (1994): Rating von Unternehmen anhand von Bilanzen, WPg, Heft 1, 1994, Seiten 1 10

Baetge, J. (1998): Stabilität eines Bilanzbonitätsklassifikators und seine Einsatzmöglichkeiten im Kreditgeschäft, 2. Teil: Zum praktischen Einsatz in der Bonitätsprüfung, in: Der Schweizer Treuhänder 1998, Seiten 751 - 758.

Baetge, Jörg, Hüls, Dagmar; Uthoff, Carsten (1994): Bilanzbonitätsanalyse mit Hilfe der Diskriminanzanalyse nach neuem Bilanzrecht, in: Controlling, Heft 6, 1994, Seiten 320 - 327.

Baetge, Jörg (1994): Rationalisierung des Firmenkundengeschäfts auf der Basis empirisch-statistisch gewonnener Bilanzbonität, in: vbo-Informationen, 1, 1994, Seiten 4 - 25

Baetge, Jörg; Baetge, Kai; Kruse, Ariane (2001): Bilanz-Rating und Kreditwürdigkeitsprüfung, in: Schierenbeck, H.; Rolfes, B.; Schüller, S.: Handbuch Bankcontrolling, 2. Aufl., Wiesbaden 2001, Seiten 981 - 993.

Baetge, Jörg; Beuter, Hubert; Feidicker, Markus (1992): Kreditwürdigkeitsprüfung mit Diskriminanzanalyse, in: Die Wirtschaftsprüfung, Heft 24, 1992, Seiten 749 - 761.

Baetge, Jörg; Sieringhaus, Isabel (1996): Bilanzbonitäts-Rating von Unternehmen, in: Büschgen, Hans; Everling, Oliver: Handbuch Rating, 1996, Seiten 221-248.

Baetge, Jörg; Jerschensky, Adreas (1999): Frühwarnsysteme als Instrumente eines effizienten Risikomanagement und -Controlling, in Controlling; 11. Jg.; 1999, Seiten 171 ff.

Ballwieser, Wolfgang (1993): Methoden der Unternehmensbewertung, in Gebhardt, Günther; Gerke, Wolfgang; Steiner, Manfred: Handbuch des Finanzmanagements - Instrumente und Märkte der Unternehmensfinanzierung, München 1993, Seiten 151 - 176.

bank for international settlement (2004): Consensus achieved on Basel II proposals, 11. Mai 2004, Seite 3. Als download verfügbar unter: www.bis.org/cgu-bin/print.cgi.

Barth, J. (2000): Worst-Case Analysen des Ausfallrisikos von Finanzderivaten unter Berücksichtigung von Markteinflüssen, Hamburg 2000.

Basel committee on banking supervision (2003), Übersetzung der Deutschen Bundesbank: Dritte Quantitative Auswirkungsstudie - Überblick über die weltweiten Ergebnisse, 5. Mai 2003.

Basel Committee on Banking Supervision (2003a): Quantitative Impact Study 3 – Overview of Global Results, Bank for International Settlements, 5. May 2003

Basel Committee on Banking Supervision (2006): Results of the fifth quantitative impact study (QIS 5), bank for international settlements, 16. Juni 2006

Basel Committee on Banking Supervision (2003b): Supplementary Information on QIS3, 27. May 2003.

Basler Ausschuß für Bankenaufsicht (2005): Die Anwendbarkeit von Basel II auf Handelsaktivitäten und die Behandlung von Double-Default-Effekten, Übersetzung der Deutschen Bundesbank, Juli 2005, Nr. 214.

Basler Ausschuß für Bankenkaufsicht (2004): Internationale Konvergenz der Eigenkapitalmessung und der Eigenkapitalanforderungen - Überarbeitete Rahmenvereinbarung, Juni 2004.

Baum, B. (1987): Rating-Systeme und ihre Methoden, Institut für Spar-, Giro- und Kreditwesen, Nr. 26, Bonn, 1987.

Bayes, Thomas (1763). An essay towards solving a problem in the doctrine of chances, in: Philosophical Transactions of the Royal Society of London 53, p. 370-418. Deutsche Übersetzung von H.E. Timerding in Ostwald's Klassiker der exakten Naturwissenschaften Nr. 169, Leipzig 1908, speziell 12-20. Neu abgedruckt in: Schneider, Ivo (1988, Hrsg.), S. 135-144.

Becker, B.; Brackschulze, K.; Müller, S. (2004): Basel II und Kreditkonditionen für den Mittestand - Die kritische Hürde „BB“, in: Deutsches Steuerrecht, Heft 17, 2004, Seiten 740 - 745.

Beckmann, Christian; Papazoglou, Panajotis (2004): Sicherheitenoptimierung nach Basel II, in Zeitschrift für das gesamte Kreditwesen, 2004, Seiten 146 - 150.

Berblinger, Jürgen (1996): Marktakzeptanz des Rating durch Qualität, in: Büschgen, H. E.; Everling, O.: Handbuch Rating, 1996, Seiten 21-110.

Berens, Wolfgang; Delfmann, Werner (2002): Quantitative Planung, 3. Auflage, Stuttgart 2002.

Betge, Peter (1996): Bankbetriebslehre, Berlin, 1996

Betge, Peter (2000): Investitionsplanung, 4. Auflage, München 2000.

Betsch, Oskar; Groh, Alexander; Lohmann, Lutz (2000): Corporate Finance, 2. Auflage, München 2000.

Black, F.; Scholes, M. (1973): The Pricing of Options and Corporate Liabilities, in: Journal of Political Economy, Vol. 27, 1973, Seiten 637 - 654.

Blattmann, Patrick A. (2000): Credit Risk Measurement and Management - Die Quantifizierung und Steuerung des Kreditrisikos im inländischen Bankgeschäft, Zürich 2000.

Bleier, Ernst (1989): Unternehmensanalyse aus dem Jahresabschluß - Risikoklassifikation mit Hilfe von Diskriminanzfunktionen, Wien 1989.

Blochwitz, Stefan; Eigermann, Judith (2000): Unternehmensbeurteilung durch Diskriminanzanalyse mit qualitativen Merkmalen, in Zeitschrift für betriebswirtschaftliche Forschung, 2000, Seiten 58 - 73.

Blochwitz, Stefan; Hamerle, Alfred; Hohl, Stefan; Rauhmeier, Robert; Rösch, Daniel (2004): Was leisten Trennschärfemaße für Ratingsysteme, in: Zeitschrift für das gesamte Kreditwesen, 2004, Seiten 1275 - 1278.

Börner, Anton F. (2002): Mittelstandsfonds: Weg aus der Eigenkapitalfalle, in: Finanzierung, Leasing, Factoring, Nr. 5 2002, Seiten 210 - 214.

Bosch, Robert; Weber, Franz (2003): Mindestanforderungen an das Kreditgeschäft (MaK): Anwendungsbereich, Trennungsprinzipien und Aufbauorganisation, in: Eller, Roland; Gruber, Walter; Reif, Markus: Handbuch MaK - Organisation - Risikoklassifizierung - Kreditbepreisung, Stuttgart 2003, Seiten 45 - 62.

Brakensiek, T. (1991): Die Kalkulation und Steuerung von Ausfallrisiken im Kreditgeschäft der Banken, Schriftreihe des Institutes für Kreditwesen der Westfälischen Wilhelms-Universität Münster, Bd. 44, Frankfurt am Main 1991.

Bretschneider, Thomas; Reiss, Wolfgang; Schneider, Karen (2005): Normierte Berücksichtigung von zukunftsorientierten Prognosedaten in der Bonitätsbeurteilung von Geschäftspartnern, in: Kredit & Rating Praxis Nr. 5 2005, Seiten 8 - 13.

Brockhaus, M. (2002): Basel II - Was das neue Credit Rating für mittelständische Unternehmen bedeutet, 1. Aufl., Düsseldorf 2002.

Buchner, Robert (1985): Finanzwirtschaftliche Statistik und Kennzahlenrechnung, München 1985.

Gebhardt, Günther (1980): Insolvenzprognosen aus aktienrechtlichen Jahresabschlüssen, Wiesbaden 1980.

Brühl, Volker (1999): Kreditrisiken in der Unternehmensbewertung, in: Die Bank, Nr. 7 1999, Seiten 457 - 461.

Bühler, Wolfgang; Engel, Christoph; Korn, Olaf; Stahl, Gerhard (2002): Backtesting von Kreditrisikomodellen, in: Oehler, Andreas (Hrsg.): Kreditrisikomanagement - Kernbereiche, Aufsicht und Entwicklungstendenzen, Stuttgart 2002, Seiten 181 - 217.

Bundesanstalt für Finanzdienstleistungsaufsicht (2002): Mindestanforderungen an das Kreditgeschäft, Rundschreiben Nr. 34, 2002.

Bundesministerium der Finanzen: Der Finanzplan des Bundes 2003 – 2007, zur Kabinettvorlage BMF II A 1- H 1120 – 2004 – 37/03.

Carstens, Christoph (2001): Grundlagen und Anwendungsmöglichkeiten von Scoreverfahren zur Bonitätsbeurteilung im Privatkundengeschäft, in: Rolfes, Bernd; Schierenbeck, Henner: Ausfallrisiken, Quantifizierung, Bepreisung und Steuerung, Frankfurt am Main 2001, Seiten 73 – 93.

Cech, Christian (2004): Basel II: Die IRB-Formeln zur Berechnung der Mindesteigenmittel für Kreditrisiko, in o.V.: Wirtschaft und Management, Schriftenreihe zur wissenschaftlichen Forschung und Praxis, herausgegeben von der Fachhochschule des BFI Wien GmbH 2004, Seiten 53 - 72.

Coenenberg, Adolf G. (2005): Jahresabschluß und Jahresabschlußanalyse - Grundfragen der Bilanzierung nach betriebswirtschaftlichen, handelsrechtlichen, steuerrechtlichen und internationalen Grundsätzen - HGB IFRS, USGAAP, 20. Auflage, Stuttgart 2005.

Cox, J.C.; Ross, S.A.; Rubinstein, M. (1979): Option Pricing: A simplified Approach, in: Journal of Financial Economics, Nr. 7, 1979, Seiten 229 - 263.

Dankenbring, Henning (1999): Modellierung der Zinsstruktur in Deutschland, Wiesbaden 1999.

Dantzig, George B. (1966): Lineare Programmierung und Erweiterungen, Heidelberg 1966.

Davidson, Ron (2002): Wertorientierte Steuerung im Kredit- und Einlagengeschäft, Frankfurt am Main, 2002.

Dean, J. (1969): Capital Budgeting, 8th print, New York 1969.

Deutsch, Hans-Peter (2001): Derivate und Interne Modelle - Modernes Risikomanagement, Stuttgart 2001

Deutsche Bundesbank (2004)unter http://www.bundesbank.de/stat/zeitreihen; 3. Quartal 2004, Stand 24.11.2004.

Deutsche Bundesbank (2001a): Erträge und Finanzierungsverhältnisse deutscher Unternehmen nach Rechtsformen, in Monatsbericht Dezember 2001, Seiten 45 - 77.

Deutsche Bundesbank (2001b): Ertragslage und Finanzierungsverhältnisse deutscher Unternehmen im Jahr 2001, in Monatsbericht April 2003.

Deutsche Bundesbank (2004): Neue Eigenkapitalanforderungen für Kreditinstitute (Basel II), in Monatsbericht September 2004, Seiten 75 - 100.

Deutsche Bundesbank (2002): Zur Entwicklung der Bankkredite an den privaten Sektor, in: Monatsbericht 10, 2002, Frankfurt.

Dicken, Andre Jacques (1997): Kreditwürdigkeitsprüfung - Kreditwürdigkeitsprüfung auf der Basis des betrieblichen Leistungsvermögens, 2. Auflage, 1997,.

Dittmar, Thomas; Steiner, Manfred (2000): Quantitative Verfahren zur Unternehmensklassifikation - eine vergleichende Analyse, in: Johanning, Lutz; Rudolph, Bernd: Handbuch Risikomanagement, Band 1, Risikomanagement für Markt-, Kredit- und operative Risiken, Bad Soden 2000, Seiten 433 - 457.

Döhring, Jens (1999): Sachgerechte Prämien für das Ausfallrisiko, in betriebswirtschaftliche Blätter, Nr. 6, 1999, Seiten 289 - 294.

Drukarczyk, Jochen (1998): Unternehmensbewertung, 2. Auflage, München, 1998.

Düerkop, Carsten; Pagel, Dirk (2005): Kreditrisikomanagement in einer genossenschaftlichen Zentralbank, in: Zeitschrift für das gesamte Kreditwesen, 22, 2005 Seiten 1251 - 1254.

Eigermann, Judith (2002): Quantitatives Credit-Rating unter Einbeziehung qualitativer Merkmale: Entwicklung eines Modells zur Ergänzung der Diskriminanzanalyse durch regelbasierte Einbeziehung qualitativer Merkmale, 2. Auflage, Sternenfels 2002.

Engelmann, Bernd; Hayden, Evelyn; Tasche, Dirk (2003): Measuring the Discriminative Power of Rating Systems, in: Quanteam Research Paper, 2003, Seiten 9 - 10.

Ernst, Dietmar; Schneider, Sonja; Thielen Bjoern (2003): Unternehmensbewertungen erstellen und verstehen - Ein Praxisleitfaden, München 2003.

Erxleben, K.; Baetge, J.; Feidicker, M.; Koch, H.; Krause, C.; Mertens, P. (1992): Klassifikation von Unternehmen – ein Vergleich von Neuronalen Netzen und Diskriminanzanalyse, in Zeitschrift für Betriebswirtschaft, 1992, Seiten 1237 - 1262.

EU Kommission (2003): KMU-Definition vom 06.05.2003, ABI. der EU L 124/36

Everling, O. (2002): Rating für mittelständische Unternehmen, in: Krimphove, D; Tytko, D. (Hrsg.): Praktiker-Handbuch Unternehmensfinanzierung, 1. Aufl., Stuttgart 2002, Seiten 961-982.

Everling, Oliver (1991): Credit Rating durch internationale Agenturen, 1991.

Ewert, Ralf; Szczesny, Andrea (2002): Risikoindikatoren, Rating und Ausfallwahrscheinlichkeit im Kreditgeschäft - Eine empirische Untersuchung vor dem Hintergrund von Basel II, in Betriebswirtschaftliche Forschung und Praxis, Nr. 6, 2002, Seiten 574 - 590.

Fahrmeir, Ludwig; Hamerle, Alfred (1996): Grundlegende multivariate Schätz- und Testprobleme, in Fahrmeir, Ludwig; Hamerle, Alfred; Tut, Gerhard: Multivariate statistische Verfahren, 2. Aufl., Berlin 1996, Seiten 49 - 90.

Fahrmeir, Ludwig, Häußler, Walter; Tutz, Gerhard (1996): Diskriminanzanalyse, in: Fahrmeir, Ludwig; Hamerle, Alfred; Tutt, Gerhard: Multivariate statistische Verfahren, 2. Aufl., Berlin 1996, Seiten 357 - 435.

Falkenstein, Erik; Boral, Andrew K.; Carty, Lea V. (2000): RiskCalc^{TM} for Private Companies: Moody's Default Model, Moody's Investors Service, New York 2000.

Feidicker, Markus (1992): Kreditwürdigkeitsprüfung: Entwicklung eines Bonitätsindikators, dargestellt am Beispiel von Kreditversicherungsunternehmen, Düsseldorf 1992.

Feilmeier, M.; Fergel, I.; Segerer, G. (1981): Lineare Diskriminanzanalyse und Clusteranalyseverfahren bei Kredit Scoringsystemen, in: Zeitschrift für Operations Research, Bd. 25, 1981, Seiten B25 - B38.

Fischer, H. (2003): Basel II als Katalysator für notwendige Anpassungen der Führungsstrukturen im Mittelstand, in: Schaefer, H.: Kredit und Risiko - Basel II und die Konsequenzen für Banken und Mittelstand, 1. Aufl., Marburg 2003, Seiten 155 - 180.

Fischer, Thomas; Hahnenstein, Lutz; Heitzer, Bernd (1999): Kapitaltheoretische Ansätze zur Berücksichtigung von Handlungsspielräumen in der Unternehmensbewertung, in Zeitschrift für Betriebswirtschaft, 1999, Seiten 1207 - 1232.

Fleig, Walther (1965): Investitionsmodelle als Grundlage der Investitionsplanung, Diss., Frankfurt am Main 1965.

Frerichs, Hergen; Wahreburg, Mark (2003): Evaluating internal credit rating systems depending on bank size, Hohann Wolfgang Goethe-Universität Frankfrut am Main, working Paper Nr. 115, September 2003.

Füser, K. (1995): Neuronale Netze in der Finanzwirtschaft, Wiesbaden 1995.

Füser, Karsten (2001): Intelligentes Scoring und Rating - Moderne Verfahren zur Kreditwürdigkeitsprüfung, Wiesbaden 2001.

Gaida, Stefan (1997): Kreditrisikokosten-Kalkulation mit Optionspreisansätzen - Die empirische Anwendung eines Modells von Longstaff und Schwartz auf risikobehaftete Finanztitel, Münster 1997.

Gerdsmeier, Stefan; Krob, Bernhard (1994): Kundenindividuelle Bewertung des Ausfallrisikos mit dem Optionspreismodell, in: Die Bank, o. Jg., 1994, Seiten 469 - 475.

Geske, R. (1977): The Valuation of Corporate Liabilities as Compound Options, in: journal of financial and quantitative analysis 12, 1977, Seiten 541 - 552.

Goldbach, Katja; Grabau, Fritz-Rene; Hundt, Irina; Neitz, Bernd (2002): Bankenumfrage zu Basel II und zum Rating, in: Zeitschrift für das gesamte Kreditwesen, Nr. 22, 2002, Seiten 1215 - 1220.

Gövert, Marco; Pfingsten, Andreas; Sträter, Norbert (2004): Helfen die MaK bei der Vermeidung von Bankenschieflagen? in: Zeitschrift für das gesamte Kreditwesen, 2004, Seiten 676 - 682.

Graw, Henning; Keller, Claus Ulrich: Bilanzmanipulation - Risiko- und Krisenfrüherkennung durch Jahresabschlußanalysen, in (2004): Kredit und Rating Praxis, Nr. 1, 2004, Seiten 27 - 31.

Grof, Erika (2002): Risikocontrolling und Kreditwürdigkeitsprüfung - Risikoorientiertes Bankencontrolling unter Berücksichtigung neuerer Bonitätsprüfungsverfahren, Wien, 2002.

Grundsätze über die Eigenmittel und die Liquidität der Kreditinstitute in der Fassung von 20. Januar 1969, zuletzt geändert durch Bekanntmachung vom 20. Juli 2000

Grunert, Jens; Kleff, Volker; Norden, Lars, Weber, Martin (2001): Mittelstand und Basel II: Zwischen Mythos und Wahrheit, Arbeitsbericht 01-07, Dezember 2001.

Grunert, Jens; Kleff, Volker; Norden, Lars; Weber, Martin (2002): Der Einfluß der neuen Eigenkapitalvereinbarung für Banken auf die Kalkulation von Kreditzinsen, in Zeitschrift für Betriebswirtschaft, 72. Jg., 2002, Seiten 1045 - 1064.

Grunert, Jens; Noreden, Lars; Weber, Martin (2005): The role of non-financial factors in internal credit ratings, in: journal of banking and finance, Vol. 29, 2005, Seiten 509 - 531.

Grunwald, Egon; Grunwald, Stephan (1999): Bonitätsanalyse im Firmenkundengeschäft: Ein Handbuch für Mitarbeiter von Banken im Kreditgeschäft und Führungskräfte mittelständischer Unternehmen, 1999.

Gürtler, Marc; Heithecker, Dirk: Modellkonsistente Bestimmung des LGD im IRB-Ansatz von Basel II, Arbeitspapier der Abteilung Finanzwirtschaft, TU Braunschweig 05-08.

Gürtler, Marc; Heithecker, Dirk (2005): Sicherheitenoptimierung: adäquate Anrechnung von Bürgschaften, in: Zeitschrift für das gesamte Kreditwesen, 2005, Seiten 926 - 930.

Guthoff, Anja;Pfingsten, Andreas;Wolf, Juliane (1998):Der Einfluß einer Begrenzung des Value at Risk oder des Lower Partial Moment One auf die Risikoübernahme, in: Oehler, Andreas (Hrsg.): Credit Risk und Value-at-Risk Alternativen - Herausforderungen für das Management, Stuttgart 1998, Seiten 111-153

Güttler, Andre; Krämer, Walter (2003): Comparing the Accuracy of Default Predictions in the Rating Industry: The Case of Moody's vs. S&P, Working Paper 2003.

Haegert, Lutz (1971): Der Einfluß der Steuern auf das optimale Investitions- und Finanzierungsprogramm, Wiesbaden 1971.

Hailer, Angelika C.; Loch, Firedemann; Stork, Peter (2002): Basel II: Optimale Zuordnung von Sicherheiten auf Kredite, in: Zeitschrift für das gesamte Kreditwesen, 2002, Seiten 1202 - 1206

Hamerle, Alfred; Rösch, Daniel (2005): Validierung von Ratingsystemen - Teil 2: Performancemessung, in Kredit & Rating Praxis, Nr. 1, 2005, Seiten 15 - 19.

Hartmann-Wendels, Thomas (1998): Möglichkeiten und Grenzen einer Marktbewertung von Krediten, in: Franke, Günter; Laux, Helmut (HrsG.): Unternehmensführung und Kapitalmarkt Seiten 97 - 131, Berlin 1998.

Hartmann-Wendels, Thomas; Lieberoth-Leden, Axel; Mählmann, Thomas; Zunder, Ingo (2005): Entwicklung eines Ratingsystems für mittelständische Unternehmen und dessen Einsatz in der Praxis, in: , Zeitschrift für betriebswirtschaftliche Forschung, Sonderheft Nr. 52 2005, Aktuelle Entwicklungen im Bankcontrolling: Rating, Gesamtbanksteuerung und Basel II, Seiten 1 - 29

Hartmann-Wendels, Thomas; Pfingsten, Andreas; Weber, Martin (2000): Bankbetriebslehre, 2. Auflage, Berlin, 2000.

Haunschild, Ljuba: Leasing in mittelständischen Unternehmen (2004): Ergebnisse einer schriftlichen Befragung, in: Hartmann-Wendels, Thomas; Büschgen, Hans E.: Leasing 2004, Wissenschaft und Praxis, Jahrgang 2, Nr. 3, 2004.

Hausen, Florian; Rachev, Svetlozar T.; Trück, Stefan: Basel II (2004): Letzte Änderungen der Risikogesichtskurve im IRB-Ansatz, in: Zeitschrift für das gesamte Kreditwesen, 2004, Seiten 1252 - 1257.

Hax, Herbert (1964): Investitions- und Finanzplanung mit Hilfe der linearen Programmierung, in Zeitschrift für betriebswirtschaftliche Forschung, 16. Jg., 1964, Seiten 430 - 446.

Hax, Herbert (1993): Investitionstheorie, 5. Auflage, Heidelberg 1993.

Heidorn, Thomas (2001): Bewertung von Kreditprodukten und Credit Default Swaps, Arbeitspapiere der Hochschule für Bankwirtschaft /HfB, Nr. 36, Frankfurt am Main 2001.

Heidorn, Thomas (1999): Kreditrisiko, Frankfurt am Main 1999.

Heinrich, Matthias (2002): Die MaK aus Sicht einer Geschäftsbank, in: Hofmann, Gerhard (Hrsg.): Basel II und MaK - Vorgaben, bankinterne Verfahren, Bewertungen, Frankfurt am Main 2002, Seiten 275 - 312.

Heinrich, Matthias (2001): Kreditportfoliosteuerung mit Kreditderivaten, in: Schierenbeck, Henner; Rolfes, Bernd; Schüller, Stephan: Handbuch Bankcontrolling, 2. Auflage, Wiesbaden 2001, Seiten 815 - 832.

Henking, Andreas; Hüls, Ralf; Krieger, Stefan (2005): Präzision in der Bonitätsbeurteilung, in Die Bank, Nr. 12 2005, Seiten 57 - 61.

Henn, J.; Wegmann, P. (1998): Aktuell in wissenschaftlichen Zeitschriften: Kreditrisikomanagement, Finanzmarkt und Portfolio Management 12 1998, Seiten 95 - 101.

Hering, Thomas (2000): Das allgemeine Zustands-Grenzpreismodell zur Bewertung von Unternehmen und andern unsichern Zahlungsströmen, in: Die Betriebswirtschaft, 60. Jg., Nr. 3, 2000, Seiten 362- 378.

Hering, Thomas (1999): Finanzwirtschaftliche Unternehmensbewertung, Wiesbaden, 1999.

Hering, Thomas (1995): Investitionstheorie aus der Sicht des Zinses, Wiesbaden 1995.

Hering, Thomas (2003): Investitionstheorie, 2. Auflage, München 2003.

Hering, Thomas (2000): Konzeptionen der Unternehmensbewertung und ihre Eignung für mittteständische Unternehmen, in: betriebswirtschaftliche Forschung und Praxis, Nr. 5, 2000, Seiten 433 - 453.

Hess, Dieter E. (1995): Die Dynamik der Zinsstruktur - Modelle zur Erfassung des Zinsrisikos und deren Schätzung, Wiesbaden 1995

Ho, T.; Lee, S. (1986): Term Structure Movements, and Pricing Interest Rate Contingent Claims, in Journal of Finance, Bd. 51, 1986, Seiten 1011 - 1029.

Hofmann, Gerhard (2004): Basel II aktuell: Was war im Ausschuss noch zu klären, und wie sind Sie mit dem gefundenen Kompromiß zufrieden?, in: Zeitschrift für das gesamte Kreditwesen, 2004, Seiten 570 - 575.

Hölscher, R. (1990): Risikokosten-Management, in: Schierenbeck, H. (HrsG.): Bank- und Versicherungslexikon, München 1990, Seiten 554 - 561.

Hölscher, Reinhold (1998): Eigenmittelunterlegung von Marktpreisrisiken im Grundsatz I, in: Zeitschrift für das gesamte Kreditwesen, Heft 13 1998, Seiten 747 - 752

Hoock, Reiner; Lammer, Markus (2006): Lässt sich im Kreditgeschäft noch Geld verdienen? www.agrarverlag.at/raiffeisenblatt/401082.html (Stand 03.05.06)

Hose, Christian (2002): Rating und Kreditzinsen - chancen für Kunden und Kreditinstitute im Rahmen von Basel II, Wiesbaden 2002, Seiten 71 f.

Hull, John C. (2001): Optionen, Futures und andere Derivative, aus dem engl. von Almut Oetjen und Holger Wacker:, 4. Auflage, München 2001.

Hüls, Dagmar (1995): Früherkennung insolvenzgefährdeter Unternehmen, Düsseldorf 1995.

Hundt, I.; Neitz, B.; Grabau, F. (2003): Rating als Chance für kleine und mittlere Unternehmen, 1. Aufl., München 2003.

Hürtler, Marc; Heithecker, Dirk (2004): Der Loss Given Default und die Behandlung erwarteter Verluste im Basler IRB-Ansatz, in: Zeitschrift für das gesamte Kreditwesen, 2004, Seiten 1279 - 1282.

Ingersoll, J. E. (1991): Theory of Financial Decision making, in: Rowman and Littlefield Studies in Financial Economics, Totowa 1987, S. xix, 474 oder Cooper, I. A.; Mello, A. S.: The Default Risk of Swaps, in: Journal of Finance 46, 1991, Seiten 597 - 620.

Institut der Wirtschaftsprüfer (IDW) (2004): Entwurf einer Neufassung des IDW Standards: Grundsätze zur Durchführung von Unternehmensbewertungen (IDW ES1 n.F.), Stand 09.12.2004.

Jääskeläinen, V. (1966): Optimal financing and tax policy of the corporation, Helsinki 1966.

Jacob, Herbert (1976): Investitionsplanung und Investitionsentscheidung, 3. Aufl., Wiesbaden 1976.

Jacob, Herbert (1964): Neuere Entwicklungen in der Investitionsrechnung, in: Zeitschrift für Betriebswirtschaft, 34. Jahrgang, 1964, Heft 8, Seiten 487ff.

Jacob, Herbert (1984): Kurzlehrbuch der Investitionsrechnung, 3. Auflage, Wiesbaden 1984.

Jacob, Herbert; Voigt, Kai-Ingo (1997): Investitionsrechnung: mit Aufgaben und Lösungen, 5. Auflage, Wiesbaden 1997.

Jansen, Sven (2002): Auswirkungen von Basel II auf Kreditinstitute und Mittelstand, in: Österreichisches Bankarchiv, 2002, Seiten 787 - 796.

Jarrow, Robert; Lando, David; Turnbull, Stuart (1997): A Markov Model fort he Term Structure of Credit Risk Spreads, in: The Review of Financial Studies, Vol. 10 1997, Seiten 481 - 523.

Jensen, B.; Nielsen, J. (1991): The Structure of Binomial Lattice Models for Bonds, working Paper, 1. Version, Copenhagen Business School, 1991.

Johanning, Lutz (1996): Value-at-Risk-Modelle zur Ermittlung der bankaufsichtlichen Eigenkapitalunterlegung beim Marktrisiko im Handelsbereich. In: Zeitschrift für Bankrecht und Bankwirtschaft, 8. Jg., 1996, Heft 4, S. 287-303.

JPMorgan (1997): CreditMetrics – Technical Document, 1997.

Kaiser, Ulrich; Szczesny, Andrea (2002): Logit- und Probit-Modelle für Kreditrisiken, in: Schröder, Michael (Hrsg.): Finanzmarkt-Ökonometrie - Basistechniken, Fortgeschrittene Verfahren, Prognosemodelle, Stuttgart 2002, Seiten 359 - 396.

Keppler, H. (2003): Grundzüge der Eigenkapitalregelungen von Basel II, in: Schaefer, H.: Kredit und Risiko - Basel II und die Konsequenzen für Banken und Mittelstand, 1. Auflage, Marburg 2003, Seiten 15 - 30.

KfW (2003): Jährlicher Bericht zu Konjunktur- und Strukturfragen kleiner und mittlerer Unternehmen, 2003.

KfW (2002): Unternehmensfinanzierung im Umbruch - Die Finanzierungsperspektiven deutscher Unternehmen im Zeichen von Finanzmarktwandel und Basel II, Frankfurt am Main 2002.

Kiesel, Rüdiger; Schmid, Bern: Aspekte der stochastischen Modellierung von Ausfallwahrscheinlichkeiten in Kreditportfoliomodellen

http://www.mathematik.uni-ulm.de/finmath/publications/creditmodels2.pdf #search=%22definition%20 ausfallintensit%C3%A4t%22

Kirmße, Stefan (2001): Die Anwendung des optionspreistheoretischen Ansatzes zur Bepreisung von Ausfallrisiken - Grundüberlegungen, in: Rolfes, Bernd; Schierenbeck, Henner: Ausfallrisiken, Quantifizierung, Bepreisung und Steuerung, Frankfurt a.M. 2001, Seiten 149 - 172

Kirmße, Stefan (2002): Die Ermittlung von Risikoprämien im Firmenkreditgeschäft, in: Handbuch Firmenkundengeschäft - Technologie, Rating und Risikosteuerung als Kernkompetenz der Banken, 2. Aufl., Frankfut am Main 2002, Seiten 380 - 396.

KMV, www.moodyskmv.com

Kommission vom 06.03.02, Abl der EU L 124/36 vom 20.05.03.

Krahnen, Jan P.; Weber, Martin: Generally accepted rating priciples (2001): A Primer, in: journal of banking and finance, Vol. 25, 2001, Seiten 3 - 23.

Krämer, Walter (2003): Die Bewertung und der Vergleich von Kreditausfall-Prognosen, in: Kredit und Kapital, 36. Jg. 2003, Seiten 395 - 410.

Kreditanstalt für Wiederaufbau: Rating (2001): Herausforderung für Kreditinstitute und Unternehmen, in: Mittelstand- und Strukturpolitik, Nr. 26, Jg. 2001, S. 24-32.

Krob, Bernhard (2001): Der Optionspreisansatz - Weiterentwicklungen und Anwendungsmöglichkeiten in der Praxis, in: Rolfes, Bernd; Schierenbeck, Henner: Ausfallrisiken, Quantifizierung, Bepreisung und Steuerung, Frankfurt a.M. 2001, Seiten 173 - 184.

Kruschwitz, Lutz (2002): Aktuelle Fragen der Unternehmensbewertung, in: Diskussionsbeiträge des Fachbereichs Wirtschaftswissenschaft der freien Universität, Nr. 9, Berlin 2002.

Kruschwitz, Lutz (1993): Investitionsrechnung, 5. Aufl., Berlin 1993.

Küting, Karlheinz; Eidel, Ulrike (1999): Marktwertansatz contra Ertragswert- und Discounted Cash Flow-Verfahren, in: Finanzbetrieb, Nr. 9, 1999, Seiten 225-231

Küting, Karlheinz; Ranker, Daniel; Wohlgemuth, Frank (2004): Auswirkungen von Basel II auf die Praxis der Rechnungslegung - Ist eine ausschließliche ratinginduzierte Umstellung der Rechnungslegung auf IFRS sinnvoll?, in: Finanzbetrieb, Nr. 2, 2004, Seiten 93 - 104.

Langenkämper, Christof (2000): Unternehmensbewertung - DCF-Methoden und simulativer VOFI-Ansatz, Wiesbaden 2000.

Laux, H.; Franke, G. (1969): Zum Problem der Bewertung von Unternehmungen und anderen Investitionsgütern, in: Unternehmensforschung, 13. Jg., 1969, Seiten 205 - 223.

Lesko, Michael (1999): Monte-Carlo-Techniken bei modernen Kreditrisikomodellen - ein Beispiel, in Zeitschrift für das gesamte Kreditwesen, Nr. 21, 1999, Seiten 55 - 62.

Loch, Friedemann; Thelen-Pischke, Hiltrud: Basel II (2004): Finales Rahmenwerk veröffentlicht - Start für den fortgeschrittenen IRB-Ansatz erst Ende 2007, in: Zeitschrift für das gesamte Kreditwesen, 2004.

Madan, D. (1998): Default Risk, in: Statistics in Finance, ed. by D. Hand, 1998.

Markowitz, H.M. (1959): Portfolio Selection. Efficient Diversification of Investment, in Journal of Finance 7, 1952, Seiten 77 ff. oder Markowitz, H.M.: Portfolio Selection. Efficient Diversification of Investment, New York/London/Sydney, 1959.

Matschke, M.J. (1966): Der Entscheidungswert der Unternehmung, Wiesbaden 1975. Jaensch, G.: Ein einfaches Modell der Unternehmensbewertung ohne Kalkulationszins, in Zeitschrift für betriebswirtschaftliche Forschung, 18. Jg., 1966, Seiten 660 - 679.

Mauch, Peter (2001): Risikomanagement in Banken, in: Götze, Uwe; Henselmann, Klaus; Mikus, Barbara (Hrsg.): Risikomanagement, Heidelberg 2001, Seiten 327 - 350.

Merton, Robert C. (1974): On the pricing of corporate debt: the risk structure of interest rates, Journal of Finance, 29, 1974, Seiten 449 - 470.

Merz, Thomas (2001): Innovative Kalkulationsverfahren von Kreditinstituten im internationalen Vergleich - Ein ganzheitlicher Ansatz der Bankkalkulation, Osnabrück 2001.

Meyer zu Selhausen, Hermann (2004): Ist die Validierung von Kreditportfoliorisikomodellen prinzipiell möglich? in: Österreichisches Bankarchiv, Nr. 10, 2004, Seiten 766 - 781.

Meyer, J.; Lorenzen, K. (2003): Unternehmensratings, Basel II und die Folgen für den mittelständischen Handel, in: Schriften zu KMU, Deutsches Institut für Kleine und Mittlere Unternehmen, Berlin 2003, Seiten 369 - 379.

Mina, Jorge; Xiao, Jerry Yi (2001): Return to RiskMetrics: The Evolution of a Standard, April 2001, www. riskmetrics.com.

Modigliani, F.; Miller, M.H. (1958): The Cost of Capital, Corporation Finance, and the Theory of Investment, in: American Economic Review 48, 1958, Seiten 261 - 297.

Morgan, J.P. (1997): CreditMetrics™ - Technical Document, New York, 1997.

Moxter, A. (1963): Lineares Programmieren und betriebswirtschaftliche Kapitaltheorie in: ZfhF, N.F., 15. Jg., 1963, Seiten 285 - 309

Müller, Stefan; Brackschulze, Kai; Ordemann, Tammo (2005): Anforderungen an mittelständische Unternehmen im Rahmen der Kreditvergabe - Theoretische Grundüberlegungen und empirische Befunde, in: Müller, Stefan; Jöhnk, Thorsten; Bruns, Andreas (Hrsg.): Beiträge zum Finanz-, Rechnungs- und Bankwesen - Stand und Perspektiven, Wiesbaden 2005, Seiten 115 - 134.

Müller-Masia, Christoph; Hahnenstein, Lutz; Holzberger, Harriet; Söhlke, Thomas (2005): Verwendung von Ratinginformationen in der modernen Banksteuerung, in: Neupel, Joachim; Rudolph, Bernd; Hahnenstein, Lutz: Aktuelle Entwicklungen im Bankcontrolling: Rating, Gesamtbanksteuerung und Basel II, Zeitschrift für betriebswirtschaftliche Forschung, Sonderheft 52 2005, Seiten 55 - 95.

Munsch, Michael; Weiß, Bernd (2001): Rating, Finanzdienstleistung und Entscheidungshilfe, 2. Auflage, Bonn 2001

Niehaus, Hans-Jürgen (1987): Früherkennung von Unternehmenskrisen - Die statistische Jahresabschlußanalyse als Instrument der Abschlußprüfung, Institut für Revisionswesen der Westfälischen Wilhelms-Universität Münster, Hrsg. von Jörg Baetge, Düsseldorf 1987 (zgl. Diss. Universität Münster 1987 unter dem Titel: Die Informationsgewinnung für die Frühwarnfunktion des Abschlußprüfers durch die Jahresabschlußanalyse mit mathematisch-statistischen Verfahren).

Nippel, Peter (2004): Eigenkapitalunterlegung von Kreditrisiken bei Banken und die Auswirkungen auf die Fremdkapitalkosten von Kreditnehmer, in: Zeitschrift für Betriebswirtschaft, 74. Jg., 2004.

Norden, Lars; Weber, Martin (2005): Möglichkeiten und Grenzen der Bewertung von Ratingsystemen durch Markt und Staat, in Neupe, Joachim; Rudolph, Bernd; Hahnenstein, Lutz: Aktuelle Entwicklungen im Bankcontrolling: Rating, Gesamtbanksteuerung und Basel II, Zeitschrift für betriebswirtschaftliche Forschung, Sonderheft 52 2005, Seiten 31 - 54.

o.V. (2003): Validierungsansätze für interne Ratingsysteme, in: Deutsche Bundesbank, Monatsbericht September 2003, 55. Jahrgang, Nr. 9, Seiten 61 - 74.

Odom, Marcus; Ramesh, Sharda (1990): A Neural Network Model for Bankruptcy Prediction, IJCNN International Joint Conference on Neural Networks. SOS Printing, II, 1990, Seiten 163 - 167.

Oehler, Andreas; Unser Matthias (2002): Finanzwirtschaftliches Risikomanagement, 2. Auflage, Berlin, 2002.

Oestereicher, A.; Piotrowski-Aller, S., Klassifikation und Beurteilung von Unternehmen mit Hilfe von Selbstorganisierenden Neuronalen Netzen , in: Zeitschrift für betriebswirtschaftliche Forschung, 1996, Seiten 335 - 371.

Olfert, Klaus; Reichel, Christopher (2003): Finanzierung, 12. Aufl., Ludwigshafen 2003.

Ott, Klaus; Böing, Christian (2002): Die Umsetzung von Basel II - eine organisatorische Herausforderung für Kreditinsitute, aber auch für Kreditnehmer, in: BFuP, 54 Jg., 2002, Seiten 591 - 603.

Paetzmann, Karsten (2001): Finanzierung mittelständischer Unternehmen nach „Basel II“ - Neue „Spielregeln“ durch bankinterne Ratings, in: Der Betrieb, 54. Jg., Heft 10, 2001, Seiten 493 - 497.

Parchert, Ronny (2005): Validierung von Risikomanagementsystemen, in: Becker, Axel; Gaulke, Markus; Wolf, Martin: Praktiker-Handbuch Basel II - Kreditrisiko, operationelles Risiko, Überwachung, Offenlegung, Stuttgart 2005, Seiten 363 - 382

Paul, S.; Siewert, K.J. (2000): Bank-Controlling II: Ertragsmanagement in Kreditinstituten, 4. Auflage, Frankfurt am Main 2000.

Paul, S.; Stein, S. (2002): Rating, Basel II und die Unternehmensfinanzierung, 1. Aufl., Köln 2002.

Paul, Stephan; Stein, Stefan; Kaltofen, Daniel (2004): Kapitalanforderungen für Retail-Portfolios nach Basel II, in: Die Bank, Nr. 5, 2004, Seiten 342 - 349.

Pawlowski, Norbert; Burmester, Christian (2001): Ableitung von Standardrisikokosten auf der Basis von Expected-Loss-Kalkulationen, in: Schierenbeck, Henner; Rolfes, Bernd; Schüller, Stephan: Handbuch Bankcontrolling, 2. Auflage, Wiesbaden 2001, Seiten 345 - 372.

Perridon, Louis; Steiner, Manfred (1999): Finanzwirtschaft der Unternehmung, 10. Auflage, München 1999.

Perridon, Lous; Steiner, Manfred (2004): Finanzwirtschaft der Unternehmung, München 2004.

Pfaff, Dieter; Pfeiffer, Thomas; Gathge, Dieter (2002): Unternehmensbewertung und Zustands-Grenzpreismodelle, in: Betriebswirtschaftliche Forschung Praxis, Nr. 2, 2002, Seiten 198 - 210.

Pfeiffer, Thomas (1999): Kapitalmarktorientierte Konzepte des Kreditrisikomanagements, in: Eller, Roland; Gruber, Walter; Reif, Markus: Handbuch Kreditrisikomodelle und Kreditderivate - Quantifizierung und Management von Kreditrisiken, Strategien mit Kreditderivaten, bankaufsichtliche Anforderungen, Stuttgart 1999, Seiten 227 - 242.

Pichler, Stefan (1995): Ermittlung der Zinsstruktur - Evaluierung alternativer Verfahren für den österreichischen Rentenmarkt, Wiesbaden 1995.

Pleister, C. (2002): Bedarfsgerechte Finanzierungen für den Mittelstand, in: Krimphove, D.; Tytko, D. (Hrsg.): Praktiker-Handbuch Unternehmensfinanzierung, 1. Aufl., Stuttgart 2002, Seiten 870 - 960.

Pluto, Katja (2004): Interne Ratings im Aufsichtsrecht - Aktuelle Entwicklungen in Basel II und weitergehende Perspektiven, Deutsche Bundesbank, Banken und Finanzaufsicht, Schmalenbach-Gesellschaft „Strategieentwicklung und Controlling in Banken", 26. März 2004.

Poddig, T.; Oelerich, A. (2003): Stichprobenanalyse in der Insolvenzprognose - eine Faustformel, in: Schaefer, H.: Kredit und Risiko - Basel II und die Konsequenzen für Banken und Mittelstand, 1. Aufl., Marburg 2003, Seiten 57 - 81.

Poddig, Thorsten; Dichtl, Hubert; Petersmeier, Kerstin (2003): Statistik Ökonometrie Optimierung - Methoden und ihre praktischen Anwendungen in Finanzanalyse und Portfoliomanagement, Bad Soden 2003.

Press, S. James; Wilson, Sandra (1978): Choosing between Logistic Regression and Discriminant Analysis, in: Journal of the American Statistical Association, Vol. 73 1978, S. 699 - 705.

Pytlik, Martin (1995): Diskriminanzanalyse und Künstliche Neuronale Netze zur Klassifizierung von Jahresabschlüssen - Ein empirischer Vergleich, Frankfurt am Main 1995.

Rau-Bredow, Hans (2001): Kreditrisikomodellierung und Risikogewichte im Neuen Basler Accord, in: Zeitschrift für das gesamte Kreditwesen, 54. Jg., 2001, Seiten 1004-1005.

Rau-Bredow, Hans (2001): Überwachung von Marktpreisrisiken durch Value at Risk, in: Wirtschaftswissenschaftliches Studium, 2001, Seiten 315 - 319.

Reitz, Stefan (2003): Optionspreisbasierte Ansätze zur Kreditbepreisung, in: Eller, Roland; Gruber, Walter; Reif, Markus (Hrsg.): Handbuch MaK, Organisation, Risikoklassifizierung, Kreditbepreisung, Stuttgart, 2003, Seiten 363 - 384.

Richter, Frank; Timmreck, Christian (2004): Unternehmensbewertung - Moderne Instrumente und Lösungsansätze, Stuttgart 2004.

Riekeberg, Marcus H. P. (2002): Kredit-Pricing bei Firmenkunden unter Berücksichtigung von Bonitätsmigration und Credit Value at Risk-Werten, in: Österreichisches Bankarchiv, Nr. 6, 2002, Seiten 457 - 469.

Rolfes, Bernd (1999): Gesamtbanksteuerung, Stuttgart 1999.

Rösch, Daniel (2001): Informationsgehalt des Ratings und Ausfallraten im Konjunkturzyklus, in: Regensburger Diskussionsbeiträge zu den Wirtschaftswissenschaften, Nr. 359, 2001.

Rosenberger, Werner (2000): Risikoadäquate Kreditkonditionen, Stuttgart, 2000.

Rösler, Peter; Mackenthun, Thomas; Pohl, Rudolf (2002): Handbuch Kreditgeschäft, Wiesbaden, 6. Aufl. 2002.

Rudolph, Bernd (1995): Ansätze zur Kalkulation von Risikokosten für Kreditgeschäfte, in: Schierenbeck, Henner; Moser, Hubertus: Handbuch Bankcontrolling, Wiesbaden 1995, Seiten 887-904.

Rudolph, Bernd (2001): Kalkulation von Risikokosten auf Basis des Optionspreismodells, in Schierenbeck, Henner; Rolfes, Bernd; Schüller, Stephan: Handbuch Bankcontrolling, 2. Aufl., Wiesbaden 2001, Seiten 331 - 343.

Rüsberg, Lars (1992): Banken-Rating - Rendite, Risiko und Wachstum von Kreditinstituten, Wiesbaden 1992.

Sandmann, Klaus (2001): Einführung in die Stochastik der Finanzmärkte, 2. Auflage, Berlin 2001.

Schäfer, Henry (2002): Unternehmensfinanzen, Grundzüge in Theorie und Management, zweite Auflage, Stuttgart 2002.

Schierenbeck, Henner (2003a): Ertragsorientiertes Bankmanagement, Band 1: Grundlagen, Marktzinsmethode und Rentabilitäts-Controlling, 8. Aufl., Wiesbaden 2003.

Schierenbeck, Henner (1999): Ertragsorientiertes Bankmanagement, Band 2: Risiko-Controlling und Bilanzstruktur-Management, 6. Aufl. Wiesbaden 1999.

Schierenbeck, Henner (2003b): Ertragsorientiertes Bankmanagement, Band 2: Risiko-Controlling und integrierte Rendite-/Risikosteuerung, 8. Aufl., Wiesbaden 2003.

Schmeisser, Wilhelm; Mauksch, Carola (2005): Kalkulation des Risikos im Kreditzins nach Basel II, in Der FinanzBetrieb, Nr. 5, 2005, Seiten 296 - 310.

Schmidt, Andreas (2002): Interner Rating-Ansatz aus Sicht einer Geschäftsbank, in: Hofmann, Gerhard (Hrsg.): Basel II und MaK - Vorgaben, bankinterne Verfahren, Bewertungen, Frankfurt am Main 2002, Seiten 77 - 131.

Schmoll, Anton (2001): Analyse und Steuerung des Kreditportfeuilles, in Schierenbeck, Henner; Rolfes, Bernd; Schüller, Stephan: Handbuch Bankcontrolling, 2. Auflage, Wiesbaden 2001, Seiten 873 - 897.

Schneck, Ottmar (1998): Lexikon der Betriebswirtschaft, 3. Auflage, München 1998, Seite 730

Schneider, D. (1992): Investition, Finanzierung und Besteuerung, 7. Aufl., Wiesbaden 1992.

Schönbucher, Philipp J. (2000): The Pricing of Credit Risk and Credit Risk Derivatives, University of Bonn, 2000.

Schönebeck, H. 2003: Internes Rating und Basel II - Konsequenzen für die Kreditfinanzierung der Banken, in: Schaefer, H.: Kredit und Risiko - Basel II und die Konsequenzen für Banken und Mittelstand, 1. Aufl., Marburg 2003, Seiten 31 - 42.

Schöning, Stephan (2004): Kreditangebot, Kreditpreise und das Phantom „Basel II" - eine kritische Reflexion, in Zeitschrift für das gesamte Kreditwesen, 2004, Seiten 130 - 136.

Schüler, Thorsten (2002): Rating und Kreditvergabe an mittelständische Unternehmen, Köln 2002.

Schulte, Michael; Horsch, Andreas (2004): Wertorientierte Banksteuerung II. Risikomanagement, 3. Auflage 2004.

Schulte-Mattler, H.; Manns, T. (2004): Basel II: Falscher Alarm für die Kreditkosten des Mittelstandes, in: Die Bank, Heft 6-7, 2004, Seiten 376 - 380, hier Seite 378

Schulte-Mattler, Hermann; Tysiak, Wolfgang (2002): Basel II: Neue IRB-Formel für den Mittelstand, in: Die Bank, Nr. 12 2002, Seiten 836 - 841.

Schultze, Wolfgang (2001): Methoden der Unternehmensbewertung: Gemeinsamkeiten, Unterschiede, Perspektiven, Düsseldorf 2001

Schwaiger, Walter; Thym, Clemens (1999): Arbitragefreie Bewertung von ausfallgefährdeten Anleihen (Krediten) und Kreditderivaten, in Eller, Roland; Gruber, Walter; Reif, Markus: Handbuch Kreditrisikomodelle und Kreditderivate - Quantifizierung und Management von Kreditrisiken, Strategien mit Kreditderivaten, bankaufsichtliche Anforderung, Stuttgart 1999, Seiten 243 - 266.

Schwetzler, Bernhard; Rapp, Marc Steffen (2002): Arbitrage, Kapitalkosten und die Miles/Ezzell-Anpassung im zweiperiodigen Binomialmodell, in: Finanz-Betrieb, Nr. 9, 2002, Seiten 502 - 505.

Seppelfricke, Peter (2005): Handbuch Aktien- und Unternehmensbewertung - Bewertungsverfahren, Unternehmensanalyse, Erfolgsprognose, 2. Aufl., Stuttgart 2005.

Sieben, Günter (1992): Ermittlung und Funktionen des Substanzwertes als „vorgeleistete Ausgaben", Seite 67 - 88, hier Seite 82, in : Busse von Colbe, Walter; Coenenberg, Adolf Gerhard, Hrsg.: Unternehmensakquisition und Unternehmensbewertung - Grundlagen und Fallstudien, Stuttgart 1992.

Siemes, Andreas (2002): Marktorientierte Kreditrisikobewertung - eine empirische Untersuchung mittels Künstlicher Neuronaler Netze, Frankfurt am Main, 2002.

Standard and Poor's (2002): Corporate Ratings Criteria, www.standardandpoors.com/ratings, 2002.

Statistisches Bundesamt, Wiesbaden, 2005; Stand: 16.02.2005 / 13:31:25.

Steiner, Manfred; Starbatty, Nikolaus (2001): Kritische Aspekte der Neuen Basler Eigenkapitalvereinbarung, in: Der Finanzbetrieb, Heft 7-8 2001, Seiten 417 - 422.

Steiner, Manfred; Bruns, Christoph (1999): Wertpapiermanagement, 6. Auflage, Stuttgart, 1998, Seite 297 und Perridon, Louis; Steiner, Manfred: Finanzwirtschaft der Unternehmung, 10. Auflage, München 1999.

Süchting, Joachim (1995): Finanzmanagement - Theorie und Politik der Unternehmensfinanzierung, 6. Auflage, Wiesbaden, 1995.

Suyter, Alexander (2005): Neues aus Basel II - der „double default Effekt", in: Zeitschrift für das gesamte Kreditwesen, Nr. 10, 2005, Seiten 526 - 528.

Theiler, Ursula; Schneider, Karen (2004): Bestimmung effizienter Risikostrategien für das Bankportfolio, in: Kredit und Rating Praxis, Nr. 5, 2004.

Thießen, Friedrich (2004): Rating im Kreditgeschäft und strategisches Kreditnehmerverhalten, in: Zeitschrift für das gesamte Kreditwesen, Nr. 11, 2004, Seiten 572 - 575.

Thießen, Friedrich; Gischer, Horst (2002): Das Kreditgeschäft, Basel II und die Refinanzierungskosten der Banken, in: Zeitschrift für das gesamte Kreditwesen, 2002, Seiten 583 - 594, hier Seiten 594

Übelhöhr, M; Warns,C. (2004): Grundlagen der neuen Eigenkapitalvereinbarung in: Übelhör, M; Warns, C.: Basel II - Auswirkungen auf die Finanzierung - Unternehmen und Banken im Strukturwandel, 1. Aufl., Heidenau 2004, Seiten 14 - 41.

Verbeek, M. (2000): A Guide to Modern Econometrics, Chichester 2000.

Volkart, Rudolf (1999): Optionstheoretische Analyse von Fremdkapitalkontrakten und Credit Risk Spreads - eine integrierte Darstellung, working paper Nr. 13, Universität Zürich, 1999.

Wagner, Jörg (2002): Bewertung von Länderrisiken I, in: Workshop der Industrie- und Handelskammern in NRW, September 2002, http://www.ihk-international.de/download/1.

Wallmeier, Martin (1999): Kapitalkosten und Finanzierungsprämissen, in: Zeitschrift für Betriebswirtschaft, 69. Jg. 1999, Seiten 1473-1490.

Weingartner, H.M. (1963): Mathematical Programming and the Analysis of Capital Budgeting Problems, Englewood Cliffs, 1963.

Wiegel, K.D. (1985): Rentabilität und Risiko im Kreditgeschäft der Banken, Köln 1985.

Wilkens, Marco; Baule, Rainer; Entrop, Oliver (2001): Basel II - Berücksichtung von Diversifikationseffekten im Kreditportfolio durch das Granularity Adjustment, in: Zeitschrift für das gesamte Kreditwesen, 2001, Seiten 670 - 676.

Wilkens, Marco; Baule, Rainer; Entrop, Oliver (2004): IRB-Ansatz in Basel II - die Behandlung erwarteter Verluste, in: Zeitschrift für das gesamte Kreditwesen, 2004, Seiten 734 - 737.

Wilkens, Marco; Völker, Jörg (2001): Value-at-Risk - Eine anwendungsorientierte Darstellung zentraler Methoden und Techniken des modernen Risikomanagements, in Götze, Uwe; Henselmann, Klaus; Mikus, Barbara (Hrsg.): Risikomanagement, Heidelberg 2001, Seiten 413 - 442.

Wilson, T.C. (1998): Value at Risk, in: Alexander, C. (Hrsg.): Risk Management and Analysis, Vol. 1, Chichester et al. 1998, Seiten 61 - 124.

Winkeljohann, N; Diekel, C. (2004): Neue Anforderungen an die Finanzierungsstruktur der Unternehmen, in: Übelhöhr, M; Warns, C. (Hrsg): Basel II - Auswirkungen auf die Finanzierung - Unternehmen und Banken im Strukturwandel, 1. Aufl., Heidenau 2004, Seiten 75 - 104.

Wittkemper, H.-G. (1994): Neuronale Netze als Hilfsmittel zur Rendite und Risikoeinschätzung von Aktien, Köln 1994.

Wöhe, Günter; Bilstein, Jürgen (1998): Grundzüge der Unternehmensfinanzierung, München 1998.

Wohlert, Dirk (1999): Die Benchmark zur Messung von Kreditrisiken: JP Morgans CreditMetrics, in Eller, Roland; Gruber, Walter; Reif, Markus: Handbuch Kreditrisikomodelle und Kreditderivate - Quatifizierung und Management von Kreditrisiken, Strategien mit Kreditderivaten, bankaufsichtliche Anforderungen, Stuttgart 1999, Seiten 337 - 358.

www.bundesbank.de/statistik/statistik_zeitreihen.php

Zell, A. (1996): Simulation Neuronaler Netze, Bonn 1996.

Zimmermann, Hans-Jürgen (1987): Operations Research Methoden und Modelle - Für Ingenieure, Ökonomen und Informatiker, Braunschweig, 1987.

Zimmermann, Gebhard; Wortmann, Andre (2001): Finanzwirtschaftliche Positionen traditioneller und innovativer mittelständischer Unternehmen, in: Der Finanz-Betrieb, Nr. 3 2001, Seiten 157 - 165.

Zitzelsberger, Stephan (2000): Ertragsüberschußrechnung vs. Discounted Cash Flow-Rechnung - eine vergleichende Betrachtung der Unternehmensbewertungsverfahren, Dissertation Universität Bamberg, 2000.

FSC
www.fsc.org
MIX
Papier | Fördert gute Waldnutzung
FSC® C083411

Kolibri 360 GmbH
Ferdinand-Jühlke-Straße 7
99095 Erfurt, Deutschland
produktsicherheit@kolibri360.de